시원스쿨

EJU 종합과목 개념 완성

일본유학시험

이성순 저

S 시원스쿨닷컴

초판 1쇄 발행 2025년 4월 3일

지은이 이성순
펴낸곳 (주)에스제이더블유인터내셔널
펴낸이 양홍걸 이시원

홈페이지 japan.siwonschool.com
주소 서울시 영등포구 영신로 166 시원스쿨
교재 구입 문의 02)2014-8151
고객센터 02)6409-0878

ISBN 979-11-6150-962-4 13730
Number 1-311111-18189929-08

일본 유학을 준비하는 여러분께

일본유학시험(EJU) 문과 과정에서 필수적으로 응시해야 하는 '종합과목'은 다소 생소한 과목일 수 있습니다.

역사, 정치, 경제, 지리, 현대·국제사회 등 다양한 내용이 하나의 시험에서 유기적으로 결합되어 출제되기 때문에 처음에는 낯설게 느껴질 수 있습니다. 하지만 기본 개념을 차근차근 익히다 보면 충분히 이해하고 문제를 풀 수 있게 됩니다.

이 책은 그런 학습 과정을 돕기 위해 체계적으로 구성되었습니다.

2026년부터 종합과목의 내용이 새롭게 개정됩니다. 이를 반영하여 최신 출제 경향에 맞춘 설명을 추가하고, 처음 공부하는 분들도 부담 없이 접근할 수 있도록 쉽고 명확하게 풀어 썼습니다.

지문은 모두 한국어로 제공하여 개념 이해를 돕고, 문제는 일본어로 구성해 자연스럽게 시험 환경에 익숙해질 수 있도록 했습니다. 또한, QR코드를 통해 일본어 원문을 제공하여 원서를 읽으며 일본어 실력도 함께 향상시킬 수 있도록 하였습니다.

20년 이상의 종합과목을 강의해 온 저의 경험을 바탕으로 출제 경향을 분석하고, 효과적인 학습법을 고민하여 실질적인 성과를 거둘 수 있도록 이 책을 구성했습니다.

특히, 종합과목은 한국의 입시 과목과는 다소 다르기 때문에 이질감을 느낄 수 있지만, 중요한 개념을 중심으로 체계적으로 학습하면 충분히 익숙해질 수 있습니다.

이 책은 총 100여 개의 unit으로 구성되어 있으며, 각 강의마다 빈칸 채우기 문제를 통해 학습 내용을 점검할 수 있도록 했습니다. 또한, 각 챕터에는 실제 시험과 유사한 문제를 제공해 실전 감각을 익히는 데 도움이 되도록 하였습니다. 단순한 암기가 아닌 개념의 이해와 논리적 사고를 유도하는 것이 이 책의 목표입니다.

그동안 종합과목은 정보 접근성이 낮아, 지방에 거주하거나 학원 환경을 갖추기 어려운 학생들에게 큰 장벽이었습니다. 이제는 인터넷 강의를 통해 누구나 집에서, 원하는 시간에 체계적으로 학습할 수 있게 되어, 더 많은 학생들이 자신의 가능성을 펼칠 수 있도록 돕는 것이 이 강의와 교재의 중요한 목표입니다.

처음에는 낯설고 어려울 수 있지만, 꾸준히 학습하다 보면 어느새 익숙해질 것입니다. 이 책이 여러분의 학습 여정에 든든한 길잡이가 되어, 목표를 향해 한 걸음씩 나아가길 응원합니다.

마지막으로, 이 책을 출간하고 강의를 제공할 수 있도록 도움을 주신 시원스쿨에 깊은 감사를 전합니다. 온라인 교육을 통해 더 많은 학습자들이 꿈을 이룰 수 있도록 길을 열어 주신 점에 감사드리며, 앞으로도 더욱 발전된 학습 환경을 만들어 가길 기대합니다.

이성순 드림

EJU 시험 개요

EJU 란?

'Examination for Japanese University'의 약자로, 일본 대학 등에 입학을 희망하는 자에게, 일본 대학 등에서 필요로 하는 일본어 능력 및 기초 학력 평가를 실시할 것을 목적으로 실시하는 시험이다.

2001년 12월에 폐지된, 일본 대학 등에 입학할 때 일본 대학(학부) 등 고등 교육 기관의 대부분이 수험할 것을 의무로 하고 있었던 '일본어 능력시험'과 '사비 외국인 통일 시험'의 2개 시험이 통합되어 2002년부터 연 2회(6월 및 11월) 일본 및 해외에서 실시되고 있다.

출제 과목

EJU시험의 출제 과목은 일본어, 종합과목, 수학, 이과(화학, 물리, 생물)이며, 각 대학교가 지정하는 수험과목을 선택하여 수험해야 합니다. 또한, 일본어를 제외한 모든 과목은 일본어와 영어 중 출제언어를 선택할 수 있다.

과목별 점수

과목	목적	시간	득점 범위
일본어	일본 대학 등에서의 공부에 대응할 수 있는 일본어 능력을 측정한다.	125분 정도	독해 0~200점 청독해·청해 0~200점 기술 0~50점
이과	일본 대학 등의 이과계열 학부에서의 공부에 대응할 수 있는 기초적 학력을 측정한다.	80분	0~200점
종합과목	일본 대학 등의 문과계열 학부에서의 공부에 대응할 수 있는 기초적 학력을 측정한다.	80분	0~200점
수학	일본 대학 등에서의 공부에 필요한 수학의 기초적인 학력을 측정한다.	80분	0~200점

- 일본어는 기술, 독해, 청독해·청해의 3가지 영역으로 구성된다.
- 이과는, 이과 3과목(화학, 물리, 생물) 중, 수험을 희망하는 대학이 지정하는 2과목을 선택해 수험한다.
- 이과와 종합과목을 동시에 수험하는 것은 불가능하다.
- 수학은 코스1과 코스2로 구성되며, 수험을 희망하는 대학이 지정하는 코스를 수험해야 하지만, 문과계열 학부 및 수학을 필요로 하는 정도가 비교적 적은 이과계열 학부에서 많이 필요로 하는 수학 코스1, 수학을 고도로 필요로 하는 학부에서 요구하는 수학 코스2가 있다.
- 득점 범위는 일본어 기술을 제외하고, 상대평가로 표시된다.

성적 결과

- 성적은 7월말, 12월말에 우편 통지 및 JASSO EJU 홈페이지에서 확인할 수 있다.
  (과거 기출 문제도 JASSO EJU 홈페이지에서 무료 다운로드 가능하다)
- 성적의 유효 기간은 각 대학별로 상이하다.

학습 목차

본책

Ⅳ 현대사회

Ⅴ 지리

별책

부록

학습 로드맵

STEP 1 역사 파트 학습 후 연대표로 정리하기

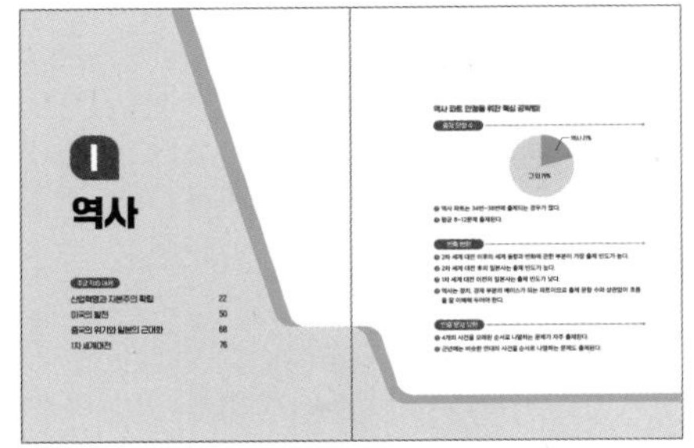

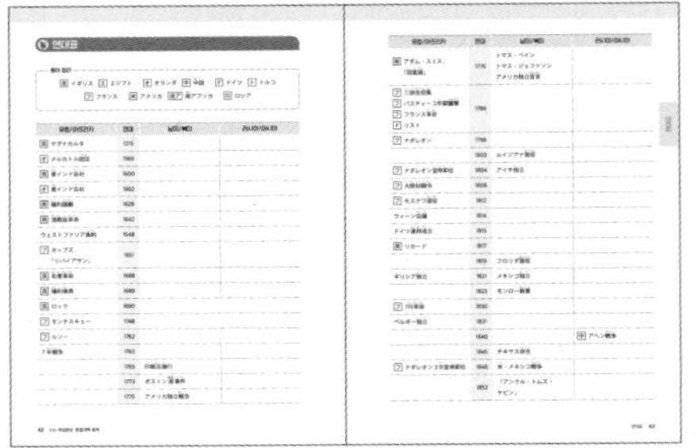

역사 파트로 전체적인 흐름을 잡아 두면 정치, 경제, 지리 등의 내용 이해에 도움이 됩니다. 암기하기보다 전체적인 흐름을 파악하는 것이 중요합니다. 별책 부가자료 연대표를 이용하여 최종 정리해 보세요!

STEP 2 정치, 경제, 현대사회 파트 학습하기

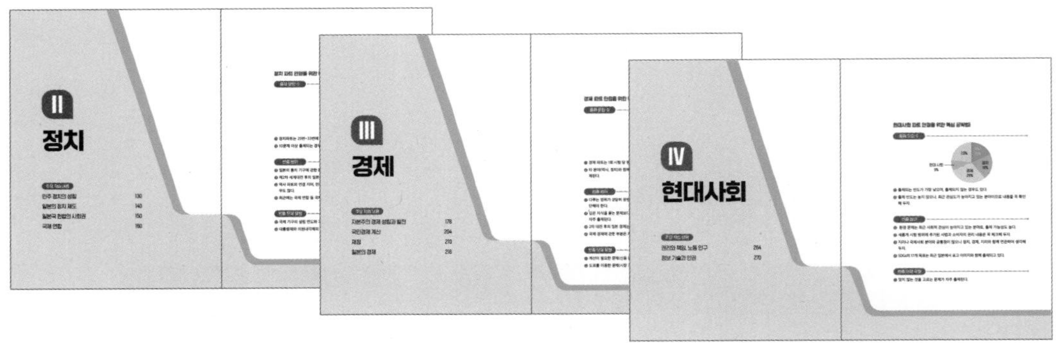

정치와 경제 파트는 배점이 높고 중요한 파트입니다. 현대사회는 분량은 많지 않으나, 내용에 변동이 자주 생기는 파트이니 평소부터 뉴스에 관심을 가져 두면 도움이 됩니다. 이 파트들은 실제로 문제를 많이 풀어보는 것이 중요하니, 핵심개념 다지기, 확인문제, 응용문제를 풀어보며 꼼꼼하게 개념을 다져주세요!

STEP 3 지리 파트 학습 후, 세계의 사정 파트 학습하기

지리 파트 학습 후, 별책의 세계의 사정 파트를 학습합니다. 지도를 보며 위치를 파악해 두는 것도 중요합니다. 부록의 백지도를 활용해 주세요!

STEP 4 모의고사 문제 풀어보기

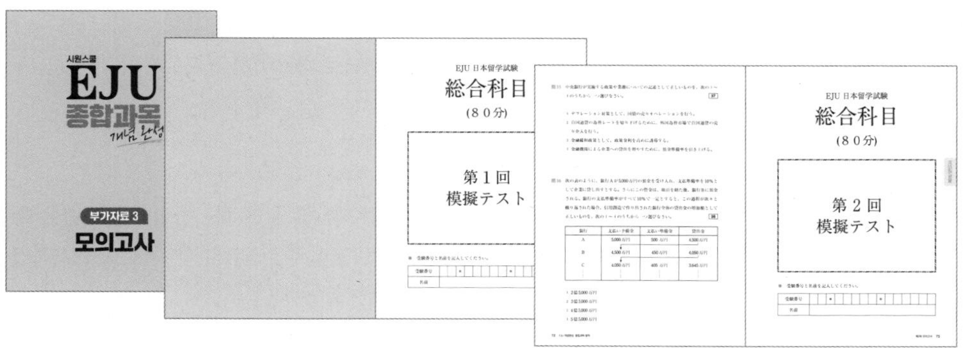

종합과목의 경우, 과거 기출 문제가 그대로 출제되지는 않으나, EJU 종합과목 문제 유형을 파악하는데 큰 도움이 되니 기출 문제와 함께 모의고사 2회분 문제를 풀며, 최종 점검을 해 보세요!

동영강 강의를 보며 학습하면, 빈출 포인트 및 개념 파악에 더욱 도움이 됩니다.

이 책의 구성과 특징 본책

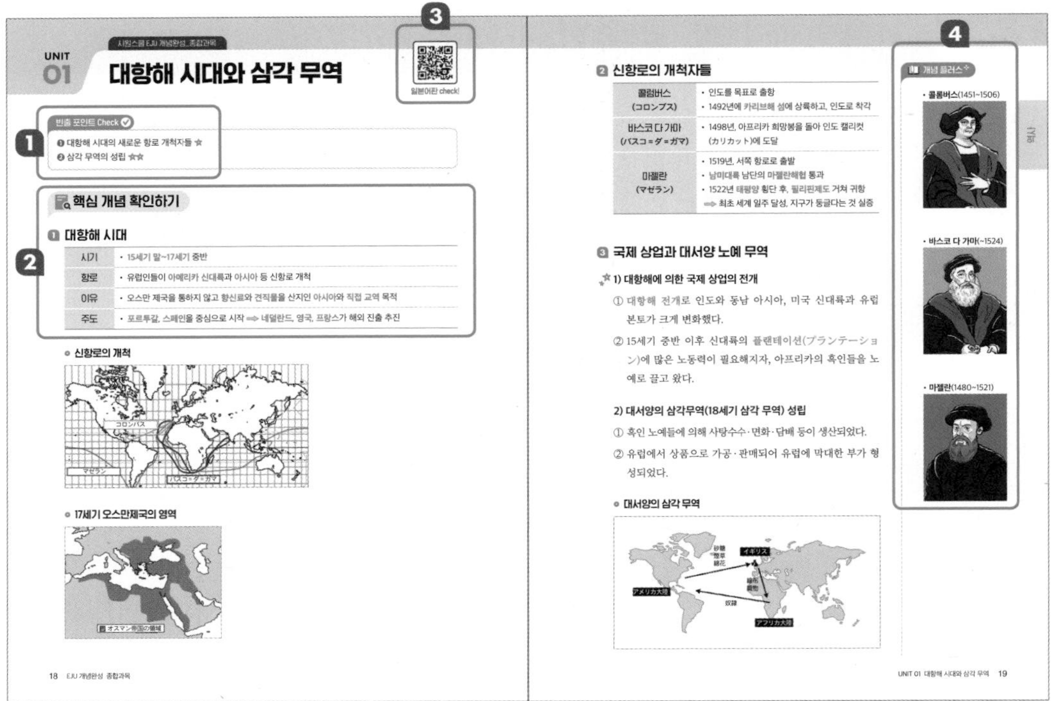

시원스쿨 EJU 개념완성_종합과목

UNIT 01 대항해 시대와 삼각 무역

일본어판 check!

빈출 포인트 Check

❶ 대항해 시대의 새로운 항로 개척자들 ★
❷ 삼각 무역의 성립 ★★

핵심 개념 확인하기

❶ 대항해 시대

시기	• 15세기 말~17세기 중반
항로	• 유럽인들이 아메리카 신대륙과 아시아 등 신항로 개척
이유	• 오스만 제국을 통하지 않고 향신료와 견직물을 산지인 아시아와 직접 교역 목적
주도	• 포르투갈, 스페인을 중심으로 시작 ⇒ 네덜란드, 영국, 프랑스가 해외 진출 추진

• 신항로의 개척

• 17세기 오스만제국의 영역

❷ 신항로의 개척자들

콜럼버스 (コロンブス)	• 인도를 목표로 출항 • 1492년에 카리브해 섬에 상륙하고, 인도로 착각
바스코 다 가마 (バスコ＝ダ＝ガマ)	• 1498년, 아프리카 희망봉을 돌아 인도 캘리컷(カリカット)에 도달
마젤란 (マゼラン)	• 1519년, 서쪽 항로로 출발 • 남미대륙 남단의 마젤란해협 통과 • 1522년 태평양 횡단 후, 필리핀제도 거쳐 귀항 ⇒ 최초 세계 일주 달성, 지구가 둥글다는 것 실증

❸ 국제 상업과 대서양 노예 무역

1) 대항해에 의한 국제 상업의 전개

① 대항해 전개로 인도와 동남 아시아, 미국 신대륙과 유럽 본토가 크게 변화했다.

② 15세기 중반 이후 신대륙의 플랜테이션(プランテーション)에 많은 노동력이 필요해지자, 아프리카의 흑인들을 노예로 끌고 왔다.

2) 대서양의 삼각무역(18세기 삼각 무역) 성립

① 흑인 노예들에 의해 사탕수수·면화·담배 등이 생산되었다.

② 유럽에서 상품으로 가공·판매되어 유럽에 막대한 부가 형성되었다.

• 대서양의 삼각 무역

개념 플러스

• 콜롬버스(1451~1506)

• 바스코 다 가마(~1524)

• 마젤란(1480~1521)

18 EJU 개념완성 종합과목

UNIT 01 대항해 시대와 삼각 무역 19

❶ 빈출 포인트 Check!

시험에서 자주 출제되는 내용을 중요도에 따라 5단계(★~★★★★★)로 나누어서 표시했습니다. 학습 후 내용 정리에도 활용해 주세요!

❷ 핵심 개념 확인하기

독학러와 EJU 종합과목을 처음 접하는 학습자를 위해, 다양한 도표와 지도를 함께 제시하여 핵심개념을 확실하고 완벽하게 이해할 수 있도록 하였습니다. 중요 용어는 암기에 도움을 주기 위해 일본어로도 표기하였습니다.

❸ 일본어 버전 Check!

일본어 버전 개념 설명을 PDF 파일로 제공합니다. QR 코드를 스캔한 후, 파일을 다운로드 하여 활용해 보세요.

❹ 개념 플러스

학습에 도움이 되는 인물이나 사건, 추가적으로 알아두면 도움이 되는 내용을 제시하였습니다.

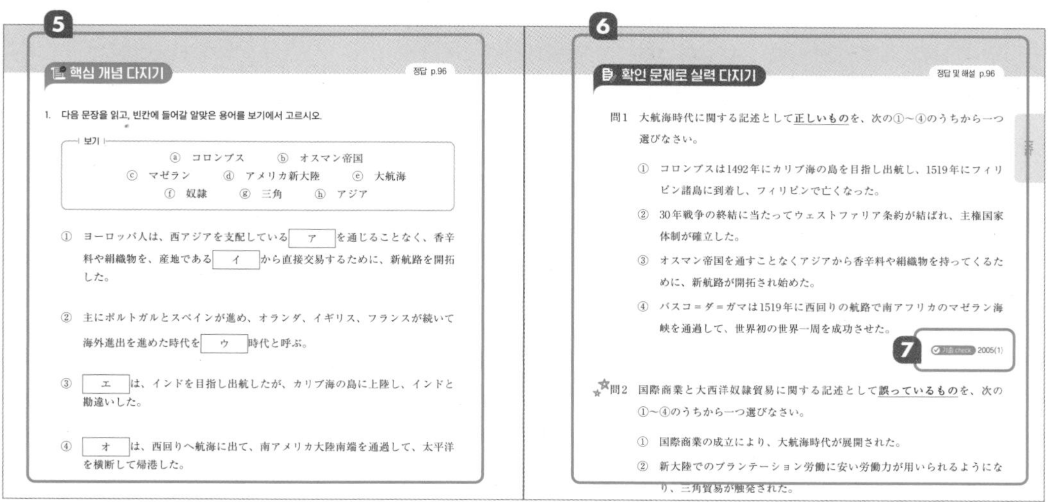

5

핵심 개념 다지기 정답 p.96

1. 다음 문장을 읽고, 빈칸에 들어갈 알맞은 용어를 보기에서 고르시오.

보기
ⓐ コロンブス ⓑ オスマン帝国
ⓒ マゼラン ⓓ アメリカ新大陸 ⓔ 大航海
ⓕ 奴隷 ⓖ 三角 ⓗ アジア

① ヨーロッパ人は、西アジアを支配している［ ア ］を通じることなく、香辛料や絹織物を、産地である［ イ ］から直接交易するために、新航路を開拓した。

② 主にポルトガルとスペインが進め、オランダ、イギリス、フランスが続いて海外進出を進めた時代を［ ウ ］時代と呼ぶ。

③ ［ エ ］は、インドを目指し出航したが、カリブ海の島に上陸し、インドと勘違いした。

④ ［ オ ］は、西回りへ航海に出て、南アメリカ大陸南端を通過して、太平洋を横断して帰港した。

6

확인 문제로 실력 다지기 정답 및 해설 p.96

問1 大航海時代に関する記述として正しいものを、次の①～④のうちから一つ選びなさい。

① コロンブスは1492年にカリブ海の島を目指し出航し、1519年にフィリピン諸島に到着し、フィリピンで亡くなった。

② 30年戦争の終結に当たってウェストファリア条約が結ばれ、主権国家体制が確立した。

③ オスマン帝国を通すことなくアジアから香辛料や絹織物を持ってくるために、新航路が開拓され始めた。

④ バスコ＝ダ＝ガマは1519年に西回りの航路で南アフリカのマゼラン海峡を通過して、世界初の世界一周を成功させた。

7 기출 Check 2005(1)

問2 国際商業と大西洋奴隷貿易に関する記述として誤っているものを、次の①～④のうちから一つ選びなさい。

① 国際商業の成立により、大航海時代が展開された。

② 新大陸でのプランテーション労働に安い労働力が用いられるようになり、三角貿易が勃発された。

5 핵심 개념 다지기

빈칸 채우기 문제를 풀어보며, 개념을 다시 한번 다질 수 있습니다. 먼저 일본어 버전 개념을 학습한 후 풀어보면 학습에 더욱 효과가 있습니다.

6 확인 문제로 실력 다지기

실제 EJU 문제와 비슷한 유형의 문제를 풀며, 배운 내용을 다시 한 번 정리하며 실전 감각을 키울 수 있습니다.

7 기출 Check!

학습한 내용과 유사한 문제가 실제 시험에 출제된 'EJU 기출 문제 연도'를 담았습니다. 기출 문제를 함께 풀어보면 EJU 출제 경향 및 문제 유형 파악에 도움이 됩니다.

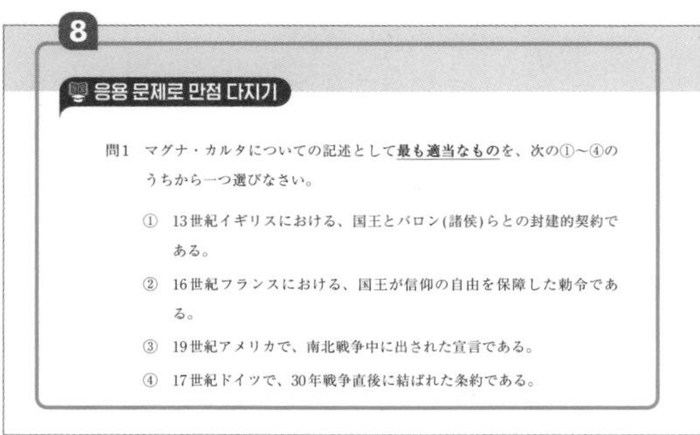

8

응용 문제로 만점 다지기

問1 マグナ・カルタについての記述として最も適当なものを、次の①～④のうちから一つ選びなさい。

① 13世紀イギリスにおける、国王とバロン(諸侯)らとの封建的契約である。

② 16世紀フランスにおける、国王が信仰の自由を保障した勅令である。

③ 19世紀アメリカで、南北戦争中に出された宣言である。

④ 17世紀ドイツで、30年戦争直後に結ばれた条約である。

8 응용 문제로 만점 다지기

실제 EJU 시험 문제와 유사하거나 조금 어려운 난이도의 문제를 제시하였습니다. 응용 문제로 고득점을 노려 보세요!

이 책의 구성과 특징 별책

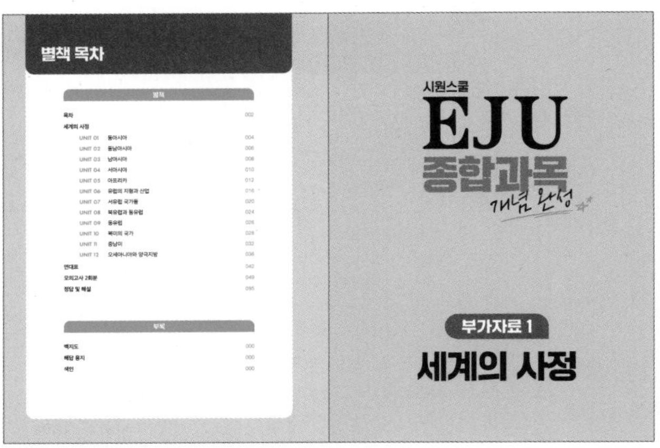

세계의 사정

시험에 자주 출제되는 세계 각국의 국토, 인구, 산업, 무역, 에너지 등의 데이터를 정리했습니다. 일본 교과 과정에서는 지리2로 학습하는 경우가 많습니다. 본책 지리 학습 후에, 학습해 주세요.

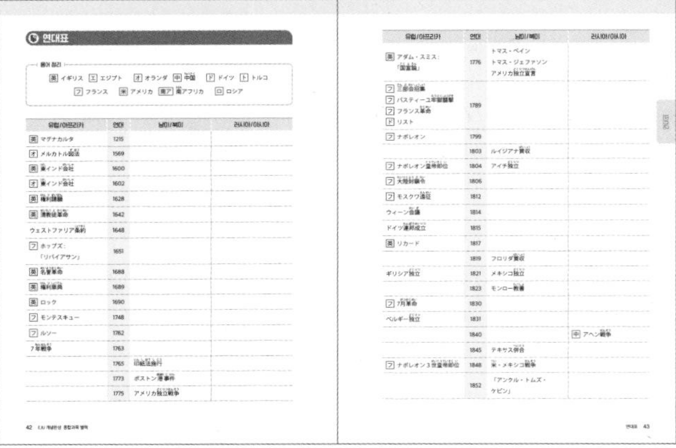

연대표

방대한 세계의 중요한 사건과 인물 등의 내용을 한눈에 보기 좋게 연대표로 정리했습니다. 역사와 정치 파트 총정리에도 도움이 됩니다.

모의고사 2회분

실전 모의고사 2회분을 담았습니다. 최종 점검과 응용력 향상이 동시에 가능합니다.

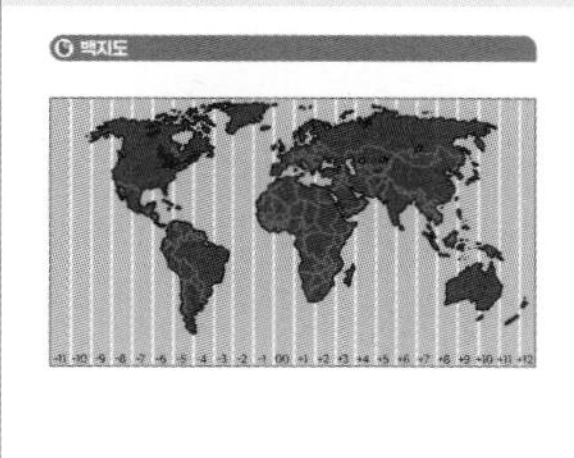

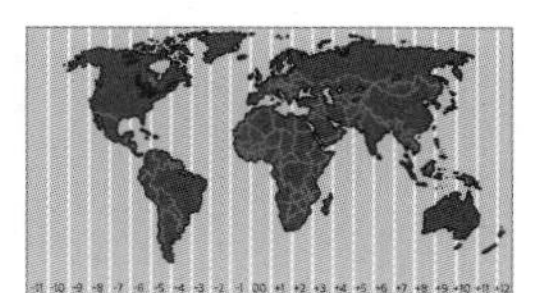

부록 백지도

시차 지도와, 세계지도를 수록하였습니다. 세계 각국의 나라명을 적어보며, 위치를 확인하면 실력이 향상됩니다.

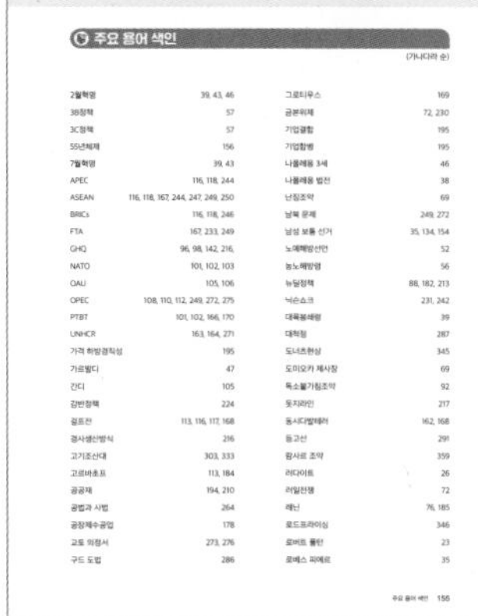

부록 색인

중요한 용어를 색인으로 정리했습니다. 다시 한 번 복습하고 싶거나 최종 점검할 때, 빠르게 확인하고 싶은 부분만 확인할 수 있습니다.

I

역사

주요 학습 내용

역사 파트 만점을 위한 핵심 공략법!

출제 문항 수

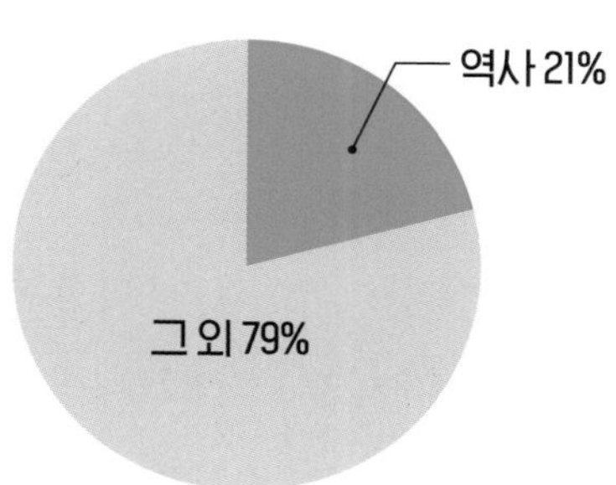

❶ 역사 파트는 34번~38번에 출제되는 경우가 많다.

❷ 평균 8~12문제 출제된다.

빈출 범위

❶ 2차 세계 대전 이후의 세계 동향과 변화에 관한 부분이 가장 출제 빈도가 높다.

❷ 2차 세계 대전 후의 일본사는 출제 빈도가 높다.

❸ 1차 세계 대전 이전의 일본사는 출제 빈도가 낮다.

❹ 역사는 정치, 경제 부분의 베이스가 되는 파트이므로 출제 문항 수와 상관없이 흐름을 잘 이해해 두어야 한다.

빈출 문제 유형

❶ 4개의 사건을 오래된 순서로 나열하는 문제가 자주 출제된다.

❷ 근년에는 비슷한 연대의 사건을 순서로 나열하는 문제도 출제된다.

UNIT 01

대항해 시대와 삼각 무역

일본어판 check!

빈출 포인트 Check

❶ 대항해 시대의 새로운 항로 개척자들 ☆
❷ 삼각 무역의 성립 ☆☆

핵심 개념 확인하기

1 대항해 시대

시기	• 15세기 말~17세기 중반
항로	• 유럽인들이 아메리카 신대륙과 아시아 등 신항로 개척
이유	• 오스만 제국을 통하지 않고 향신료와 견직물을 산지인 아시아와 직접 교역 목적
주도	• 포르투갈, 스페인을 중심으로 시작 ⟹ 네덜란드, 영국, 프랑스가 해외 진출 추진

○ 신항로의 개척

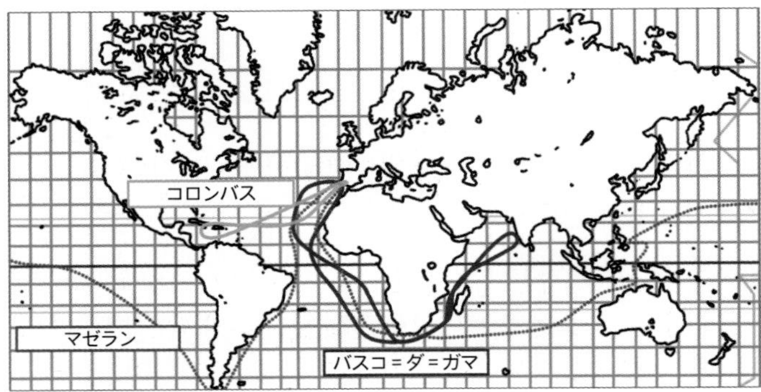

○ 17세기 오스만제국의 영역

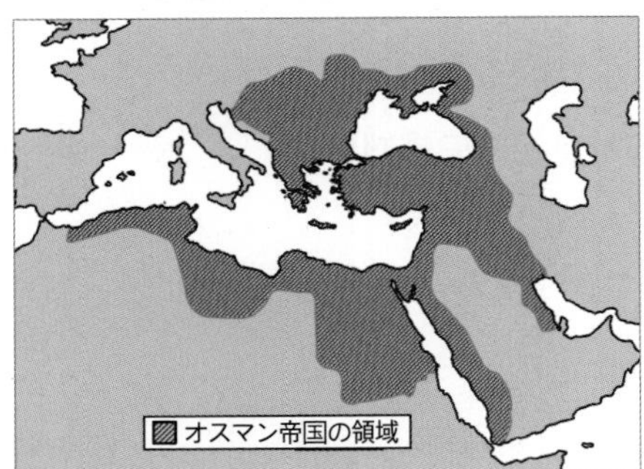

❷ 신항로의 개척자들

콜럼버스 (コロンブス)	• 인도를 목표로 출항 • 1492년에 카리브해 섬에 상륙하고, 인도로 착각
바스코 다 가마 (バスコ＝ダ＝ガマ)	• 1498년, 아프리카 희망봉을 돌아 인도 캘리컷(カリカット)에 도달
마젤란 (マゼラン)	• 1519년, 서쪽 항로로 출발 • 남미대륙 남단의 마젤란해협 통과 • 1522년 태평양 횡단 후, 필리핀제도 거쳐 귀향 ➡ 최초 세계 일주 달성, 지구가 둥글다는 것 실증

❸ 국제 상업과 대서양 노예 무역

1) 대항해에 의한 국제 상업의 전개

① 대항해 전개로 인도와 동남 아시아, 미국 신대륙과 유럽 본토가 크게 변화했다.

② 15세기 중반 이후 신대륙의 플랜테이션(プランテーション)에 많은 노동력이 필요해지자, 아프리카의 흑인들을 노예로 끌고 왔다.

2) 대서양의 삼각무역(18세기 삼각 무역) 성립

① 흑인 노예들에 의해 사탕수수·면화·담배 등이 생산되었다.

② 유럽에서 상품으로 가공·판매되어 유럽에 막대한 부가 형성되었다.

• 대서양의 삼각 무역

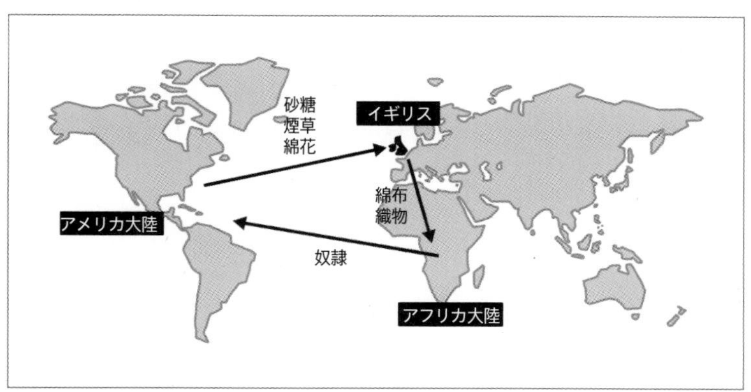

개념 플러스

• 콜롬버스(1451~1506)

• 바스코 다 가마(~1524)

• 마젤란(1480~1521)

핵심 개념 다지기

정답 p.96

1. 다음 문장을 읽고, 빈칸에 들어갈 알맞은 용어를 보기에서 고르시오.

보기
ⓐ コロンブス　ⓑ オスマン帝国
ⓒ マゼラン　ⓓ アメリカ新大陸　ⓔ 大航海
ⓕ 奴隷　ⓖ 三角　ⓗ アジア

① ヨーロッパ人は、西アジアを支配している［ ア ］を通じることなく、香辛料や絹織物を、産地である［ イ ］から直接交易するために、新航路を開拓した。

② 主にポルトガルとスペインが進め、オランダ、イギリス、フランスが続いて海外進出を進めた時代を［ ウ ］時代と呼ぶ。

③ ［ エ ］は、インドを目指し出航したが、カリブ海の島に上陸し、インドと勘違いした。

④ ［ オ ］は、西回りへ航海に出て、南アメリカ大陸南端を通過して、太平洋を横断して帰港した。

⑤ 大航海の展開は、インドなど［ イ ］諸国と、［ カ ］やヨーロッパ本土に大きな変革をもたらした。

⑥ アフリカは、大西洋で成立した［ キ ］貿易の一端を担わせられることになった。

⑦ 新大陸へと連れ去られた［ ク ］たちが新大陸で生産したものがヨーロッパで商品に加工され、莫大な富をヨーロッパにもたらした。

확인 문제로 실력 다지기

정답 및 해설 p.96

問1　大航海時代に関する記述として正しいものを、次の①～④のうちから一つ選びなさい。

① コロンブスは1492年にカリブ海の島を目指し出航し、1519年にフィリピン諸島に到着し、フィリピンで亡くなった。

② 30年戦争の終結に当たってウェストファリア条約が結ばれ、主権国家体制が確立した。

③ オスマン帝国を通すことなくアジアから香辛料や絹織物を持ってくるために、新航路が開拓され始めた。

④ バスコ＝ダ＝ガマは1519年に西回りの航路で南アフリカのマゼラン海峡を通過して、世界初の世界一周を成功させた。

기출 check 2005(1)

問2　国際商業と大西洋奴隷貿易に関する記述として誤っているものを、次の①～④のうちから一つ選びなさい。

① 国際商業の成立により、大航海時代が展開された。

② 新大陸でのプランテーション労働に安い労働力が用いられるようになり、三角貿易が触発された。

③ 新大陸に連れ去られたアフリカの奴隷が生産したサトウキビ、綿花、煙草などがアジアで商品に加工された。

④ アフリカの人々が奴隷として用いられて生産した砂糖や煙草、綿花がヨーロッパで商品に加工され、ヨーロッパに莫大な富をもたらした。

기출 check 2010(2)

UNIT 02
산업혁명과 자본주의 확립

일본어판 check!

빈출 포인트 Check

❶ 산업 혁명 ☆☆☆☆☆
❷ 자본주의 확립 ☆☆

핵심 개념 확인하기

1 산업혁명

1) 산업혁명의 배경

초기	• 15세기 영국에서 도매상(問屋制) 형식의 가내수공업(家内制手工業)으로 모직물 생산
배경	• 삼각 무역을 통해 자본 축적과 면화 등의 원재료 확보 가능 ⟹ 지주와 상인이 공장을 지어, 임금 노동자를 모집해 효율적으로 생산을 하는 방식인 공장제 수공업(マニファクチュア) 단계로 발전

2) 인클로저(エンクロージャー) 운동 발생

① 15세기~17세기에 수요가 급증한 양모 생산을 위해 농지를 목장으로 바꾸었다.

② 농촌에서 이탈한 농민들이 도시로 대량 유입되었다.

③ 이들은 도시에 거주하며 풍부한 노동력인 동시에 소비자가 되어 산업혁명의 기반이 되었다.

3) 산업혁명의 발전

정의	• 공장제 기계공업 등장 • 면직물 생산관련 기계 발명 ⟹ 생산 기술의 혁신 • 증기 기관 출현과 석탄 이용 ⟹ 에너지 혁명
영향	• 자본가와 노동자라는 사회관계로 구성되는 ⟹ 자본주의 출현

산업혁명기의 주요 발명품과 발명가

연도	발명가	발명품	영향
1733	존 케이(ジョンケイ)	플라잉 셔틀(飛び杼)	면직물의 생산 증가
1764	제임스 하그리브스 (ハーグリーブス)	제니 방적기	생산력 증가
1769	아크 라이트 (アークライト)	수력 방적기	노동력 절감과 생산성 향상
1769	제임스 와트(ワット)	증기기관 관련 특허 취득	증기기관 기술 상용화
1779	크럼프턴(クロンプトン)	뮬 방적기	품질 향상
1785	카트라이트 (カートライト)	역직기 (동력을 사용하는 직조기)	직물의 생산성 향상
1807	로버트 풀턴(フルトン)	증기선	원거리 수송 가능
1814	스티븐슨 (スティーブンソン)	증기 기관차	대량 수송 가능

2 자본주의

1) 18세기 말 이후 영국의 자본주의

대량 생산 이전, 면직물은 주로 인도산 수입품에 의존

발생 배경	• 대규모 공장제 기계공업에 의한 면직물 대량 생산 가능 ⇒ 산업혁명
영향	• 자본가와 노동자 형성 ⇒ 자본주의 확립 • 농업사회 ⇒ 공업 사회로 전환
	• 신흥 도시 탄생 : 맨체스터(マンチェスター : 면 공업) 버밍엄(バーミンガム : 철광석, 석탄) 리버풀(リヴァプール : 무역항)

2) 자본주의 파급영향

국내	• 절대왕정 타도, 산업 자본가 주도로 의회정치, 정당 정치 등의 시스템 형성 ⇒ 자본가와 노동자의 계급 대립
국외	• 저렴한 원료 공급지로서 아시아, 아프리카 등 식민지 획득에 적극적 ⇒ 원료 공급지와 판매 시장이 된 식민지 구조 성립

3) 19세기 중반 : 자본주의에 의한 상품 경제가 전 세계로 파급되었다.

핵심 개념 다지기

정답 p.96

1. 다음 산업 혁명기의 주요 발명가와 발명품을 바르게 연결하시오.

① スティーブンソン ・	・ ⓐ ジェニー紡績機
② クロンプト ・	・ ⓑ 力織機
③ ワット ・	・ ⓒ 飛び杼
④ ジョン・ケイ ・	・ ⓓ 蒸気機関車
⑤ カートライト ・	・ ⓔ 蒸気船
⑥ フルトン ・	・ ⓕ 蒸気機関の改良
⑦ ハーグリーブス ・	・ ⓖ ミュール紡績機

2. 다음에서 설명하고 있는 것을 쓰시오.

① 大規模の工場制機械工業により大量生産ができるようになることで現れた、資本家と労働者からなる社会である。

____

② 生産技術の革新とエネルギー変革などの一連の変化を指す現象である。

____

③ 15世紀から17世紀にかけて起こった現象で、各地で農民の離村と賃金労働者化を促し、都市に大量の労働者・消費者が居住するきっかけをつくった。

____

확인 문제로 실력 다지기

정답 및 해설 p.96

問1　産業革命に関する記述として合っているものを、次の①～④のうちから一つ選びなさい。

① 15世紀のイギリスはまだ問屋制家内手工業の段階であったが、次第に技術水準が上がり、工場制手工業へと進んだ。

② 15世紀から17世紀にかけてエンクロージャーが起こり、離村や賃金労働者化が促され、産業革命の基盤が築かれた。

③ 蒸気機関の出現と、それに伴う石炭の利用により、エネルギーの変革が促され、資本主義社会が確立された。

④ 大規模な工場制機械工業で大量生産が可能になり、資本家と労働者という社会関係が成り立つことを産業革命という。

기출 check 2012(1) 2015(2) 2021(1) 2022(1) 2023(1)

問2　資本主義の確立に関する記述として合っているものを、次の①～④のうちから一つ選びなさい。

① 工業社会への転換に伴い、人口の都市集中が起こり、リヴァプール(鉄鉱石)などの新興都市が誕生した。

② 19世紀中ごろには、資本主義による商品経済がほぼ世界全域に及んだ。

③ 資本主義を確立した国々は、国内では絶対王政制を強化し、アジア・アフリカなどに植民地の獲得に乗り出した。

④ 18世紀中ごろには、資本主義の波及により、植民地における独立運動が世界各地で起こった。

기출 check 2013(1)

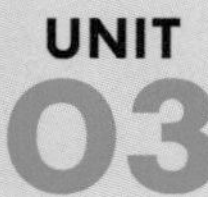

UNIT 03 사회주의 등장과 서아시아 변용

일본어판 check!

빈출 포인트 Check

❶ 사회주의 등장 ☆
❷ 오스만 제국의 발전과 쇠퇴 ☆☆

핵심 개념 확인하기

1 사회문제와 사회주의 등장

1) 러다이트 (ラダイト) 운동 1811~17

배경	• 노동자의 위험하고 열악한 노동 환경에서의 장시간 혹사 불만
전개	• 노동자가 노동조합을 결성하여 노동조건 개선 요구 • 노동자 실업 문제 원인이 기계 보급이라고 주장하며, 섬유기계를 파괴(러다이트)하는 운동 전개

2) 사회주의 대두

① 자본가와 노동자 계급의 불평등을 해소하고, 사회적 계급이 소멸한 평등한 사회를 지향하는 사회주의 사상이 출현하였다.

② 마르크스(マルクス), 엥겔스(エンゲルス) : 자본주의 사회의 원리적 모순을 주장하는 사회주의 이론을 전개하였다.

2 서아시아 변용

☆ 1) 오스만 제국의 발전

① 서아시아 넓은 지역을 지배하였다.

② 16세기에는 서아시아부터 동유럽, 북아프리카 3대륙을 지배하는 전성기를 맞이하였다.

2) 오스만 제국의 쇠퇴와 그 영향

① 18세기 후반 러시아와의 전쟁(露土戦争)1774에서 크게 패하고 흑해(黒海) 북쪽 해안을 상실 ➡ 러시아선에 흑해 자유 항해권을 허용하는 등, 위기에 처하게 되었다.

② 유럽 내셔널리즘(ナショナリズム), 특히 프랑스 혁명 영향으로 오랫동안 오스만제국 지배하에 놓여 있던 발칸(バルカン) 여러 민족이 독립을 요구한다.

③ 이집트(エジプト)가 오스만 제국으로부터 자립1805하고, 그리스는 러시아 · 영국 · 프랑스의 지원으로 독립1830 ➡ 오스만 제국 분열

19세기 오스만 제국의 영토

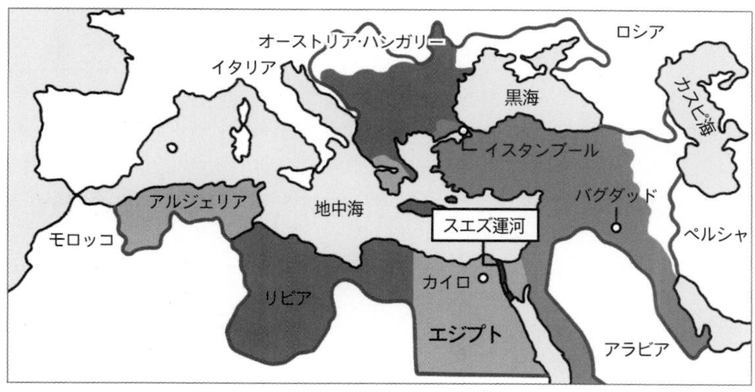

□ オスマン帝国の最大領域 ■ 領土喪失(1815~1871)
■ 領土喪失(1871~1914) ■ 1914年の領域

개념 플러스+

- **러다이트 운동**
  - 1811~1817
  - 방적기 등 기계의 등장이 수공업자의 일손을 빼앗는다는 생각으로 실업자가 된 노동자들이 기계를 파괴한 운동. 초기 노동운동.

- **칼 마르크스** (1818~1883)

- <자본론> 공동 저자
- 1848년, 엥겔스와 <공산당 선언> 발표

- **엥겔스**(1820~1895)

- 유물론의 창시자
- 1848년에 마르크스와 <공산당 선언> 발표
- <자본론> 공동 저자

핵심 개념 다지기

정답 p.96

1. 다음 문장을 읽고, 빈칸에 들어갈 알맞은 용어를 보기에서 고르시오.

보기

ⓐ 西アジア	ⓑ ラダイト	ⓒ 黒海北岸
ⓓ 労働組合	ⓔ ギリシア	ⓕ 社会主義
ⓖ 東ヨーロッパ	ⓗ エジプト	ⓘ 北アフリカ

① 都市の工場の安価な労働力になった農民は、劣悪な労働環境のなかで、長時間酷使され、大きな社会問題になり、[ア]を結成し、労働条件の改善を求めた。

② 職を失った労働者は機械の普及が失業問題の源泉であると捉え、[イ]運動を展開した。

③ 資本主義社会の問題点があらわになる中で、資本家と労働者階級の不平等を解消し、資本主義体制の変革を目指す[ウ]思想が現れるようになった。

④ オスマン帝国の最盛期であった16世紀には、[エ]から[オ]、[カ]の三大陸にまで及んだ。

⑤ 18世紀後半、オスマン帝国はロシアとの戦争で大敗し、[キ]を喪失し、分裂の危機に迫られた。

⑥ [ク]は、ロシア、イギリス、フランスの支援でオスマン帝国から独立し、[ケ]も近代化政策を進め、オスマン帝国からの自立を果たした。

정답 및 해설 p.96

問1　社会問題と社会主義の登場に関する記述として**最も適当なもの**を次の①～④の中から一つ選びなさい。

① 産業革命による資本主義の確立で、マンチェスター(石炭)、バーミンガム(綿工業)、リヴァプール(貿易港)などの新興都市が誕生した。

② 初期労働運動の一つであるラダイト運動の影響で社会主義が登場した。

③ 紡績機など機械の登場で大量生産が可能になったことが失業の原因と考えた社会主義者が機械を打ち壊す運動を展開した。

④ マルクスとエンゲルスは資本家と労働者の階級の不平等など、資本主義社会の原理的矛盾を説く社会主義理論を展開した。

問2　オスマン帝国の発展と分裂に関する記述として**最も適当なもの**を次の①～④の中から一つ選びなさい。

① 16世紀に最盛期を迎えたオスマン帝国は、西アジアから西ヨーロッパ、東アフリカまで勢力を伸ばした。

② 18世紀後半、ロシアとの戦争に大敗し、黒海北岸を喪失し、ロシア船に黒海の自由航行権を許容するなど、危機にさらされた。

③ フランス革命後、オスマン領の地域に民族的な覚醒が進み、オスマン帝国からの独立を求める運動が起こり始まったが、いずれも失敗した。

④ ギリシアは近代化と産業化が進み、自力でオスマン帝国から自立することに成功した。

기출 check 2015(2)

UNIT 04 미국 독립 전쟁

빈출 포인트 Check

❶ 미국 독립 전쟁 ☆☆☆☆
❷ 미합중국 헌법 ☆☆☆

핵심 개념 확인하기

1 미합중국 독립 전쟁

1) 18세기 영국의 식민지 지배 상황

18세기 전반 이전	• 북미 대륙 동부 지역에 13개의 식민지 건설 ⇒ 상품 시장과 원료 공급지로 이용 • 식민지 주민 지배 느슨
18세기 후반 이후	• 7년 전쟁 종결 후, 재정난에 빠져 식민지에 과세 강화

2) 인지세법(印紙税法(いんしぜいほう))

① "대표 없이 과세 없다"고 강한 반발에 부딪혔다.

② 1766년에 철폐되었다.

☆ 3) 보스턴 차 사건

① 동인도 회사에 의한 차 판매 독점에 반대, 보스턴 항구에 입항하는 동인도 회사 선박을 습격했다.

② 영국 측이 보스턴 항구 폐쇄와 군대 주둔 등 무력 억제를 시도했다.

⇒ 대륙 회의1774 개최, 이듬 해 독립전쟁이 발발하였다.

❷ 미합중국 독립

1) 토머스 페인 <상식론(コモン・センス)>

① 총사령관 워싱턴이 이끌던 식민지군은, 초반에는 고전을 면치 못했다.

② 토마스 페인의 <상식론> 발간 후, 독립의 방향성이 명확해지고 독립을 향한 여론이 고조되어, 분위기가 반전되었다.

③ 프랑스, 스페인, 네덜란드 등의 지원을 얻어 ➡ 영국군을 압박했다.

2) 미합중국 독립

독립 선언	• 1776년, 필라델피아에서 13개 식민지 대표 토마스 제퍼슨이 기초한 '독립선언' 발표, 13개주의 독립을 선언
독립 승인	• 종전 후, 미국 독립이 파리(パリ)조약1783에서 승인
공화국 탄생	• 미 헌법 제정1788 • 워싱턴이 미 초대 대통령에 취임1789 • 근대 첫 공화국 탄생

3) 미합중국 헌법

① 1788년, 세계 첫 근대적 성문헌법으로 발효되었다.

② 인민주의, 연방주의, 삼권분립제를 채용하였으나, 노예제도가 남아 있었기 때문에 ➡ 자유와 평등을 제창한 공화국은 출발점부터 한계가 있었다.

개념 플러스

• **루이 16세**(1754~1793)

- 프랑스는 미국 독립 운동 당시 재정적으로 곤란한 상황이었지만, 미국과 양호한 관계를 구축하여 영국의 힘을 약화시키려는 목적으로 미국 독립을 지원
- 프랑스 혁명에 의해 프랑스 역사상 처음으로 처형 당한 비운의 왕

핵심 개념 다지기

정답 p.97

1. 다음 문장을 읽고, 빈칸에 들어갈 알맞은 용어를 보기에서 고르시오.

보기
ⓐ 原料 ⓑ 成文 ⓒ 課税 ⓓ パリ ⓔ 印紙法 ⓕ ボストン茶会 ⓖ フィラデルフィア ⓗ 商品

① 18世紀前半までイギリスは、北アメリカ大陸の東部地域に13の植民地を建設し、[ア]市場、[イ]供給地として利用していた。

② イギリスは、七年戦争の終結後、財政難に陥り、植民地に[ウ]を強化することで財政を賄おうとした。

③ 植民地の人々は、[エ]に対して、「代表なくして[ウ]なし」と反発し、翌年撤廃させた。

④ 東インド会社による茶の独占販売に反対し、ボストン港に入港していた東インド会社の船を襲った[オ]事件が発生し、独立運動の機運が高まった。

⑤ 1776年、トマス・ジェファソンは自らが起草した独立宣言を[カ]で発表した。

⑥ 終戦後の1783年、アメリカの独立が[キ]条約で承認され、近代初の共和国が誕生した。

⑦ アメリカ合衆国の憲法は、世界初の近代的[ク]憲法である。

정답 및 해설 p.97

問1　アメリカ合衆国の独立戦争に関係する出来事を**年代順に並べたものとして、正しいもの**を一つ選びなさい。

A：パリ条約

B：ボストン茶会事件

C：ワシントンが初代大統領に就任

D：アメリカ合衆国の憲法が制定

① B→C→A→D　　② A→C→D→B

③ A→D→C→B　　④ B→A→D→C

기출 check 2002(1) 2023(1)

問2　アメリカ合衆国独立に関する説明として**適当なもの**を一つ選びなさい。

① 1783年、トマス・ジェファソンがフィラデルフィアで13州の独立を宣言した。

② 世界初の近代的成文憲法であるアメリカ合衆国の憲法は、人民主義・連邦主義・三権分立を採用した。

③ 植民地の人々は、印紙法に不満を持ち、独占販売の撤廃を要求する運動を展開した。

④ トマス・ペインの『コモン・センス』が発刊されると、独立への世論が高まり、独立戦争が勃発した。

기출 check 2014(1)

UNIT 05

프랑스 혁명의 전개

일본어판 check!

빈출 포인트 Check

❶ 프랑스혁명의 배경 ☆☆☆☆☆
❷ 프랑스 인권 선언 ☆☆☆☆

핵심 개념 확인하기

1 프랑스 혁명의 태동

1) 재정의 파탄

① 루이 16세가 특권 신분에게도 과세를 하는 재정 개혁을 제안하였으나 ➡ 귀족과 성직자의 반대로 무산되었다.

└ 미국 독립 전쟁을 지원하여 국비를 낭비, 재정이 파탄 직전으로 내몰리자, 재정 개혁을 제안

② 재정 개혁에 실패한 루이 16세는 삼부회 소집을 요구하였다.

③ 삼부회의 98%를 차지하는 제3신분 중에는, 농민뿐만 아니라 부를 축적하여 경제력을 가진 상공업자(부르주아)도 존재하였다.

2) 테니스코트의 서약(球技場の誓い)

① 제3신분은 국민의회를 결성해 대표 기구로서의 헌법 제정을 요구하며 ➡ 테니스 코트에서 시위하였다.

② 루이 16세는 국민의회는 인정하였으나, 헌법 제정은 인정하지 않았다.

3) 프랑스 혁명 발생

☆ ① 결국 루이 16세는 국민의회를 승인하였지만, 헌법 제정은 무력을 사용하여 탄압하려 했고 ➡ 이에 반발한 파리 시민들이 바스티유 감옥을 습격하여, 프랑스 혁명이 시작되었다.

☆ ② 1789년 8월 26일, 국민의회가 프랑스 인권 선언을 가결, 발표하였다.

└ 핵심 ─ 인간의 자유 평등
　　　 ├ 주권 재민
　　　 └ 사유재산 불가침

4) 남성 보통 선거 실시

혁명 중, 의회에서 세계 첫 보통 선거인 남성 보통선거(1792)가 결정되어, 보통선거에 의한 국민 공회 소집으로 왕정이 폐지 ➡ 프랑스 공화정(1792)이 수립되었다.

5) 영국의 버크(バーク) : 프랑스 혁명의 과격함을 비난하였다.

2 프랑스 혁명의 전개

1) 국민 공회

① 혁명 이후, 전제 왕권과 봉건체제 붕괴를 두려워한 유럽 각국이 무력으로 프랑스 공화정 성립을 방해하려는 움직임을 보이자 ➡ 국민 공회는 국민에 호소해 국민군을 결성하여 혁명을 지키려 하였다.

② 더 이상의 혁명 진행을 바라지 않는 ➡ 지롱드(ジロンド)파와 중앙 집권을 더욱 강화하려는 ➡ 강경파 자코뱅(ジャコバン)파가 대립하였다.

2) 로베스 피에르(ロベス・ピエール)의 공포 정치

① 1793년, 권력을 장악한 자코뱅파(로베스 피에르)가 급진적 공화정을 추진하는 ➡ 공포 정치를 행하였다.

② 유럽 각국이 프랑스 혁명을 봉쇄하기 위해 1차 프랑스 동맹을 결성해 ➡ 대외적 긴장감이 고조되었다.

③ 1794년 자코뱅 독재정부는 차츰 프랑스 민중의 지지를 잃고 붕괴되었다.

개념 플러스

- **삼부회**
  - 정식 명칭은 '전국 삼부회'
  - 1부 성직자, 2부 귀족, 3부 평민이라는 프랑스의 3개 신분 대표가 모여 중요 사안에 관하여 토론을 하는 국왕의 자문 기관
- **테니스코트의 서약**
  - 루이 16세가 국민의회 회의장을 폐쇄해 버리자, 국민의회 측이 국민의회 해산을 거부하고 베르사유 궁전 테니스코트로 이동한 뒤, 헌법제정 시까지 해산하지 않을 것을 맹세한 사건
- **애드먼드 버크**

  - 영국의 보수주의적 정치 철학자로 '보수사상의 아버지'로 불림.
  - "사회는 곧 계약이다"
  - 절대 왕정을 비판하고 의회 정치를 옹호
  - 1793년, 프랑스 혁명군이 외국 세력과 국왕 연결을 의심하여 국왕을 처형하자, 프랑스 혁명의 과격함을 비난

핵심 개념 다지기

정답 p.97

1. 다음 문장을 읽고, 빈칸에 들어갈 알맞은 용어를 보기에서 고르시오.

보기

ⓐ フランス革命　ⓑ 人権宣言
ⓒ ジロンド　ⓓ 男性普通選挙　ⓔ 三部会
ⓕ ジャコバン　ⓖ 国民議会

① ルイ16世は、特権身分に対する課税といった財政改革を試みたが、貴族や聖職者の反対で失敗すると、1614年以来、一回も召集されなかった［ ア ］の招集を要求する。

② 不満を持った第3身分は、彼らの代表として［ イ ］を結成し、ルイ16世に憲法制定まで解散しないことを誓わせた。

③ ルイ16世が武力を行使して憲法制定を阻止しようとすると、これに反発したパリ民衆がバスティーユ牢獄を襲撃し、［ ウ ］が起こった。

④ 国民議会は、［ エ ］を発表し、人間の自由平等、主権在民、私有財産の不可侵をうたった。

⑤ 1792年、議会で世界初の［ オ ］が決定され、［ オ ］による国民公会が招集され、王政が廃止、フランス共和国となった。

⑥ 国民公会には、革命を防衛し共和政を確立するためにこれ以上の革命進行を望まない［ カ ］派と、中央集権の強化を望む［ キ ］派があった。

확인 문제로 실력 다지기

정답 및 해설 p.97

問1　フランス革命に関する出来事を**年代順で並べたもの**として、**正しいもの**を一つ選びなさい。

A　国民会議を結成し、憲法制定時まで解散しないことを誓った。

B　初の男性普通選挙が決定され、フランスは共和国となった。

C　ロベスピエールが権力を握り、恐怖政治を行った。

D　不満を持ったパリの民衆がバスティーユ牢獄を襲撃した。

① C→A→D→B　　② B→A→C→D

③ A→D→B→C　　④ A→D→C→B

기출 check 2022(2)

問2　フランス革命に関する説明として**適切なもの**を一つ選びなさい。

① 特権身分への課税という財政改革に失敗したルイ16世によって三部会が召集されたが、評決方式に不満を持った第三身分は国民公会を結成した。

② 中央集権を強化する立場のジャコバン派のロベスピエールは民衆の支持を得た。

③ ルイ16世とワシントンが憲法制定を妨害しようとすると、反発した市民がバスティーユ牢獄を襲撃した。

④ 革命側は、これ以上の革命を望まないジロンド派と中央集権の強化を主張するジャコバン派が対立していた。

기출 check 2010(2) 2013(1)

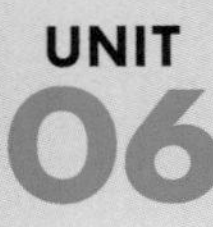

나폴레옹과 빈 체제 성립

빈출 포인트 Check

❶ 나폴레옹의 대두와 몰락 ☆☆☆☆
❷ 빈체제 성립과 동요 ☆☆☆☆

핵심 개념 확인하기

1 나폴레옹의 대두

1) 왕당파의 반란과 좌파와의 대립

① 프랑스 혁명 이전으로 돌아가기를 원하는 왕당파와 철저한 사회 개혁을 추진하는 좌파와의 대립으로 정치가 불안정한 가운데, 1799년 나폴레옹이 쿠데타를 일으켜 제1통령에 취임했다.

② 1804년, 프랑스의 혼란을 틈타, 식민지인 아이티(ハイチ)가 독립하여 ➡ 세계 첫 흑인 공화국이 되었다.

2) 프랑스 혁명 종결

① 1804년, 나폴레옹 법전을 발포하였다.

- 법 앞의 평등, 신앙과 노동의 자유, 사적 소유권 존중, 계약의 자유
- 프랑스 혁명의 이념을 법적으로 명확히 함

② 혁명 이념의 유럽 전역 확장을 주장하며, 대외적으로 ➡ 유럽 정복을 전개, 대내적으로 ➡ 부르주아와 농민의 폭 넓은 지지를 배경으로 ➡ 나폴레옹 1세로서 황제에 즉위했다(제1제정 1804)

3) 나폴레옹 유럽 원정 영향

① 프랑스 혁명 이념인 자유와 평등이 유럽 각지에 전파되었다.

② 스페인이 나폴레옹의 침략을 받아, 정복지 관리가 소홀한 틈을 이용해, 중앙 아프리카와 카리브해 지역, 남미 지역(베네수엘라 · 콜롬비아 · 아르헨티나 · 볼리비아)의 식민지가 독립을 달성했다.

2 나폴레옹의 몰락

1) 대륙봉쇄령1806 : 영국 경제 고립 및 악화와, 프랑스가 유럽 대륙을 경제적으로 과점화할 목적으로 ⇒ 대륙 봉쇄령1806을 발령하였다.

영국 공업제품이 들어오지 않고, 영국에 곡물을 수출하지 못하자, 러시아 경제에 큰 타격을 입어, 교역 재개

2) 영국과 러시아가 대륙 봉쇄령을 어기고 교역을 하자 ⇒ 나폴레옹은 러시아 원정에 나섰지만 실패하고 ⇒ 엘바(エルバ)섬에 유배되었다.

3 빈체제의 성립과 동요

1) 빈(ウィーン)회의 1814

① 나폴레옹의 러시아 원정 실패 후, 오스트리아 재상 메테르니히(メッテルニヒ)가 개최하였다.

② 프랑스 혁명 이전의 왕정체제로 복구하고, 프랑스 혁명의 이념인 자유와 평화를 억제하여 ⇒ 유럽질서를 재편한다는 것이 주된 목적이었다.

③ 5개국 간의 신성 동맹을 결성하여, 군사력으로 체제 유지를 도모했다.

영국, 오스트리아, 러시아, 프러시아, 프랑스

④ 독일 연방 성립과 스위스 영세 중립국이 확인되었다.

4 7월 혁명1830과 2월 혁명1848

① 빈체제 하에서 실시된 의회 해산과 선거권 축소에 대한 불만이 깊어져 ⇒ 프랑스에서 7월 혁명이 발생 ⇒ 전제적 왕정이 붕괴, 입헌 정치로 바뀌었다.

② 선거권 한정에 대한 불만으로 ⇒ 2월 혁명이 발생, 남자 보통 선거가 실시, 공화정이 수립되었다.

③ 7월 혁명과 2월 혁명의 영향으로 ⇒ 빈체제가 붕괴되었다.

개념 플러스

• **나폴레옹**(1769~1821)

- 엘바섬 유배 후, 1815년에 탈출하여 부활을 노렸지만, 워털루 전투에서 패배하여 세인트 헬레나섬에 유폐된 후, 1821년에 사망했다.

• **메테르니히**(1773~1859)

- 오스트리아의 정치가
- 1814~1815 빈 회의 의장으로서 유럽 질서 재편에 진력함.

핵심 개념 다지기

정답 p.98

1. 다음 문장을 읽고, 빈칸에 들어갈 알맞은 용어를 보기에서 고르시오.

보기

ⓐ 大陸封鎖令　ⓑ メッテルニヒ
ⓒ 2月革命　ⓓ 南米　ⓔ 7月革命
ⓕ ナポレオン　ⓖ ロシア　ⓗ ウィーン会議

① ナポレオンが発布した［ ア ］法典は、法の下の平等、信仰や労働の自由、私的所有権の絶対と契約の自由など、フランス革命の理念を法的に確定させたと言われている。

② ナポレオン戦争を通してフランス革命の理念が欧州各地に広まり、中米やカリブ海諸国、［ イ ］諸国で独立運動が起こり、次々と独立を果たした。

③ ナポレオンは、イギリスとの貿易を禁止し、イギリス経済の孤立化・弱体化とフランスのヨーロッパ市場独占のために、ヨーロッパ征服地に対して［ ウ ］を発した。

④ ［ エ ］は、イギリスから工業製品が入ってこず、イギリスへ穀物の輸出もできなくなると、大きな痛手を受け、イギリスとの交易を開始した。

⑤ 1814年、フランス革命とナポレオン戦争による混乱からヨーロッパの秩序を再編するために、オーストラリアの外相［ オ ］が主導する［ カ ］が開催された。

⑥ ウィーン体制により、議会解散や選挙権の縮小などが行われると、フランス国民の不満が深まり、［ キ ］と［ ク ］が起きた。

확인 문제로 실력 다지기

정답 및 해설 p.98

問1　ナポレオンの台頭と没落に関する記述として適当なものを一つ選びなさい。

① ナポレオンは、イギリスの産業革命によりブルジョア階級が増えるのを恐れ、イギリスとの通商を禁止する大陸封鎖令を発した。

② 私的所有権の保障や自由などフランス革命の理念を法的に確定させたと言われるナポレオン法典を発布した。

③ ヨーロッパ遠征を展開し、ブルジョワ層の支持を背景に皇帝に即位したが、セントヘレナ遠征に失敗し、エルバ島に流刑され、そこで死去した。

④ イギリスとの通商を再開したロシア遠征に出てモスクワを陥落させたが、寒さやフランス国内の凶作により食糧の補給が困難になったことで、やがて退却した。

기출 check 2012(1) 2016(1)

問2　ウィーン会議とその影響に関する記述として合っているものを一つ選びなさい。

① 主な目的は、フランス革命の精神を引き継ぎ、自由と平等を確立することであった。

② オーストラリアの外相メッテルニヒが主導し、イギリス・オーストリア・ロシア・スイス・フランスなどの大国の勢力均衡が図られた。

③ 労働者やブルジョワを中心に支持を得て七月革命と二月革命の導火線になり、自由主義と国民主義の精神を広め、男子の普通選挙が実現した。

④ フランス革命以前の秩序を回復し、フランスの大国化とフランス革命の理念である自由と平等を抑え、旧体制を復古するのが主な目的だった。

기출 check 2009(2) 2013(2) 2016(2) 2018(1) 2021(2) 2023(2)

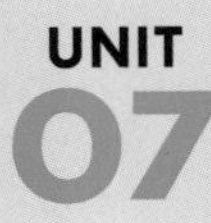

UNIT 07 먼로주의와 국민국가 형성

일본어판 check!

빈출 포인트 Check

❶ 먼로 교서 ☆
❷ 국민국가 형성 ☆☆☆☆☆

핵심 개념 확인하기

1 먼로(モンロー)주의

1) 빈체제의 동요와 붕괴

① 빈 체제 이후, 유럽 각지에서 자유주의와 내셔널리즘(국민주의) 실현을 요구하는 운동이 일어났다.

② 메테르니히가 멕시코와 브라질 독립 운동에 간섭하려고 하자, 미국이 먼로교서1823를 발표하였다.

(멕시코 — 스페인령 / 브라질 — 포르투갈령)

☆ 2) 먼로주의(고립주의)1823 요지 : 유럽과 미국의 상호 불간섭(라틴 아메리카 각국의 독립에 반대하는 유럽 열강의 간섭 반대) ➡ 이후, 미국의 기본 외교 정책이 되었다.

2 국민국가 형성

☆ 1) 시민 혁명의 영향

① 국가의 주권은 국민이 갖는다는 의식이 생겨났다.

② 국민주의 이념 확산으로 국민국가 형성의 움직임이 발생했다.

└ 나폴레옹의 지배로, 유럽에 자유주의와 국민 의식이 고양되어, 특권 계급 만이 아니고, 국민 전체가 국가를 유지한다는 의식 형성

2) 국민국가 이념 형성으로 유럽 각지에서 독립 운동 발생

① 오스만 제국으로부터의 그리스(ギリシア) 독립1830 ⇒ 자유주의와 국민주의에 불을 댕겨, 프랑스에서 7월 혁명1830이 발생하였다.

② 7월 혁명은 네덜란드로부터의 벨기에(ベルギー)독립을 촉구하였다.

③ 프랑스 7월 혁명의 영향으로 파리에서 2월 혁명1848이 발생하였으며, 빈과 베를린에서 3월 혁명1848이 발생해 ⇒ 유럽에서 국민 국가가 확산하여 갔다.

3) 국민 국가의 정의와 영향

① 국민이라는 일체감이 형성되고, 국민이 헌법 등에 의하여 주권이 확립된 국가를 가리킨다.

② 그 이후의 일반적인 국가 형태가 되었다.

○ 시민 혁명과 국민 국가 형성의 흐름

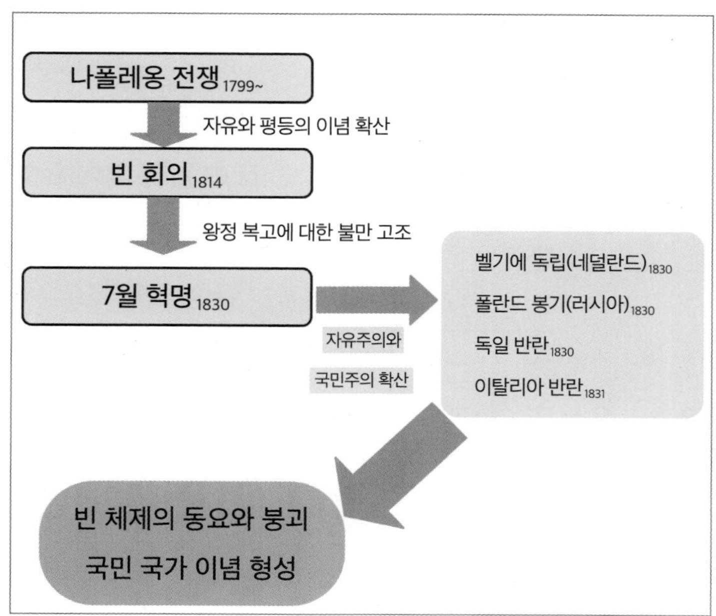

개념 플러스+

- **제임스 먼로** (1758~1831)

- 제5대 미합중국 대통령

- **먼로 교서**
  - 멕시코와 남미의 독립운동이 유럽 국민주의 운동에 영향을 줄 것을 두려워한 메테르니히가 멕시코와 브라질의 독립운동에 간섭하려고 하자, 미국이 먼로주의를 발표하였다.
  - [요지] 식민지 주의 부정/ 라틴 아메리카 지역의 독립 움직임에 대한 유럽의 간섭 반대 / 미국과 유럽의 상호 불간섭

핵심 개념 다지기

정답 p.98

1. 다음 문장을 읽고, 빈칸에 들어갈 알맞은 용어를 보기에서 고르시오.

보기

ⓐ 憲法　ⓑ 七月
ⓒ 二月　ⓓ モンロー　ⓔ 復古
ⓕ 三月　ⓖ 国民主義　ⓗ 国民国家

① [ア]的なウィーン体制に対し、諸国民は各地で[イ]の実現を求める運動を起こした。

② メッテルニヒが、南アメリカの独立運動がヨーロッパの国民主義運動に影響することを恐れ、干渉しようとすると、アメリカはヨーロッパ諸国との不干渉を骨子とする[ウ]主義を発表した。

③ ナポレオンの支配は、ヨーロッパに、自由主義と国民意識を高め、[エ]形成を目指す動きが生じた。

④ ギリシアがオスマン帝国からの独立を勝ち取ると、自由主義に火をつけ、1830年、フランスで[オ]革命が起きた。

⑤ [オ]革命の影響から、パリで[カ]革命、続いてウィーンとベルリンで[キ]革命が続き、ヨーロッパで国民国家が広まっていった。

⑥ 国民として一体感が形成され、国民が[ク]などによって主権者であると規定され、国民主権が確立した段階を「国民国家」という。

확인 문제로 실력 다지기

정답 및 해설 p.98

問1　1700~1800年代にヨーロッパで起きた出来事を<u>年代順で並べたものとして、正しいもの</u>を一つ選びなさい。

A　ナポレオンのロシア遠征失敗

B　ポーランド蜂起

C　ヴィーン会議の開催

D　ヴィーンとベルリンで二月革命が起きる

① A→C→B→D　② A→D→C→B

③ B→A→D→C　④ B→D→A→C

기출 check 2011(1) 2016(1)

問2　1823年に発表されたモンロー教書に関する記述として<u>最も適切なもの</u>を一つ選びなさい。

① メッテルニヒが南アメリカの独立運動に干渉しようとすると、アメリカとヨーロッパの相互不干渉思想が盛り込まれた教書を発表した。

② モンロー主義は孤立主義とも言われ、全世界の外交政策の基本方針となった。

③ 19世紀前半、ヨーロッパ各地で独立運動が起こると、ラテンアメリカへその影響が及ぶことを恐れ、ラテンアメリカでの独立運動を鎮圧しようという意図で発表された。

④ イギリスがアメリカ大陸へ工業製品を輸出し、経済力を高める意図を持ってラテンアメリカの独立運動を支持したため、イギリスとの通商を禁止しようとする狙いがあった。

UNIT 08

유럽 재편

일본어판 check!

빈출 포인트 Check

❶ 삼국 동맹 ☆☆☆☆
❷ 이탈리아의 통일 ☆

핵심 개념 확인하기

1 영국의 번영

1) 차티스트(チャーティスト) 운동1838~48 전개를 계기로 ⇒ 남성 보통선거(비밀 투표)가 실시되었다.

2) 19세기 영국에서 의회정치가 완성되었다.

└ 19세기, 영국은 빅토리아 여왕(英) 치세 하에서 번영의 절정을 맞이하여, 보수당, 자유당 2대 정당이 교대로 정권을 담당.

2 프랑스 제2제정 붕괴

1) 나폴레옹 3세 즉위

① 2월 혁명(프랑스) 이후, 루이 나폴레옹이 제2공화정 대통령1848에 당선, 압도적인 지지를 얻으며 황제가 되었다(제2 제정).

② 제2제정은 유산 시민, 노동자, 농민의 각 세력 간 이해관계 대립을 이용하여, 세력 균형을 도모함으로써 성립되었다.

2) 적극적인 대외정책 추진

① 대규모 공공사업을 실시하였다.

② 크림(クリミア) 전쟁1853, 이탈리아 개입1859, 멕시코 출병1861, 애로우(アロー)전쟁1856~60, 인도차이나(インドシナ) 반도 진출1858~62 등의 대외침략정책을 추진하였다.

2) 제2제정 붕괴 : 프로이센=프랑스(普仏(ふふつ)) 전쟁1870에서 패배 후 ⇒ 붕괴되었다.

3 독일 제국 성립

1) 비스마르크

빈회의에서 독일 연방이 결정된 후, 1861년, 프로이센 왕으로 빌헬름 1세가 즉위, 이듬해 비스마르크가 수상으로 등용되었다.

① 군비확장(鉄血政策[てっけつせいさく])을 강행하였다.

② 북독일 연방1867 성립으로 ➡ 독일 통일의 주도권을 잡았다.

2) 독일 제국 성립과 비스마르크(ビスマルク)의 외교 정책

① 보·불(普仏[ふふつ])전쟁에서 승리, 1871년 통일 독일 국가인 독일 제국이 성립되었다.

② 평화협조외교와 동맹 정책을 추진, 삼국동맹1882을 체결하였다.

독일, 오스트리아, 이탈리아

비스마르크는 "전쟁은 최후의 수단"이라고 인식, "프랑스의 국제적인 고립을 꾀한다"는 외교 기본 정책을 추진하여, 독일 제국의 국력 충실을 꾀하였다.

4 이탈리아 통일

1) 사르데냐(サルデーニャ) 왕국은 크림 전쟁 참전1855을 계기로 ➡ 국제적 인정을 받는데 성공하였다.

2) 북이탈리아와 사르데냐섬을 지배하고 있던 사르데냐 왕국은, 시칠리아와 나폴리를 지배하던 가르발디(ガリバルディ)에게 조건 없이 정치권을 헌상받아 ➡ 사르데냐 왕국 주체 이탈리아 통일1860이 추진되었다.

◦ 이탈리아의 통일 과정

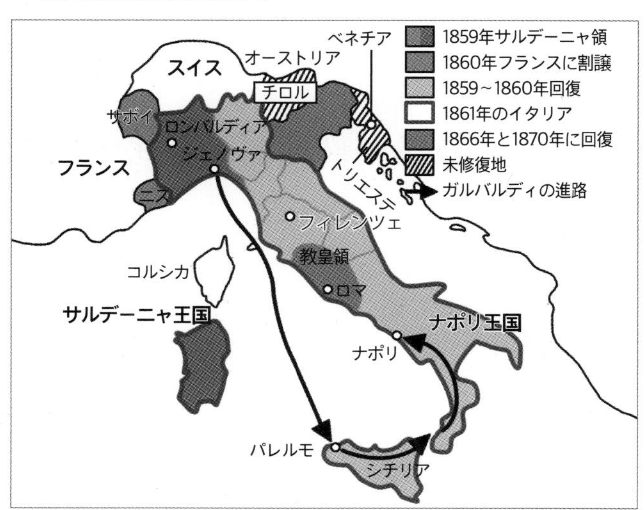

개념 플러스

- **차티스트 운동**
  - 선거권을 얻지 못한 것에 불만을 품은 도시 노동자들이 선거권 획득을 요구하는 운동을 전개

- **나폴레옹 3세** (1808~1873)

  - 프랑스의 초대 대통령이자 마지막 황제

- **비스마르크** (1808~1873)

  - 프로이센 출신
  - 독일 통일은 불가능하다고 여겨지고 있었지만, '연설과 다수결'이 아닌 '철과 피로' 통일을 이루어야 한다고 주장, 군비 확장을 추진

역사

핵심 개념 다지기

정답 p.99

1. 다음 문장을 읽고, 빈칸에 들어갈 알맞은 용어를 보기에서 고르시오.

보기

ⓐ ドイツ帝国　ⓑ クリミア
ⓒ ビスマルク　ⓓ チャーティスト　ⓔ ナポレオン３世
ⓕ 普通選挙　ⓖ 平和協調

① イギリスでは、都市労働者を中心に、[ア]の実現を目指した[イ]運動1838～1848が展開され、男性普通選挙・秘密投票などが実現された。

② [ウ]は 大規模な公共事業を行い、クリミア戦争1853、イタリア介入1859、メキシコ出兵1861、中国とのアロー戦争1856～60、インドシナ進出1858～62など積極的な対外侵略政策を推進したが、プロイセン＝フランス(普・仏)戦争1870での敗北で、第二帝政は崩壊した1871。

③ [エ]は、軍備拡張を強行し、プロイセンを中心に北ドイツ連邦が成立し、プロイセンがドイツ統一の主導権を握った。

④ プロイセン・フランス戦争で、ナショナルリズムが高揚し、南ドイツもプロイセンを中心に結束し、1871年、統一国家である[オ]が成立した。

⑤ [エ]は、[カ]外交と同盟政策を推し進め、ドイツ、オーストリア、イタリアで三国同盟を締結した。

⑥ イタリアは、ウィーン会議後、分裂状態が続いていたが、サルデーニャ王国が[キ]戦争に参戦し、国際的な認知を得ることに成功した。

확인 문제로 실력 다지기

정답 및 해설 p.99

問1　19世紀のヨーロッパで起きた出来事を年代順で並べたものとして、正しいものを一つ選びなさい。

A　クリミア戦争

B　プロイセン・フランス(普仏)戦争

C　ビスマルクを宰相に登用

D　イタリアの統一

① C→B→A→D　　② A→D→C→B

③ C→A→D→B　　④ A→C→B→D

기출 check 2006(2) 2011(1) 2015(2)

問3　イタリアの統一に関する記述として合っているものを一つ選びなさい。

① ウィーン体制の崩壊後も王政復古体制の安定により、政治的に安定していた。

② サルデーニャ王国の主導でイタリアの統一が進められた。

③ ガリバルディとの戦争で勝ったサルデーニャ王国がイタリアを統一した。

④ クリミア戦争に参戦した影響で、分裂状態が続いた。

기출 check 2019(1)

UNIT 09

미국의 발전과 남북 전쟁

일본어판 check!

빈출 포인트 Check

❶ 남북 전쟁 ☆☆☆☆
❷ 남북 전쟁 이후의 미국 산업 ☆☆☆

핵심 개념 확인하기

1 미국의 영토 확장

1) 파리 조약 1783

① 영국이 미국의 독립을 승인하여 ⇨ 미국의 독립 전쟁을 종결시킨 조약이다.

② 캐나다를 제외한 대서양 연안 13주와 영국에서 얻은 미시시피(ミシシッピ)강 동쪽 지역을 영토로 인정 받았다.

2) 19세기 중반까지 구입한 영토

연도	지역	구입한 나라
1803	루이지애나	프랑스
1819	플로리다	스페인
1867	알래스카	러시아

텍사스 공화국이 멕시코에서 독립한 이후 병합

3) 텍사스 병합1845과 태평양 연안 획득으로 급격한 영토 확장

멕시코와의 전쟁을 거쳐 캘리포니아등 태평양 연안을 포함한 지역을 획득

19세기 미국의 영토 확장

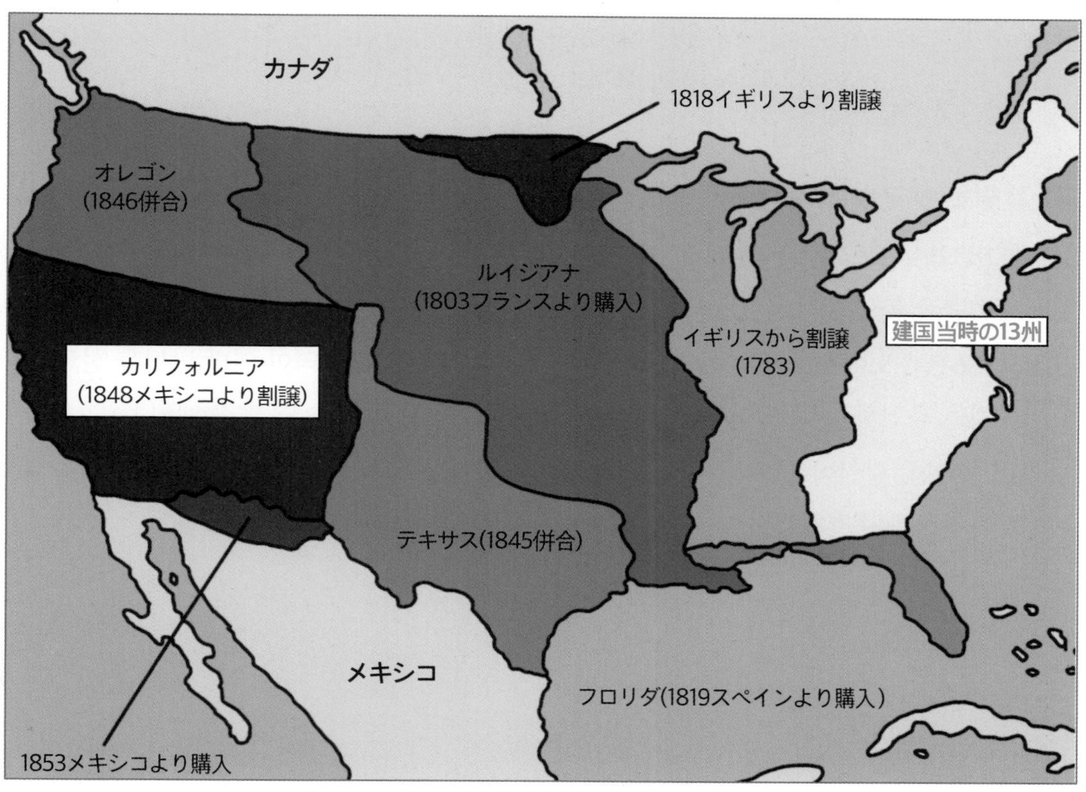

2 남북 전쟁

1) 노예제도를 둘러싼 남부와 북부 갈등의 배경

배경	미국의 영토 확장(서쪽)으로 ➡ 새로운 획득지에서 노예 필요
	무역 정책의 차이(남부 : 자유무역, 북부 : 보호무역)

└ 남부: 농업중심. 대농장에서 면화 등 생산 ➡ 노예 필요

북부: 제조업 중심 ➡ 공장 노동력 필요

2) 링컨(リンカン)의 대통령 당선

① 1852년, <톰 아저씨의 오두막(アンクル=トムの小屋)> 발표 후 ➡ 북부에서 노예제도 반대 여론이 고조되었다.

└ 저자 헤리엇 비처 스토우
흑인 노예인 주인공 톰을 통하여 노예제의 비참함을 묘사

② 1861년, 노예제를 반대하는 링컨 대통령 당선 후, 남부 지역이 연방 탈퇴를 선언하자, 이것을 용인하지 않는 북부와의 사이에서 ➡ 남북 전쟁1861~65이 발발하였다.

③ 1863년, 링컨이 노예해방선언을 발표 ➡ 남부를 국제적으로 고립시켜, 북부 승리로 남북전쟁은 종결하였다.

③ 남북 전쟁 이후의 미국 산업

1) 눈부신 경제 발전

① 풍부한 천연자원을 이용한 철광업, 석유정제업 등이 발전 ⇒ 거대한 부를 형성했다.

② 20세기 전환기에 공업 생산액 세계 1위를 달성하였다.

2) 대륙 횡단 철도 완성1869의 영향

① 교통과 운송의 혁신을 이루어 ⇒ 서부 농업 개발을 촉진하였다.

② 제품 산지와 시장, 소비지를 긴밀히 연결하여 ⇒ 거대 도시 형성을 가능하게 했다.

3) 빈곤과 차별 문제 발생

① 미국 경제 발전의 이면에는 저임금과 장시간 노동을 강요받은 도시 이민자와 가난한 농민, 아이들과 여성이 존재하였다.

② 대부분의 노동자나 농민 생활은 빈곤했으며, 이민과 흑인에 대한 차별, 빈곤 문제가 방치되어 있었다.

핵심 개념 다지기

정답 p.99

1. 다음 문장을 읽고, 빈칸에 들어갈 알맞은 용어를 보기에서 고르시오.

| 보기 |

ⓐ 南北　ⓑ 自由貿易
ⓒ 天然資源　ⓓ 奴隷制　ⓔ 大陸横断
ⓕ 保護貿易　ⓖ ミシシッピ川

① アメリカの独立が承認されたころ、国土は大西洋岸の13州とイギリスから得た［ ア ］以東の地域で成り立っていた。

② アメリカが西方へ領土を拡大したことで、新しい獲得地への［ イ ］の導入をめぐって、南部と北部との間に強いあつれきが生まれた。

③ 南部は大農場で綿花などの輸出作物を生産する［ ウ ］を、北部は製造業が成長しはじめ、［ エ ］を主張した。

④ 奴隷制に反対するリンカンが大統領に当選すると、南部諸州は連邦を脱退し、これを認めない北部との間で［ オ ］戦争が勃発した。

⑤ 南北戦争後、アメリカは類を見ないほどの驚異的な経済成長を遂げた。［ カ ］に恵まれたこの国では、鉄鋼業、石油精製業などが巨大な富を生み出した。

⑤ ［ キ ］鉄道の完成による交通・運輸の革新は、西部の農業開発を促した。

확인 문제로 실력 다지기

정답 및 해설 p.99

問1　アメリカは、1783年に独立が承認された後、19世紀の半ばまで急激に領土を拡張していった。アメリカが購入した領土と購入先の国名の組み合わせとして合っているものを一つ選びなさい。

	ルイジアナ	フロリダ	アラスカ
①	メキシコ	フランス	ロシア
②	スペイン	イギリス	メキシコ
③	イギリス	メキシコ	メキシコ
④	フランス	スペイン	ロシア

기출 check 2008(2) 2015(1)

問2　アメリカの南北戦争(Civil War)に関する記述として最も適切なものを一つ選びなさい。

① 南部諸州は、奴隷を用いて大農場で綿花などの輸出物を生産していたため、保護貿易を主張した。

② 奴隷解放宣言が発表されると、これを容認できない北部諸州が連邦を離脱し、戦争が勃発した。

③ 北部諸州は、工業が急速に成長していたため、黒人奴隷を中心とする労働力が必要となり、自由貿易を主張した。

④ 奴隷制拡大に反対のリンカンが当選すると、南部諸州は連邦を離脱し、これを容認できない北部との間で南北戦争が勃発した。

기출 check 2012(1) 2016(2) 2022(2)

UNIT 10

크림전쟁과 아프리카 분할 점령

일본어판 check!

빈출 포인트 Check

❶ 크림전쟁 ☆☆☆
❷ 아프리카 분할 점령 ☆☆☆

핵심 개념 확인하기

1 크림 전쟁1853~56

1) 전쟁 발발 배경

① 러시아가 오스만 제국 영토 내 그리스 정교도 보호를 구실로 ➡ 오스만 제국에 선전포고하였다.

└ 러시아는 영토와 시장 확대를 위하여 지중해로 남하정책을 꾀함

② 러시아의 남하 정책을 막기 위하여, 영국과 프랑스, 사르데냐 왕국이 ➡ 오스만 제국을 지원, 열강을 둘러싼 전쟁으로 발전하였다.

2) 동방 문제 발생

① 크림전쟁은 러시아의 패배로 끝나, 러시아의 발칸 방면 남하정책 저지에 성공했다.

② 크림전쟁에 강대국이 개입한 것이 원인이 되어, 중동지역에서 영국과 프랑스 이권이 충돌, 동방문제가 발생하는 직접적인 계기가 되었다.

3) 러시아의 개혁 실패

① 러시아 황제 알렉산드르 2세가, 크림전쟁 패배 후 ➡ 농노해방령(農奴解放令(のうどかいほうれい))1861을 비롯한 체제개혁에 착수하였다.

② 러시아의 체제 개혁은 혼란을 가중시킨 채, 실패로 끝났다.

2 아프리카 분할 점령

1) 아프리카 분할 경쟁 격화

① 비스마르크가 베를린회의1884~85를 주최, "처음 점령한 나라가 영유권을 갖는다"는 아프리카 분할 원칙을 정한 후, 경쟁이 격화되었다.

② 영국이 수에즈 운하 회사주를 구매하여 ➡ 이집트는 사실상 영국의 보호국이 되었다.

2) 파쇼다(ファショダ) 사건1898

① 영국은 수단(スーダン)과 케이프(ケープ) 식민지를 획득하고, 카이로와 케이프타운, 인도의 캘커타(カルカッタ)를 더한 3C 정책이라는 아프리카 종단 정책을 취했다.

② 프랑스는 아프리카 횡단 정책을 취해, 영국과 수단 파쇼다에서 충돌했지만, 프랑스의 양보로 양국 관계는 호전된다.

◦ 영국의 3C정책

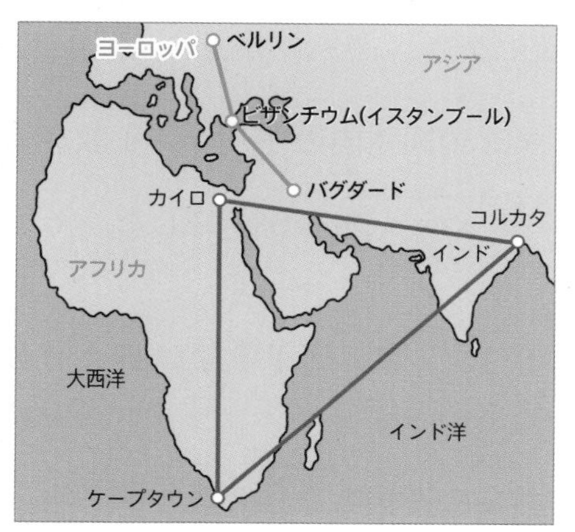

◦ 프랑스의 횡단 정책과 파쇼다 사건

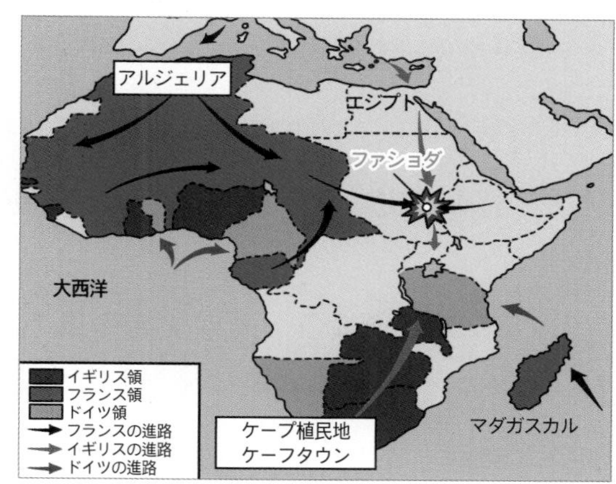

3) 독일의 3B 정책과 이탈리아의 에티오피아 침략 실패

① 독일은 베를린(ベルリン)·비잔티움(ビザンティウム)·바그다드(バグダード)를 철도로 연결하는 ⇒ 3B 정책으로 서아시아 진출을 꾀했다.

② 이탈리아는 에리트레아(エリトリア)에 진출했지만, 에티오피아(エチオピア) 침략은 실패하였다.

③ 이탈리아의 에티오피아 침략 실패에 따라, 20세기 초반에, 에티오피아를 제외한 아프리카 대륙 거의 전 지역이 유럽의 식민지가 되었다.

4) 모노컬쳐 경제

① 식민지에서는 천연 고무·커피·카카오·낙화생·면화 등 1차 산업 생산이 장려되었다.

② 종주국이 필요로 하는 작물 재배와 자원 생산에 의존하는 모노컬쳐 경제 기반이 형성되었다.

정답 p.100

1. 다음 문장을 읽고, 빈칸에 들어갈 알맞은 용어를 보기에서 고르시오.

보기

ⓐ エチオピア　ⓑ ベルリン
ⓒ リベリア　ⓓ クリミア　ⓔ モノカルチャー
ⓕ 東方　ⓖ 横断　ⓗ 縦断

① ロシアは、領土や市場拡大のため、オスマン帝国領内のギリシア正教徒の保護を口実に、オスマン帝国に宣戦布告し、[ア]戦争が勃発した。

② [ア]戦争でロシアが敗北したことで、ロシアの南下政策は抑えられたが、列強間の戦争に発展したことで、中東でのイギリス、フランスの利権が脅威となり、いわゆる[イ]問題の直接的な要因となった。

③ ビスマルクが主催した[ウ]会議でアフリカ分割の原則を決めたことで、アフリカ分割競争が激化した。

④ イギリスの[エ]政策とフランスの[オ]政策で英仏がスーダンのファショダで衝突したが、フランスの譲歩で関係が好転した。

⑤ ２０世紀初頭には、[カ]と[キ]を除くアフリカ大陸のほぼすべての地域がヨーロッパの植民地支配下に置かれることになった。

⑤ 植民地では、宗主国が必要とする１次産品の生産のみが奨励され、[ク]経済の基盤が形成されるに至った。

확인 문제로 실력 다지기

정답 및 해설 p.100

問1　クリミア戦争における対立関係として正しいものを次から一つ選びなさい。

① イギリス・オスマン帝国対ロシア・フランス

② イギリス・フランス・オスマン帝国対ロシア

③ イギリス・ロシア・オスマン帝国対フランス

④ イギリス対ロシア・フランス・オスマン帝国

기출 check 2013(1) 2018(2) 2023(2)

問2　列強のアフリカ分割について述べた文として正しいものを次から一つ選びなさい。

① ドイツのベルリンで、列強のアフリカ分割をめぐる会議が開かれた。

② イギリスは、南アフリカ戦争でオランダを破った。

③ 南アフリカ連邦はフランスに占領され、同国のアフリカ侵略の拠点となった。

④ リベリアはイタリアに占領され、第二次世界大戦後に独立を果たした。

기출 check 2010(2) 2012(2) 2014(1) 2017(2)

UNIT 11

제국주의 등장과 인도제국 성립

일본어판 check!

빈출 포인트 Check

❶ 비스마르크의 사회보험제도 ☆☆☆☆
❷ 제국주의 등장 ☆☆☆

핵심 개념 확인하기

1 비스마르크의 국민 통합

1) 독일 제국의 연방제 성립과 비스마르크 등용

① 연방제 성립으로 프로이센 왕이 황제를 겸하였으며, 수상은 황제에 대해서만 책임졌다.

② 비스마르크가 수상에 등용되어, 노동자를 보호하는 사회보험제도를 정비하였다.

└ 질병보험, 화재보험, 양로 보험 등

2)국민 통합책

① 사회보험제도 정비와 함께, '사회주의 진압법'을 제정하였다.

② 사회보험제도와 '사회주의 진압법'으로 강온양면(アメとムチ) 정책을 실시하였다.

└ 사회보험제도 + 노동자의 반정부 운동 탄압으로 국가에 대한 귀속심 고조

2 제국주의 등장

1) 제국주의로의 이행

① 19세기 후반부터 미국과 유럽 지역에서 자본주의가 발전, 경제활동이 한층 더 활발해졌다.

② 자본주의 발전을 배경으로, 열강이 제품 수출 시장이나 자원 공급지를 찾아, 무력을 사용하여 아시아와 아프리카로 진출하는 ⇒ 제국주의로 이행하였다.

③ 발칸반도 일대가 '유럽의 화약고'라고 불리게 되었다.

└ 유럽 각국이 아시아 진출을 노리자, 그 통과점이 되는 발칸반도 일대 지배를 둘러싸고, 국제적 긴장감이 고조

2) 식민지 확대

① 1870년대, 이탈리아와 독일 통일로, 국내 산업 육성을 위한 보호무역이 행해지자 유럽 시장에도 큰 변화가 일어났다.

② 프랑스와 이집트 출자로 수에즈 운하가 완성되었지만, 건설비 부담으로 ⇨ 양국 재정이 파탄에 이르렀다.

③ 영국은 제국주의 정책을 강화하며, 수에즈 운하 회사 주식을 매수하여, 수에즈 운하를 지배하였다.

④ 수에즈 운하의 외국 지배 강화에 대한 이집트 국민의 반발이 강해지자, 영국이 단독으로 진압, 이집트를 영국의 보호국으로 만들었다. 이로 인해 가장 중요한 식민지인 ⇨ 인도를 직접 지배1877할 수 있게 되었다.

3 태평양 분할

1) 미서(米西(べいせい))전쟁1898

스페인 식민지였던 쿠바 반란이 계기

① 미국과 스페인 전쟁(미서 전쟁)1898이 발발하였다.

② 미국이 미 · 서전쟁에서 승리하였다.

③ 미국은 하와이를 병합하고, 스페인으로부터 푸에르토리코(プエルトリコ) · 필리핀(フィリピン) · 괌(グアム)을 획득하였다.

④ 이를 계기로 미국은 카리브(カリブ)해에서 태평양으로 진출하게 되었다.

4 인도 제국 성립

1) 인도 제국 성립

① 영국은 무굴(ムガル) 제국의 약화와 각지의 반대 세력을 교묘히 이용하여 지배를 확대해 나갔다.

② 19세기 중반, 인도 제국이 성립되어 인도 전역 지배에 성공하였다.

19세기 중반(1867년), 무굴 제국의 황제가 폐위, 영국 국왕이 직접 통치하는 인도제국이 성립

2) 인도 지배 유지를 위한 군사 행동

① 자유무역 명목 하에, 인도를 영국 산업의 원료 공급지, 제품 수출지로 변화시켰다.

② 영국의 이익 확보와 부의 원천인 인도 식민지 지배를 유지하기 위한 군사행동을 펼쳤다.

핵심 개념 다지기

정답 p.100

1. 다음 문장을 읽고, 빈칸에 들어갈 알맞은 용어를 보기에서 고르시오.

| 보기 |

ⓐ インド　ⓑ 鉄道
ⓒ 資源　ⓓ 社会保険　ⓔ スエズ
ⓕ 輸出　ⓖ 太平洋　ⓗ カリブ海

① ビスマルクは、[ア]制度を整備する一方、『社会主義者鎮圧法』を制定するなど、アメとムチの政策を打ち出した。

② 19世紀後半から欧米の列強では資本主義が発展し、経済活動が盛んになり、製品の[イ]市場と[ウ]の供給地を求め、アジア・アフリカへ進出する帝国主義へ移行した。

③ 米西戦争で勝利したアメリカは、ハワイを併合し、スペインからプエルトリコ・フィリピン・グアムを獲得し、[エ]から[オ]に進出するようになった。

④ 19世紀半ば、ムガル皇帝が廃位され、イギリス国王が直接統治する[カ]帝国が成立した。

⑤ イギリスは、国際的には、[キ]運河の建設や交通・通信網の整備を行った。

⑥ インド国内でも、[ク]整備を積極的に進めた。これらは、イギリスの利益の確保と富の源泉であるインドを守るための軍事行動のために行われた。

확인 문제로 실력 다지기

정답 및 해설 p.100

問1　連邦制をとったドイツ帝国の宰相を務めたビスマルクに関する説明として**最も適切なもの**を一つ選びなさい。

① アフリカ大陸を植民地化するために、鉄血政策と呼ばれる軍備拡張を主張した。

② 社会保険制度を整備するなど、労働者を保護する政策を繰り広げた。

③ ドイツ帝国の維持を優先し、社会主義勢力を厳しく弾圧したが、宗教活動は積極的に支持した。

④ 領土拡大に積極的に取り組み、ベルリン会議で、バルカン方面への野心をあらわにした。

기출 check 2011(2) 2013(1)

問2　次の文章の空欄［A］、［B］、［C］、［D］に入る**地域名の組み合わせとして最も正しいもの**を一つ選びなさい。

19世紀後半、米西戦争で勝利したアメリカは、［A］を併合し、スペインから［B］を獲得し、カリブ海から、太平洋に進出することになる。また、［C］は、金鉱が発見された以来、イギリスからの自由移民が増え、［D］では、イギリス人の植民が進んで、牧羊業が盛んになった。

	A	B	C	D
①	ハワイ	フィリピン	オーストラリア	ニュージーランド
②	プエルトリコ	スエズ運河	ニュージーランド	プエルトリコ
③	ハワイ	グアム	インド	オーストラリア
④	ニュージーランド	タヒチ	オーストラリア	エジプト

기출 check 2004(2) 2015(1)

UNIT 12

제국주의와 동남아시아 분할

빈출 포인트 Check

❶ 제국주의와 동아시아 ☆☆☆
❷ 동남아시아 분할 ☆

핵심 개념 확인하기

1 제국주의와 동아시아

1)제국주의

정의	해외 자산을 지키기 위하여, 무력에 의한 식민지 확대를 노린 것
시기	19세기 후반 영국, 프랑스, 독일에서 시작
예시	유럽 열강에서 철강 등의 중공업이 발전함에 따라, 아시아와 아프리카에 철도 공장을 건설

2) 19세기 후반의 동아시아

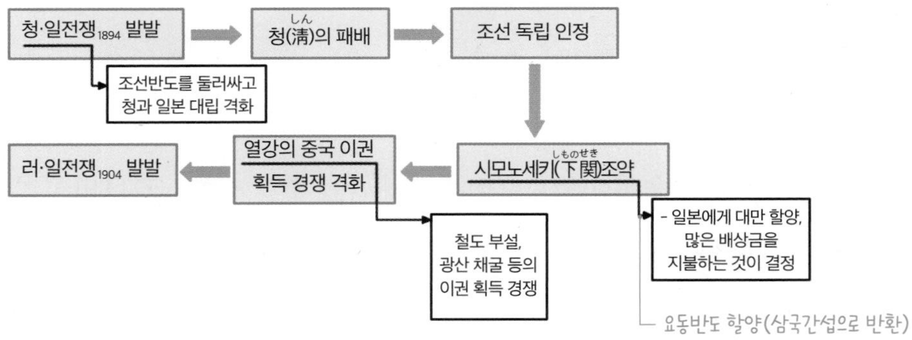

2 동남아시아 분할

1) 동남아시아

① 천연자원이 풍부해 19세기 말까지 태국을 제외한 지역이 유럽 열강 식민지가 되었다.

② 농민 대부분이 커피나 고무 등 플랜테이션에서 노동자로 일했다.

③ 인도와 중국에서 대량의 노동 이민이 유입, 민족 구성이 복잡한 사회가 형성되었다.

2) 네덜란드령 동인도 형성

① 1830년 이후, 자와(ジャワ)섬을 중심으로 무역 활동을 하면서 커피 등의 강제 재배 제도를 도입하여 거액의 이익을 얻었다.

② 자와섬 근처의 섬들을 더해 ⇒ 네덜란드령 동인도를 형성하기에 이르렀다.

3) 영국

① 인도 지배를 확립하고, 싱가포르를 획득하여 ⇒ 본국정부 직할 식민지1819로 하였다.

② 미얀마(ミャンマー)를 인도제국에 병합1886하고, 말레(マレー) 반도에 말레 연합주를 결성1895하여, 천연 고무 플랜테이션 경영에 나섰다.

4) 프랑스

① 캄보디아(カンボジア)와 베트남(ベトナム)을 보호국1862으로 삼은 것에 불만을 품은 청나라와 청불(清仏, しんふつ)전쟁1884~85이 발발하였다.

② 청·불 전쟁에서 승리한 뒤 ⇒ 인도차이나(インドシナ)반도에 프랑스령 인도차이나연방1867을 형성했다.

◦ 동남 아시아의 분할

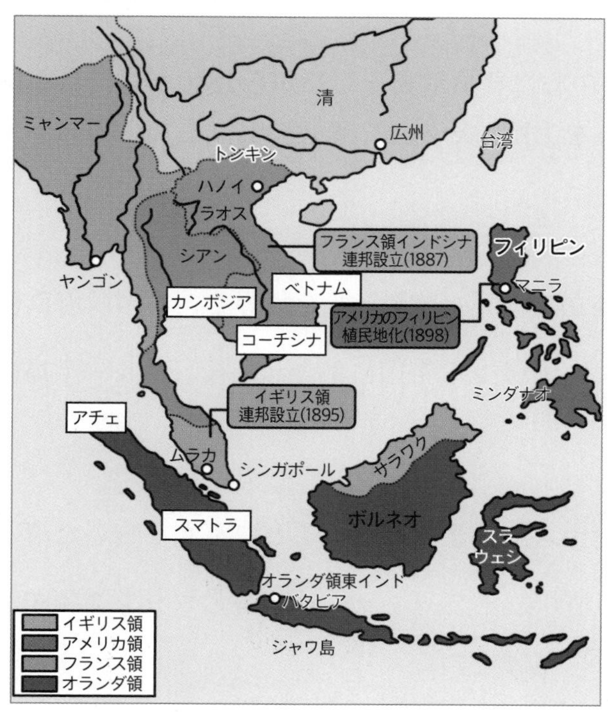

핵심 개념 다지기

정답 p.100

1. 다음 문장을 읽고, 빈칸에 들어갈 알맞은 용어를 보기에서 고르시오.

보기
ⓐ ジャワ　ⓑ 帝国
ⓒ ビルマ　ⓓ 下関　ⓔ インドシナ
ⓕ 日露

① 海外資産を守るために、武力によって植民地の獲得を目指したのを［ ア ］主義という。

② 日清戦争で敗れた清は、［ イ ］条約で日本に台湾などを割譲、多額の賠償金を支払うことが定められた。

③ 列強は、日清戦争の敗戦を機に、中国国内での鉄道敷設や鉱山採掘などの利権獲得競争に乗り出し、朝鮮半島をめぐり、［ ウ ］戦争が起きる。

④ オランダは、［ エ ］島を中心に貿易活動をしながら1830年以降は強制栽培制度を導入して多額の利益を上げ、その後、周辺の島々を加えてオランダ領東インドを形成した。

⑤ イギリスは、インド支配を確立し、シンガポールを獲得し、本国政府直轄植民地とした。さらに、［ オ ］をインド帝国に併合した後、マレー半島にマレー連合州を結成した。

⑤ フランスがカンボジアとベトナムを保護国としたことに不満を抱いた清との間で清仏戦争が勃発したが、清が敗北し、［ カ ］半島にフランス領インドシナ連邦が成立した。

정답 및 해설 p.100

問1　東南アジアの植民地支配について述べた文として正しいものを、次の①～④のうちから一つ選びなさい。

① マレーシアは、イギリスの植民地であった。

② ラオスは、ポルトガルの植民地であった。

③ カンボジアは、アメリカ合衆国の植民地であった。

④ タイは、フランスの植民地であった。

問2　19世紀後半の東アジアの状況に関する説明として正しいものを、次の①～④のうちから一つ選びなさい。

① イギリスやフランス、ドイツで重工業が発展するとともに、アジアやアフリカに鉄道を敷設し、工場を建設するようになった。

② ロシア進出を目指す日本は、日清戦争勝利後、ロシアと日露戦争を起こした。

③ 日清戦争後、日本は中国国内で鉱山採掘などの利権獲得に乗り出した。

④ 下関条約で朝鮮の独立が認められた後、朝鮮半島をめぐる清と日本の対立はさらに深刻なものになった。

기출 check 2012(1) 2014(2)

UNIT 13

중국의 위기와 일본의 근대화

일본어판 check!

빈출 포인트 Check

❶ 19세기 삼각 무역 ☆☆☆☆
❷ 일본의 근대화 ☆☆

핵심 개념 확인하기

1 중국의 위기

1) 19세기 삼각 무역

① 18세기 말, 청나라 각지에서 농민 반란이 일어나는 등, 통치력이 약해졌다.

② 영국은 청나라에서 차, 생사 등을 수입하고 있었는데, 청에 수출할 수 있는 상품은 적었다.

③ 영국은 청나라의 차를 영국에, 영국의 기계제 면포를 인도에, 인도산 아편을 청나라에 수출하는 삼각 무역을 펼쳤다.

◦ 19세기의 삼각 무역

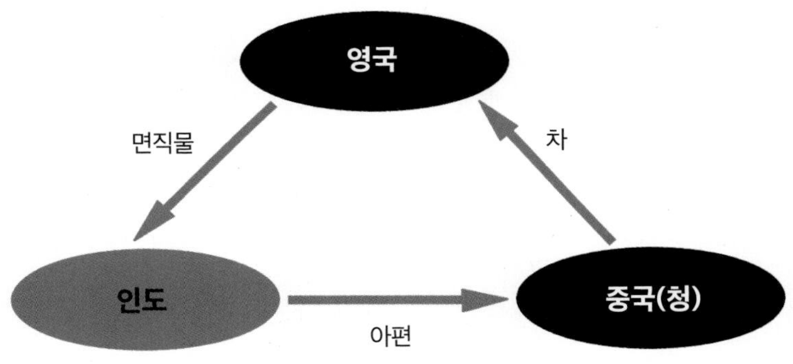

2) 아편 전쟁1840~42

① 영국, 청, 인도의 삼각무역에 의해, 중국에 아편 유입이 급증하자 ➡ 청나라는 대량의 아편을 몰수해 처분했다.

② 영국은 청나라의 아편 몰수에 항의하며 ➡ 아편전쟁1840~42을 일으켰다.

③ 아편전쟁에서 승리한 영국은, 난징(南京(なんきん))조약1842를 맺어 ➡ 홍콩(香港(ほんこん))을 할양1842~1997 받았다.

④ 난징조약 체결 후, 청나라는 영국과 프랑스가 일으킨 2차 아편전쟁(アロー戦争)에도 패배하여, 텐진(天津)조약1858을 맺고 ➡ 베이징(北京)조약1860을 체결한다.

- 텐진(天津)조약
  - 2차 아편 전쟁 중에, 청나라가 영국·프랑스·러시아·미국과 맺은 불평등 조약.
  - 외국 공사 베이징 체류 인정, 기독교 포교 인정, 외국인은 중국 내 여행, 통상 허용, 개항 증가, 배상금 지불 등이 골자
- 베이징(北京)조약
  - 중국이 텐진 조약 비준을 거부하자, 영국과 프랑스가 베이징을 공격하여 맺게 됨.
  - 텐진 조약을 수정, 보충(텐진항 등 10개항 추가 개항, 몰수한 기독교 재산 반환, 주룽(九竜)반도(英), 연해주(露) 할양)

2 일본의 근대화

1) 서구 열강과 생사와 차 무역

① 서구 열강이 일본에 요구한 무역품은 생사와 차였다.

② 일본은 관영 도미오카 제사장(富岡製糸場)을 설립해 ➡ 견산업의 기술 혁신과 교류 등에 크게 공헌하였다.

③ 생사는 1930년 무렵까지, 유럽에 수출되는 일본 수출품 중에서도 최대 무역액을 기록하였다.

④ 일본 국내의 면 산업 등은 수입품에 밀려 부진하였지만, 수입 면화를 면사로 가공해 중국에 수출하였다.

2) 일미화친조약(日米和親条約)1853 체결

① 청나라의 아편 전쟁 패배 소식을 접한 메이지 정부는, 미국의 페리(ペリー)와 일미화친조약을 체결해, 개국하였다.

② 1858년, 일미수호통상조약을 체결 ➡ 본격적인 무역을 시작했다.

- 요코하마(横浜), 고배(神戸), 니가타(新潟), 하코다테(函館), 나가사키(長崎) 개항
- 미국인 영사 재판권 허용
- 무역 자유화 및 협정 관세

3) 헌법 제정

① 1871년, 메이지 정부는 중앙집권제를 확립하기 위해 ➡ 폐번치현(廃藩置県)을 시행했다.

② 근대화와 부국강병을 실현하기 위해 ➡ 식산 흥업(殖産興業)정책을 시행했다.

③ 근대화에 있어서 필요 불가결한 대일본제국헌법(메이지 헌법)을 제정하였다.

- 프로이센 헌법을 참고로 제정
- 법률의 범위 내에서 언론, 집회, 출판의 권리를 보장
- 징병과 납세 의무를 규정

핵심 개념 다지기

정답 p.101

1. 다음 문장을 읽고, 빈칸에 들어갈 알맞은 용어를 보기에서 고르시오.

보기

ⓐ 南京　ⓑ 日米修好通商　ⓒ アヘン
ⓓ アロー　ⓔ 北京　ⓕ 三角
ⓖ 中央集権制　ⓗ 富国強兵　ⓘ 日米和親

① イギリスは、清から茶・生糸をイギリスへ、イギリスの機械製綿布をインドへ、インド産のアヘンを清に輸出する[ア]貿易を行った。

② 中国へアヘン流入が激増すると、清朝は、イギリスによって密輸入される大量のアヘンを没収して処分したが、これに抗議したイギリスと[イ]戦争が勃発した。

③ [イ]戦争に敗北した清はイギリスと、[ウ]条約を結び、香港が割譲された。

④ その後、清朝はイギリス・フランスが起こした[エ]戦争にも敗れ、[オ]条約を結び、半ば植民地のような国にされていった。

⑤ 明治政府は[カ]を確立するための廃番置県と[キ]を実現するための殖産興業政策を打ち出した。

⑥ 1853年、日本の徳川幕府は、アメリカのペリー来航をきっかけに、[ク]条約を締結し、開国した。その後、[ケ]条約を結んで本格的な貿易が始まったが、日本は関税自主権を失い、外国へ治外法権を認めた不平等条約であった。

정답 및 해설 p.101

問1　アヘン戦争とアロー戦争に関する文として正しいものを次から一つ選び、記号で答えなさい。

① アロー戦争後に、義和団事件が起こった。

② アヘン戦争の結果、香港がイギリスに割譲された。

③ アヘン戦争の結果、天津などの開港、外国公使の北京駐在などが認められた。

④ アロー戦争では、イギリスがアメリカ合衆国とともに戦った。

기출 check 2012(2) 2018(2) 2021(1)

問2　1858年に締結された日米修好通商条約に関する説明として最も正しいものを次の①～④のうちから一つ選びなさい。

① 外国人が日本で罪を犯しても日本では裁判にかけられないという不平等な条約であった。

② アヘン戦争で敗れた清の状況を聞いた徳川幕府が開国を決めた。

③ アメリカ合衆国と日本との自由貿易が開始されることとなり、関税率も定められていた。

④ 長崎、神戸、横浜などの四つの港が開港された。

기출 check 2011(2)

UNIT 14

일본 제국주의와 세력균형 체제

일본어판 check!

빈출 포인트 Check

❶ 청일 전쟁과 러일 전쟁 ☆☆☆☆☆
❷ 삼국 동맹과 삼국 협상 ☆☆☆☆

핵심 개념 확인하기

1 일본의 제국주의

1) 청일전쟁1894 발발

① 일본과 청나라가 조선을 둘러싸고 대립이 격화되어 청일전쟁이 발발하여, 청일전쟁에서 승리한 일본이 시모노세키(下関(しものせき))조약1895을 맺었다.

② 시모노세키 조약으로 청으로부터 대만과 요동반도를 할양 받고, 막대한 배상금을 받았다.

③ 배상금을 토대로 선진국과 동일하게 금본위제1897를 도입해 ➡ 금융제도를 정비하였다.

④ 군수산업의 기초가 되는 철강 국산화를 노려 ➡ 관영 야하타(八幡(やはた))제철소1891 조업을 개시하였다.

⑤ 면사 방적업과 기계 제사업 등을 주축으로 하여 산업혁명이 시작된 일본 경제는, 청일전쟁 이후, 한층 더 경제성장과 공업화를 이루었다.

2) 삼국 간섭과 러일전쟁

① 만주 진출을 노리는 러시아는, 일본의 요동 반도 영유가 자국의 남하정책에 방해가 된다고 판단했다.

② 러시아는 독일, 프랑스와 함께 일본의 세력 확대를 우려하여 ➡ 요동(遼東(りょうとう))반도 반환을 일본에 권고해, 반환하게 했다(삼국간섭).

③ 러시아 남하정책에 위협을 느낀 일본과 영국은 영일동맹을 맺고, 일본이 러시아를 선제공격해 러일전쟁을 일으켰다.

④ 러시아는 '피의 일요일 사건'이 발생, 일본은 전쟁자금 부족으로 전쟁 지속이 불가능했다.

⑤ 일본과 러시아는 미국의 중개로 포츠머스(ポーツマス) 조약을 체결하여 강화를 맺고, 일본은 러일 전쟁 이후 조선의 식민지화를 추진하여, 조선을 병합1910하였다.

❷ 세력 균형 체제

1) 세력 균형 체제의 위험성

① 제국주의 시대에는, 다른 강국과 동맹관계를 맺어 자국의 힘을 굳건하게 하려는 움직임이 나타난다.

② 세력 균형 방식은 군사 동맹을 확대하고, 세계적 규모로 전쟁을 유발할 위험성을 내포하고 있다.

2) 세력 균형 체제의 예시

① 제1차 세계대전의 삼국 동맹(독, 오, 이)1882과 삼국 협상(영, 프, 러)의 대립이 그 대표적 예시이다.

◦ 삼국 동맹(독 · 오 · 이)

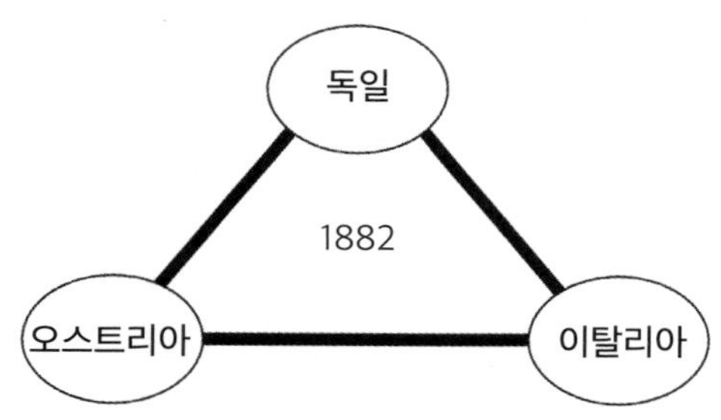

◦ 삼국 협상(영 · 프 · 러)

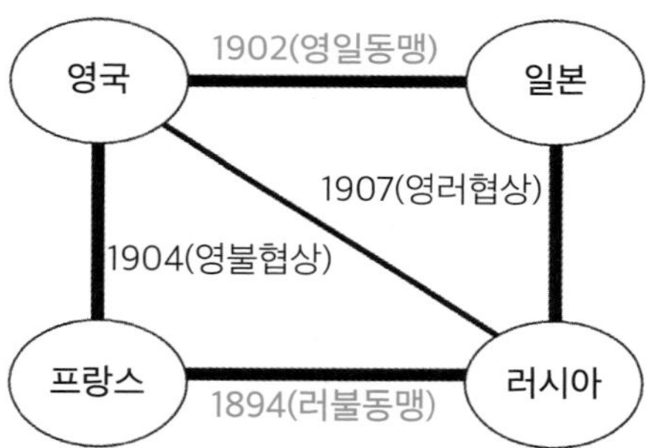

② 제2차 세계대전 연합국(미 · 영 · 불 · 소 · 중)과 삼국동맹(일 · 독 · 이)의 대립도 대표적 예시이다.

3) 제1차 세계대전 발발

① 가상의 적국을 상정하고 국가 간 균형을 꾀하는 세력균형체제는, 발칸을 둘러싼 불안정한 국제 관계에 의해 ⇒ 제1차 세계대전으로 연결되었다.

② 유럽의 화약고라고 불린 발칸은 게르만족 지배를 강화하려는 게르만(パン・ゲルマン)주의와 슬라브족 지배를 강화하려는 슬라브(パン・スラブ)주의가 대립했다.

핵심 개념 다지기

정답 p.101

1. 다음 문장을 읽고, 빈칸에 들어갈 알맞은 용어를 보기에서 고르시오.

보기

ⓐ 三国干渉　ⓑ 下関
ⓒ 勢力均衡　ⓓ 三国同盟　ⓔ ゲルマン
ⓕ 通貨　ⓖ 三国協商　ⓗ 軍事同盟

① 日清戦争から勝利した日本は、[ア]条約を結び、莫大な賠償金をもらい、賠償金を基に[イ]制度を先進国と同じ、金本位制に整えた。

② 日清戦争後、日本の勢力拡大を懸念したヨーロッパ列強のロシア、ドイツ、フランスは、遼東半島の返還を勧告する、いわゆる[ウ]を行った。

③ 帝国主義の時代には、他の強国と同盟関係を結び、自国の力を強めていこうとすることで[エ]を図る動きが現れる。

④ [エ]は、常に[オ]を拡大し、世界的規模での戦争を誘発する危険性を持っている。

⑤ 第一次世界大戦前の[カ]とイギリス、フランス、ロシアの[キ]の対立は、その代表的なものである。

⑥ 「ヨーロッパの火薬庫」とよばれるバルカンでは、ドイツ民族の支配を強めようとする[ク]主義と、スラブ民族の支配力を強めようとするスラブ主義が対抗していた。

확인 문제로 실력 다지기

정답 및 해설 p.101

問1 勢力均衡は安全保障の一つの方法である。これについての記述として**最も適当なもの**を、次の①～④のうちから一つ選びなさい。

① 国家の権限を国際機関に分散させることで、武力の行使を抑制させる方法である。

② 対立する国を含め、侵略国に対しては共同で制裁を加える方法である。

③ 国際政治において超大国が、核兵器を利用した抑止力によって、戦争を防ぐ方法である。

④ 国家郡の間の同盟によって、攻撃されることを防ごうとする方法である。

기출 check 2014(1)

問2 次に示す19世紀末～20世紀にかける出来事A～Dを年代順に並べたものとして、正しいものを一つ選びなさい。

A 日清戦争で勝利した日本は、下関条約で莫大な賠償金をもらい、通貨制度を先進国と同じ金本位制に改めた。

B 日本とロシアの両国は、アメリカの仲介で、ポーツマス条約で講和を結んだ。

C ドイツ、イタリア、オーストリアの三国が同盟を結んだ。

D イギリスがアヘン戦争で勝利し、香港が割譲された。

① A→C→D→B　　② D→C→A→B

③ C→A→B→D　　④ A→D→B→C

기출 check 2015(2)

UNIT 15

제1차 세계대전과 러시아 혁명

일본어판 check!

빈출 포인트 Check

❶ 제1차 세계대전 ☆☆
❷ 러시아 혁명 ☆☆☆

핵심 개념 확인하기

1 제1차 세계대전 발발

1) 오스트리아 황위계승자가 사라예보(サラエボ)에서 세르비아인에게 암살되는 사건이 발생하자, 오스트리아가 세르비아에 선전포고를 하여 ➡ **제1차 세계대전**1914~18이 발발하였다.

2) 일본의 참전과 장기화

① 유럽을 주무대로 하여, 삼국동맹국과 삼국 협상국의 두개 진영으로 나뉘어 싸웠지만, 오스만 제국이 동맹국, 일본이 협상국 측에 참전하여 전쟁은 세계적인 규모가 되었다.

② 전쟁의 장기화와 고도로 발전된 기술에 의해 새로운 무기가 등장한 결과, 일반 시민이 인적·물적으로 방대하게 희생되는 총력전이 되었다.

2 러시아 혁명

1) 사회주의 정권의 탄생

① 러시아는, 제1차 세계대전 장기화에 따른 부담으로 경제가 크게 압박 받았다.

② 3월 혁명(2월혁명)으로 새로 조직된 임시 정부가 전쟁을 계승할 방침을 세웠기 때문에, 민중의 불만이 증대되었다.

③ 이에 대해서, 레닌(レーニン)이 이끄는 볼셰비키(ボリシェヴィキ)는 병사와 노동자 지지를 얻어 세력을 확대 ➡ 1917년 11월혁명(10월혁명)으로 임시정부를 타도하였다.

④ 2번에 걸친 혁명1917의 결과 ➡ 세계 첫 사회주의 정권이 탄생하였다.

⑤ 사회주의 정권 수립 후, 지주제 폐지와 주요 산업 국유화 등 ➡ 사회주의 정책을 추진하였다.

2) 소비에트 사회주의 공화국 연방(소련)1922의 결성

① 자본주의 국가 정부는, 러시아 혁명 운동의 물결이 자국에 미치는 것을 저지하고 소비에트 체제를 타도하기 위하여 ⇒ 간섭 전쟁을 전개하였다.

② 간섭 전쟁은 실패로 돌아가 ⇒ 공산당 정권은 소비에트 사회주의 공화국 연방(소련)1922을 결성하였다.

3 미국의 참전

1) 잠수함 작전 실시

① 전쟁이 장기화하는 가운데, 독일은 영국의 해상 봉쇄에 대항하여, 잠수함에 대한 무조건 공격을 선언하고 ⇒ 무제한 잠수함 작전을 시행하였다.

② 잠수함 작전은, 영국의 해상권을 봉쇄하기 위한 작전이었지만, 독일 잠수함에 의해 미국 국민이 희생된 것을 이유로 ⇒ 미국이 제1차 세계대전에 참전해, 독일에 선전 포고했다.

2) 삼국 동맹국의 패배

① 미국의 참전은 동맹국 패배에 결정적인 역할을 하였다.

② 미국 참전 후, 독일에서는 혁명이 일어나 빌헬름 2세가 퇴위하고 바이마르(ヴァイマル) 공화국1919이 성립하였으며, 협상국과 휴전 협정이 맺어져 동맹국 패전으로 전쟁은 종결한다.

핵심 개념 다지기

정답 p.101

1. 다음 문장을 읽고, 빈칸에 들어갈 알맞은 용어를 보기에서 고르시오. 용어는 2번 사용해도 됩니다.

보기

ⓐ 干渉戦争　ⓑ 十一月革命　ⓒ ロシア
ⓓ 第一次世界大戦　ⓔ 同盟国　ⓕ 地主制の廃止
ⓖ ドイツ　ⓗ 協商国　ⓘ 主要産業

① オーストリアの帝位継承者がサラエボでセルビア人によって暗殺される事件が起こると、オーストリアがセルビアに宣戦布告をした。これで[ア]が勃発した。

② [イ]、オーストリアを中心とした三国同盟国と、イギリス、[ウ]、フランスを中心とした三国協商国の二陣営に分かれ、ヨーロッパを主戦場として戦った。

③ [ア]は、オスマン帝国が[エ]、日本が[オ]側に加わって世界的な規模の戦争となった。

④ レーニンが率いるボリジェヴィキは兵士や労働者の支持を得て勢力を拡大し、同年[カ]で臨時政府を打倒し、[キ]や[ク]の国有化など社会政権政策を進めた。

⑤ ロシアの新たな動きに対し、資本主義諸国の政府は、自国への革命運動の波及阻止とソヴィエト体制の打倒を目指して、[ケ]を展開したが失敗し、共産党政権は、ソヴィエト社会主義共和国連邦を結成した。

⑥ アメリカの参戦により、[コ]の敗戦は決定的となり、ドイツでは革命が起きてヴィルヘルム２世が退位し、ドイツ共和国が成立した。

확인 문제로 실력 다지기

정답 및 해설 p.102

問1　第一次世界大戦前後の国際関係に関する説明として正しいものを一つ選びなさい。

① ヨーロッパが二つの陣営に分かれて戦ったが、イギリスは「光栄ある孤立」でどっちの方にも属さなかった。

② ヨーロッパを主戦場として戦った第一次世界大戦に、日本が参戦し、軍隊を派遣したことから、世界を巻き込むものとなった。

③ アメリカは、イギリスのアジアへの勢力拡大を阻止するため、ドイツの潜水艦攻撃を口実に参戦した。

④ オーストリアがボスニア・ヘルツェゴビナの併合を宣言し、セルビア王国との葛藤が深まったことが、サラエボ事件の引き金となった。

기출 check 2012(2) 2013(1) 2015(2)

問2　第一次世界大戦は、高度に発達した技術により、新しい武器が出現したことで、長期化することになる。第一次世界大戦中のロシアに関する説明として正しいものを一つ選びなさい。

① 第一次世界大戦が長引いたことで、生活が苦しくなると、民衆はデモやストライキを起こした。これが反乱兵士と合流し、ロマノフ朝が滅ぶ二月革命が成功し、社会主義国家が成立した。

② 二月革命の成功で、民衆の戦争の講和への期待が高まったが、臨時政府の指導者のケレンスキーが戦争継続の方針を打ち出したことで、三月革命が起きることとなる。

③ 二度にわたる革命後、レーニンは全ロシア＝ソヴィエト会議でソビエト政権樹立を宣言、史上初の社会主義国家が誕生した。

④ 権力を握ったスターリンは、平和に関する布告と土地に関する布告を宣言する一方、戦争の即刻講和を呼びかけるなど、国内的には内戦を終結させ、国外的には諸外国との平和外交で国内外的に安定させた。

기출 check 2014(2) 2018(1)

UNIT 16 베르사유 체제 하의 유럽

일본어판 check!

빈출 포인트 Check

❶ 국제연맹 ☆☆
❷ 워싱턴 체제 ☆☆☆

핵심 개념 확인하기

1 베르사유 체제

1) 베르사유(ヴェルサイユ) 조약

① 제1차 세계대전 강화 조약으로서 ⇒ 베르사유(ヴェルサイユ) 조약이 체결되었다.
- 국제 연맹 설립
- 동유럽 각국의 독립
- 독일에 대한 조치
- 위임 통치

② 독일에 해외영토 포기, 군비 제한, 배상금을 요구하는 등 가혹한 내용이었다.

③ 윌슨 미 대통령이 제안한 민족자결 원칙이 담겨 있었으나, 동유럽 식민지만 독립되는데 그쳤다.

④ 제1차 세계대전 후의 국제질서로서 베르사유 체제가 탄생했지만 ⇒ 패전국인 독일의 불만과 소련이 참가하지 않은 것이 불씨로 남았다.

2) 일본의 국제적 지위 상승

① 베르사유 조약으로 구독일 세력권이었던 중국 산둥성(山東省(さんとうしょう))과 남양군도(南洋諸島(なんようしょとう)) 위탁 통치를 인정받았다.

② 국제연맹에서 영국 · 프랑스 · 이탈리아와 함께 상임이사국에 선출되어 ⇒ 국제적인 지위가 상승하였다.

2 집단 안전 보장

1) 세력 균형(勢力均衡(せいりょくきんこう)) 체제로 인해 제1차 세계대전이 일어났다는 반성에서, 국제연맹에서는 집단 안전 보장 방식을 채택하였다.

2) 대립 관계에 있는 국가를 포함하여 관계국 모두가 참가하고, 상호 무력에 의해 공격하지 않

을 것을 약속하는 방식이다.

3) 약속을 위반하고 평화를 위태롭게 하는 국가가 있을 경우, 관계국 모두가 협력해서 위반국에 제재를 가하도록 했다. 하지만, 이 방식도 구체적인 적용 단계에서 유효하게 기능하지 않은 경우가 있다.

국제연합 안전보장이사회에서 거부권이 행사되면, 침략국 제재 결정이 불가능

❸ 제1차 세계대전 후의 경제

1) 국제연맹 설립

① 윌슨(ウィルソン)의 평화원칙 14개 조에서 제시된 국제 협조, 민족 자결 등의 이념을 주된 내용으로 진행하여 ➡ 국제연맹을 설립했다.

② 국제연맹은 국제 평화를 유지하기 위해 ➡ 집단안전보장의 원리를 채용했다.

③ 미국의 불참과, 총회 결의 방식이 만장일치제였기 때문에 처음부터 한계가 있었다.

2) 워싱턴 회의1921~1922

① 미국의 주도로, 베르사유 체제와는 별개로 개최된 전후 국제질서 구축을 지향한 회의이다.

② 중국의 독립과 주권 존중을 약속한 '9개국 조약'과, 태평양 지역 평화와 영토의 현상 유지를 정한 '4개국 조약'이 체결되었다.

③ 일 · 영동맹 종료를 선언했다.

④ 해군 확대가 1차대전 발발의 요인 중 하나라는 반성에서 해군 군축에 동의했다.

3) 세계 경제에 대한 영향

① 제1차 세계대전은 동맹국뿐만이 아니라, 협상국의 피해도 막대했다.

② 전쟁에 의한 파괴뿐만이 아니고, 전쟁 비용 조달을 위한 거액의 채무를 안게 된 영국과 프랑스 등 전승국은 ➡ 독일에 막대한 배상금을 요구했다.

③ 제1차 세계대전을 통하여, 세계 1위 경제대국 지위를 굳힌 미국은, 독일에 차관을 제공하여 ➡ 유럽의 전후 부흥을 지원했다.

④ 미국이 최대 채권국이 됨에 따라, 국제 금융의 중심은 뉴욕으로 옮겨져, 20세기 세계 경제는 ➡ 미국을 중심으로 전개되어 간다.

핵심 개념 다지기

정답 p.102

1. 다음 문장을 읽고, 빈칸에 들어갈 알맞은 용어를 보기에서 고르시오.

보기

ⓐ 国際連盟　ⓑ アメリカ　ⓒ 常任理事国
ⓓ 国際協調　ⓔ 集団安全保障　ⓕ 東ヨーロッパ
ⓖ 軍備制限　ⓗ 民族自決

① パリ講和会議では、ウィルソンが14か条の原則で示した[ア]、[イ]などが理念の柱として掲げられた。

② ヴェルサイユ条約で、[ウ]の設立、ドイツに対する措置・[エ]諸国の独立・委任統治などが合意され、第一次世界大戦は終結した。

③ 大戦を通じて世界第一の経済大国の地位を固めた[オ]は、ドイツに借款を提供し、ヨーロッパの戦後の復興を支援した。

④ 勢力均衡により第一次世界大戦が生じたという反省から、[ウ]では、[カ]方式を採択した。これは、対立関係にある国家を含め、関係国すべてがこの体制に参加し、相互に武力によって攻撃しないことを約束するものだった。

⑤ ヴェルサイユ条約は、ドイツには海外領土放棄、[キ]、賠償金などを求める厳しい内容だった。

⑥ 第一次世界大戦後、日本はイギリス、フランス、イタリアと並んで[ク]に選ばれ、国際的な地位が顕著に上昇した。

확인 문제로 실력 다지기

정답 및 해설 p.102

問1　集団安全保障に関する記述として適当でないものを、次の①～④のうちから一つ選びなさい。

① 国家が同盟を結び、自国の安全を確保する仕組みである。

② 戦争を起こした国家に対して、参加国が共同して制裁を加える仕組みである。

③ 紛争は平和的に解決されなければならないというのがその前提である。

④ 相互に利害の対立する国々を含む国際機構の存在が前提である。

問2　国際連盟に関する記述として適当でないものを、次のうちから一つ選びなさい。

① 常設連盟軍の存在が予定されておらず、軍事制裁を一度も発動することができなかった。

② アメリカ大統領ウィルソンの提唱によって設立された。

③ 総会・理事会に多数決制を採用したため、大国のリーダーシップが発揮できなかった。

④ アメリカは一度も参加することができず、日本・ドイツ・イタリアも相次いで脱退するなど、大国の参加を得ることができなかった。

기출 check 2017(2) 2018(2) 2022(2)

UNIT 17

1차 대전 후의 일본 경제

일본어판 check!

빈출 포인트 Check

❶ 튀르키예(터키) 공화국 수립 ☆
❷ 팔레스타인 분쟁 ☆☆☆

핵심 개념 확인하기

1 오스만 제국에서 튀르키예(トルコ) 공화국으로

1) 제1차 세계대전 패전 후의 상황

① 영국, 프랑스 등의 연합국 군에 의해 ➡ 분할 점령된다.

② 오스만 제국 군인 무스타파 케말(ケマル・パシャ)은 튀르키예인의 나라를 만들어 스스로가 정권을 잡겠다고 선언했다.

☆ 2) 튀르키예 공화국 수립

① 열렬한 지지를 받은 케말은 오스만 제국 술탄을 폐위하고 ➡ 로잔(ローザンヌ)조약1923을 맺어, 국민국가를 수립하였다.

② 이슬람권에서는 처음으로 정교분리, 태양력 채용 등 ➡ 급속한 서양화 정책을 추진하였다.

③ 수도를 이스탄불에서 앙카라(アンカラ)로 옮겼다.

2 팔레스타인 분쟁

1) 열강의 비밀 외교 전개

① 1차 대전 중에, 열강이 튀르키예 영토였던 서아시아 지역을 둘러싸고 비밀외교를 전개했던 것이 원인이다.

☆ ② 영국은 아랍인에게 전쟁 협력 대가로 오스만 제국으로부터의 독립을 약속하는 ➡ '후세인-맥마흔(フセイン・マクマホン) 협정1915'을 비밀리에 체결하였다.

③ 영국, 프랑스, 러시아는 구 오스만 제국 분할에 관련된 비밀 협정인 '사이크스 피코(サイクス・ピコ) 협정1916'을 맺었다.

④ 영국은 유대계의 금융자본 협력을 얻기 위하여, 비밀리에 팔레스타인에 유대인 민족 국가 건국 지원을 약속한 '벨푸어(バルフォア) 선언1917'을 하였다.

2) 영국의 비밀 협정 남발

① 벨푸어 선언으로 인해 팔레스타인 지역으로 이주해 온 유대인과, 선주민인 아랍인과의 사이에 심각한 대립이 발생하여 ⇒ 팔레스타인 분쟁의 불씨가 되었다.

② 비밀 협정을 남발한 영국은 제2차 세계대전 이후, 문제 해결을 유엔에 일임하였다.

③ 팔레스타인에서는 현재까지 분쟁이 이어지고 있다.

3 제1차 세계대전 후의 일본 경제

1) 전쟁 특수로 인한 호황

① 1차 대전 중에는 해상 교통로 불안정 등으로 무역이 어려워져, 불황이 더욱 심각해졌다.

② 개전 후 1년 정도가 지나자, 전쟁의 주무대에서 멀리 떨어져 있는 일본은 군수품의 공급 기지가 되어 ⇒ 수출이 증대하는 호황을 누렸다.

2) 조선업과 제철업의 성장

① 일본과 마찬가지로 전쟁 특수를 맞이한 미국으로의 생사 수출이 급증하였다.

② 유럽에서 제품 수입이 끊긴 동남아시아 각국은 일본에서 대체품을 찾기 시작해 ⇒ 일본은 시장 독점 호황기를 맞이했다.

③ 전쟁으로 인해 선박 부족에 빠진 전세계의 해운업과 조선업이 특히 활황을 맞이하였고, 제철업에서는 관영 야하타(八幡(やはた)) 제철소가 주력이었지만, 전쟁 중에 민간 제철회사가 성장하였다.

핵심 개념 다지기

정답 p.102

1. 다음 문장을 읽고, 빈칸에 들어갈 알맞은 용어를 보기에서 고르시오.

보기
ⓐ 製鉄　ⓑ 西洋　ⓒ サイクス・ピコ密約
ⓓ 政教分離　ⓔ フセイン・マクマホン協定　ⓕ ローザンヌ
ⓖ 軍需品　ⓗ バルフォア

① ムスタファ・ケマルは、トルコ人の国を造り、自らがその政権を担うことを宣言し、人々の熱烈な支持を受け、オスマン帝国のスルタンを廃し、[ア]条約を結び、トルコ共和国を樹立した。

② ケマルは、イスラム圏では最初に[イ]・太陽暦の採用など、急速な[ウ]化政策を進めた。

③ イギリスは、アラブ人に対して[エ]を結び、フランス・ロシアとは[オ]というお互い矛盾される条約を締結した。

④ イギリスがユダヤ系の金融資本の協力を得るために約束した[カ]宣言は、先住のアラブ人とユダヤ人との間に深刻な対立を生じさせ、パレスチナ紛争の種となっている。

⑤ 主戦場から遠く離れた日本は、[キ]の供給基地になり、輸出が増大し、好況に転じた。

⑥ 日本国内では、戦争で世界的に船舶不足に陥った海運業や造船業が好況になり、[ク]業では、民間会社も成長した。

확인 문제로 실력 다지기

정답 및 해설 p.102

問1　20世紀の前半のイスラム世界で起こった出来事について述べた文として正しいものを、次の①～④のうちから一つ選びなさい。

① シリアは、イギリスの委任統治から独立した。

② アラビア半島では、第二次世界大戦後にサウジアラビアが建国された。

③ トルコでは、ムスタファ・ケマルがスルタン制を廃止した。

④ エジプトは、第一次世界大戦後、ナチス党が反米民族運動を展開した。

기출 check 2010(2)

問2　第一次世界大戦後の日本の経済について述べた文として正しくないものを、次の①～④のうちから一つ選びなさい。

① 軍需品の供給基地となり、輸出が増え、好況になった。

② 戦争が終わった後は、アメリカ向けの生糸の輸出は激減した。

③ 戦争で、海運業と造船業は活況になった。

④ 製鉄業は、官営製鉄所が主力だったが、民間製鉄会社も追い掛けた。

기출 check 2010(2)

UNIT 18 대공황과 중일전쟁

일본어판 check!

빈출 포인트 Check

❶ 산업 대공황 ☆☆☆☆
❷ 파시즘 ☆

핵심 개념 확인하기

1 대공황 발생

1) 뉴욕 증시의 대폭락

① 1920년대 미국은, 제1차 세계대전 종전 후, 최대 채권국으로서 전례가 없을 정도의 경제 번영을 맞이했다,

② 급격한 생산 확대에 일반 노동자나 농민의 구매력이 미치지 못하게 되자 ⇒ 1929년 10월에 뉴욕 시장에서 주가 대폭락이 일어났다.

③ 뉴욕 증시의 대폭락 영향은 미국 자본에 의존해 온 독일을 비롯한 유럽 각국과 일본에도 영향이 미쳐 ⇒ 불황이 전세계로 확산되었다.

2) 뉴딜 정책

① 미국 경제 상황은 심각해서, 프랭클린 루스벨트(フランクリン・ローズヴェルト)는, '뉴딜(ニューディール) 정책'을 시행해, 경기 침체에서 벗어나고자 했다.

② 실업자 구제를 위해 대규모 공공사업을 실시하고, 경기부양을 위한 금융정책을 실시했다.

③ 노동자의 단결권과 단체 교섭권을 보장한 와그너(ワグナー)법을 제정했다.

3) 영국과 프랑스, 소련의 불황

① 영국은 오타와(オタワ)회의에서, 영 연방과 그 외의 국가에 대해서 관세 차별을 하는 파운드 블록(ポンド圏(けん)) 블록(ブロック)경제 실시를 결정했다.

② 프랑스도 식민지와 우호국 이외의 국가에 높은 관세를 부과하는 프랑 블록(フラン圏(けん)) 배타적인 블록(ブロック)경제를 실시했다.

③ 소련은 자본주의국가와 연결이 적어 큰 영향을 받지 않았다.

❷ 파시즘 대두

1) 제1차 세계대전 이후, 세계 공황이라는 자본주의 모순 속에서 이탈리아의 전체주의인 **파시즘**, 독일의 독재체제인 **나치즘**, 일본의 **군국주의**가 탄생했다.

2) 이탈리아에서 무솔리니가 전체주의 파시스트당을 결성하여 권력을 장악한 것이 ➡ **파시즘**(ファシズム)의 시초이다.

3) 독일에서는, 세계공황으로 고통을 받는 민중의 지지를 받은 히틀러가 이끄는 나치당이 세력을 확대, 권력을 장악한 이후 ➡ 급속히 **나치즘**이 확산되었다.

4) 일본에서는 점차 군부의 발언권이 강해져, 군사력에 의한 대외적 발전을 중시하고, 전쟁과 그 준비를 위한 정책이나 제도를 최상위에 두고 그 아래에 국민 생활을 종속시키려는 ➡ **군국주의**가 등장했다.

❸ 만주사변1931과 중일전쟁1937

1) 만주국1931 건설

① 불황에 허덕이던 일본이 만주사변을 일으키고 ➡ **만주국1931을 건설**했다.

② 중국이 부당한 침략행위라고 국제 연맹에 제소하고, 이에 국제연맹은 만주에서 일본군 철수를 요구하였지만, 일본은 이를 거부하고 국제연맹에서 탈퇴했다. 그 결과 ➡ 일본은 국제사회에서 고립하게 되었다.

2) 중일 전쟁1937

① 만주국 건설 후, 중일 양국 군의 무력 충돌 사건이 발생하자, 전쟁은 순식간에 확대되어 ➡ 중일전쟁1937~45이 시작되었다.

② 일본은 수도인 난징(南京(なんきん)) 함락에 주력을 쏟아, 중국 측과 교섭을 시도하였으나, 중국은 강한 저항을 계속하며 교섭에 응하지 않았다.

개념 플러스+

• **루스벨트**(1882~1945)

- 미국 제32대 대통령

• **무솔리니**(1883~1945)

- 파시즘을 주도한 이탈리아의 정치가

핵심 개념 다지기

정답 p.103

1. 다음 문장을 읽고, 빈칸에 들어갈 알맞은 용어를 보기에서 고르시오.

보기
ⓐ ニューディール　ⓑ 満州　ⓒ 産業大恐慌
ⓓ 国際連盟　ⓔ ファシズム　ⓕ ナチズム　ⓖ 日中

① アメリカは終戦後、最大の債権国として前例のない経済の繁栄を迎えたが、一般労働者や農民の購買力が急激な生産拡大に追い付かず、1929年、ニューヨーク市場で株価の大暴落が起き、[ア]が世界中に広がった。

② フランクリン・ロズウェルトは、大規模な公共事業によって失業者を救済するなど、[イ]と呼ばれる積極的な経済政策で、景気の回復をはかった。

③ [ア]という資本主義の矛盾の中で、イタリアの全体主義である[ウ]と、ドイツの独裁体制である[エ]、日本の軍国主義が生まれた。

④ 不況にあえいでいた日本は、強い関心を持っていた[オ]地域で事変を起こし、[オ]国を建国した。

⑤ 日本は[オ]地域からの撤退を求められたが、それを拒否し、[カ]から脱退した。こうして、日本は国際社会から孤立する道を歩むことになった。

⑤ [オ]国建国後、日中両軍の武力衝突事件が起こると、戦火は瞬く間に拡大され、[キ]戦争が始まった。

정답 및 해설 p.103

問1　1929年の大恐慌及びその影響に関する記述として<u>誤っているもの</u>を、次の中から一つ選びなさい。

① ドイツで社会保険制度が創設された。

② イギリスとフランスはブロック経済を取った。

③ ローズヴェルト大統領がニューディール政策を行った。

④ ニューヨークの株式市場における株価暴落がそのきっかけとなった。

기출 check 2013(2) 2017(1) 2020(2)

問2　フランクリン＝ローズヴェルト大統領の政権下におけるアメリカ合衆国について述べた文として<u>正しいもの</u>を、次の①～④のうちから一つ選びなさい。

① スペインとの戦争に勝利し、デキサスを獲得した。

② ワグナー法により、労働者の団結権と団体交渉権が保障された。

③ ヨーロッパへの経済援助のため、マーシャル＝プランを発表した。

④ ニューヨーク株式市場において株価が暴落し、大恐慌が始まった。

기출 check 2018(2)

UNIT 19 제2차 세계대전

일본어판 check!

빈출 포인트 Check

❶ 삼국 동맹 ☆☆☆☆
❷ 태평양 전쟁 ☆

핵심 개념 확인하기

1 제2차 세계대전 발발

1) 히틀러의 독재체제

① 독일의 히틀러(ヒトラー)는, 베르사유 조약에 의한 군비제한과 거액의 배상금 지급을 지킬 수 없게 되자 ⇒ 베르사유 조약을 파기하였다.

② 국제연맹을 탈퇴1933하고 재군비를 선언1935하며, 파시즘 체제를 취하는 이탈리아와 군국주의인 일본에 접근하였다.

③ 오스트리아 병합을 실현한 뒤, 체코슬로바키아에 독일인 거주자가 많은 것을 구실 삼아 주데텐란트(ズデーテン) 지방 할양을 요구하였다.

2) 뮌헨(ミュンヘン)회의

① 히틀러의 요구대로 영국·프랑스·이탈리아·독일이 체코슬라바키아의 주데텐란트 지방 병합을 인정하는 유화정책을 실시하였지만, 히틀러는 주데텐란트 지방을 병합하고 ⇒ 체코슬로바키아(チェコスロヴァキア)를 해체하였다.

② 히틀러는 소련의 스탈린과 독소(独(どく)ソ)불가침조약을 체결한 후에, 폴란드를 침공1939해 ⇒ 제2차 세계대전이 발발하였다.

3) 삼국 동맹1940 체결

① 영국과 프랑스 양국은 폴란드를 침공한 독일에 즉각 선전포고를 했지만, 직전에 독일과 불가침조약을 체결한 소련은 폴란드 동부를 점령하였다.

② 전쟁 초기의 독일군 기세는 굉장하여, 프랑스가 항복하자, 독소 불가침조약을 깨고 ⇒ 독소전(独(どく)ソ戦(せん))1941을 개시하였다.

③ 이러한 정세를 보고, 이탈리아가 독일 측에 참전 ⇒ 삼국 동맹(독일 · 일본 · 이탈리아가)1940을 체결하였다.

② 태평양 전쟁

1) 태평양 전쟁 개시

① 중국 대륙에서 중일전쟁1937~45으로 고전하고 있던 일본은, 전쟁 수행에 석유나 고무 등의 자원이 필요해지자 ⇒ 베트남 침공으로 해결하려고 하였다.

② 일본의 남하를 경계한 미국, 영국은 경제 제제를 가했지만 ⇒ 일본군은 하와이 진주만 공격과 말레이 반도 상륙작전을 감행하여 ⇒ 태평양 전쟁1941이 시작되었다.

2) 제2차 세계대전으로 확대

① 미국은 삼국 동맹 체결국(독일 · 이탈리아 · 일본)과 교전상태가 되었다.

② 유럽 전쟁과 아시아 · 태평양 전쟁이 일체화하여 ⇒ 제2차 세계대전으로 확전되었다.

개념 플러스⁺

• **히틀러**(1889~1945)

- 독일 국민사회주의 독일 노동자당(나치스) 지도자

• **스탈린**(1879~1953)

- 제2대 소련 공산당 서기장

정답 p.103

1. 다음 문장을 읽고, 빈칸에 들어갈 알맞은 용어를 보기에서 고르시오.

보기

ⓐ チェコスロヴァキア ⓑ 日本 ⓒ ミュンヘン
ⓓ マレー ⓔ ポーランド ⓕ ベトナム
ⓖ ヴェルサイユ

① ヒトラーのドイツは、軍備制限と多額の賠償金支払いを守らなくなると、[ア]条約を破棄、国際連盟を脱退し、再軍備を宣言した。

② ヒトラーのズデーテン地方の割譲要求を解決するために開かれた[イ]会議で、ヒトラーの要求通り、ズデーテンの併合を認める宥和政策をとったが、ヒトラーは、翌月ズデーテンを併合、さらに、[ウ]を解体した。

③ ヒトラーは、独ソ不可侵条約を締結したうえで、[エ]を侵攻、ついに第二次世界大戦が開始された。

④ 日中戦争で苦戦していた日本は、戦争を遂行するために必要な石油やゴムなどの資源を求め、[オ]を侵略した。

⑤ 日本の南進を警戒するアメリカ、イギリスは経済制裁で応じたが、日本軍は真珠湾攻撃と[カ]半島上陸作戦を行って、太平洋戦争が開始された。

⑥ アメリカは、三国同盟の締結国である、[キ]、ドイツ、イタリアと交戦状態になり、ヨーロッパの戦争と、アジア・太平洋の戦争が一体化し、ついに世界中が戦争に巻き込まれていった。

확인 문제로 실력 다지기

정답 및 해설 p.103

問1　ヨーロッパにおけるファシズム勢力の伸長に関連したことについて述べた文として正しいものを、次の①～④のうちから一つ選びなさい。

① ムッソリーニは、ローマ進軍によってイタリア国王を退位させた。

② イギリスとフランスは、スペイン内戦において人民戦線政府を支援する政策を採った。

③ レーニンは、独ソ不可侵条約を結んでソ連の防衛を図った。

④ ナチス＝ドイツは、国際連盟を脱退し、再軍備を宣言した。

기출 check 2016(2)

問2　第二次世界大戦中に起った出来事について述べた文として正しいものを、次の①～④のうちから一つ選びなさい。

① アジア＝アフリカ会議が、バンドンで開かれた。

② フィンランドが独立した。

③ コミンテルンが結成された。

④ 日本軍が、シンガポールを占領した。

기출 check 2016(2) 2018(2)

UNIT 20 일본의 패전과 독일 분할 점령

일본어판 check!

빈출 포인트 Check

❶ 일본국 헌법 제정 ☆☆☆☆
❷ 포츠담회담 ☆

핵심 개념 확인하기

1 일본의 패전

1) 미드웨이 해전1942

① 태평양 전쟁 초기에, 일본은 큰 전과를 올려 동남아시아에서 서태평양 방면까지의 넓은 범위를 세력권에 넣는 데 성공하지만, 미드웨이(ミッドウェー) 해전1942 패배를 전기로 점차 열세에 몰리게 되었다.

② 소련을 포함한 연합국 측은, 일본의 무조건 항복을 요구했으나, 일본이 불응하자 ➡ 나가사키와 히로시마에 원자폭탄을 투하하였고, 일본은 포츠담(ポツダム) 선언1945을 수령해 무조건 항복하였다.

2) 패전 후의 일본

① 포츠담 선언을 토대로 연합국 군이 일본에 주둔 ➡ GHQ(연합국 군 최고사령관 총사령부)를 설치하고, 최고사령관에 맥아더(マッカーサー)를 임명 ➡ 간접 통치 방식을 취했다.

② 점령 정책의 기본 방침은 군국주의 배제와 민주화이며, 군부를 해체하고 일본 정부에 민주화 5대 개혁을 지령하였다. 또한, 재벌 해체와 농지개혁이 실행되었다.

❶ 여성 해방
❷ 노동자 단결권 보장
❸ 교육의 민주화
❹ 비밀 경찰제도 폐지
❺ 경제 민주화

2 일본국 헌법 제정

1) GHQ가 헌법 개정을 지시하고, 제국 의회 심의를 거쳐, 1946년에 일본국 헌법으로서 공포되었다.

2)주요 내용과 특징

3원칙 제시	국민주권, 기본적 인권의 존중, 전쟁 포기(평화주의)
일왕제 인정	일왕을 국민 통합 상징으로 인정
지방자치법	지자체 장을 주민 직접 선거로 선출
최고 재판소	위헌입법 판결권 보유

3 독일 분할 점령

독일 항복 전에 미(루스벨트)·영(처칠)·소(스탈린) 3국 수뇌가 모여 패전 처리 기본 방침을 결정한 회의

1) 얄타(ヤルタ) 회담1945년 2월

① 독일 패전 처리 기본 방침을 결정하였다.

② 주요 내용은 2차 대전 후의 독일을 미국·영국·프랑스·소련 4개국이 분할 관리하는 것이었다.

2) 포츠담 회담1945년 7월~8월

① 독일의 무조건 항복 후 개최 ➡ 분할 구역(독일 전역)과 베를린 분할 관리 방침을 제시하였다.

② 완전한 비 나치화와 민주화 달성 시까지 독일을 4개국이 분할 점령해 통치하는 것이 결정되었다.

③ 일본의 무조건 항복을 요구했다.

3) 동서 분열

① 자본주의 진영과 사회주의 진영의 대립이 독일 문제에도 영향을 미쳐, 서쪽(민주화와 자유주의 경제를 기본으로 경제 부흥, 미국·영국)과 동쪽(사회주의화, 소련) 차이가 표면화하였다.

② 서쪽의 통화개혁 강행1948에 대한 불만으로 ➡ 소련이 베를린을 봉쇄했다.

③ 1949년 서독(서측 관리 지역, 독일연방공화국)과 동독(소련 관리 지역, 독일 민주 공화국)이 각각 성립하여 동서분단이 확정(1990년 독일 통일까지 이어짐)되었다.

개념 플러스

• **맥아더**(1880~1964)

- 일본이 2차 세계대전에 패전한 후, 연합국군 최고 사령관으로서 일본(도쿄)에 주둔
- 한국 전쟁 당시, 유엔군 총사령관으로 참전

핵심 개념 다지기

정답 p.104

1. 다음 문장을 읽고, 빈칸에 들어갈 알맞은 용어를 보기에서 고르시오. 용어는 2번 사용해도 됩니다.

보기
ⓐ 軍国　ⓑ ヤルタ
ⓒ ミッドウェー　ⓓ ポツダム　ⓔ 民主化
ⓕ 間接　ⓖ 平和主義

① 日本は、[ア]海戦の敗北を転機に、太平洋戦争で次第に不利な状況になり、ソ連を含めた連合国側は日本の無条件降伏を求めた。

② [イ]宣言にもとづき、マッカーサーを最高司令官とする連合国軍側が日本に進駐し、GHQを東京に設置、占領政策を日本政府に指令する[ウ]統治方式をとった。

③ 占領政策の基本方針は、[エ]主義の排除と[オ]だった。そして、[オ]について、5大改革を指令した。

④ GHQは、憲法改定を指示し、帝国議会での審議を経て、日本国憲法として公布された。新しい憲法では、[カ]、国民主権、基本的人権の尊重の三原則が示された。

⑤ 第2次世界大戦中、ドイツ降伏前、[キ]会談において米・英・ソ三国首脳は、戦後のドイツを、フランスを加えた4国で分割管理する基本方針を決定した。

⑥ ドイツの無条件降伏後、[ク]会談の結果、ドイツでの完全な非ナチ化、民主化がなされるまで4ヵ国による分割占領によって統治することにした。

확인 문제로 실력 다지기

정답 및 해설 p.104

問1 第二次世界大戦における日本の敗戦に関連して述べた文として正しいものを、次の①～④のうちから一つ選びなさい。

① 日本は、ミッドウェー海戦の敗北を転機に次第に不利になった。

② 日本の無条件降伏を求めたカイロ会談は、ソ連からスターリンが参加した。

③ ドイツの降伏後、ヤルタ会談において４国の分割管理の方針が決定した。

④ ヤルタ会談に基づき、日本を間接統治する方式が採られた。

기출 check 2012(1) 2013(2) 2014(2)

問2 第二次世界大戦後のドイツについて述べた文として正しいものを、次の①～④のうちから一つ選びなさい。

① ヴェルサイユ条約によって、多額の賠償金支払いを義務づけられたドイツの経済はインフレーションに陥った。

② アメリカ合衆国・イギリス・オーストリア・ソ連によって、分割占領が行われた。

③ 西側が通貨改革を強行すると、ソ連がベルリンを封鎖し、ドイツの東西分裂が確定された。

④ ソ連が管理するドイツ連邦共和国には西ドイツが、４国が分割管理するドイツ民主共和国には東ドイツがそれぞれ成立された。

기출 check 2017(2)

UNIT 21

냉전 체제

일본어판 check!

빈출 포인트 Check

❶ 냉전 체제의 전개 ☆☆
❷ 냉전의 시작 ☆

핵심 개념 확인하기

1 냉전체제 시작

1) 동서 양진영의 분열

① 제2차 세계대전 이후부터 냉전 종결1989 시까지, 냉전시대라고 부른다.

② 미국을 중심으로 하는 자본주의국가 진영(서측)과 소련을 중심으로 하는 사회주의국가 진영(동측)이 전세계를 양분하며 대립했다.

☆☆ 2) 동서 양진영 분열의 격화

① 트루먼 미 대통령은 공산주의 확대를 저지하기 위한 외교정책으로 트루먼 독트린(トールマン・ドクトリン)1947을 발표 ⟹ 튀르키예와 그리스에 군사적 · 경제적 원조를 했다.

② 미국 국무장관 마셜은 마셜 플랜(マーシャル・プラン)1947을 제안 ⟹ 2차대전으로 폐허가 된 유럽 국가에 경제부흥 지원을 했다.

③ 소련도 미국에 대항하여, 정보교환을 목적으로 코민포름(コミンフォルム)1947~1956을 결성하였으며, 마셜플랜에 대한 대항을 목적으로 코메콘(コメコン)을 설립했다.

2 냉전체제의 형성과 전개

1) 통화 개혁과 베를린 봉쇄

① 미국, 영국, 프랑스 점령 지구에서 경제 재건을 목적으로 ⟹ 통화개혁1948을 시행하였다.

② 통화개혁에 반대하던 소련은, 공동으로 관리하던 베를린으로 들어오는 3국(미국, 영국, 프랑스)의 교통로를 차단 ⟹ 베를린을 봉쇄한다1948년 6월~49년 5월.

③ 서독의 경제 발전을 보고, 동독 주민들이 대거 서독으로 넘어가자, 동독은 체제 유지를 위해 베를린 장벽을 세웠다1961.

2) 미·소 대립의 격화

① 미국을 중심으로 하는 서측 진영이 북대서양조약기구(NATO)1949를 결성 ➡ 군사적으로 결속하였다.

② 소련을 중심으로 하는 동측 진영은 바르샤바(ワルシャワ)조약기구(WTO)1955를 결성 ➡ 군사적, 경제적 결속을 강화했다.

③ 미국과 소련 양국은 군비확장 경쟁을 전개 ➡ 대량의 핵무기를 보유하게 되었다.

④ 동측 진영과 서측 진영은 지역적인 집단 방위 조약을 맺어 결속을 강화해 갔다.

⑤ 베를린 장벽1961은 동서 냉전의 상징적인 존재이다.

3) 대리 전쟁 발발

① 미국과 소련이 대립하고 있는 나라들 사이에서 발발한 전쟁을 ➡ 대리전쟁이라고 하며. 6.25전쟁1950, 베트남 전쟁1965이 대표적이다.

② 중동전쟁과 아프리카의 민족 분쟁 등에도 미국과 소련이 개입하였다.

3) 데탕트의 움직임

1959년, 쿠바혁명에 성공한 카스트로가 반미자세를 강화, 소련에 접근하여 핵미사일을 배치하자, 1962년, 미국이 해상 봉쇄로 쿠바를 압력, 그 후 소련이 미사일을 철수

① 동서진영의 대립이 격화되는 가운데, 쿠바위기1962를 계기로 미국과 소련을 정점으로 하는 동서 양진영의 긴장이 전체적으로 완화되었다.

② 쿠바위기를 계기로, 미국, 영국, 소련 3국 간에 부분적 핵실험 금지조약(PTBT)1963이 체결되었다.

- 대기권 내, 우주 공간 및 수중에서 핵실험 금지
- 지하에서만 핵실험을 허가했으며, 핵무기 생산 중단이나 사용 제한 조항은 없음
- 미국, 영국, 소련이 조안을 기초하였으며, 조약 개정의 거부권 보유

개념 플러스

• **트루먼**(1884~1972)

-미국 제33대 대통령

• **마셜**(1880~1959)

- 미국 제3대 국방 장관

정답 p.104

1. 다음 문장을 읽고, 빈칸에 들어갈 알맞은 용어를 보기에서 고르시오.

| 보기 |

ⓐ コミンフォルム　ⓑ コメコン　ⓒ 通貨改革
ⓓ NATO　ⓔ トルーマン・ドクトリン　ⓕ PTBT
ⓖ キューバ危機　ⓘ マーシャル・プラン

① アメリカは、共産主義諸国を封じ込める目的でトルコとギリシャに軍事支援を約束する［ア］を発表した。

② さらに、アメリカは、西側諸国の経済を支援する目的でヨーロッパに対する［イ］を実施した。

③ ソ連もアメリカに対抗し、情報局である［ウ］を結成し、東側の経済的結束を目的に［エ］を設立した。

④ 第2次世界大戦で廃墟と化した西側の経済再建を目指して［オ］が行われると、ソ連は、共同で管理していたベルリンへ入る三国(米・英・仏)の交通路を遮断した。

⑤ ソ連のベルリン封鎖に対抗するために、アメリカを中心とする西側は、［カ］を結成し、軍事的に結束した。

⑥ 東西両陣営の激しい対立の一方で、［キ］をきっかけに、米・英・ソの三国間で［ク］が締結された。

확인 문제로 실력 다지기

정답 및 해설 p.104

問1　冷戦期における国際社会の動きに関する記述として<u>誤っているもの</u>を、次の①～④のうちから一つ選びなさい。

① アジア、アフリカ、中南米の一部の国は、非同盟・中立を揚げて、外交を展開した。

② ソ連を中心とする社会主義諸国は、ワルシャワ条約機構を設立して、NATO(北大西洋条約機構)に対抗した。

③ アメリカとソ連は、戦略兵器開発競争に歯止めをかけるために、戦略兵器制限交渉(SALT)を進めた。

④ 国連は、マーシャル・プランに基づき、米ソ間の緊張緩和を目指す努力を続けた。

기출 check 2013(1) 2014(2) 2016(2)

問2　第２次世界大戦後の東西対立の構造に関する記述として<u>最も適当なもの</u>を、次の中から一つ選びなさい。

① コメコンは西側の陣営拡大を目的とした経済相互援助会議である。

② ワルシャワ条約機構は東西欧州が加入した集団安全保障体制である。

③ 北大西洋条約機構は、当初、西側の地域的集団安全保障体制であった。

④ マーシャル・プランは東側の陣営拡大を目的とした共産党連絡機関である。

기출 check 2021(2)

UNIT 22 인도 독립과 아프리카

일본어판 check!

빈출 포인트 Check

❶ 인도 독립 ☆
❷ 아프리카 분할 ☆☆

핵심 개념 확인하기

1 인도의 독립

1) 민족 운동 전개

① 제1차 세계대전 당시, 영국이 인도에 자치를 약속하고, 인도인을 유럽과 아프리카에 파병 ➡ 많은 희생자가 발생하였다.

② 영국은 제1차 세계대전 종료 후에도 약속을 지키지 않고, 반대로 민족운동을 탄압하였다.

③ 간디(ガンディー)는 비폭력, 불복종, 비 협력 저항 주의 운동을 전개하여, 민중의 지지를 얻었으나, 종교적인 대립으로 진전을 이루지 못하였다.

2) 영국의 통치 능력 상실

① 영국은 두 차례의 대전 이후, 인도에서의 통치 능력을 상실하였다.

② 1947년, 인도는 인도와 파키스탄으로 분리 독립하게 되었다.

2 제2차 세계 대전 후의 아프리카

1) 아프리카 분할과 독립운동

① 19세기 말부터 시작된 아프리카 분할로 ➡ 에티오피아(エチオピア)와 리베리아(リベリア)를 제외한 아프리카 전역이 유럽 열강의 식민지가 되었다.

② 제2차 세계대전 후 아시아와 아프리카 독립운동이 활발해졌다.

③ 1957년, 사하라 이남 아프리카에서 가나(ガーナ)가 최초로 독립하였다.

④ 1960년, 프랑스령 식민지를 중심으로 17개국이 일제히 독립해 ⇨ '아프리카의 해'라고 불린다.

2) 아파르트헤이트(인종격리) 정책1948~91

백인 정권이 유색 인종 집단을 통제하기 위하여 법률로 공식화한 차별 정책

① 1910년 영국에서 독립한 남아프리카연방 백인 정권이 '아파르트헤이트(アパルトヘイト) 정책'을 법제화하였으나 ⇨ 국제 사회로부터 비난과 경제 제재를 받자, 1991년에 폐지하였다.

② 1994년, 흑인 첫 대통령에 ⇨ 만델라(マンデラ)가 선출된다.

3) 식민지화의 영향

① 아프리카 독립국가 국경선 대부분은 유럽 열강이 자의적으로 결정한 식민지 경계선을 그대로 사용 ⇨ 민족 분쟁의 원인이 되었다.

② 대부분의 국가가 소수의 환금작물이나 천연자원 생산에 의존 ⇨ 모노 컬쳐 경제에서 벗어나지 못했다.

4) 아프리카 통일기구(OAU)1963 설립

① 1963년, 식민지 지배로 인한 분단의 폐해를 강하게 인식하고 있던 아프리카 독립 국가들이 설립하였다.

② 정치적, 경제적 통합을 목적으로, 아프리카연합(AU)2002으로 발전, 조직 개편하였다.

③ 아프리카연합(AU)의 중장기 프로젝트인 아프리카 대륙 자유무역권(AfCFTA)2021이 운용 개시되는 등, 아프리카 지역의 경제통합을 도모하려는 움직임이 활발해지고 있다.

개념 플러스

• **간디**(1869~1948)

- 인도의 독립운동가

• **만델라**(1918~2013)

- 남아프리카 공화국 최초의 흑인 대통령

핵심 개념 다지기

정답 p.105

1. 다음 문장을 읽고, 빈칸에 들어갈 알맞은 용어를 보기에서 고르시오.

보기
ⓐ アフリカの年　ⓑ リベリア　ⓒ OAU
ⓓ ガーナ　ⓔ 非暴力　ⓕ モノカルチャー　ⓖ パキスタン

① イギリスがインドの民族運動を弾圧すると、ガンディーは、[ア]・不服従を唱えた運動を展開し、多くの民衆の支持を得た。

② 第2次世界大戦により、イギリスはインドでの統治権を喪失し、1947年、インドは、インドと[イ]の二つの国家に分離独立することになった。

③ 19世紀からはじまった「アフリカ分割」によって、[ウ]とエチオピアを除くアフリカ大陸のすべての地域がヨーロッパ列強の植民地となった。

④ 1957年、[エ]がサハラ以南アフリカで最初に植民地支配から独立を果たした。次いで、17ヵ国が一気に独立し、1960年を、[オ]と呼ぶ。

⑤ 独立後も、アフリカの多くの国々が、少数の換金作物や天然資源の生産に依存する[カ]経済から抜け出すことができなかった。

⑤ 植民地支配によって生み出された分断による弊害を強く認識していたアフリカの独立諸国は、[キ]を設立し、政治的・経済的統合を目指した。

확인 문제로 실력 다지기

정답 및 해설 p.105

問1　19世紀末からアフリカ大陸の全ての地域がヨーロッパ列強の植民地となったが、戦後、独立が活発化し、1960年の「アフリカの年」には17カ国が一気に独立した。この年に<u>独立した国ではない国は</u>どこか、次の①～④のうちから一つ選びなさい。

① コートジボワール

② リベリア

③ ナイジェリア

④ ソマリア

기출 check 2011(2) 2022(1)

問2　イギリスから1910年に独立した南アフリカ連邦で、白人政権により行われた黒人隔離政策である「アパルトヘイト」に反対し、撤廃後、最初に黒人大統領になった人はだれか、次の①～④のうちから一つ選びなさい。

① M・L・キング(Martin Luther King)

② N・マンデラ(Nelson Mandela)

③ アンリ・デュナン(Jean-Henri Dunant)

④ ゴルバチョフ(Mikhail Gorbachev)

기출 check 2021(2)

UNIT 23 중동전쟁과 쿠바 위기

일본어판 check!

빈출 포인트 Check

❶ 중동 전쟁 ☆
❷ 쿠바위기 ☆

핵심 개념 확인하기

1 제3세계 대두

1) 아시아와 아프리카 국가들은 동서 냉전에 휘말리지 않도록, 비동맹 중립 입장을 표명 ➡ 반둥(バンドン)회의(아시아 아프리카 회의 = AA회의)와 비동맹운동 정상회의를 개최하였다.

2) 석유수출국은 ➡ 석유수출국기구(OPEC)1960를 결성하였고, 아랍 산유국 등은 아랍 석유수출국기구(OAPEC)를 결성했다.

3) 개발 도상국은 동서 진영 어디에도 속하지 않는 ➡ 제3세계(비동맹운동)를 형성하였다.

2 중동전쟁

☆ 1) 제1차 중동전쟁1947

① 팔레스타인(パレスチナ)에서는, 나치의 탄압을 피해 이주해 온 유대인과 선주민인 아랍인의 대립이 심각해졌다.

② UN이 팔레스타인 분할 ➡ 이스라엘 성립이 확정되었다.

③ 팔레스타인 분할에 불만을 품은 주변 아랍 국가들이 ➡ 이스라엘을 공격하였으나 패배하였다.

☆ 2) 제2차 중동 전쟁1956

① 1952년, 이집트에서 나세르(ナセル)가 혁명으로 정권을 잡은 뒤, 수에즈 운하의 국유화를 선언1956 ➡ 영국, 프랑스, 이스라엘이 이집트를 침공했다.

② 영국, 프랑스, 이스라엘은 국제 여론 악화와 UN 권고로 ➡ 철수했다.

3) 제3차 중동 전쟁

① 이집트군이 아카바만(アカバ湾)을 봉쇄하자 ➡ 이스라엘이 이집트를 침공하였다.

② 이후, 이스라엘이 시나이 반도와 골란 고원, 예루살렘 전역을 실효 지배하였다.

3 쿠바 위기

1) 카스트로의 쿠바혁명

① 1959년, 카스트로(カストロ) 지도에 의한 쿠바(キューバ) 혁명이 성공하였다.

② 쿠바 혁명 성공 후, 사회주의 국가 건설 ➡ 미국 자본을 추방하였다.

2) 쿠바 미사일 위기 발생

① 미국은 쿠바혁명정권을 위험한 적국으로 간주 ➡ 1961년 국교를 단절하였다.

② 카스트로는 반미 자세를 강화, 소련에 접근하여 쿠바에 핵 미사일을 배치하게 했다.

③ 미국이 해상 봉쇄로 쿠바를 압력하여 ➡ 쿠바위기$_{1962}$가 발생했으나 ➡ 소련이 미사일을 철수해, 핵전쟁 위기는 피할 수 있게 되었다.

개념 플러스+

- **가말 압델 나세르** (1918~1970)

- 제2대 이집트 대통령

- **카스트로**(1926~12016)

- 쿠바 혁명으로 독재정권을 붕괴시키고 쿠바 총리가 됨

핵심 개념 다지기

정답 p.105

1. 다음 문장을 읽고, 빈칸에 들어갈 알맞은 용어를 보기에서 고르시오.

| 보기 |

ⓐ スエズ運河　ⓑ カストロ
ⓒ 非同盟中立　ⓓ パレスティナ　ⓔ バンドン
ⓕ 第３世界　ⓖ キューバ危機　ⓘ OPEC

① アジア・アフリカの国々は、東西対立に巻き込まれないように、[ア]の立場を打ち出し、[イ]会議、非同盟諸国首脳会議を開催した。

② 石油輸出国などは、[ウ]を結成するなど、発展途上国は、東西両陣営に属さない[エ]を形成していった。

③ [オ]では、大戦中からナチスの迫害をさけて移住してきたユダヤ人と先住のアラブ人との対立が深刻化した。

④ エジプトでは、革命が起き、ナセルが政権を握り、[カ]の国有化を宣言すると、イギリス、フランス、イスラエルがエジプトを侵攻した。

⑤ キューバで[キ]によるキューバ革命が成功し、社会主義国家建設が進行、アメリカ資本が追放されたことに対し、アメリカは、キューバ革命政権を危険な敵国とみなし、国交を断絶した。

⑤ キューバがソ連に近づき、キューバにミサイルを配備させると、アメリカは海上封鎖をして圧力をかけ、[ク]がもたらされた。

확인 문제로 실력 다지기

정답 및 해설 p.105

問1　第二次世界大戦後の中東の情勢について述べた文として<u>正しくないもの</u>を、次の①～④のうちから一つ選びなさい。

① ナチスの迫害を避けて移住してきたユダヤ人と先住のアラブ人の対立が深刻化した。

② エジプトは、スエズ運河の国有化に反対したイギリス・フランス・イスラエルに侵攻された。

③ イスラエルがアカバ湾を封鎖したことを口実として、エジプト軍がイスラエルを攻撃し、第三次中東戦争が起った。

④ エジプトでは革命が起き、ナセルが政権をにぎり、スエズ運河の国有化を宣言した。

기출 check 2023(1)

問2　1955年にインドネシアのバンドンで重要な国際会議が開かれた。その説明として<u>正しいもの</u>を、次の①～④のうちから一つ選びなさい。

① 帝国主義と植民地主義に反対する原則を唱えた。

② インド・中国などの大国は会議に参加しなかった。

③ アジアや南アメリカの国が参加した。

④ 民族独立運動を停止させることを決議した。

UNIT 24

석유파동과 냉전 종결

일본어판 check!

빈출 포인트 Check

❶ 석유 파동 ☆☆☆
❷ 냉전 종결 후, 지역 분쟁 ☆☆☆☆

핵심 개념 확인하기

1 석유 파동

1) 제4차 중동 전쟁1973과 1차 석유 파동

① 이집트와 시리아가 시나이 반도 등의 탈환을 위해 이스라엘 군을 기습 공격해 ➡ 이스라엘과 전쟁을 벌였으나 ➡ 미국의 정전 제안을 받아들여 합의하였다.

② 아랍석유수출국기구(OAPEC)는 이스라엘 동맹국에 대한 전략으로 석유 수출 제한 조치와 OPEC의 석유 가격 인상, 생산량 감축을 실시해 ➡ 세계 경제에 큰 타격을 주었다.

2) 2차 석유 파동1979

① 이란에서 팔레비 2세의 근대화 노선에 반대하여, 시아(シーア)파가 혁명을 일으켜 ➡ 이란 이슬람 공화국이 성립하였다.

② 국왕 팔레비 2세를 지지해 온 미국이 경제 제재를 가해 ➡ 석유 가격이 급등하였다.

2 냉전 종결과 소련의 붕괴

1) 미소 양국의 군비 축소 움직임

① 고르바초프(ゴルバチョフ) 소련 서기장은, 군사비 부담 경감과 평화를 바라는 국제적인 여론이 고조되자 ➡ 미국에 단계적인 군비 축소 제안을 하였다1985.

② 쿠바 위기로 핵 전쟁 위기에 직면한 미국과 소련 양국은, 핵무기의 전쟁 억지 기능에 의존하면서도 군사력의 균형을 유지하며 단계적으로 군비를 축소하는 방향으로 전환하였다.

2) 아프가니스탄 침공1979

① 소련의 아프가니스탄 침공 ➡ 서측 국가들이 강하게 반발해, 동서 간의 긴장이 다시 고조 되었다.

② 동서 양진영 대립으로, 양측의 경제 부담이 증가 ➡ 고르바초프 소련 서기장은 근본적인 체제 개혁을 추진, 대외관계 개선을 추진하였다.

③ 부시(ブッシュ) 미 대통령과 몰타(マルタ) 회담1989에서 냉전 종결 선언, 1991년에 소련이 해체되었다.

3 냉전 종결 후의 각 지역 분쟁

1) 초강대국 미국과 걸프전쟁(湾岸戦争(わんがんせんそう))1991

① 냉전 종결 후 ➡ 미국은 세계 1위의 초강대국 위치를 차지하였다.

② 정보기술 발달 ➡ 전세계의 연결이 강화, 경제활동의 글로벌화 ➡ 미국에 유리하게 작용했다.

③ 이라크(イラク)가 석유 이권 확보를 노리고 쿠웨이트(クウェート)를 침공(湾岸戦争(わんがんせんそう)1991)하자, 유엔 결의를 토대로 결성된 다국적군이 이라크를 공격, 쿠웨이트를 해방으로 이끌었다.

3) 지역 분쟁 발생

① 냉전 종결 후 ➡ 세계 각지에서 지역 분쟁이 발생하였다.

② 1991년 유고슬라비아가 해체 ➡ 크로아티아, 보스니아, 코소보 내전의 불씨가 되었다.

③ 아프리카에서는 르완다(ルワンダ), 소말리아(ソマリア), 시에라리온(シエラレオネ) 등에서 정부군과 반정부 조직 간 내전이 발생했다.

④ 독립을 바라는 세력을 정부군이 공격하는 사태가 체첸(チェチェン), 동티모르, 아체(アチェ) 등에서 발생했다.

개념 플러스

- **고르바초프**(1931~2022)

- 소련 최초이자 마지막 대통령

- **부시**(1924~ 2018)

- 부시(아버지)
- 미 32대 대통령

핵심 개념 다지기

정답 p.105

1. 다음 문장을 읽고, 빈칸에 들어갈 알맞은 용어를 보기에서 고르시오.

보기

ⓐ シエラレオネ　ⓑ シナイ半島
ⓒ OAPEC　ⓓ ユーゴスラヴィア　ⓔ 石油価格
ⓕ 石油禁輸措置　ⓖ マルタ

① エジプトとシリアは、第3次中東戦争で奪われた［ ア ］などの返還を目指し、イスラエル軍を奇襲攻撃したが、イスラエルの反撃を受けた。

② 第四次中東戦争が停戦となったことに不満を持った［ イ ］が親イスラエル国に対する［ ウ ］と石油価格を引き上げると、日本をはじめとする諸外国の経済は大混乱に陥った。

③ イランでは、パフレヴィー2世の近代化路線に反対するイスラムのシーア派が革命を起こし、イラン・イスラム共和国が樹立されると、国王パフレヴィー2世を支持してきたアメリカとイランとの対立が激化し、［ エ ］が急騰した。

④ ベルリン壁の崩壊後、アメリカ合衆国のブッシュ大統領とソ連共産党の書記長、ゴルバチョフが［ オ ］会談で冷戦の終結を宣言した。

⑤ ［ カ ］は、多民族国家として発展したと思われてきたが、1991年、ついに解体した。

⑥ 冷戦終結後、アフリカでは、ルワンダ・［ キ ］・ソマリアなどで反政府軍と反政府組織の間で内戦が生じた。

확인 문제로 실력 다지기

정답 및 해설 p.105

問1　1970年代に起った出来事について述べた文として誤っているものを、次の①～④のうちから一つ選びなさい。

①　第４次中東戦争

②　ソ連のアフガニスタン侵攻

③　キューバ危機

④　第２次石油危機

기출 check 2022(1) 2023(2)

問2　冷戦の終結について述べた文として正しいものを、次の①～④のうちから一つ選びなさい。

①　湾岸戦争において、冷戦の終結が議論された。

②　マルタ宣言で冷戦の終結を宣言した。

③　ソ連の崩壊が原因となった。

④　ベルリン壁の崩壊よって冷戦が終結された。

기출 check 2016(1) 2021(2)

UNIT 25

PKO와 냉전 종결 후의 세계

일본어판 check!

빈출 포인트 Check

❶ PKO ☆
❷ 냉전 종결 후의 세계 ☆☆☆

핵심 개념 확인하기

1 PKO

1) 평화 유지 활동(PKO)

① 냉전 종결 후, 평화유지활동(PKO)이 유엔 안전보장 기능으로서 주목을 받았다.

② 일반적으로 '유엔군'이라고 불리지만, 군사감시단과 평화유지군(PKF)으로 구성된 '싸우지 않는 군대'이다.

③ 1991년 걸프전쟁에서는 미군을 중심으로 한 '다국적군'이 출동했다.

2) 일본 PKO협력법 성립

① 일본은 1992년에 PKO협력법이 성립되었다.

② PKO협력법 성립 후, 처음으로 자위대가 1992년 캄보디아에 파견된 이후, 모잠비크(モザンビーク), 골란(ゴラン)고원, 동티모르(東(ひがし)ティモール) 등에 파견되었다.

2 냉전 종결 후의 세계

1) 경제연합의 대두

① 21세기에 들어서, 광대한 국토나 많은 인구, 풍요로운 자원을 배경으로 BRICs(브라질, 러시아연방, 인도, 중국)가 눈부신 발전을 이루었다.

② 동남아시아 제국연합(ASEAN)1967은 당초 안보 군사동맹적 성격이었으나, 베트남 전쟁 후 정치, 경제 협력 조직으로 변화, 현재는 19개국으로 구성되어 있다.

③ 아시아태평양경제협력회의(APEC)1989는 오스트레일리아 제창으로 아시아, 태평양지역의 경제 발전을 목적으로 설립되었다.

③ 민족 · 지역 분쟁

1) 냉전 종결 후, 지역 분쟁, 민족 분쟁, 테러가 한꺼번에 발생하였다.

2) 유고슬라비아 : 티토(チトー) 대통령사후1980 ⇒ 격렬한 민족 분쟁 발생하여 해체 수순을 밟았다.

3) 러시아 연방 : 독립을 요구하는 체첸인을 무력으로 진압하는 체첸 민족분쟁1994이 발생하였다.

4) 이란, 이라크 전쟁1980~1988 과 걸프전쟁(湾岸戦争(わんがんせんそう)1991)이 발생하였다.
└ 이란혁명을 틈타 이라크가 이란에 침입

5) 소말리아에서 국내 분쟁이, 르완다에서는 투치(ツチ)족과 후투(フツ)족 대립으로 인한 내전 상태가 이어졌다.

④ 테러 전쟁

1) 9·11 동시 다발 테러2001 발생

① 초강대국으로 부상한 미국에 대한 반발이 ⇒ 동시 다발테러로 나타났다.

② 미국은 아프가니스탄 지배조직 탈레반이 보호하고 있는 이슬람 과격파에 테러행위 책임이 있다고 규정 ⇒ 아프가니스탄을 공격하여 탈레반을 약화하는데 성공하였다.

③ 미국은, 이라크 후세인 정권이 테러행위에 관여하여 대량살상무기를 보유하고 있다고 규정 ⇒ 영국 등과 함께 이라크 공격을 개시(이라크 전쟁2003) ⇒ 승리했지만, 이라크는 그 후에도 불안정한 정치 상황이 이어지고 있다.

2) 후세인 정권 공격

① 이라크 후세인 정권이 대량살상무기를 보유하고 있다고 판단 ⇒ 미국과 영국이 이라크를 공격한 이라크 전쟁2003이 발발하였다.

② 이라크전쟁에 의해 후세인 정권이 붕괴되었으며, 미국과 영국 중심의 이라크 점령통치가 실시되었다.

핵심 개념 다지기

정답 p.106

1. 다음 문장을 읽고, 빈칸에 들어갈 알맞은 용어를 보기에서 고르시오.

보기		
ⓐ APEC	ⓑ ASEAN	ⓒ PKO
ⓓ 同時多発テロ	ⓔ BRICs	ⓕ 植民地時代

① 冷戦終結後、「戦わない軍隊」である[ア]が国連の安全保障機能として脚光を浴びてきた。

② 21世紀に入り、広大な国土や多くの人口、豊かな資源を背景としてブラジル、ロシア連邦、インド、中国の発展が目覚ましくなった。これらの国々はまとめて[イ]と呼ばれる。

③ [ウ]は、当初は反共産主義軍事同盟的な性格だったが、ベトナム戦争後は、政治・経済における協力組織へと変化し、現在では、加盟国十ヵ国で構成されている。

④ [エ]は、オーストラリアの提唱でアジア・太平洋地域における経済発展を目的として設立された。

⑤ 冷戦終結後、アメリカは世界の中でただ一つの超大国としての位置を占めるようになったが、さまざまな反発も生み、2001年、ニューヨークとワシントンなどに[オ]が起こった。

⑥ ソマリア、ルワンダなどアフリカ大陸での内戦の原因は、[カ]に恣意的にひかれた人為的な国境がその原因である。

확인 문제로 실력 다지기

정답 및 해설 p.106

問1　1992年に日本の自衛隊の正式派遣が初めて行われた地域として**最も適当なもの**を、次のうちから一つ選びなさい。

① ルワンダ

② 東ティモール

③ モザンビーク

④ カンボジア

問2　冷戦終結前後の出来事についての記述として正しいものを、次の①～④のうちから一つ選びなさい。

① 1991年の湾岸戦争では、国連安全保障理事会の５ヵ国の常任理事国が国連憲章に定められた多国籍軍を指揮した。

② 1991年にワルシャワ条約機構が解体されると、ソ連と東欧諸国は新たに独立国家共同体を組織した。

③ 1985年にソ連の指導者となったフルシチョフは、ペレストロイカと呼ばれる国内改革に着手し、外交面では緊張緩和政策を推進した。

④ 1989年には、ヨーロッパでの東西分断の象徴であった「ベルリンの壁」が崩壊し、翌年にはマルタ宣言が行われた。

기출 check 2021(2)

UNIT 26 유럽 연합

일본어판 check!

빈출 포인트 Check

❶ 유럽 연합 ☆☆☆
❷ 아랍의 봄 ☆

핵심 개념 확인하기

1 유럽 연합의 변천

단체명	발족 연도	목적과 의의
ECSC (유럽 석탄 철강 공동체)	1950	• 군사적 대립 회피와 독자적인 경제 기반 확보 └ 석탄, 철광석 등의 자원과 공업시설을 인접 국가들이 관리, 운영하여 독일과 프랑스의 군사적 대립을 회피 • 미국 의존 체질 탈피 • 유럽 6개국에 의한 국제조직 • EU로 발전하기 위한 첫걸음
EEC (유럽 경제 공동체) EURATOM (유럽 원자력 공동체)	1957	• 로마(ローマ)조약 성립으로 발족 • EEC 결성으로 유럽이 하나의 경제 공동체 형성 • 영국이 불참가 표명
EFTA (유럽 경제 공동체)	1960	• 영국을 중심으로 EEC에 대응하기 위해 창설 • 자유무역 협정을 공동시장 형태로 확장
EC (유럽 경제 공동체)	1967	• ECSC, EEC, EURATOM이 통합해 결성 • 국경을 넘어선 통합을 꾀함
	1985	• 셍겐 조약
	1992	• 마스트리트 조약 발효
EU (유럽 연합)	1993	• 마스트리흐트 조약 채택 • 유럽 각국의 경제, 정치 통합
	1999	• 유로 채택
	2004	• 유럽헌법조약(프랑스 네덜란드 반대) 동부 유럽10개국 가입
	2009	• 리스본 조약 : 실질적인 유럽연합 헌법
	2016	• 영국 탈퇴

❷ 유럽 연합 결성

1) EU 설립

① 1992년, EC에서 채택된 마스트리히트 조약이 발효되어 EU(유럽 연합)가 설립되었다.

② 시장 통합을 위해 공통 외교와 안전보장 정책, 단일 통화 유로(ユーロ)1999를 도입하였다.

③ 각국 권한을 EU에 이양하는 것에 의해 유럽의회 권한을 강화하여, 지역적 경제 통합 뿐만 아니라, 정치적 통합을 목적으로 유럽의회, 이사회, 위원회 등 독자적인 주요 기관을 설치하였다.

EU본부 : 벨기에 브뤼셀(ブリュッセル)
EU중앙은행(ECB) : 독일 프랑크푸르트(フランクフルト)

2) 단일 통화 도입과 가맹국

① 2002년, 단일 통화 유로가 유통되었지만, 스웨덴과 덴마크는 도입을 보류했다.

② 2004년 현재, 동유럽권 등의 10개국을 포함해 27개국이 가맹되어 있다.

❸ 유럽 연합의 한계

1) 암스테르담(アムステルダム) 조약

① 1997년에 조인된, 유럽연합 기본 조약을 대폭적으로 변경한 조약이다.

② 2004년 '유럽헌법조약'으로 EU헌법이 조인, 시행될 예정이었으나, 프랑스와 네덜란드 국민투표에서 비준이 거부되어, 시행되지 못했다.

2) 리스본(リスボン) 조약

① 2009년, EU헌법조약을 대신할 새로운 내용으로 합의, 발효되었다.

② 리스본조약 발효로 EU가 완성되었으며, 헌법제정 조약은 아니지만, '유럽연합 기능에 관한 조약'으로써 실질적인 헌법의 역할을 하고 있다.

❹ 독재정권의 동요

☆ 1) 아랍의 봄2011

① 튀니지(チュニジア)에서 발생한 자스민(ジャスミン) 혁명을 시작으로, 아랍 국가들에 민주화와 자유화를 요구하는 운동이 확산되었다.

② 이집트, 리비아(リビア), 예멘(イエメン) 등에서 독재 정권이 붕괴되었으나, 이집트에서는 군사 정권이 부활하는 등, 자유화 운동은 순조롭지 못하였다.

핵심 개념 다지기

정답 p.106

1. 다음 문장을 읽고, 빈칸에 들어갈 알맞은 용어를 보기에서 고르시오.

보기
ⓐ ジャスミン ⓑ リスボン ⓒ ECSC
ⓓ EU ⓔ EEC ⓕ マーストリヒト ⓖ EC ⓗ EFTA

① [ア]は、石炭・鉄鉱石などの資源と工業施設を隣接する諸国で管理運営することで、独仏間の軍事的な対立を回避し、独自の経済基盤を確保する目的で設立された。

② 1957年、ローマ条約の成立によって[イ]が発足され、ヨーロッパは一つの経済的まとまりを持つ共同市場を目指した。しかし、イギリスは不参加を表明、[イ]に対抗し、[ウ]を結成した。

③ [エ]は、ヨーロッパを共同市場とすることで国境を越えてヒト・モノ・カネの自由な移動を認めるという、地域経済の統合を目指す画期的な取り組みであった。

④ [エ]によって採択された[オ]条約の発効によって[カ]が設立された。

⑤ ヨーロッパ連合は、ローマ条約、[オ]条約 、アムステルダム条約に次いで、基本的な条約として[キ]条約が発効されたことによって完成された。

⑤ チュニジアで起きた[ク]革命を発端として、アラブ諸国に広がった民主化を求める運動をアラブの春と呼ぶ。

확인 문제로 실력 다지기

정답 및 해설 p.106

問1　EU(ヨーロッパ連合)について述べた文として<u>正しくないもの</u>を、次の①～④のうちから一つ選びなさい。

① リスボン条約は、実質的な憲法の役割を果たしているが、まだ司法権は認められていない。

② マーストリヒト条約の発効によって、EU(ヨーロッパ連合)が設立された。

③ スウェーデン・デンマークは、ユーロの流通を見送っている。

④ EUは、西ヨーロッパの国々が中心となって成立されたため、東ヨーロッパの国は加入されていない。

기출 check 2014(1)

問2　アラブ諸国に広がった民主化と自由を求める運動について述べた文として<u>正しくないもの</u>を、次の①～④のうちから一つ選びなさい。

① 北アフリカのアラブ諸国で始まった民主化の動きをアラブの春と呼ぶ。

② リビアの内乱に始まったジャスミン革命が発端だった。

③ エジプトはまた軍事政権が復活している。

④ シリアは、民族と宗教の問題など複雑な要因が存在している。

응용 문제로 만점 다지기

問1　マグナ・カルタについての記述として<u>最も適当なもの</u>を、次の①～④のうちから一つ選びなさい。

①　13世紀イギリスにおける、国王とバロン(諸侯)らとの封建的契約である。

②　16世紀フランスにおける、国王が信仰の自由を保障した勅令である。

③　19世紀アメリカで、南北戦争中に出された宣言である。

④　17世紀ドイツで、30年戦争直後に結ばれた条約である。

問2　産業革命について述べた文として<u>誤っているもの</u>を次から一つ選び、記号で答えなさい。

①　カートライトは、力織機を発明した。

②　クロンプトンは水力紡績機を発明した。

③　ワットは、蒸気機関を改良した。

④　スティーヴンソンは、蒸気機関車を実用化した。

정답 및 해설 p.106

問3　アメリカ独立宣言について述べた文として正しいものを次から一つ選び、記号で答えなさい。

①　この宣言は、大陸会議において選択された。

②　この宣言に先立って、ワシントンが初代大統領に就任した。

③　この宣言が出された年に、アメリカ合衆国の連邦政府が成立した。

④　この宣言は、トマス＝ペインによって起草された。

問4　フランスの人権宣言の内容に含まれないものを次から一つ選びなさい。

①　国民主権

②　自由・平等

③　労働権

④　私有財産の不可侵

問5　市民革命に関連する記述として適当でないものを次のうちから一つ選びなさい。

①　イギリスでは17世紀に二度の革命を経て、権利請願と権利章典が発布され、自由権と議会主義が獲得された。

②　フランスでは、18世紀の激烈な市民革命を経て、人権宣言において自由・平等を規定した。

③　アメリカ独立宣言では、人権が生まれながらにして与えられる天賦人権であることが明文化された。

④　市民革命の集大成であるフランス人権宣言では自由権と社会権が規定された。

問6　フランス革命から第一帝政時代にかけて施行された法令や制度として誤っているものを、次の①～④のうちから一つ選びなさい。

①　大陸封鎖令

②　ナポレオン法典

③　メートル法

④　権利の章典

問7　南北戦争やそれに関連する出来事について述べた文として<u>正しいもの</u>を、次の①～④のうちから一つ選びなさい。

①　南部は奴隷制の存続と保護貿易を望んだ。

②　1850年代に、奴隷制反対を唱える民主党が結成された。

③　南北戦争中に、リンカンが奴隷解放を宣言した。

④　南北戦争の終結後に、解放された黒人の多くが自作農となった。

問8　今日、国際連合には世界のほとんどの国が加盟しているが、国連加盟をめぐる状況についての記述として<u>正しいもの</u>を、次の①～④のうちから一つ選びなさい。

①　スイスは、永世中立国であり、国連に加盟していない。

②　ドイツは、米ソ間の対立のために冷戦期には加盟を認められず、統一達成後になって加盟した。

③　日本が国連への加盟を承認されたことを受けて、日ソ共同宣言が調印された。

④　ソ連の消滅後、ソ連の国連加盟国としての地位は、ロシアが引き継いでいる。

II

정치

주요 학습 내용

정치 파트 만점을 위한 핵심 공략법!

출제 문항 수

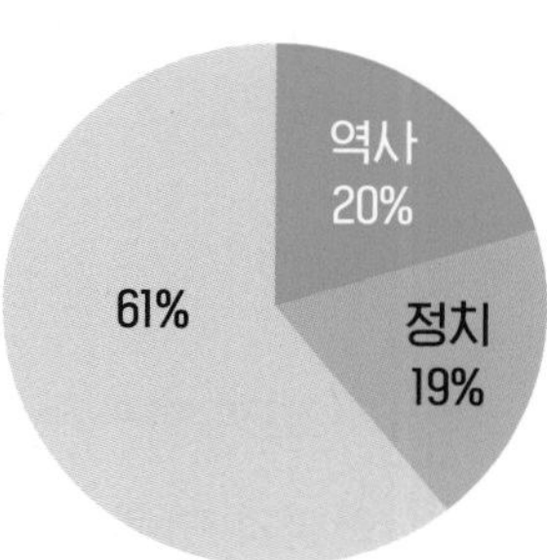

❶ 정치파트는 25번~33번에 출제되는 경우가 많다.

❷ 10문제 이상 출제되는 경우가 많으며 배점이 가장 높다.

빈출 범위

❶ 일본의 통치 기구에 관한 문제가 많이 출제된다.

❷ 제2차 세계대전 후의 일본국헌법에 관한 문제도 단골 문제이다.

❸ 역사 파트와 연결 지어, 민주주의 성립과정과 기본 원리에 관한 문제가 출제되는 경우도 많다.

❹ 최근에는 국제 연합 등 국제 기구에 관한 문제 출제 빈도가 늘고 있다.

빈출 문제 유형

❶ 국제 기구의 설립 연도와 기능 및 목적을 고르는 문제가 자주 출제된다.

❷ 대통령제와 의원내각제의 특징을 묻는 문제가 자주 출제된다.

UNIT 01 민주 정치의 성립

일본어판 check!

빈출 포인트 Check

❶ 주요 학설(로크, 홉스, 루소) ☆☆☆☆
❷ 사회계약론 ☆☆

핵심 개념 확인하기

1 민주 정치의 성립

1) 민주 정치의 탄생

① 17~18세기에 걸쳐 유럽과 미국의 변혁 속에서 탄생했다.

② 영국은 퓨리턴(ピューリタン) 혁명과 명예혁명을 거쳐 국민이 주권자로서 확립되었다.

③ 영국 식민지였던 미국은 18세기말 독립하고, 프랑스는 시민혁명을 거쳐 절대왕정이 붕괴되었다.

2) 민주 정치의 확산

① 산업의 발전과 함께 등장한 시민 계급의 국왕 전제 정치에 대한 불만이 시민 혁명의 배경에 있었다.

② 민주 정치를 요구하는 시민 혁명 분위기가 유럽에서 전 세계로 확산해 갔다.

2 법의 지배

1) 사람의 지배와 법의 지배

사람의 지배	절대적 권력을 잡은 권력자가 존재
법의 지배	권력자가 법 아래에 존재하며, 자의적인 권력 행사가 불가능

2) 영국에서는 **마그나 카르타(マグナカルタ)**1215에 의해 국왕 권력이 제한되었으며, 청교도 혁명과 명예혁명을 거쳐 **법의 지배 원칙이 성립**되었다.

└ 국민의 자유와 권리를 지키기 위해 군주의 권력을 제한

2 영국의 사회계약론

절대 왕정을 옹호하는 왕권 신수설을 비판하고, 모든 인간은 천부권리인 자연권을 갖고 있으며, 자연권은 국가와의 계약에 의해 보장된다는 주장

1) 18세기 이후, 영국에서 사회계약론이 제창되었다.

2) 토마스 홉스(トマス・ホッブズ) : 저서 <리바이어던(リヴァイアサン)>에서 '사회계약'이라는 이념을 바탕으로 ➡ 절대 왕정을 옹호하였다.

3) 존 로크(ジョン・ロック)

① 저서 <시민정부이론>에서 저항권(혁명권)을 인정하였다.

② 사람들의 분쟁을 해결하는 공적 기관 필요성을 강조 ➡ 간접 민주제를 주장하였다.

③ 명예혁명을 옹호하는 저항권은 ➡ 미국 독립혁명에도 큰 영향을 미쳤다.

3 프랑스의 사회계약론

1) 계몽사상 : 도시 시민층을 중심으로 절대 왕정이나 불합리한 사회제도 비판이 확산되었다.

2) 주요 학자와 사상

학자	주요 저서	사상
볼테르 (ヴォルテール)		교회나 봉건 사회를 비판
몽테스키외 (モンテスキュー)	<법의 정신>	삼권 분립 주장
루소 (ルソー)	<사회계약론>	• 만인의 평등을 토대로 한 인민주권론 • 개개인이 주권자로서 정치에 참가하는 직접 민주제가 이상 • 프랑스 대혁명에 깊은 영향
케네 (ケネー)	<경제표>	• 농업을 중시 • 중농주의이론(경제활동의 자유 방임)

개념 플러스

• 토마스 홉스 (1588~1679)

- 저서 <리바이어던>에서 자연 상태의 인간은 '만인의 만인에 의한 투쟁'이 되기 때문에, 절대적인 주권을 갖는 국가에 자연권을 위양해야 한다고 설명

• 존 로크(1632~1704)

- <시민정부이론>에서 국가는 자연권을 보호하기 위해 계약을 맺어 탄생하기 때문에, 권력을 남용하는 위정자에게서 그 권력을 회수할 수 있다고 주장

핵심 개념 다지기

정답 p.107

1. 다음 문장을 읽고, 빈칸에 들어갈 알맞은 용어를 보기에서 고르시오.

보기

ⓐ 社会契約論　ⓑ 法　ⓒ 法の精神
ⓓ 市民　ⓔ リヴァイアサン　ⓕ 人
ⓖ 名誉　ⓗ 市民政府二論　ⓘ マグナカルタ

① 民主政治は、17～18世紀にかけて欧米の変革の中で生まれたが、イギリスでは、ピューリタン革命や［ア］革命を経て国民が主権者として確立され、フランスでは［イ］革命を経て絶対王政を倒した。

② 絶対的権力を握る権力者は［ウ］の支配をしがちである。これに対し、［エ］の支配は、権力者も法の下におき、恣意的な権力行使ができないようにする。

③ 1215年、イギリスでは、［オ］によって国王の権力制限、法による支配などが明文化され、英国立憲制の発展に重要な役割を果たした。

④ ホッブズは、［カ］で、自然状態の人間は「万人の万人に対する戦い」になると主張した。

⑤ ロックは、［キ］で国家は自然権を保護するために契約を結ぶことで誕生するとした。

⑥ モンテスキューは、［ク］で、三権分立を主張した。

⑦ ルソーは、［ケ］で万人の平等に基づく人民主権論を主張し、個々人が主権者として政治に参加する直接民主制を理想とした。

확인 문제로 실력 다지기

정답 및 해설 p.107

問1　ホッブズ、ロック、ルソー、モンテスキューの考え方に関する記述として**適当でないもの**を、次のうちから一つ選びなさい。

① ロックは私有財産を守るために主権を委託する契約を結んで国家を作り、間接民主制を行うべきだと説いた。

② ホッブズは自然状態を闘争状態と考えたので、生命を保存するために主権を譲渡する契約を結ぶ、絶対主義国家の設立を正当化した。

③ モンテスキューは悪政に対する抵抗権を認めたが、ロックは抵抗権を否定して国家への服従を説いた。

④ ルソーは、全ての人民が自由を守るために集合する契約を結び、一般意思に基づく直接民主制を行うべきだと説いた。

기출 check 2010(2) 2012(1) 2013(1) 2017(1) 2019(1) 2021(2)

問2　モンテスキューに関する記述として**最も適当なもの**を、次のうちから一つ選びなさい。

① 特権層である教会や封建社会を激しく批判した。

② 「経済表」を著し、農業を重視する重農主義理論を生み出した。

③ 「社会契約論」で人民主権論を主張し、直接民主制を理想とした。

④ 「法の精神」で、人民の政治的自由を保障する三権分立を主張した。

기출 check 2010(2) 2012(1) 2013(1) 2017(1) 2019(1) 2021(2)

UNIT 02

현대의 민주정치

빈출 포인트 Check

❶ 선거권 ★★
❷ 대통령제 ★★★★★

핵심 개념 확인하기

1 현대의 민주 정치

1) 국민 주권 실현 방법

직접 민주제	유권자 전원이 모여서 정치적인 문제를 논의하거나 법률을 제정
간접 민주제	유권자가 선거로 자신들의 대표자를 고르고, 그 대표자로 구성된 국회에서 정치적인 문제를 심의

└ 현대 민주정치에서는 의회가 중심인 간접민주제가 주를 이룸

2) 선거권

① 19세기까지는 제한 선거가 일반적이었다.

② 1848년, 프랑스에서 처음으로 ➡ 남자보통선거권이 부여되었다.

③ 1894년, 뉴질랜드에서 세계 최초로 ➡ 여성 참정권이 인정되었다.

④ 일본의 보통 선거권은, 남성은 1925년, 여성은 1945년부터이다.

└ 보통 선거권 실시로, 전국민, 즉 대중이 정치에 참여하는 대중 민주주의가 출현

2 정치체제

1) 간접민주제 종류

간접 민주제	의원 내각제
	대통령제

└ - 미국에서 발달한 제도
- 국민이 선출한 대통령이 국가 원수이자 실권을 갖는 행정 수장이 되어 정치를 행하는 제도

2) 의원내각제

① 영국에서 발달되었으며, 수상이 의회에서 선출되고, 내각은 수상에 의해 조직된다.

② 원칙적으로 제1당 당수가 수상이 되기 때문에, 내각은 의회 신탁을 토대로 존립한다.

③ 내각에는 의회해산권이, 의회에는 내각 불신임권이 인정되어 있다.

④ 내각이 의회 다수당을 배경으로 형성되기 때문에 안정성은 있지만, 국민이 수상을 직접 선출하지 않기 때문에 수상과 국민의 연결이 약하다.

3) 대통령제

① 미국에서 발달했다.

② 의회에서 불신임 받는 일이 없어, 의원내각제 수상보다 안정된 지위를 갖는다.

③ 대통령의 권한

인정 받는 권한	• 의회가 가결한 법안의 거부권 • 교서 송부권(정치상 의견서)
인정 받지 않는 권한	• 법안 제출권 • 의회 해산권

④ 여당이 의회 다수당이 되는 것은 아니기 때문에, 대통령과 의회가 대립하는 경우가 많다.

4) 절충형(혼합제)

① 대통령도 있고 수상도 있는 체제이다.

② 프랑스는 수상보다 대통령 권한이 크며, 독일과 이탈리아는 대통령보다 수상 권한이 크다.

❸ 의원내각제와 대통령제의 차이

대통령제	엄격한 권력 분립 원칙 : 의회에서 독립하여 행정권을 행사
의원 내각제	입법과 행정 연결 하에서 운영

◦ 영국의 정치기구

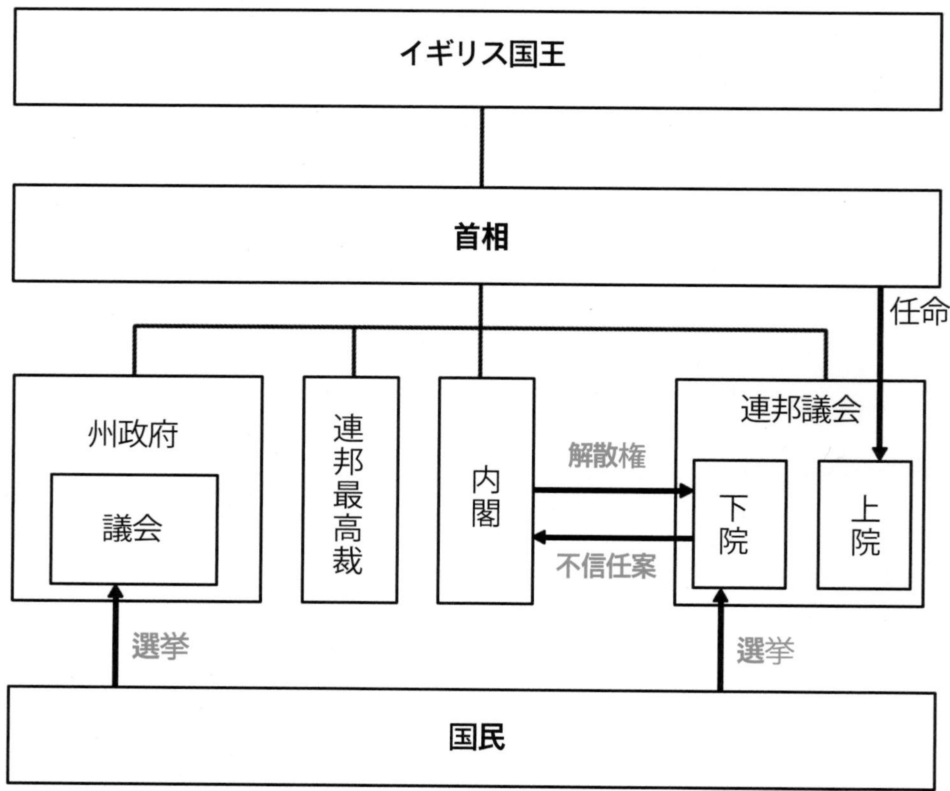

- 미국의 정치 기구

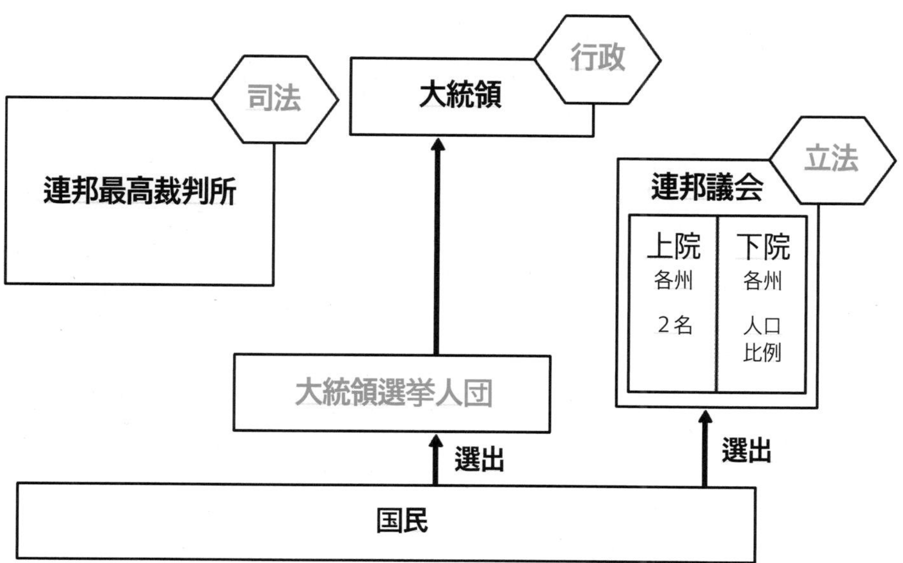

4 권력 집중제

1) 1당 독재형

① 권력 집중제란 권력을 하나에 집중해서 국가 목표를 구현하려고 하는 제도이다.

② 지도자의 독재를 인정하는 일당독재가 있으며 ⟹ 대표적으로는 나치즘 체제와 중국이 있다.

③ 일당 독재는 권력 분립을 부정하고 1개의 기관에 모든 권력을 집중하는 구조로, 실제로 권력은 소수 간부에게 집중되는 경향이 나타난다.

4 개발독재

1) 특징

① 개발 도상국이 경제적 발전을 우선시하여, 국민 권리나 정치 참가를 제한하고, 자유나 복지 정책을 뒷전으로 돌리는 체제이다.

② 대표 국가에 한국, 필리핀의 마르코스(マルコス), 인도네시아 수하르토(スハルト)가 있다.

핵심 개념 다지기

정답 p.108

1. 다음 문장을 읽고, 빈칸에 들어갈 알맞은 용어를 보기에서 고르시오.

보기

ⓐ フランス　ⓑ 解散権　ⓒ ニュージーランド
ⓓ 直接　ⓔ 行政権　ⓕ 制限
ⓖ 議員内閣　ⓗ 開発独裁　ⓘ 法案提出権

① 国民主権を実現する方法のうち、有権者全員が集まって政治的な問題を議論したり、法律を制定したりすることを［ア］民主制という。

② 選挙権は、19世紀までは［イ］選挙権が一般的であったが、その後、最初に男子普通選挙権が与えられたのは、［ウ］であり、世界で最初に女性参政権が認められたのは［エ］である。

③ 現代の間接民主制は、大きく［オ］制と大統領制に分けられる。

④ 大統領制は、議会から独立して［カ］を行使するので、権力分立の原則が厳しく貫かれている。

⑤ アメリカの大統領には、［キ］や議会に対する［ク］は認められていないが、議会が可決した法案への拒否権や政治上の意見書である教書の送付は認められている。

⑥ ［ケ］は、発展途上国が経済的発展を優先させ、国民の権利や政治参加を制限し、自由や福祉政策を後回しにする特徴がある。

확인 문제로 실력 다지기

정답 및 해설 p.108

問1　イギリス型議院内閣制についての記述として**最も適当なもの**を、次のうちから一つ選びなさい。

① 上院と下院の権限としては、上院優越の慣行がある。

② 従来、最高司法機関に当たる最高法院は事実上、上院議院数名で構成されていたが、近来、司法権の独立が保障された。

③ 保守党と労働党の二大政党制が確立されており、第２次世界大戦後連立内閣が組織されたことはない。

④ 上院は内閣に対する不信任決議権を持つのに対して、内閣は上院解散権を持つ。

기출 check 2015(2) 2021(2) 2023(1)

問2　アメリカの大統領に関連する記述として**最も適当なもの**を、次の①～④のうちから一つ選びなさい。

① 大統領は、議会への法案提出権と議会の解散権をもつ。

② 大統領は、議会へ議席をもち、臨時議会の召集権をもつ。

③ 大統領は、条約の締結権、行政公務員の任命権をもつ。

④ 大統領は、議会が可決した法律案に対する拒否権をもたない。

기출 check 2011(2) 2012(2) 2014(2) 2018(1) 2022(1) 2022(2)

UNIT 03

일본의 정치 제도

빈출 포인트 Check

❶ 국회와 내각 ☆☆☆☆
❷ 위헌 입법 심사권 ☆☆☆

핵심 개념 확인하기

1 일본의 정치 제도

1) 국회(입법)

① 헌법에서 국회를 '국가 권력 최고 기관'이자 '유일한 입법기관'이라고 규정하고 있다.

② 이원제(양원제)를 채용하며 ➡ 중의원과 참의원으로 구성된다.

③ 중의원에는 해산 제도가, 참의원에는 중의원에 대한 억제와 보완 기능이 있다.

④ 국회 의결은 원칙적으로 양의원 일치로 성립되지만, 양의원 일치가 어려우면, 일정한 조건에서 중의원 단독 의결을 갖고 ➡ 국회 의결을 한다.

└ 중의원 우월

⑤ 법률안의 경우

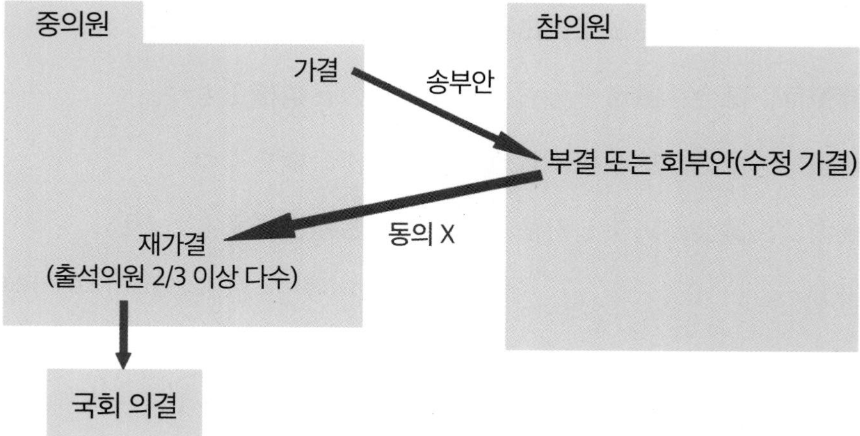

⑥ 예산 의결, 조약 승인과 의결, 수상 지명 의결에 있어서 중의원과 참의원 의결이 다를 경우, 반드시 양원 협의회를 청구, 열어야 한다.

양원 협의회를 열어도 의견이 일치하지 않을 경우, 중의원 의결이 국회 의결로 됨

⑦ 예산선의권과 내각 불신임결의권은 ⇒ 중의원만 갖는다.

2) 내각(행정)

① 일본국 헌법에서, 영국형 의원내각제를 채용, 내각과 국회의 관계를 규정하고 있다.

② 내각은, 국회 신임을 기반으로 성립하고 존속하기 때문에, 중의원에서 내각 불신임안이 가결되거나, 내각 신임안이 부결되었을 때에는, 10일 이내에 총사직이나 중의원 해산 중 하나를 선택해야 한다.

③ 중의원이 해산되었을 경우 ⇒ 해산일로부터 40일 이내에 중의원 의원 총선거를 실시하고 ⇒ 선거일로부터 30일 이내에 국회가 소집된다.

내각은 총사퇴, 내각총리대신 지명을 다시 실시

④ 행정권을 담당하는 내각은, 내각 총리대신과 국무대신으로 조직되는 합의제 기관이다.

- 국회의원 중에서 국회가 지명, 일왕이 임명
- 내각의 수장으로 국무대신 임면권 보유

⑤ 국무대신의 과반수는 국회의원이어야 하며, 국무 의결은 전원일치제이다.

3) 재판소(사법)

① 헌법에서 사법의 공정과 민주화를 위하여, 재판소에만 사법권을 부여 ⇒ 사법권 독립의 원칙을 확립하고 있다.

② 사법권 행사에 관하여, 재판관 직권 독립과 신분 보장 규정을 설치하고 있다.

탄핵재판소와 국민 심사 제도를 설치, 재판관 독선을 억제

③ 재판의 종류

민사 재판	개인이나 단체의 재산 상, 신분 상 권리나 의무에 대하여, 소송을 일으킨 원고와 그 상대인 피고가 법정에서 다투는 재판
형사 재판	• 검찰관이 원고가 되어 피의자를 재판소에 기소, 재판관이 판결을 내리는 재판 • 피고인의 인권을 지키기 위해, 죄형법정주의가 규정되어 있다.

④ 재판의 원칙

재판 공개의 원칙	• 재판의 공정과 인권 보장을 위해, 공개된 장소에서 재판을 실시 • 헌법에서 국민이 재판을 받을 권리를 보장하는 것과 함께, 재판 공개의 원칙을 규정
3심제의 원칙	• 일본에서는 같은 사안에 관하여 3회까지 재판을 받을 수 있음

⑤ 재판원법2009 : 재판원 제도를 규정한 법률로, 중대한 형사사건 재판에 국민과 재판관이 함께 심리에 참가하는 제도이다. 유죄, 무죄 판결과 함께 양형까지 구형할 수 있는 참심제(参審制(さんしんせい))이다.

⑥ 위헌입법 심사권 : 국가적 행위가 헌법에 위반되는지를 심사하는 위헌입법 심사권을 최고재판소에 부여, '헌법의 파수꾼'이라고 불린다.

- 심사권은 하급재판소에도 인정
- 판결권은 최고 재판소에만 인정

나라의 최고 법률이기 때문에, 헌법에 위반되는 법률, 명령을 비롯한 모든 국가적 행위는 무효

2 대일본제국 헌법

1) 19세기 후반, 메이지 유신에 의해 ⟹ **대일본제국헌법(메이지헌법)1889**이 **흠정헌법으로 제정**되었다.

군주의 명령으로 제정되는 헌법

2) 프로이센 헌법**을 참고**하여, 천황을 **'모든 통치권을 총람(総攬(そうらん))하는 자'**로 규정하였다.

군주에게 강한 권력을 부여 군주의에서의 국민

3) 국회 권한이 약하고, 신민의 권리는 법률 범위 내에서만 인정되었기 때문에, 만주사변1931 이후, 전체주의 흐름을 멈추지 못해, 태평양 전쟁이 일어나는 결과를 초래한다.

3 일본국 헌법의 성립

1) 성립 과정

① 연합국군 총사령부(GHQ) 최고사령관 맥아더(マッカーサー)가 헌법 초안(맥아더 초안)을 제국회의에 제출하였다.

GHQ가 포츠담 선언(1946)을 수락하여 종전을 맞이한 일본에게 헌법의 근본적 개혁을 요구

② 제국 의회가 헌법 초안을 가결하여 일본국 헌법이 성립되었다.

2) 초안의 내용

① 철저한 민주화를 내세우는 민정헌법1946으로서 실질적으로 메이지 헌법과는 전혀 다르다.

- 여성의 참정권을 인정
- 생존권 추가 등

국민이 제정 주체인 헌법

② 국민주권, 기본적 인권의 존중, 평화주의라는 3대 기본 원리를 갖추고 있다.

정치

4 일본국 헌법의 기본 원리

1) 국민 주권

① '국가의 정치를 최종적으로 결정하는 권리'이다.

② 국민이 국가 행방의 최종적인 판단 권한을 갖고 있다.

③ 천황은 상징이며, 내각의 조언과 승인 하에 국가 행사만을 행한다.

④ 의회는 국민 주권 하의 '국가 권력의 최고 기관'이다.

2) 헌법 제9조 평화 주의

① 전쟁과 무력에 의한 위협 또는 무력 행사를 포기할 것이 명시되어 있다.

② 전력을 보유하지 않을 것, 교전권을 인정하지 않을 것을 선언하였다.

③ 1950년 조선 전쟁이 발발하자, 경찰 예비대를 창설한 뒤 ⟹ 1952년 보안대로 개칭하였다.

1954년부터 국방의 임무가 부여된 자위대로 바뀌어 현재에 이르름

정답 p.108

1. 다음 문장을 읽고, 빈칸에 들어갈 알맞은 용어를 보기에서 고르시오.

보기

ⓐ 国会議員　ⓑ 民事裁判
ⓒ 衆議院　ⓓ 参議院　ⓔ 国会
ⓕ 裁判所　ⓖ 平和主義　ⓗ 内閣総理

① 日本は二院制を採用しているが、［ア］には解散の制度が、［イ］には［ア］の行き過ぎの抑制が取り入れられている。

② 日本国憲法は、イギリス型の議院内閣制を採用し、内閣と［ウ］の関係を定めている。内閣は［ウ］の信任を基盤として成立し、存続する。

③ 行政権を担当する内閣は、［エ］大臣と国務大臣で組織される合議制機関である。国務大臣の過半数は［オ］でなければならないし、国務会議の議決は全会一致制である。

④ 日本国憲法では、司法の公正と民主化を図るために、［カ］だけに司法権を与え、司法権独立の原則を確立している。

⑤ ［キ］は、個人や団体の財産上や身分上の権利・義務について、訴訟を起こした原告とその相手である被告が法廷で争う裁判である。

⑥ 日本国憲法は、国民主権、基本的人権の尊重、［ク］を三大基本原理としている。

확인 문제로 실력 다지기

정답 및 해설 p.108

問1　衆議院の優越についての記述として**最も適当なもの**を、次のうちから一つ選びなさい。

① 衆議院が可決した法律案を参議院が受け取った後、60日以内に議決しない時は、衆議院の議決に従って法律案は成立する。

② 衆議院が可決した条約案を参議院が受け取った後、30日以内に議決しない時は、衆議院が出席議員の3分の2以上で再議決すると成立する。

③ 法律案と予算案については、衆議院が先に審議・議決を行う。

④ 衆議院と参議院が異なる内閣総理大臣を指名した場合、両院協議会を開き、意見が不一致であった場合、衆議院の指名に従って決定する。

기출 check 2018(1)

問2　最高裁判所について定めている日本国憲法の条文の内容として**誤っているもの**を、次の①～④のうちから一つ選びなさい。

① 内閣は、最高裁判所の長官を指名し、その他の裁判官を任命する。

② 最高裁判所は、司法事務処理に関する事項について、規則を定める権限を有する。

③ 最高裁判所は、法律に対して違憲を判決する権限をもっている終審裁判所である。

④ 国会は、国権の最高機関として、最高裁判所を指揮監督する。

기출 check 2021(2) 2023(1)

UNIT 04

일본국 헌법의 자유권적 기본권

일본어판 check!

빈출 포인트 Check

❶ 신체의 자유 ☆☆☆☆☆
❷ 정신의 자유 ☆☆☆

핵심 개념 확인하기

1 자유권

1) 정의

① 인간이 태어날 때부터 갖는 자유를 국가 권력 등에게 간섭, 제한 받지 않을 기본적 권리이다.

② "공공복지에 어긋나지 않는 한, 입법 그 외의 국정에 있어서, 최대한 존중이 필요하다"(제13조)고 규정되어 있다.

2) 신체(人身)의 자유

① 다른 모든 자유권의 기초가 되는 자유이다.

② "누구든 어떠한 노예적 구속을 당하지 않는다"고 규정하고 있다.

③ 내용

법적 절차의 보장	법률이 정하는 절차에 의하지 않으면, 형벌에 처할 수 없음
죄형법정주의	어떠한 범죄에 죄를 부가할지를 미리 법률로 정해 두어야 함
소급 처벌의 금지	어떤 행위를 한 시점에서 그것을 범죄로 할 법률이 없는 경우, 사후에 법률을 제정하여 벌할 수 없음
영장 주의	체포, 수색, 압수 등에는 원칙적으로 재판관이 발부하는 영장이 필요
고문 금지와 묵비권	체포자나 피고인에게 고문을 금지하고, 묵비권을 보장
변호인 의뢰권	변호인의 도움을 받을 권리

3) 정신의 자유

사상, 양심의 자유	권력에서 억압이나 차별, 강요 등을 받지 않는 것 등을 포함
신앙의 자유	정교 분리의 원칙이 명기
집회, 결사 및 언론, 출판 그 외 모든 표현의 자유	외부에 표출될 때, 타인의 자유와 충돌할 가능성이 발생
검열 금지와 통신의 비밀	
학문의 자유	

정치

4) 경제의 자유

└ 자본주의 경제에 있어서 필요 불가결

① 내용

거주·이전의 자유	헌법에서 보장
직업 선택의 자유	
재산권의 불가침	

② '공공복지에 반하지 않는 한'이라는 제한을 두는 경우가 많다.

└ - 시장 독점 방지
- 건조물 규제

2 평등권

└ 헌법에서 모든 국민은 법 아래 평등하다고 규정하고 있지만,
지금도 많은 편견이나 차별, 불평등이 존재

1) 재일 한국인·조선인 문제, 아이누(アイヌ) 민족, 여성, 외국인, 장애인 등의 차별이나 불평등이 큰 문제가 되고 있다.

2) 1979년, 유엔 총회에서 여성 차별 철폐 조약이 채택되었으며, 일본은 **1985년 남녀 고용 기회 균등법(男女雇用機会均等法)**(だんじょ こよう き かいきんとうほう)이 성립되었고, 1999년 **남녀 공동참가 사회 기본법**이 시행되었다.

└ 취직 시의 차별이나 임금, 승진 등에 대한 여러 문제가 아직 남아 있다.

핵심 개념 다지기

정답 p.108

1. 다음 문장을 읽고, 빈칸에 들어갈 알맞은 용어를 보기에서 고르시오.

보기

ⓐ 政教分離　ⓑ 検閲
ⓒ 財産権　ⓓ 人身　ⓔ 学問
ⓕ 自由権　ⓖ 罪刑法定

① [ア]とは、人間が生まれながら持つ自由に対して、国家権力などからの干渉・制限を排除する基本的権利である。

② 他の全ての[ア]の基礎となるものとして[イ]の自由があり、「何人もいかなる奴隷的拘束をうけない」と規定している。

③ [イ]の自由には、法的手続きの保障、[ウ]主義、遡及(そきゅう)処罰の禁止などがある。

④ 権力から抑圧や差別や強要などを受けないことが含まれている思想・良心の自由、信教の自由には、[エ]の原則が明記されている。

⑤ 精神の自由は外部に表出される時、他者の自由と衝突する可能性が生じるため、「集会・結社及び言論、出版、その他一切の表現の自由」、「[オ]の禁止と通信の秘密」、「[カ]の自由」が規定されている。

⑥ 資本主義経済にとって経済の自由は不可欠なことなので、居住・移転の自由・職業選択の自由・[キ]の不可侵が憲法で保障されている。

확인 문제로 실력 다지기

정답 및 해설 p.109

問1　精神の自由に関する記述として**誤っているもの**を、次の①～④のうちから一つ選びなさい。

① 信教の自由

② 思想及び良心の自由

③ 職業選択の自由

④ 学問の自由

기출 check 2002(1) 2010(1) 2015(1) 2017(2) 2018(2)

問2　身体の自由の保障にもっとも**関係の深いもの**を、次の①～④のうちから一つ選びなさい。

① 検閲の禁止

② 正教分離

③ 通信の秘密

④ 法定手続きの保障

기출 check 2002(1) 2010(1) 2014(1) 2015(1) 2017(2) 2018(2)

UNIT 05

일본국 헌법의 사회권적 기본권

일본어판 check!

빈출 포인트 Check

❶ 사회권 ☆☆☆☆☆
❷ 새로운 인권 ☆☆☆☆☆

핵심 개념 확인하기

1 사회권

1) 정의

① 독일의 바이마르(ワイマール)헌법1919에서 ➡ 최초로 법률로 정한 권리로, 20세기에 들어서고 나서 인정된 권리이다.

② 누구나가 인간다운 삶과 건강하고 문화적인 최저 한도의 생활을 영위할 권리이다.

③ 자유권은 국가권력으로부터 제한을 배제하는 ➡ 소극적 자유인데 반해, 사회권은 국가에 대하여 시책을 요구하는 ➡ 적극적 자유로, 20세기 복지국가의 토대가 되었다.

2) 내용

① 헌법에서 '생존권'을 규정하고 있다.
└ 모든 국민은 건강하고 문화적인 최저한도의 생활을 영위할 권리를 갖는다는 권리

② 근로의 권리·노동3권'을 보장하고 있다.
└ 근로자의 단결권, 단체 교섭권, 단체 행동권

③ 모든 국민이 능력에 따라서 동등하게 '교육을 받을 권리'를 보장받고, 무상 의무교육을 정하고 있다.

2 참정권

국민 주권 원칙에서 국민이 선거를 통하여 정치에 참가할 권리

1) 보통선거를 보장하고 있다.

2) 최고재판소 재판관의 국민 심사, 주민 투표, 헌법 개정의 국민 투표 등의 규정이 있다.

3) 한 표 가치의 불평등, 재외국민 참정권 등의 문제점도 있다.

정치

3 청구권

1) 정의 : 개인의 인권이 침해될 때, 국가에 대해서 보상이나 구제를 청구할 수 있는 권리이다.

2) 내용

재판을 받을 수 있는 권리	누구나 재판소 재판을 받을 수 있는 권리
청원권	국회, 지방 의회나 행정 기관 등에 보상이나 구제를 청구할 수 있는 권리
보상 및 보상 청구권	공무원의 불법 행위에 의해 손해를 보았을 때는 누구든 국가나 공공단체에 손해배상을 청구할 수 있는 권리

3 새로운 인권

1) 현대 사회는, 사회의 급격한 변화로 인하여, 헌법 제정 시에는 예상하지 못했던 **새로운 인권 문제가 발생**하고 있다.

2) 내용

권리	발생 배경
환경권	자연 환경의 파괴와 생활 환경 악화
알 권리, 프라이버시 권리	고도 정보 사회 진전
액세스(アクセス)권	매스미디어의 발달
인폼드 컨센트 (インフォームドコンセント)	알 권리와 자기 결정권 강화

핵심 개념 다지기

정답 p.109

1. 다음 문장을 읽고, 빈칸에 들어갈 알맞은 용어를 보기에서 고르시오.

보기		
ⓐ 参政権	ⓑ 環境権	
ⓒ 社会権	ⓓ 請求権	ⓔ 生存権
ⓕ 労働三権	ⓖ 普通選挙	ⓗ 知る権利

① [ア]は、資本主義発達の中で生み出されてきた社会的弱者に対して、国家が人間たるに値する生活を保障するものである。

② 憲法では、すべての国民が健康で文化的な最低限度の生活を営む権利を有するという[イ]を規定している。

③ 憲法では勤労の権利、勤労者の団結権、団体交渉権、団体行動権のいわゆる[ウ]を保証している。

④ 国民主権の原則から国民が選挙を通して政治に参加する権利である[エ]は、[オ]を保証している。

⑤ [カ]は、個人の人権が侵害された時、国家に対して補償や救済を請求できる権利である。

⑥ 社会の急激な変化は様々な新しい人権問題を起こしており、自然環境の破壊や生活環境の悪化が進む中で[キ]が、高度情報社会の進展の中で[ク]とプライバシーの権利などの新しい人権の問題を生み出している。

확인 문제로 실력 다지기

정답 및 해설 p.109

問1　すべての人に人間らしい生活を営む権利をも保障しようとする考え方を取り入れた憲法の初期の代表例であるワイマール憲法についての記述として**最も適当なもの**を、次の①～④のうちから一つ選びなさい。

① 宰相ビスマルクによる「あめとむち」の政策の一環として制定された。

② 「ゆりかごから墓場まで」の社会保障を目指すベバリッジ報告から大きな影響うけて成立した。

③ 第一次世界大戦後、所有権に対する公共の福祉による制限の規定を含むものとして成立した。

④ ドイツ社会民主党の中のニューディール政策信奉者により立案された。

기출 check 2010(2) 2015(1) 2021(1)

問2　「新しい人権」に関連する記述として**最も適当なもの**を、次の①～④のうちから一つ選びなさい。

① 良好な自然環境を保全するのに必要な措置を求める権利は、「平和的生存権」と呼ばれる。

② 刑事事件において自己に不利益な供述を強要されない権利を、「プライバシーの権利」という。

③ 所得税や住民税の税額の誤りの訂正や、払いすぎ分の返還を求める権利を、「アクセス権」という。

④ 国や地方公共団体が保有する情報の開示を求めうる権利は、「知る権利」と呼ばれる。

기출 check 2010(2) 2015(1) 2015(2) 2022(2)

UNIT 06 선거제도와 정치정당

일본어판 check!

빈출 포인트 Check

❶ 일본의 선거 제도 ☆☆☆☆
❷ 55년 체제 ☆

핵심 개념 확인하기

1 선거제도

제도	정의	장단점	채용 국가
소선거구제	• 최다 득표자인 한 명을 고르는 제도	• 정치가 안정되기 쉬움 • 소수정당은 의석 획득이 어려움 • 사표(死票(しひょう))가 많이 발생	• 미국, 영국 등
대선거구제	• 득표수에 따라 두 명 이상을 고르는 제도	• 사표가 적어, 보다 다양한 의견을 반영 가능 • 소당(小党(しょうとう))분립으로 정치가 불안정해지는 경우가 발생	
비례대표제	• 각 정당이 획득한 득표수에 비례하여 의석을 배분하는 제도	• 유권자 의사를 공정하게 반영할 수 있음 • 소당(小党(しょうとう))분립으로 정치가 불안정해지는 경우가 발생	• 유럽 각국

2 일본의 선거제도

1) 선거제도 원칙

① 민주적인 선거제도의 원칙은 보통선거, 평등 선거, 직접 선거, 비밀 투표이다.

② 일본은 1890년 국회 개설 시는 제한선거였으나, 그 후 1925년에 남자 보통 선거권, 1945년에 여성 참정권이 실현되어 완전한 보통 선거가 되었다.

2) 중의원 선거제도

① 중의원은 소선거구 비례대표 병립제(小選挙区比例代表並立制)로 중복 입후보제를 채용하고 있다.

└ 소선거구와 비례대표에서 각각 대표자를 선출하는 방법

② 참의원은 도도부현(都道府県) 단위 선거구와 비구속명부식 비례대표제를 채용하고 있다.

└ 후보자 명부는 있지만, 당선 순위는 결정하지 않고, 각 정당 당선 의석 수 중에서 각 후보자 개인 득표수가 가장 많은 순으로 당선이 결정되는 제도

3) 한 표의 가치

① 선거구는 인구에 비례해서 배분하는 경우가 많지만, 동일 선거의 선거구에서 유권자수 혹은 인구수가 다른 것을 일컫는다.

└ 선거에 있어서 인구 혹은 유권자가 많은 선거구에서는 한 표의 가치가 가벼워지고, 인구가 적은 선거구에서는 한 표의 가치가 무거워지는 것

② 유권자에 대한 권리 침해가 문제시되어, 헌법 위반이라는 판단이 내려졌지만 선거 자체는 유효라는 판단이 내려졌다.

	중의원	참의원
선거제도	소선거구비례대표병립제	도도부현(都道府県)단위 선거구와 비구속명부식 비례대표제
의원 정수	대선거구·비례 대표 구별 없이	
	465명	248명
임기	4년(전원 동시에 개선)· 해산 있음	6년(3년마다 반씩 개선)· 해산 없음
피선거권	만 25세 이상	만 30세 이상

3 정당정치

1) 민주 정치와 정당

① 민주 정치는 국민의 의사를 정치에 반영하고, 국민을 위해 정치를 행하는 것이다.

② 18세기 영국의 에드먼드 버크(バーク)는 '국민 대표의 원리'를 주장하며, 정당은 '국민적 이익'을 증진하기 위한 결사라고 정의했다.

2) 정당

① 의회 안에서 활동하는 것뿐만이 아니고, 일상적인 활동을 통해서 조직 확대에 노력한다.

② 선거 때, 마니페스트(マニフェスト, 선거 공약, 정권 공약)를 내 걸고, 후보자를 세워 정권 획득을 노린다.

③ 현대 정치는 정당이 중심이 되어 행해지기 때문에, 정당 정치라고 불린다.

④ 일본의 첫 정당은 이타가키 다이스케(板垣退助 いたがきたいすけ) 등이 결성한 애국공당1874이며, 최초의 본격적인 정당 내각은 하라 다카시(原敬 はらたかし) 내각1918이다.

4 55년 체제

1) 2대 정당 체제 : 1955년, 자민당 결성과 사회당의 통일에 의해 2대 정당 체제가 형성되었다(55년 체제).

└ 제2차 세계대전 직후부터 1955년까지 다수 정당이 발생, 이합집산을 반복

2) 자민당 집권 : 1955년 이후, 40년 가까이 정권교체 없이 자민당이 정권을 잡았다.

└ 이 사이, 정계, 재계, 관계와의 유착구조가 발생, 많은 정치부패 사건이 발생해 국민의 비판을 받음

3) 연립정권 : 1993년, 비자민당 호소가와(細川 ほそかわ)정권이 탄생하여 55년 체제가 붕괴되었다.

5 압력단체

1) 정의 : 국민 가치관의 다양화에 대응하여, 다종 다양한 단체가 존재하고 있는데, 이런 단체 중, 정부나 국회 정당 등에 적극적으로 압력을 행사하여 자신들의 요구를 실현시키려고 하는 단체를 말한다.

2) 문제점 : 강력한 압력단체가 지나친 압력을 행한 결과, 특정 단체 만이 부당하게 우대 받거나 부당한 이익을 얻거나 하면, 정치의 공정성을 잃게 된다.

3) 일본의 정당 정치

① 구미에 비해 역사가 짧아, 여러가지 면에서 문제점을 갖고 있다.

② 정치 자금 문제, 파벌 문제, 당의구속(党議拘束 とうぎこうそく) 문제 등으로 인하여, 국민 사이에서 정당에 대한 불신이나 불만이, 정당을 지지하지 않는 무당파층(無党派層 むとうはそう)의 현저한 증가로 이어지고 있다.

└ 정당의 결의로 소속 의원 표결 활동을 구속하는 것

6 지방자치제도

1) 규정과 목적

① 일본국 헌법에서 '지방자치'를 규정하고 있다.

└ 메이지 헌법에는 없음

② 지역 주민의 복지 실현이 목적이며 이것을 행하는 기관이 지방 공공단체이다.

2) 지방 공공단체

① 의회와 수장(지사, 시정촌장)이 있다.

└ – 의회 = 의결기관
– 수장 = 집행 기관

② 사법 기관은 설치되어 있지 않다.

③ "지방 자치는 민주주의의 학교"라고 브라이스(ブライス)가 말했다.

└ 주민의 지역정치 참가로 민주정치 운영을 학습

3) 지방 공공 단체에 적용되는 특별법 제정

① 주민투표(レファレンダム)에서 과반수 동의가 필요하다고 규정되어 있다.

② 직접 청구권 중, 조례 제정이나 개폐를 청구할 수 있는 권리가 주민발안(イニシアティブ)이며, 수장·의원 등의 해직이나 의회 해산을 청구할 권리가 주민 해직(リコール)이다.

└ 지방자치법에서는 주민이 직접 청구할 수 있는 권리(직접 청구권)가 정해져 있음

청구 종류		필요 서명수	제출처	취급
이니셔티브 (イニシアティブ)	조례 제정 개폐	유권자 50분의 1 이상	수장	의회에서 논의
	사무 감사		감사위원	감사 실시
리콜 (リコール)	의회 해산	유권자 3분의 1 이상	선거관리위원회	주민 투표로 결정
	수장 해직			
	의원 해직			
	주요 공무원 해직		수장	의회에서 논의

정답 p.109

1. 다음 문장을 읽고, 빈칸에 들어갈 알맞은 용어를 보기에서 고르시오.

보기		
ⓐ 圧力	ⓑ 大選挙区	
ⓒ 小選挙区	ⓓ 55年体制	ⓔ 女性参政権
ⓕ 直接請求	ⓖ 男子普通選挙権	ⓗ 死票

① [ア]制は、最多得票者である一人を、[イ]制は得票数によって二人以上を選ぶ選挙制度である。

② 小選挙区制は、政治が安定しやすいという長所があるが、小政党の議席確保が難しく、[ウ]が多いなどの問題点がある。

③ 日本は、1890年、国会が開設された時は制限選挙であったが、1925年に[エ]が、1945年に[オ]が実現し、完全な普通選挙となった。

④ 日本は、第二次世界大戦直後には多数の政党が生まれ、離合集散を繰り返したが、自民党の結成と社会党の統一により、二大政党制である、いわゆる[カ]が形成された。

⑤ 国民の価値観や意見の多様化に対応して生まれた団体の中で、自分たちの要求を政府や国会、政党などに積極的に働きかけて実現させようとするものを[キ]団体という。

⑥ 一つの地方公共団体のみに適用される特別法の制定には、住民投票でその過半数の同意が必要であることを定めており、地方自治法では、住民が直接請求できる[ク]権が定められている。

확인 문제로 실력 다지기

정답 및 해설 p.109

問1 55年体制の特徴に関する記述として**適当でないもの**を、次の①～④のうちから一つ選びなさい。

① 1955年に保守合同によって自由民主党が結成された。

② 1955年に自民党の結成と社会党の統一により、二大政党制が形成された。

③ 1960年に民主社会党と公明党が連立し、一時自民党の勢力を押えた。

④ 1993年に非自民党の細川連立政権が生まれ、55年体制は崩壊された。

問2 「地方自治は民主主義の学校」は、ブライスが述べた言葉として知られている。その意味を説明した記述として**最も適当なもの**を、次の①～④のうちから一つ選びなさい。

① 地方自治体は、中央政府をモデルとして、立法・行政の手法を学ぶことが重要である。

② 住民自身が、地域の政治に参加することによって、民主政治の担い手として必要な能力を形成できる。

③ 地方自治体は、合併による規模の拡大によって、事務処理の能力を高めることができる。

④ 住民自身が、地域の政治に参加することによって、学校教育の課題を解決する。

기출 check 2010(2) 2013(1) 2019(1) 2020(2) 2022(2) 2023(2)

UNIT 07 국제 정치(1) 국제 연합

일본어판 check!

빈출 포인트 Check

❶ 국제연합기구 ☆☆☆☆☆
❷ 민족 분쟁과 난민 문제 ☆☆

핵심 개념 확인하기

1 주권 국가 성립

1) 베스트팔렌(ウェストファリア) 회의 1648

① 30년 전쟁 종결을 위해 개최된, 최초의 국제 회의라고 할 수 있다.

② 신성 로마 제국862~1806 해체와 ➡ 주권국가체제 원칙이 성립되었다.

└ 각국의 자립성을 인정하고, 서로가 국내 사정에 관여하지 않는 국제 관계

2) 베스트팔렌 조약의 영향

① 종교로 인한 분쟁이 없어지고 ➡ 유럽 전역에 근대국가 체제가 갖추어져 갔다.

② 네덜란드(オランダ)와 스위스(スイス) 독립을 인정받았다.

2 국제 연합의 성립

1) 국제 연합 설립

① 제2차 세계대전 후, 미국, 영국, 소련의 3국을 중심으로 새로운 국제 평화 유지 기구 설립을 위한 논의를 시작하였다.

② 1945년, 연합국이 샌프란시스코(サンフランシスコ)에 모여 ➡ 국제연합 헌장에 서명하고, 국제 연합을 설립하였다.

③ 원가맹국은 51개국이다.

④ 주권 평등의 원칙, 대국 주의, 다수결 원리 도입의 원칙을 내걸었다.

2) '평화를 위한 결집'

① 1950년, 유엔 총회에서 '평화를 위한 결집' 결의를 채택하였다.

② 안전보장이사회 대신, 총회가 평화 유지를 위해 필요한 조치를 3분의 2 이상의 다수결에 의해 권고할 수 있게 되었다.

③ 유엔 안전보장 기능을 완전하게 회복하는 수단은 되지 못했다.

정치

3 국제 연합 기구

1) 조직

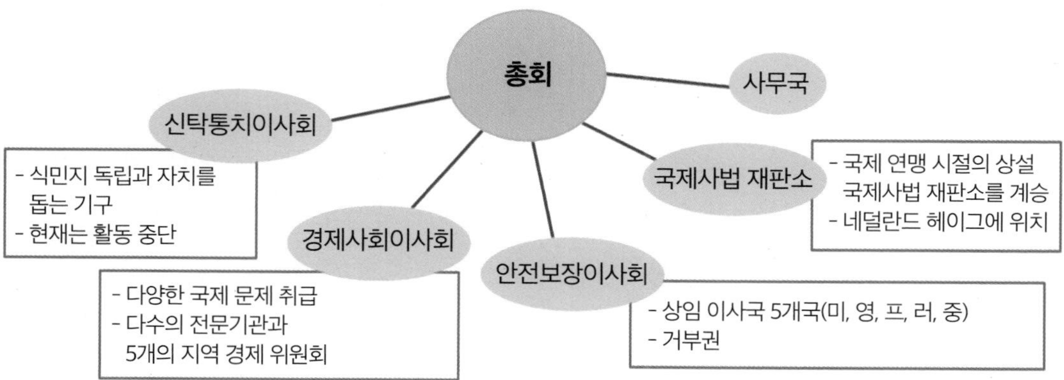

2) 주의점

① 6개 기관 아래에 다수의 위원회, 전문 기관을 설치하여 활동하고 있다.

② 안전보장이사회의 상임이사국 5개국이 거부권을 갖기 때문에 ⇒ 5개국 중 한 나라라도 반대하면 안전보장이사회의 기능이 정지된다.

③ 국제사법재판소(ICJ)는 재판 당사국이 재판에 동의하지 않으면 성립하지 않는다.

4 국제 분쟁

1) 지역 분쟁의 배경과 해결 노력

① 배경에 정치 권력이나, 부, 자원을 둘러싼 대립이 존재하는 경우가 많다.

② 유엔은 지역분쟁 해결을 위해 전세계에서 내전 종결과 민주화를 위한 평화유지활동(PKO)을 전개하고 있다.

2) PKO 활동

① 1956년, 제2차 중동전쟁 당시 파견된 평화유지군이 시초이다.

② 일본은, 1992~1993년 캄보디아(カンボジア)에 자위대를 파견한 것이 첫 PKO 활동이다.

3) 국제 분쟁

현재도 팔레스타인 과격파에 의한 테러나, 이스라엘에 의한 팔레스타인 자치 정부에 대한 공격이 이어지고 있음

① 팔레스타인 분쟁은 유태인과 팔레스타인(パレスチナ)과의 대립으로, 이스라엘과 아랍 여러 나라 사이에서 4차에 걸친 전쟁(중동전쟁)으로 발전하였다.

② 2001년, 미국에서 발생한 동시다발테러는 ⇒ 국제적 테러조직과의 전쟁이라는 새로운 전쟁을 등장하게 했다.

5 영토 문제

1) 제2차 세계대전 후의 영토를 둘러싼 주요 분쟁

	분쟁 국가
카슈미르(カシミール) 분쟁	인도와 파키스탄
팔레스타인(パレスチナ) 문제	유대인과 팔레스타인
스프래틀리 제도(南沙諸島(なんさしょとう)) 귀속 문제	중국, 타이완, 베트남, 필리핀, 말레이시아, 브루나이

2) 일본의 영토 문제

① 제2차 세계대전 패배 후, 샌프란시스코 평화조약에 의해 치시마(千島(ちしま))열도 및 미나미가라후토(南樺太(みなみからふと))를 포기하였다.

② 치시마 열도의 범위를 둘러싸고는 일본과 러시아 사이에서 대립이 있다(북방영토문제).

6 민족 분쟁

1) 스코틀랜드(スコットランド) 지역

① 경제적, 정치적으로 잉글랜드에 동화되어, 영국 국가의 일부가 된 상태이다.

② 영국과 분리 독립 주장이 강해져 1999년 주민 투표 결과 ⇨ 스코틀랜드 의회가 부활했다.

2) 카탈루냐 지방과 바스크(バスク) 지방

① 카탈루냐 지방은 스페인 북동쪽에 위치한, 지중해에 면한 지역이다.

② 바스크 지방은 스페인 북부에 위치한, 북대서양에 면한 지역이다.

③ 현대 스페인 바스크 지방에서 분리 독립 운동이 일어나고 있다.

3) 퀘벡(ケベック)주

① 프랑스계 캐나다인이 대다수를 차지하며, 프랑스어권이다.

② 1960년대부터 분리독립 운동이 발생하여, 1980년과 95년에 독립에 관한 주민 투표를 실시하였으나 ⇨ 투표 결과 독립은 부결되었다.

4) 쿠르드인(クルド人(じん))

① 서아시아의 튀르키예(トルコ), 이란, 이라크, 아르메니아에 걸쳐서 거주하는 민족이다.

② 고대 이후, 긴 역사를 갖지만, 민족국가를 형성한 적은 없었다.

③ 2010년 무렵부터, 시리아 내전 속에서 실질적인 자치를 노리는 운동이 거세지고 있다.

7 난민 문제

1) 난민문제 발생 배경

① 냉전 종결 후, 인종·민족 문제가 분출하게 되었다.

② 조국에서 쫓겨나 이웃 나라나 타국에 피난을 가는 난민이 전쟁이나 분쟁이 발생할 때마다 증가하고 있다.

2) 난민 조약

① 1951년 난민의 국제적 보호와 난민 문제 해결을 위해 채택되었다.

② 경제적 이유로 조국을 떠난 사람들이나 국내 피난민은 보호와 구제 대상에 포함되지 않아 과제로 남아 있다.

③ 난민에 대한 보호 활동을 행하는 국제연합 난민 고등 판무관 사무소(UNHCR)에 대한 기대가 높아지고 있다.

핵심 개념 다지기

정답 p.110

1. 다음 문장을 읽고, 빈칸에 들어갈 알맞은 용어를 보기에서 고르시오.

보기

ⓐ 常任理事国　ⓑ 国際連合　ⓒ カンボジア
ⓓ 安全保障理事会　ⓔ ウェストファリア
ⓕ サンフランシスコ　ⓖ パレスチナ
ⓗ UNHCR　ⓘ カシミール

① 三十年戦争の終結のために、最初の国際会議と言える［ ア ］会議が開かれ、［ ア ］条約が締結された。この条約によって神聖ローマ帝国962～1806が解体された。

② 第二次世界大戦後、アメリカ・イギリス・ソ連の３国が中心となり、新しい国際平和維持機構設立のための話し合いが続けられた。その結果、連合国は［ イ ］に集まり、［ ウ ］憲章に署名し、同年、［ ウ ］が設立された。

③ ［ エ ］は、世界の平和と安全の問題について決定する権能を持っている。しかし、５つの［ オ ］が拒否権を持っているために、１国でも反対すると、その機能は停止する。

④ 日本が初めてPKO活動を行ったのは、［ カ ］へ自衛隊を派遣したことである。

⑤ 第二次世界大戦後の領土をめぐる主な紛争として、インドとパキスタンの間での［ キ ］紛争、ユダヤ人と［ ク ］人の間の問題などがある。

⑥ 冷戦終結後、イデオロギーの対立に代わって、人種・民族問題が噴出するようになった。このような中で、難民に対する保護活動を行う［ ケ ］に対する期待は大きい。

확인 문제로 실력 다지기

정답 및 해설 p.110

問1　国際連盟や国際連合の成立に関連する記述として正しいものを、次の①〜④のうちから一つ選びなさい。

①　国際連盟と国際連合は、ともに世界大戦の連合国側を中心に設立されたため、発足当初の加盟国は30か国程度にすぎなかった。

②　国際連盟と国際連合は、それぞれ、第一次世界大戦および第二次世界大戦後の平和条約において、設立が決定された。

③　国際連盟と国際連合は、ともに、集団安全保障体制の確立をめざしたが、いずれの場合にも、所期の成果を達成したとはいえない。

④　国際連盟と国際連合は、ともに、多数決制をとったが、国際連盟では大国の拒否権は認められなかった。

기출 check 2014(1) 2017(2) 2018(2) 2022(2)

問2　難民についての記述として正しいものを、次の①〜④のうちから一つ選びなさい。

①　国際赤十字は、難民支援を行うために国連により設立された。

②　難民条約には、これを批准した国は、帰国すると迫害される恐れがある人を保護しなければならないと定められている。

③　難民条約は、冷戦終結後に生じた難民に対処するために採択された。

④　経済的理由で国外に逃れた人々や、国内避難民も難民条約の保護の対象とされている。

UNIT 08

국제 정치(2) 일본의 외교

일본어판 check!

빈출 포인트 Check

❶ 핵 군축 ☆☆☆☆
❷ 국제 사법 재판소 ☆☆

핵심 개념 확인하기

1 핵군축

1) 데탕트(デタント)

① 쿠바(キューバ) 위기를 계기로 미소 사이에 긴장 완화(데탕트) 기운이 고조되었다.

② 미국, 소련, 영국을 중심으로 부분적핵실험정지조약(PTBT)1963과 핵확산방지조약(NPT)1968이 조인되었다.
(부분적핵실험정지조약: 지하 핵실험만 허용 / 핵확산방지조약: 미·소·중·영·프 5개국만 핵기술 보유)

③ 미국과 소련 사이에서도 전략병기제한교섭(SALT Ⅰ · Ⅱ)이 실시되었지만, 핵개발 전쟁은 지속되었다.

2) 소련 붕괴와 핵군축 조약

① 1987년 중거리 핵전력(INF) 전폐조약으로 사상 첫 핵군축 조약을 맺었다.

② 1991년, 제한만이 아니고 삭감도 목적으로 하는 제1차 전략병기삭감조약(SALT Ⅰ)이 채택되었다.

③ 소련 소멸 후, 미국과 러시아가 2002년에 제2차 전략병기 삭감조약(SALT Ⅱ), 2010년에 신START조약을 체결, 핵군축이 추진되고 있다.

④ 1996년, 유엔 총회에서 포괄적 핵실험 금지조약(CTBT)이 채택되었지만, 발효되지는 않았다.
(포괄적 핵실험 금지조약: 모든 핵실험 금지)

3) 지역 분쟁의 격화와 핵군축

① 냉전 종결 후, 지역 분쟁이 격화되어, 분쟁국이 핵무기 개발에 나설 자세를 보이자, 미국과 그 동맹국은 미사일방위(MD)시스템 배치를 추진하였다.

② 1955년, 히로시마에서 제1회 원수폭금지(原水爆禁止) 세계대회가 개최되었다.

③ 1957년, 퍼그워시(パグウォッシュ) 회의가 열려, 세계의 과학자들이 핵무기 폐기와 전쟁 중단을 호소했다.

④ 2009년, 프라하에서 오바마(オバマ) 대통령은 '핵무기 없는 세계'를 선언하였다.

"핵무기 폐기를 위한 연설"에서 핵확산방지조약 강화, 국제원자력기구(IAEA)에 의한 사찰 강화, 테러리스트에 핵무기를 갖지 않게 하는 안전관리체제 등에 대하여 국제적인 협조를 호소, 노벨평화상(2009) 수상

2 일본의 외교

일본 외교 3원칙

❶ 유엔 중심 주의
❷ 자유주의 국가들과의 협조
❸ 아시아 일원으로서의 입장

② 자유주의 국가들과 주로 경제면에서 협력 관계를 쌓아, 자유무역 확대와 주요 국가 정상회의(サミット)를 개최하는 등, 세계 경제 발전을 촉진해 왔다.

2) 안전보장

① 1960년, 일본과 미국은 일미안전보장조약(日米安全保障条約)을 개정, 경제와 안전보장 양면에 있어서 밀접한 관계를 쌓았다.

② 1965년 한일기본조약, 1978년 중일평화우호조약(中日平和友好条約)을 체결하여, 아시아 국가들과 양호한 관계 구축을 위해 노력해 왔다.

③ 2002년 이후, 아시아 국가들과 ASEAN(東南アジア諸国連合)과 EPA(경제연대협정), FTA(자유무역협정) 체결을 추진, 아시아 국가들과 더욱 깊은 관계를 맺고 있다.

3 안전보장 정책

1) 미군의 일본 주둔

① 1951년 샌프란시스코강화조약과 동시에 일미안전보장 조약을 체결하였다.

└ 2차 대전 후, 전력과 교전권을 부정한 헌법 9조를 갖는 평화 국가로 바뀌었지만, 1950년 6.25전쟁을 계기로 조약을 채결, 전쟁 상태 종료와 주권 회복, 서측 진영 일원이 됨

② 서측 진영 일원이 된 일본에 미군이 주둔, 오키나와(沖縄)는 강화조약에 의해 미국에 의한 군정(軍政)이 이어졌다.

2) 냉전 종결

① 1991년 걸프 전쟁(湾岸戦争)을 계기로, 1992년 유엔평화유지활동 등 협력법(PKO협력법)이 성립, 자위대의 해외 파견을 정식으로 인정받았다.

② 2001년 미국에서 발생한 동시다발테러를 계기로, 미국, 영국 군이 아프가니스탄을 공격하자, 일본도 즉시 테러대책특별조치법을 제정, 처음으로 전시 상황에서 후방 지원을 실시하였다.

③ 이라크 자위대 파견 등, 국제질서 유지 강화를 위한 방위력 구축을 꾀하고 있다.

4 국제법

1) 그로티우스(グロティウス)1583~1645

① 30년 전쟁의 경험을 토대로 <전쟁과 평화의 법>을 저술하였다.

② 국제사회에도 국가가 따라야 할 국제법이 필요하다고 주장하여, '국제법의 아버지'로 불린다.

③ 공해(公海)자유의 원칙을 주장하여, 이것이 국제관습법으로 확립되었다.

2) 유엔해양법조약1994 : 해양을 영해(領海), 접속 수역(接続水域), 배타적 경제 수역(排他的経済水域), 공해(公海)로 나누었다.

해역 구분	기준
영해	기선에서 12해리
접속 수역	• 영해 바깥 쪽으로, 기선에서 24해리까지 • 관세·재정·출입국 관리 또는 보건에 관한 권역 침해 방지 목적
배타적 경제수역	• 영해 바깥 쪽으로 기선에서 200해리까지 • 해양 자원을 연안국이 우선적으로 이용할 수 있는 수역
공해	어느 나라에도 속하지 않은, 자유롭게 이용 가능한 바다

4) 국제법의 문제점과 해결 노력

① 참가하지 않는 나라에 대해서는 구속력이 없기 때문에, 국내법에 비해 실효성이 낮다.

② 유엔에서는 국가간 분쟁 해결을 위해 ⇒ 1946년에 국제사법재판소(ICJ)와 개인의 국제적인 범죄를 재판하기 위한 ⇒ 국제형사 재판소(ICC)를 헤이그에 설치했다.

③ 기업활동이 글로벌화 함에 따라, 세계무역기구(WTO)에서는, 국제 무역이나 국제 투자 등의 규칙도 규정하고 있다.

핵심 개념 다지기

정답 p.110

1. 다음 문장을 읽고, 빈칸에 들어갈 알맞은 용어를 보기에서 고르시오.

보기

ⓐ ミサイル防衛　ⓑ PKO協力法
ⓒ 接続水域　ⓓ IAEA　ⓔ PTBT　ⓕ UN

① キューバ危機をきっかけに、デタントの気運が高まり、軍備管理への努力が始まった。そして、米・ソ・英を中心に［ ア ］や核拡散防止条約(NPT)が調印された。

② 冷戦終結後、地域紛争が激化し、紛争国が核兵器の開発に乗り出す姿勢を見せ始めるようになり、アメリカやその加盟国では、［ イ ］システムの配備を進めている。

③ オバマ米大統領は、プラハで「核廃絶に向けた演説」2009を行い、核拡散防止条約の強化や［ ウ ］による審査の強化、テロリストに核兵器を取得させない安全管理体制に関する国際的な協調を呼びかけた。

④ 戦後、日本は外交の三原則として、［ エ ］中心主義、自由主義諸国との協調、アジアの一員としての立場を掲げた。

⑤ 冷戦終結後、世界情勢は大きく変化し、日本の安全と国際活動についても重要な変更が行われた。まず、湾岸戦争をきっかけに、翌年、［ オ ］が成立し、自衛隊の海外派遣が正式に認められた。

⑥ 海洋は、国連海洋法条約により、領海、［ カ ］、排他的経済水域、公海に分けられる。

확인 문제로 실력 다지기

정답 및 해설 p.110

問1　核兵器の実験や保持などを制限または禁止する条約についての記述として誤っているものを、次の中から一つ選びなさい。

① 核拡散防止条約(NPT)は、アメリカ、中国、ロシアの3カ国以外の核保有を禁止する条約である。

② 包括的核実験禁止条約(CTBT)は、あらゆる場所での核爆発を伴う核実験の禁止をめざして採択された。

③ 中距離核戦力(INF)全廃条約は、アメリカとソ連の間で核兵器の消滅が合意された初めての条約である。

④ 非核地帯を設定する条約は、ラテンアメリカ、南太平洋、東南アジアなどの各地域で採択された。

기출 check 2010(1) 2018(1) 2023(1)

問2　国際紛争の処理に関連する記述として最も適当なものを、次の①～④のうちから一つ選びなさい。

① 国際司法裁判(ICJ)が裁判を行うには、紛争当事国双方の同意が必要とされる。

② 侵略国に対する国連の安全保障理事会の決議では、経済制裁はできない。

③ 国連のPKOは、加盟国が自発的に人員を提供するものではない。

④ 国連憲章に規定されている国連軍は、多発する地域紛争に備えて常設されている。

기출 check 2021(1)

응용 문제로 만점 다지기

問1　アメリカ型大統領制についての記述として<u>最も適当なもの</u>を、次のうちから一つ選びなさい。

① 大統領は、法案提出権を持つが、議会可決案の拒否権は持たない。

② 大統領は、議会の不信任決議に対し、議会を解散する権限を持つ。

③ 大統領は、法案提出権を持たないが、教書による立法勧告ができる。

④ 大統領は、国民の直接選挙によって選ばれ、三選は禁止されている。

問2　人権の種類についての記述として<u>適当でないもの</u>を、次のうちから一つ選びなさい。

① 社会権には、生存権・教育を受ける権利・労働基本権などがある。

② 自由権には、精神的自由・経済的自由・人身の自由の三種類がある。

③ 参政権には、請願権や国家賠償請求権などがある。

④ 平等権には、法の下の平等・両性の本質的平等などがある。

정답 및 해설 p.110

問3　国会についての記述として正しいものを、次の①～④のうちから一つ選びなさい。

①　国会に設置されている委員会は、公聴会の開催が義務づけられている。

②　国会は、弾劾裁判所によって国務大臣を罷免することができる。

③　国会において内閣不信任決議案が可決された場合、内閣は総辞職か衆議院の解散かを選択することにする。

④　国会の憲法審査会は、法律が憲法に違反するかしないかを決定する。

問4　違憲審査についての記述として最も適当なものを、次のうちから一つ選びなさい。

①　違憲審査の対象は法律・命令・規則のみである。

②　違憲判決が下された法律は自動的に効力を失い、廃止される。

③　違憲審査の権限は最高裁判所にのみ与えられている。

④　違憲審査は具体的な訴訟事件を裁判する際に行われ、具体的事件性とは無関係に法律などの審査を求めることは一切できない。

問5　日本国憲法と明治憲法との比較についての記述として適当でないものを、次の①～④のうちから一つ選びなさい。

① 明治憲法は軍隊の保持や天皇が宣戦する権限を認めていたが、日本国憲法は戦力の不保持や戦争の放棄などの平和主義を揚げている。

② 日本国憲法の下では主権は国民にあるとの考えがとられているが、明治憲法の下では主権は天皇にあるとされた。

③ 明治憲法の下では貴族院議員は臣民による制限選挙で選ばれたが、日本国憲法の下では参議院議員は普通選挙で選ばれる。

④ 日本国憲法は法律によっても侵すことのできない権利として基本的人権を保障しているが、明治憲法は法律の範囲内でのみ臣民の権利を認めた。

問6　政治家に関連して、日本国憲法に規定されている国会議員の特権についての記述として適切なものを、下の①～④のうちから一つ選びなさい。

① 両議院の議員は歳費特権をもち、国庫から相当額の歳費を受けることができる。

② 両議院の議員は不逮捕特権をもち、国会の会期中はたとえ現行犯の場合であっても逮捕されない。

③ 両議院の議員は外交特権をもち、他国において逮捕され身柄を拘束されることはない。

④ 両議院の議員は議院で行った演説、討論または表決について、院内及び院外で責任を問われない。

問7　国連に関連した文章として適切なものを、次の①～④のうちから一つ選びなさい。

①　国連貿易開発会議(UNCTAD)は、先進国相互の開発、貿易、援助を討議する国連の常設機関である。

②　国際刑事裁判所(ICC)は、国家間の紛争を解決することを目的とした常設の裁判所である。

③　国連教育科学文化機関(UNESCO)で採択された世界遺産条約は、遺産および自然遺産を損傷や破壊などの脅威から保護、保存することをめざしている。

④　安全保障理事会は、紛争に対して常に中立的な立場をとっており、いかなる裁判も行わない。

問8　民族・宗教を原因とする対立として最も適当なものを、次の①～④のうちから一つ選びなさい。

①　湾岸戦争

②　フォークランド紛争

③　カシミール紛争

④　朝鮮戦争

III

경제

주요 학습 내용

경제 파트 만점을 위한 핵심 공략법!

출제 문항 수

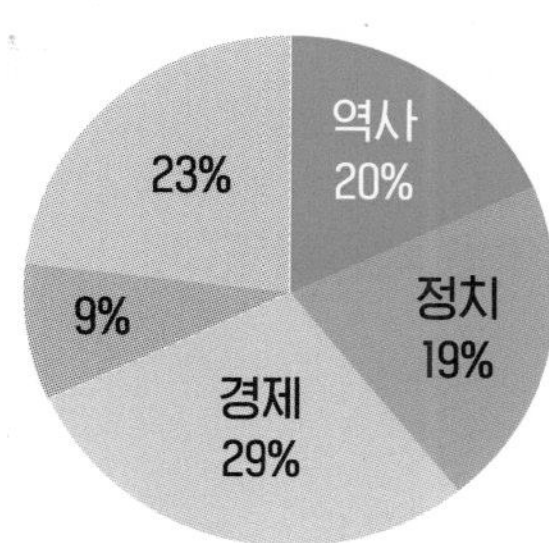

❶ 경제 파트는 1회 시험 당 평균 8문제 이상 출제된다.

❷ 타 분야(역사, 정치)와 함께 믹스되어 출제되는 문제도 1회 시험 당 2~3문제 이상 출제된다.

빈출 범위

❶ 다루는 범위가 상당히 광범위하며, 역사와 정치 분야와도 관련이 깊어, 연관시켜 판단해야 한다.

❷ 깊은 지식을 묻는 문제보다, 경제 분야의 기초지식(수요·공급 곡선 등)을 묻는 문제가 자주 출제된다.

❸ 2차 대전 후의 일본 경제는 자주 출제되는 분야이니, 꼭 체크해 두자.

❹ 국제 경제에 관한 부분은 자주 출제되는 부분이니 주의가 필요하다.

빈출 문제 유형

❶ 계산이 필요한 문제(신용 창조 등)는 여러 번 반복해서 연습해 두는 것이 좋다.

❷ 도표를 이용한 문제(시장 가격 등)도 자주 출제된다.

UNIT 01 자본주의 경제 성립과 발전

일본어판 check!

빈출 포인트 Check

❶ 아담 스미스 ☆☆☆☆☆
❷ 자본주의 성립과 폐해 ☆☆

핵심 개념 확인하기

1 자본주의 경제 성립

1) 절대 왕정 국가 ⇒ 중상주의를 채용하였다.

- 16세기 말~18세기 유럽 절대 왕정국가에서, 무역을 지원해서 국부를 증대하고자 한 사상
- 국가의 부의 원천이 금과 은의 양이라고 생각, 금과 은의 획득을 경제정책의 주안으로 함

2) 인클로저(エンクロージャー) 운동

16세기 영국에서 발생한 지주에 의한 농지 울타리 치기 운동

① 인클로저에 의해 농지를 빼앗긴 농민 ⇒ 잉여 노동력으로 존재하게 되었다.

② 잉여 노동력을 새로운 공장제수공업(매뉴팩처)이 흡수 ⇒ 노동자 계급이 탄생하였다.

③ 축적된 부에 의해 공장이라는 생산 수단을 소유 ⇒ 자본가 계급이 탄생하게 되었다.

3) 공장제기계공업

① 공장제수공업의 동력이 기계로 대체 ⇒ 대량생산이 가능하게 되었다.

② 18세기 후반, 대량 생산 영향으로, 영국에서 산업혁명이 발생하였다.

③ 생산 수단을 소유하는 자본가가 노동자를 고용하여 상품을 생산, 이윤을 추구 ⇒ 자본주의 경제가 성립하였다.

☆ 3) 아담 스미스(アダム＝スミス)

① 자본주의 경제에 있어서의, 자유 경쟁 이점을 주장하였다.

② 1776년 <국부론>을 발표하였다.

③ 보호무역인 중상주의 정책을 비판하고, 각자가 자유로운 경제 활동을 행하면, 신의 "보이지 않는 손(見(み)えざる手(て))"에 의해 사회 조화가 탄생한다는 자유 방임주의를 역설하였다.

④ 국가는 국민 경제 활동에 간섭하지 않고 필요 최소한의 활동에 그쳐야 한다고 주장하였다.

└ 럿셀은 야경국가라고 비판

❷ 자본주의 특징

1) 생산 수단의 사유화

① 이윤을 얻기 위해 기업이 설립되고 생산활동을 영위한다.

② 토지, 기계, 원재료 등 생산 수단을 사유화한 자본가가 노동자를 고용하여, 재화, 서비스 생산 활동을 한다.

2) 시장 경제에 있어서의 자유 경쟁

① 재화, 서비스 생산 활동은 자유 경쟁이 원칙이다.

② 각 기업이 보다 많은 이윤을 찾아 경쟁을 벌여, 사회 전체에 경제 발전이 촉진된다.

❸ 자본주의 경제의 폐해

1) 독점화

① 경제를 방임하면 시장 독점화 경향이라는 시장 폐해가 발생한다.

② 19세기 말~20세기 전반에 중화학 공업이 발달함에 따라 ➡ 자유 경쟁이 저해되는 독점 자본주의 경향이 강해졌다.

③ 자원 확보와 시장 확대를 위하여 식민지 획득, 분열에 열강이 참여하는 제국주의가 출현하게 되었다.

2) 급격한 경기 변동

예시) 세계 공황1929
- 뉴욕 증시 주가폭락 ➡ 세계 대공황으로 발전
- 미국 공업 생산 급감 ➡ 실업자가 천만 명 초과

3) 빈부의 차 확대 : 경기 변동 과정에서 사업가로 성공한 자본가와 실업 위기에 처한 노동자가 발생, 부가 자본가에 집중하는 현상이 발생하였다.

개념 플러스+

• **아담 스미스**
(1723~1790)

- <국부론> 저자

• **럿셀(ラッサール)**
(1825~1864)

- 독일 사회민주당 전신인 독일 노동자협회 창설자
- 사회주의자
- 아담 스미스의 <국부론>을, 국가가 대내외적인 치안 유지 확보에 필요한 최소한의 활동만 하는 '야경국가관'이라고 비판

경제

핵심 개념 다지기

정답 p.111

1. 다음 문장을 읽고, 빈칸에 들어갈 알맞은 용어를 보기에서 고르시오.

보기

ⓐ アダム・スミス　ⓑ 国富論
ⓒ 工場制手工業　ⓓ ラッサール　ⓔ エンクロージャー
ⓕ 小さな政府　ⓖ 重商主義　ⓗ 大量生産

① 16世紀末から18世紀にかけ、イギリスで、貿易を支援することによって国富を増大させようとする［ア］が採用された。

② 16世紀末から18世紀にかけ、［イ］によって土地から追い出された農民が余剰労働力となった。

③ 余剰労働力となった農民を新しい［ウ］が吸収し、労働者階級が誕生した。

④ 工場制機械工業によって［エ］が行われ、18世紀後半、イギリスで産業革命が起こった。

⑤ ［オ］は、資本主義経済における自由競争の利点を説き、［カ］において、保護貿易である［ア］を批判した。

⑥ ［オ］の国家観は、［キ］を理想としたが、その後、［ク］は、「夜警国家観」と批判した。

확인 문제로 실력 다지기

정답 및 해설 p.111

問1　資本主義経済に関する記述として、<u>正しいもの</u>を次の①～④の中から一つ選びなさい。

① アダム・スミスは重商主義の利点を説き、自由な経済活動により、社会の調和が生まれると主張した。

② ラッサールは、アダム・スミスの国家観である「小さな政府」を「夜警国家観」と批判した。

③ エンクロージャーにより、土地から追い出された農民が工場制手工業の生産に参加して生産手段を所有するようになり、資本家階級に生まれ変わった。

④ 工場制機械工業により、大量生産が行われると、市民意識が向上され、フランス革命が引き起こされた。

기출 check 2006(1) 2013(1) 2015(1)

問2　アダム・スミスが主張した経済の政策に関する説明として**最も適当なもの**を次の①～④の中から一つ選びなさい。

① 資源配分を市場の価格メカニズムに任せる計画経済政策を主張した。

② 資本主義経済の弊害である独占化傾向を批判し、『国富論』で自由競争の利点を説いた。

③ 各人が自由に経済活動を行えば、神の見えざる手によって社会の調和が生まれると主張した。

④ 財・サービスが労働者や資本家階級に公平に配分されるためには、「小さな政府」が理想だと主張した。

기출 check 2023(2)

UNIT 02

자본주의의 확립

일본어판 check!

빈출 포인트 Check

❶ 수정 자본주의 ☆☆☆☆☆
❷ 신자유주의 ☆☆

핵심 개념 확인하기

1 자본주의 경제의 변용

1) 대공황1929으로 인한 자본주의 경제의 위기

① 자유 경쟁에 대한 신뢰가 흔들려 ➡ 정부의 시장 개입 필요성이 대두되었다.

② 전통적인 자유주의 경제 원칙을 대폭 수정하여, 자본주의 이점을 살리는 동시에 모순을 완화한 ➡ 수정자본주의가 출현하였다.

2) 뉴딜 정책

- 세계적인 대공황에서 벗어나기 위하여 프랭클린 D. 루스벨트 대통령이 주도한 일련의 경제 프로그램
- 공공사업 및 금융개혁과 규제 등의 정부 개입을 통하여 경제를 안정시키기 위해 취해진 정책

① 대공황에 의해 경제불능 상태에 빠진 미국 경제의 위기를 타개하기 위해 ➡ 프랭클린 루스벨트(フランクリン=ルーズヴェルト)가 뉴딜 정책을 시행했다.

② 수정자본주의의 대표이다.

③ 정부가 경제활동에 적극적으로 개입하게 되었다.

④ 케인즈(ケインズ) 경제학이 이론적 배경이 되었다.

3) 케인즈

① <고용·이자 및 화폐의 일반 이론>1936에서 국민 생산 수준은 한 나라 전체의 유효 수요 크기로 결정된다고 주장하였다 ➡ 유효 수요의 원리

② 케인즈의 이론을 토대로, 정부가 공공투자 등을 실시 ➡ 유효 수요를 창출하고 경기를 회복시켜, 완전 고용 실현을 위해 힘을 쏟았다.

③ 케인즈 이후, 자유 방임 자본주의 경제 하에서 발생하는 다양한 폐해를 처리하기 위해 ➡ 재정정책, 금융 정책 등, 정부나 중앙 은행에 의한 경제 개입이 실시되었다.

2 신자유주의

1) 신자유주의 경제

① 대공황 이후, 케인즈(ケインズ)의 유효수요 정책이 주류였으나, 1970년대에 들어 석유파동 이후 ➡ 각국은 심각한 재정적자에 빠졌다.

② 프리드먼(フリードマン), 하이에크(ハイエク)가 재정 정책에 대한 케인즈식 정부 개입을 비판 ➡ '작은 정부'의 필요성을 강조하는 신자유주의(新自由主義(しんじゆうしゅぎ))를 주장하였다.

2) 프리드먼

① 경제 변동의 최대 요인이 통화 공급량에 있다고 생각 ➡ 통화주의자(マネタリスト)이다.

② 아담 스미스의 학설과 비슷하며, 시장 기구에 있어서의 자유경쟁 이점을 강조하였다.

3) 하이에크 : 자본주의를 사상적으로 옹호, 전체주의와 사회주의, 복지국가를 비판하였다.

4) 그 외 대표적 신자유주의

① 1980년대 영국 여성 총리 대처 ➡ 대처리즘(サッチャリズム)

② 레이건 미국 대통령 ➡ 레이거노믹스(レーガノミクス)

③ 일본 나카소네(中曾根康弘(なかそねやすひろ)) 총리와 고이즈미(小泉純一郎(こいずみじゅんいちろう)) 총리 ➡ 민영화와 규제완화, 복지 삭감 등

5) 블레어(ブレア) : 영국 전 총리로, 교육과 고용 기회 확대, 사회 보장을 중시하며 개혁을 시도 ➡ '제3의 길'을 모색하였다.

개념 플러스+

• 케인즈
(1883~1946)

- <고용·이자 및 화폐의 일반이론>에서 완전 고용을 실현을 위해 자유방임주의가 아니라 공공사업 등 정부 개입 필요성 주장

• 프리드먼
(1912~2006)

• 하이에크
(1899~1992)

③ 사회주의 경제

1) 마르크스

① 19세기, 산업혁명 이후에 노동자의 비참한 생활을 목격 ➡ 자원을 국유화하고 배분하는 '계획경제'의 필요성을 주장하였다.

② <자본론>에서 자본주의 경제 모순을 역설하였다.

③ 엥겔스(エンゲルス)와 함께 노동자의 단결을 호소 ➡ 사회주의 혁명 근거를 제시하였다.

2) 사회주의 경제 특징

① 자원과 노동력은 국가에 의해 계획적으로 배분 ➡ 계획 경제를 실현한다.

② 토지와 노동력 등의 생산 수단 ➡ 국가가 소유한다.

3) 사회주의의 실현과 붕괴

① 러시아 혁명1917 이후, 소련에서 최초로 실현 ➡ 토지와 중요 산업을 국유화했다.

② 1960년대부터 경제 정체, 혼란이 심각해지자, 고르바초프(ゴルバチョフ)가 경제 활성화를 목표로 페레스트로이카(ペレストロイカ)1985를 추진 ➡ 재정적자, 식량 문제의 심각화, 유통 경제 혼란 ➡ 1991년 소련이 소멸하였다.

③ 1949년, 중국 사회주의 혁명 이후 자력 갱생에 의한 국가 건설이 추진되었지만, 그 후 개혁 개방정책 추진 ➡ 사회주의 시장경제로 전환하였다.

④ 주요 경제 학자와 학설

18세기	아담 스미스 (アダム·スミス)	• 「국부론」 • 이기주의적으로 보이는 개인의 이익 추구가 '보이지 않는 손'에 의해 사회 전체 조화를 가져다 줌
	리카도 (リカード)	• 「정치경제학과 조세의 원리」 • 비교 생산비설을 토대로 자유 무역론 주장
	마르사스 (マルサス)	• 「인구론」 • 식량은 산술급수적으로 밖에 늘지 않는데 비해, 인구는 기하급수적으로 늘기 때문에 식량 부족이 생겨 기아가 발생한다고 주장

19세기	리스트 (リスト)	• 후진국에서는 경제 발전을 확보하기 위해 보호무역정책을 취하는 것이 필수적이라고 주장
	마르크스 (マルクス)	• 「자본론」 • 자본주의체제를 비판 • 새로운 경제학(마르크스경제학)을 창시하고 체계화 • 엥겔스와 함께 「공산당 선언」을 발표
	엥겔스 (エンゲルス)	• 마르크스와 함께 마르크스주의 창설
	레닌(レーニン)	• 마르크스 경제학을 러시아에 적용, 소비에트 사회주의 공화국 연방을 수립
20세기	케인즈 (ケインズ)	• 「고용·이자 및 화폐의 일반이론」 • 불황기에 대량의 실업이 발생하는 원인은 유효 수요 부족에 있으며, 국가가 그 부족을 메꾸기 위해 경제에 적극적으로 개입해야 한다고 주장 • 아담 스미스 이후의 자유방임을 부정, '케인즈 혁명'이라고 불림
	프리드먼 (フリードマン)	• 「화폐 및 금융경제론」 • 물가 변동은 화폐 공급량 증대에 의한 것이라고 주장 • 화폐 중요성에 주목한 경제 이론을 세워, 케인즈의 학설을 비판
	슘페터 (シュンペーター)	• 「경제발전의 이론」 • 기업가에 의한 기술 혁신(이노베이션)이 경제 발전 원동력이라고 주장 • 기술 혁신이 초래하는 경기 변동에 주목, 신용 창조와 경기 순환에 대하여 뛰어난 연구를 함
	하이에크 (ハイエク)	• 「노예의 길」 • 사회주의, 공산주의, 파시즘을 반대 • 보호 무역론자 • 개인적 자유와 경제적 자유를 중시 • 케인즈 이론을 비판

개념 플러스

• **마가릿 대처**
(1925~2013)

- '철의 여인'으로 불린 영국 전 총리

• **토니 블레어**(1953~)

- 영국의 전 총리
- 복지국가 건설 정책 폐기 등을 주장, 국가에 의존하는 것을 부정하는 신자유주의인 '제3의 길'을 주장.

핵심 개념 다지기

정답 p.112

1. 다음 주요 경제 정책 및 학설을 바르게 연결하시오.

① ケインズ・	・ⓐ 食糧は算術級数的に増加 人口は幾何級数的に増加
② アダム・スミス・	・ⓑ マルクス経済学をロシアに適用
③ レーニン・	・ⓒ 資本主義体制批判
④ リカード・	・ⓓ 神の「見えざる手」
⑤ フリードマン・	・ⓔ レーガノミックス
⑥ マルクス・	・ⓕ 保護貿易政策
⑦ シュンペーター・	・ⓖ 個人的自由と経済的な自由
⑧ マルサス・	・ⓗ 第三の道
⑨ ハイエク・	・ⓘ 物価の変動は 貨幣供給量の変動による
⑩ リスト・	・ⓙ 技術革新が経済発展の原動力
⑪ レーガン・	・ⓚ 政府の積極的な介入
⑫ ブレア・	・ⓛ 民営化、規制緩和
⑬ 小泉純一郎・	・ⓜ 自由貿易論

확인 문제로 실력 다지기

정답 및 해설 p.112

問1　社会主義経済に関する記述として、**最も正しいもの**を次の①～④から一つ選びなさい。

① 社会主義経済は、産業大恐慌による資本主義経済の矛盾を克服するものとして出現した。

② 1960年代に入り、石油危機などにより、資本主義経済が財政赤字などの問題を抱える中でも、計画経済は成長し続けた。

③ 中国では、ソ連崩壊後も、自力更生による国家建設が採択された。

④ ロシア革命後、ソ連では社会主義が実現され、資源と労働力を国家が計画的に配分する計画経済が取られた。

기출 check 2006(1) 2008(2) 2009(1)

問2　シュンペーターが経済発展の原動力として考えたものとして、**最も正しいもの**を次の①～④から一つ選びなさい。

① イノベーション

② 貨幣供給量

③ 労働力

④ 自由貿易

기출 check 2019(1) 2021(1) 2023(1)

UNIT 03 시장 경제

일본어판 check!

빈출 포인트 Check

❶ 시장 효율성 ☆☆☆☆☆
❷ 가격 탄력성 ☆☆☆☆

핵심 개념 확인하기

1 시장 원리

1) 시장 가격(균형가격)

① 얼마에, 어느 정도 양의 재화나 서비스가 매매될지 ⇒ 시장의 수요와 공급 관계로 결정된다.

② 재화나 서비스가 실제로 시장에서 매매되는 가격을 말한다.

2) 수요 및 공급 곡선의 변화 요인

	변화 요인
수요 곡선	소비자의 재화에 대한 기호 변화 등
공급 곡선	기업의 기술 진보 등

3) 가격 기구

① 가격을 통해 경제 사회 전체의 수급 관계를 자동적으로 조정하는 작용(가격의 자동 조절 작용)을 말한다.

② 사회 전체의 복잡한 자원 배분을 최적으로 행하는 작용을 하고 있다.

A : 균형 가격

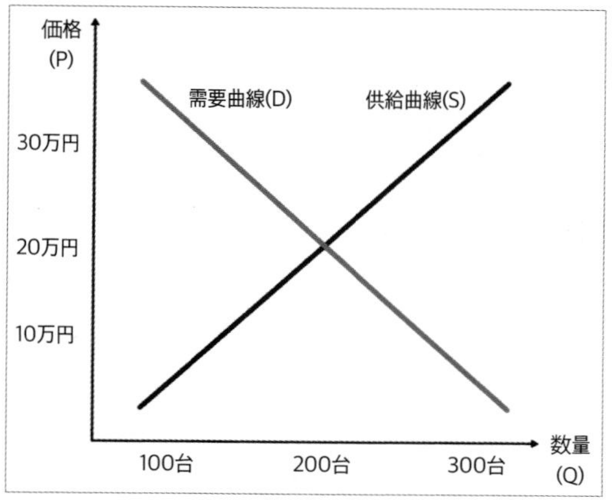

B : 공급 초과

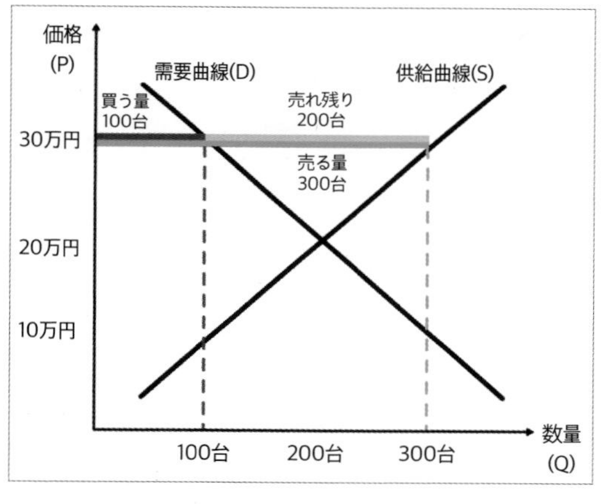

C : 수요 초과

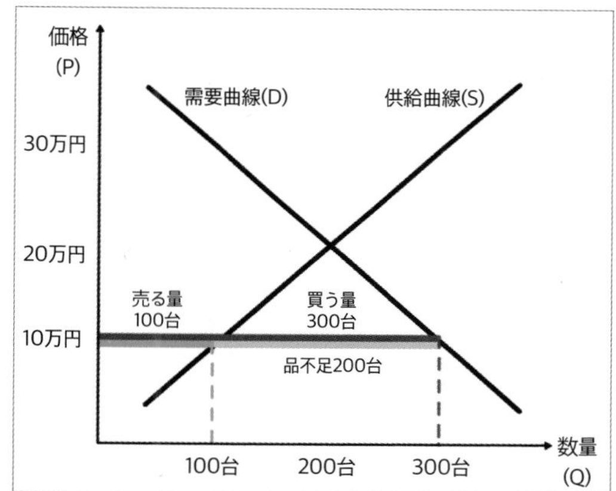

2 시장 효율성

1) 시장 효율성

① 가치와 가격의 연동성이 강한 것 ⇨ 즉, 수요와 공급이 일치하는 상태를 말한다.

② 일시적인 수요와 공급의 불균형이 발생할 경우, 균형을 잡기 위해 어떤 한 쪽이 움직이기 시작해 새로운 가치인 균형 가격에 맞추어 간다.

③ 불균형의 요인은 수요 측에도 공급 측에도 발생한다.

2) 공급 변동

① 공급 변동 요인은 ➡ 공급 곡선을 이동하게 한다.

② 공급량의 증가와 감소

- 증가 : 기술 혁신 발생 ➡ 더 싸고 많은 제품 생산 가능 ➡ 공급 증가 ➡ 공급 곡선 우측으로 변화
- 감소 : 전기 요금이나 재료비 인상 ➡ 연료비 인상 ➡ 공급 감소로 곡선은 좌측으로 변화

● 공급 곡선의 이동 : 공급량의 증가

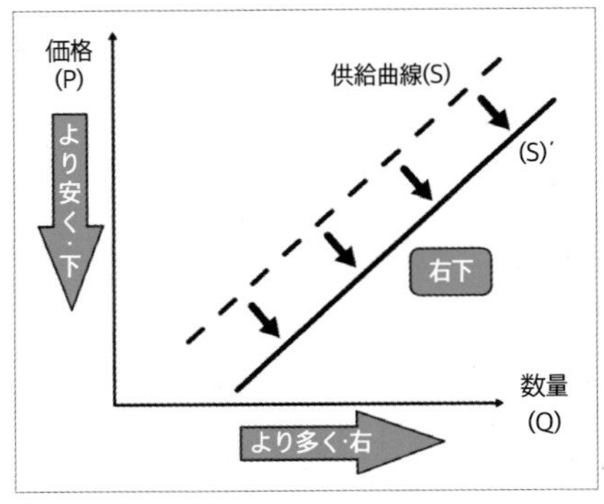

● 공급 곡선의 이동 : 공급량의 감소

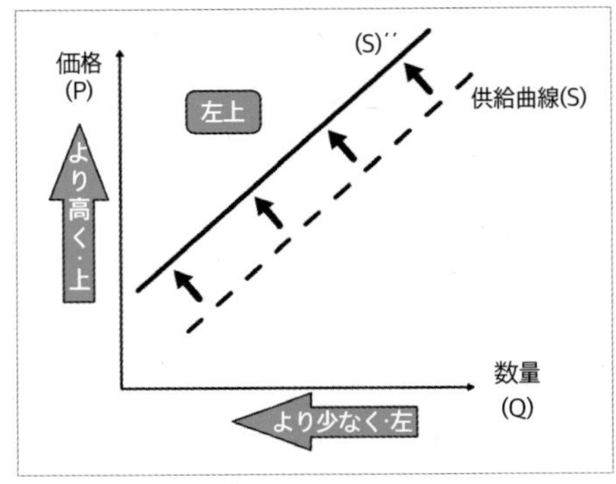

3) 수요 변동

① 수요 변동 요인은 ➡ 수요 곡선을 이동하게 한다.

② 수요량의 증가와 감소

- 증가: 소득 증가 ➡ 비싼 상품도 살 수 있게 됨 ➡ 곡선이 우측으로 이동
- 감소: 불경기로 소득이 줄어 싼 상품도 살 수 없게 됨 ➡ 수요가 줄어듦 ➡ 곡선 좌측으로 이동

● 수요 곡선의 이동: 수요량 증가

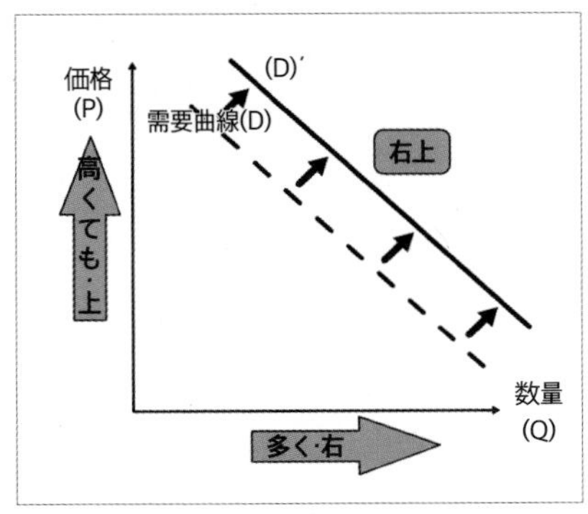

● 수요 곡선의 이동: 수요량 감소

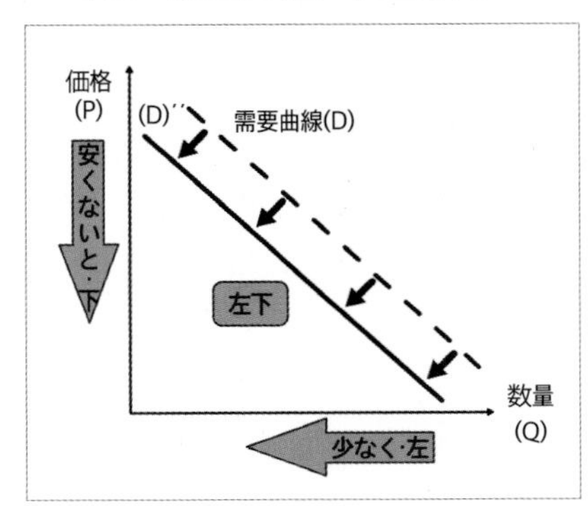

4) 가격 탄력성

① 상품 종류에 따라 수요 공급 곡선의 기울기가 다른 것을 말한다.

② 곡선의 기울기는 가격 변화에 따른 수요량과 공급량 반응 정도로 결정된다.

- 기울기가 완만해지면 탄력성이 크다.
- 기울기가 급해지면 탄력성이 적다.

공급의 가격 탄력성

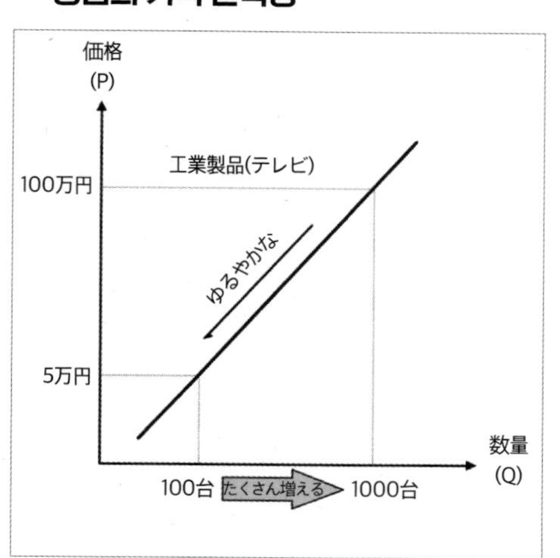

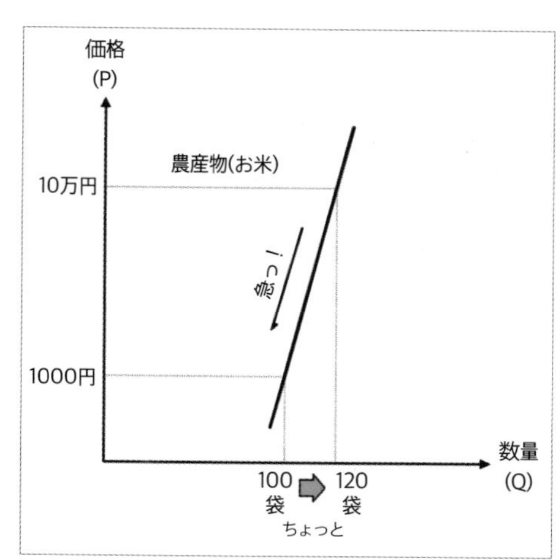

5)
- **생활 필수품 :** 가격이 비싸도 수요는 감소하지 않기 때문에 ⇨ 공급도 줄지 않는다.
- **사치품 :** 가격이 오르면 수요가 감소하고 ⇨ 공급량이 감소한다.

수요 곡선의 변화

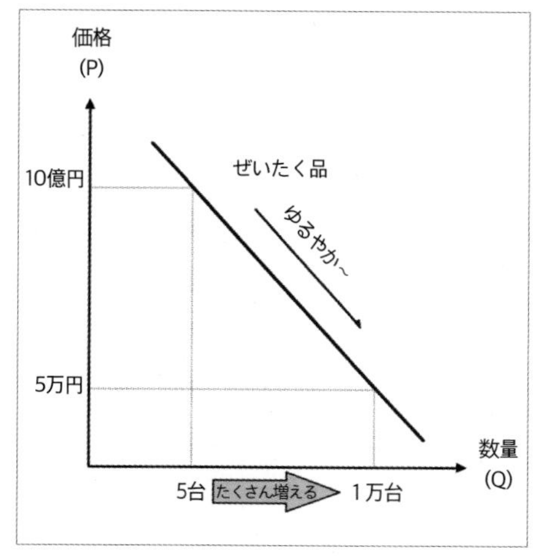

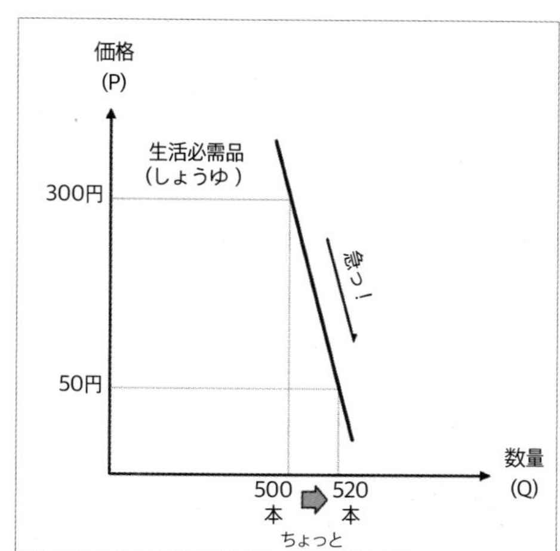

핵심 개념 다지기

정답 p.112

1. 다음 문장을 읽고, 빈칸에 들어갈 알맞은 용어를 보기에서 고르시오.

보기

ⓐ 減少　ⓑ 右下
ⓒ 左下　ⓓ 効率性　ⓔ 弾力性
ⓕ 自動調節作用　ⓖ 市場価格

① 市場でいくらの価格でどれだけの量の財やサービスが売買されるかは、原則として市場の需要と供給の関係で決まり、このようにして決まる価格を［ア］という。

② 経済社会全体の需給関係を自動的に調整する価格作用を価格の［イ］という。

③ 価値と価格との連動性の強さ、即ち、需要と供給が一致する状態を市場の［ウ］という。

④ 技術革新が起こり、製品をもっと安くて多く生産できるようになったら、供給が増加し、曲線は［エ］に変化する。

⑤ 不景気により所得が減り、安い商品でないと買えないようになったら需要が減り、曲線は［オ］に変化する。

⑤ 商品の種類によって、需要供給の曲線の傾きが違うものを価格の［カ］という。

⑦ 生活必需品は、価格が高くても需要は［キ］しないが、ぜいたく品は、価格が上がると、需要は［キ］するので、供給が減る。

확인 문제로 실력 다지기

정답 및 해설 p.112

問1　需要曲線と供給曲線に関する次の文章中の空欄 a ～ e に当てはまる語の組み合わせとして**最も正しいもの**を次の①～④の中から一つ選びなさい。

①は価格が高くなると量が少なくなり、価格が低くなると量は多くなるので、 a 曲線である。一方、②は、価格が低くなると量が少なくなり、価格が高くなると量が多くなるので、 b 曲線である。そして、曲線①と曲線②が一致したところで決まる価格を c という。また、価格がP_1のとき、 d が発生し、価格は e する。

	a	b	c	d	e
①	需要	供給	均衡	超過需要	下落
②	供給	需要	率性	超過供給	上昇
③	需要	供給	均衡	超過供給	下落
④	供給	需要	率性	超過需要	上昇

기출 check 2007(2) 2012(2) 2014(1) 2015(2) 2019(1) 2020(2) 2022(2)

問2　次のグラフは、ある財の需要曲線と供給曲線である。均衡点がEであるとき、政府によってこの財の価格の上限がP'に制限されるときの説明として**最も適当なもの**を次の①～④の中から一つ選びなさい。

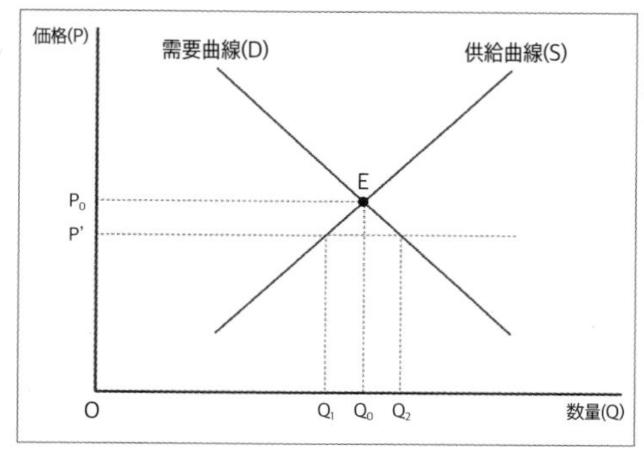

① 供給される数量は0になる。

② 供給される数量はQ_2になる。

③ 供給される数量はQ_1になる。

④ 供給される数量はQ_0になる。

기출 check 2009(1) 2010(1)

UNIT 04

시장 실패

일본어판 check!

빈출 포인트 Check

❶ 외부 경제와 외부 불경제 ☆☆☆☆☆
❷ 독과점 ☆☆☆☆☆

핵심 개념 확인하기

1 시장 실패

└ 가격 기구가 유효하게 기능하지 않는 현상

1) **독점이나 과점** : 시장에 맡겨 두면 재화가 충분히 공급되지 않고, 가격이 높아져, 소비자에게 불리한 상황이 발생한다.

2) **공공재** : 시장 자체가 성립되지 않아 통상적인 시장 기구에서는 최적의 자원 배분이 보증되지 않는다 ➡ 도로나 하수도 등 인프라가 해당된다.

- 외부경제 : 시장을 통하지 않고 다른 경제 주체에 ➡ 이익을 주는 것.
- 외부 불경제 : 시장을 통하지 않고 다른 경제 주체에 ➡ 불이익을 초래하는 환경 오염 등이 해당되며, 정부의 역할이 중요하다.

3) **비용 체감 산업** : 전력, 통신처럼 생산 규모가 커질수록 단위 당 생산 비용이 저하하는 특징(규모 경제)을 가진 산업을 말하며 독점이 발생하기 쉬워, 규제를 가해서 공공성과 효율성 확보를 할 필요가 있다.

4) **정보의 비대칭성** : 판매자는 상품 정보를 자세히 알고 있고, 구매자는 그것을 확인할 수단이 없는 경우로, 중고품 판매가 대표적이다.

2 독점과 과점

1) **독과점의 발생** : 각 기업이 시장을 둘러싸고 시장 점유율을 높이기 위해 경쟁을 전개한 결과 ➡ 소수(과점) 기업이 시장을 지배하게 되는 경우이다.

2) **독점 기업**

① 단일 기업이 시장을 지배하는 형태이다.

② 생산물의 가격을 결정하는 힘 ➡ 가격 지배력을 갖는다.

3) 과점 기업

① 소수의 기업에 의해 시장이 전개 ⇨ 현대 자본주의 경제의 특징이다.

② 비가격 경쟁(상품 디자인이나 품질 관리 등, 가격 이외의 면에서 경쟁)에 의해 ⇨ 점유율과 이익 확대를 위해 노력한다.

③ 생산비가 내려가도 가격이 내려가지 않는 경향 ⇨ 가격의 하방경직성이 나타난다.

4) 관리 가격 : 과점 시장에서 기업이 가격 선두자(프라이스 리더)가 되어 가격을 설정하고 다른 기업이 이것을 따라 새로운 가격이 설정되는 것을 말한다.

3 기업의 집중

1) 기업 대규모화 방법 2가지

① 자본 집적

② 2개 이상의 기업, 자본이 무언가의 형태로 연결되어 대규모화 ⇨ 기업 집중

2) 카르텔(기업 연합) : 같은 산업의 기업이 독립성을 유지하면서 생산, 가격, 판매 시장 등에 관해 협정을 맺고 경쟁을 피하는 것으로 이익을 도모한다.

3) 기업 합병(트러스트) : 같은 산업의 동종 기업이 새로운 대기업을 만드는 것이다.

4) 기업 결합(콘체른) : 지주 회사가 모회사(본사)가 되어, 산업 종류 상관없이 모든 분야의 기업을, 주식보유를 통하여 자본적으로 지배하는 것으로, 제2차 세계대전 후 일본 재벌이 여기에 해당한다.

카르텔

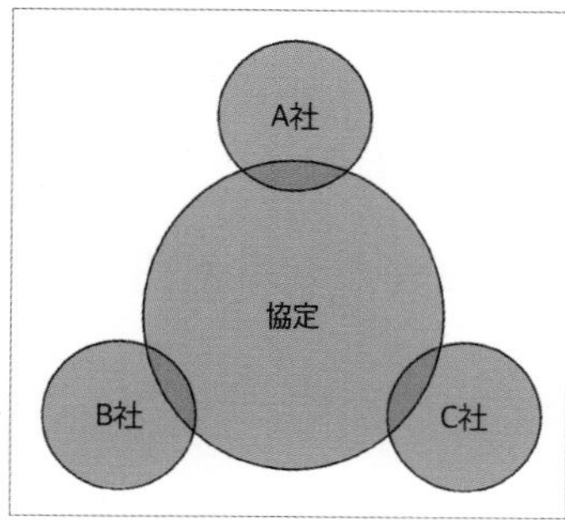

트러스트

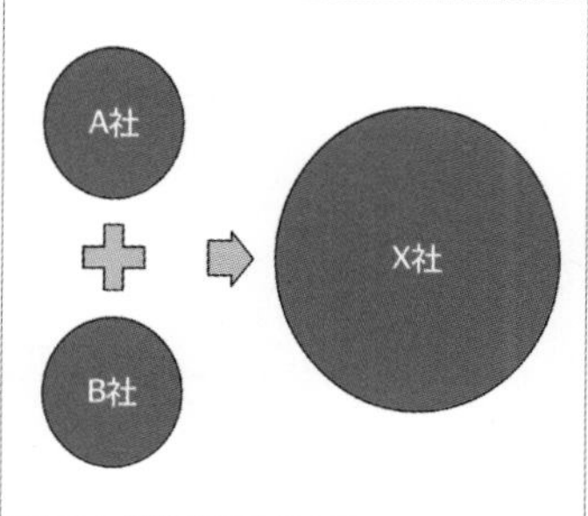

콘체른

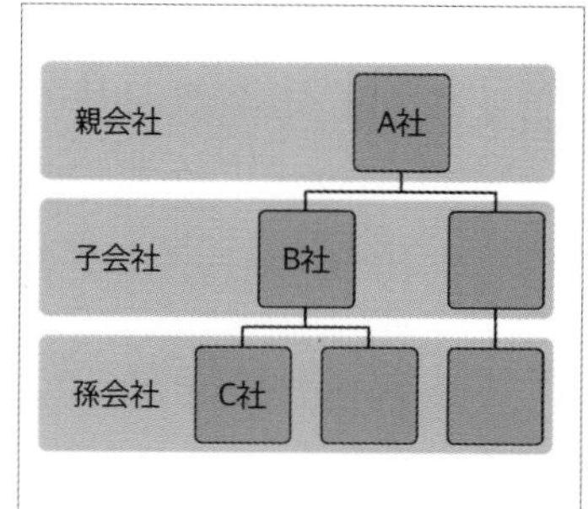

핵심 개념 다지기

정답 p.112

1. 다음 문장을 읽고, 빈칸에 들어갈 알맞은 용어를 보기에서 고르시오.

| 보기 |

ⓐ 下方硬直性　ⓑ カルテル
ⓒ 管理　ⓓ トラスト　ⓔ コンツェルン
ⓕ 独占　ⓖ 寡占

① 市場が単一の企業によって支配されるのを［ ア ］という。

② 二つ以上の少数の企業によって市場が支配されるのを［ イ ］という。

③ ［ イ ］企業は商品のデザインや品質など、価格以外の面で競争し、シェアを拡大し、利潤を拡大しようとする。このために、生産費が低下しても、価格が下がりにくい価格の［ ウ ］という傾向がみられる。

④ プライス・リーダーが価格を設定し、他の企業がこれに追随して新たな価格が設定されるのを［ エ ］価格という。

⑤ 同じ産業の同種の企業が独立性を保ちながら生産・価格・販売市場などについて協定を結んで競争を回避することを［ オ ］という。

⑥ 同じ産業の同種の企業が新たな大企業をつくることを［ カ ］という。

⑦ 持株会社が親会社となって、同種・異種を問わずあらゆる産業部門の企業を株式保有を通して資本的に支配することを［ キ ］という。

확인 문제로 실력 다지기

정답 및 해설 p.112

問1　市場失敗に関する記述として最も正しいものを次の①～④の中から一つ選びなさい。

① 郵便民営化に踏み切ったところ、郵便物を扱う企業が増え、過当競争が激化した。

② 安い輸入農産物が市場に出回るようになり、国内農業が大きな打撃を受けた。

③ 優れたAI自動掃除機を発売したある中小企業が市場を席巻し、他の企業が製品作りをやめてしまった。

④ 中古車の修理記録告知を義務化するなど、購入者が中古車の情報を確かめられるようにした。

기출 check 2012(1) 2014(2) 2020(2) 2022(1)

問2　独占と寡占に関する記述として最も正しいものを次の①～④の中から一つ選びなさい。

① 独占化では、生産規模が大きい電力や通信などの産業が発生しにくい。

② 独占は、巨額の設備投資費用が必要ではない産業ほど発生しやすい。

③ 寡占化では、価格の面での競争が激化する傾向がある。

④ 寡占市場では、大企業が価格を設定し、他の企業がそれに追随する管理価格が生じやすい。

기출 check 2012(1) 2018(2) 2021(1)

UNIT 05 경제 주체

일본어판 check!

빈출 포인트 Check

❶ 플로와 스톡 ☆☆☆
❷ 물가와 경기 변동 ☆☆☆☆

핵심 개념 확인하기

1 경제 주체

○ 경제 활동의 주체와 행하는 경제활동 내용

주체	가계	기업	정부
	경제 주체 사이에는 자금이 유통되고 있음		
경제 활동	• 소비 활동의 주체	• 생산 활동의 주체	• 한 나라의 경제 활동 전체를 조정하는 주체
	• 기업이나 정부로부터 얻은 임금이나 배당, 이자 등으로 필요한 재화, 서비스를 구입하고 소비하는 주체	• 가계에서 노동력이나 자본 제공을 받고 투자를 행하여, 재화, 서비스를 생산(공급)해서 이윤을 획득하는 주체	• 기업이나 가계에서 조세나 공채 등의 형태로 임금을 조달해서, 공공 서비스를 제공하거나 경제 성장과 국민 생활 안정 등의 달성을 꾀함
	• 소득의 일부를 저축, 예금, 투자 등의 형태로 기업이나 정부에 대출	• 기업이 획득한 이윤의 일부는 임금, 배당, 이자 등의 형태로 분배 • 나머지는 자본재 구입 등에 투자라는 형태로 지출	

2 주식회사

1) 주식 발행 : 주식 발행에 의한 자본으로 설립하며, 필요에 따라 증자(주식의 추가 발행)를 실시할 수 있다.

2) 소유와 경영의 분리
- 소유자 : 주식의 소유자
- 경영자 : 주주총회에서 선출되는 이사

3) 주주의 책임 ⇨ 유한책임제(주주의 책임이 자신의 출자 금액을 넘지 않는 것)

4) 주식매매 : 시장에서 거래되는 주식은 언제라도 매매가 가능하다.

5) 주식회사 : 자본주의 경제 발전과 대기업 출현에 있어서 큰 역할을 했다.

3 경기 변동

<table>
<tr><td>정의</td><td colspan="4">경제 성장률이 일정한 원인에 의해 정해진 주기로 규칙적으로 순환하는 것</td></tr>
<tr><td rowspan="3">국면</td><td>호황기</td><td>후퇴기</td><td>불황기</td><td>회복기</td></tr>
<tr><td>• 투자 증가</td><td>• 생산 증가에 수요 증가가 따라오지 않아 생산 과잉에 빠진 상태</td><td>• 투자 의욕 침체
• 기업 도산 규모 ⇑
• 실업 규모 커짐</td><td>• 서서히 설비, 원료 투자 시도</td></tr>
<tr><td>• 생산력 확대</td><td>• 생산 감소, 실업 증대</td><td>• 재고품 소진과 기계설비 축소로 불황 종지부</td><td>• 수요 증가, 생산 고용 확장</td></tr>
</table>

○ 경기 변동 4개의 국면

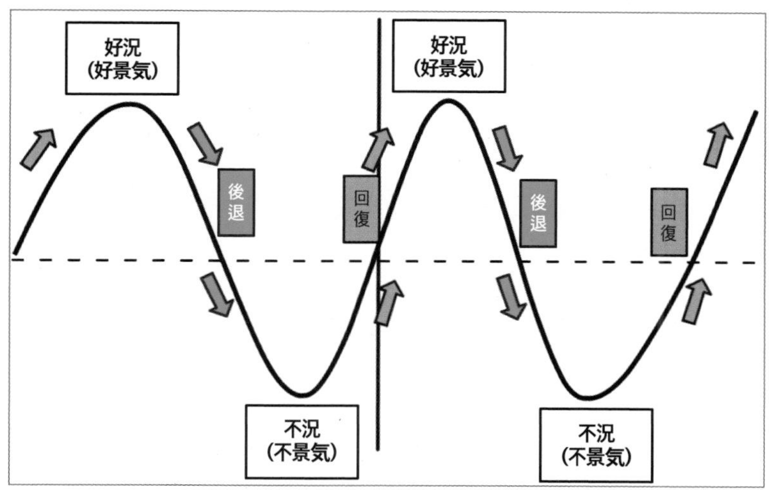

3) 경기 변동의 4가지 종류

형태	주기	요인
키친(キチン) 파동	약 40개월	재고 투자 증감
주글라(ジュグラー) 파동	약 10년	설비 투자 증감
쿠즈네츠(クズネッツ) 파동	약 20년	건설 투자 증감
콘드라체프(コンドラッチェフ) 파동	약 50년	기술 혁신 발생

경제

4 물가

1) 물가의 구분

인플레이션 〔インフレーション〕	• 호경기에 기업 매출 증가 ⇨ 종업원 임금 상승 ⇨ 재화나 서비스 구매, 소비량 증가 ⇨ 물가 상승
디플레이션 〔ディフレーション〕	• 물가가 지속적으로 하락하는 것
스태그플레이션 〔スタグフレーション〕	• 제1차 석유파동1973 당시, 유가 상승이 석유에 의존하고 있었던 일본 경제를 직격, 이듬 해 소비자 물가가 25% 상승(광란 물가) ⇨ 스태그플레이션(불황인데 인플레가 진행) 발생
디플레이션 스파이럴 〔デフレスパイラル〕	• 경기침체에 따른 수요 하락과 물가 하락이 반복되며, 심각한 불황이 이어지는 현상 ⇨ 일본의 버블 붕괴 이후인 90년대 이후의 장기 경기침체

2) 물가 안정 목표제(インフレターゲット)

① 중앙은행은 물가 안정을 위해서 바람직한 물가 상승률을 목표로 설정한다.

② 목표로 삼은 물가 상승률의 실현을 위해 펼치는 금융정책 ⇨ 물가 안정 목표제(インフレターゲット)이다.

5 명목치(名目値(めいもくち))와 실질치(実質値(じっしつち))

1) 정의 ┬ 명목치 : 실제로 시장에서 거래되고 있는 가격을 토대로 추산한 수치
└ 실질치 : 어떤 해(참조 해)에서 물가 상승이나 하락분을 차감한 수치

2) 화폐 구매력

① 1단위 통화로 구매할 수 있는 재화나 서비스의 양을 말한다. ┌ 구매력은 물가 수준(가격) 역수로 나타남

② 소득 수준이 동일할 경우 ┬ 물가 수준 상승 : 그 만큼 구매력 하락
└ 물가 수준 하락 : 그 만큼 구매력 상승

3) 화폐 구매력과 물가

	인플레 시	디플레 시
현상	화폐 구매력 ⇓, 화폐 가치 ⇓	화폐구매력 ⇑, 화폐가치 ⇑
	채무 부담 ⇓, 근로자 실질 임금 ⇓ 예금 감소 초래	채무부담 ⇑, 근로자 실질 임금 ⇑ 예금 증가 초래
	생활보호 세대나 연금 수급자 같은 소득이 늘기 어려운 사람들의 생활에 타격	소득 감소, 채무 등이 생활에 부담으로 작용하여 생활 곤란

❻ 플로(フロー)와 스톡(ストック)

└ 경제 규모를 측정하는 2개의 지표

1) 플로의 예시

① 국민소득, GDP 등을 총칭하며 넓은 의미로 국민소득이라고 하기도 한다.

② 일정 기간(1년간)에 창출되는 부가가치의 합계액, 1년간의 화폐의 흐름을 일컫는다.

2) 스톡의 예시

① 국부 ┬ 어떤 시점에 국민이 보유하고 있는 자산의 총합계
　　　└ 지금까지 투자가 얼마나 축적되어 있는지를 나타낸다.

② 토지나 사회 자본 가격도 계산에 넣기 때문에 땅 값이 비싸면 국부도 크다.

③ 일반적으로 전년도보다 증가하지만, 전쟁 등 파괴나 땅 값이 하락할 경우에는 감소한다.

경제

3)국민 소득

① 생산, 분배, 지출이라는 3개의 면으로 파악한다.

② 파악하는 국면이 다른 것 뿐이며, 어느 면에서 파악해도 합계액은 동일(삼면등가의 원칙) 하다.

◦ 삼면 등가의 원칙

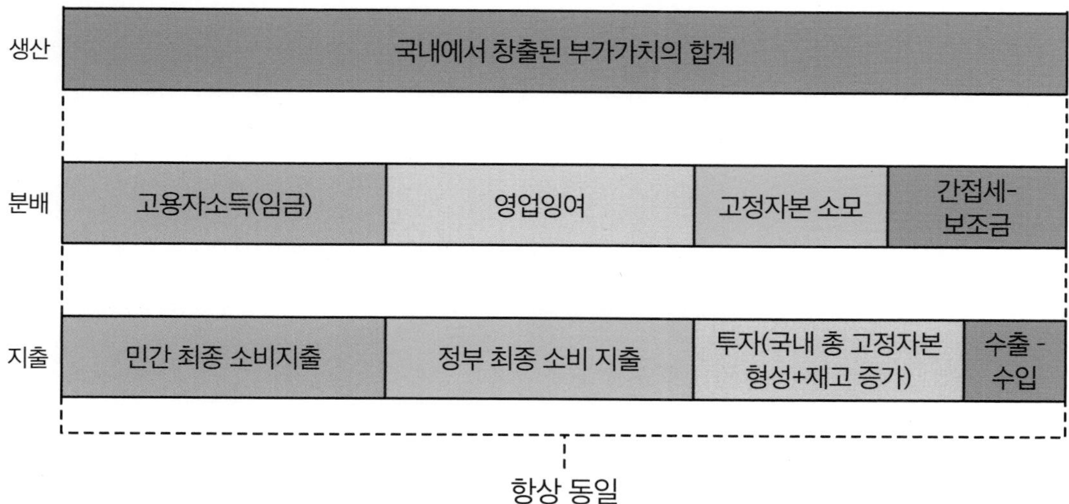

핵심 개념 다지기

정답 p.113

1. 다음 문장을 읽고, 빈칸에 들어갈 알맞은 용어를 보기에서 고르시오.

보기

ⓐ 株式　ⓑ 家計　ⓒ 不況　ⓓ 株主総会
ⓔ ストック　ⓕ 有限　ⓖ 回復　ⓗ 好況
ⓘ 政府　ⓙ 後退　ⓚ インフレーション
ⓛ デフレーション　ⓜ 企業　ⓝ フロー

① 経済活動を行う主体には、[ア]、[イ]、[ウ]の三つがあり、これらの経済主体の間に資金が流れる。

② 会社の所有者は[エ]の所有者であり、経営は[オ]において選出される取締役に任される。

③ 株主の責任は、自分の出資額を超えることはなく、これを[カ]責任という。

④ 景気変動には、[キ]期、[ク]期、[ケ]期、[コ]期という4つの局面がある。

⑤ 一般的に、好景気になると、企業の売上が増え、従業員の給料も上がり、財・サービスの購入・消費量が増えていくため、[サ]が発生しやすくなる。逆に、物価が持続的に下落することを[シ]という。

⑥ 経済の規模をはかる指標は[ス]変数と[セ]変数の2つに大別することができる。

확인 문제로 실력 다지기

정답 및 해설 p.113

問1　フローとストックの組み合わせとして**適当でないもの**を次の①～④の中から一つ選びなさい。

	フロー	ストック
①	対外収支	設備投資
②	経常収支	対外純資産
③	財政赤字	国富
④	固定資産減耗	預金残高

기출 check 2021(1)

問2　インフレーションとデフレーションに関する記述として**最も正しいもの**を次の①～④の中から一つ選びなさい。

①　デフレのときには、消費需要が持続的に上昇する。

②　総需要が総供給を上回っている状態をインフレーションという。

③　インフレのときには、実質的な貨幣価値が下がるため、債務負担が増える。

④　デフレのときには、貨幣の価値が上がるため、勤労者の生活が楽になる。

기출 check 2005(1)

UNIT 06

국민경제 계산과 금융

일본어판 check!

빈출 포인트 Check

❶ 신용 창조 ☆☆☆
❷ 중앙은행의 금융 정책 ☆☆

핵심 개념 확인하기

1 국민 경제 계산

기업에서는 설비에 드는 비용을 매출에서 지불하기 때문에, 정확한 생산물의 매출 계산 가능

	GDP	GNP	NNP	NI
정의	한 나라의 경제력을 나타내는 대표적인 지표	• 1년간, 국내외 관계 없이 그 나라의 국적을 가진 국민과 기업이 생산한 재화와 서비스 가치의 합산	• 생산하기 위한 공장이나 기계 등의 설비비(メンテナンス費)나 감가상각비를 제외한 비용	• 세금이나 보조금처럼 정부가 관련된 부분을 제외하여, 보다 정확하고 새롭게 생산된 가치의 금액을 계산하려고 하는 지표
포함되는 수치	(일본 GDP의 경우) 일본 국내 외국인이나 외국 기업이 생산한 금액			
포함되지 않는 수치	해외에 살고 있는 일본인이 생산한 금액			

◦ 국민 경제 계산

GDP		순생산·중간 생산물	
GNP	해외의 순소득	순생산·중간 생산물	고정자본 감모
NNP	해외의 순소득	순생산·중간 생산물	간접세·보조금
NI	해외의 순소득	순생산·중간 생산물	

2 경제 성장

	GDP	
장점	비교 가능	지난 해와 비교하여 금액 그 자체를 비교할 수도 있으며, 어느 정도 성장했는지 나타내는 경제성장률 제시 가능
		외국과의 비교와 한 명당 금액 등도 계산 가능
단점	시장에서 거래된 것만 계산 가능	가정 내에서 행하는 가사 등은 포함되지 않음
		해충이 대량으로 발생했을 때 대량 구입된 살충제라는, 풍요로움을 나타내지 않는 수치도 포함되어 버림
특징	유통량 개념	일정 기간 생산된 재화와 서비스의 총합(플로)
		일정 기간 생산된 유통량이 많아도 돈을 사용할 기회가 없으면 남지 않음

스톡이 크면, 플로가 적어도 생활하기 쉬우나, GDP의 가치만으로는 판단 불가능

경제

3 금융

정의	자금을 필요로 하는 자와 자금에 여유가 있는 자 사이에서 행해지는 자금의 융통	
금융 시장	자금의 융통이 이루어지는 곳	
종류	직접 금융	기업이 주식이나 사채를 발행해서, 증권 회사가 사이에 껴서 자금을 조달
	간접 금융	은행 등의 금융 기관을 통해서 자금을 조달

4 신용 창조

1) 신용창조의 정의와 과정

정의	은행이 최초 예금액을 웃도는 대출을 행하는 것에 의해 예금이 창출되는 것
과정	① 은행은 예금이 들어오면 그 일부를 예금준비금으로 보유하고, 나머지를 대출 ② 빌려준 자금은 일단 빌린 자의 당좌예금에 넣어져, 거래 때 빌린 사람이 지불 시 사용 ③ 이 행위가 반복되면, 은행은 전체적으로 첫 예금액의 몇 배의 대출을 행하게 됨

◦ 신용 창조의 과정

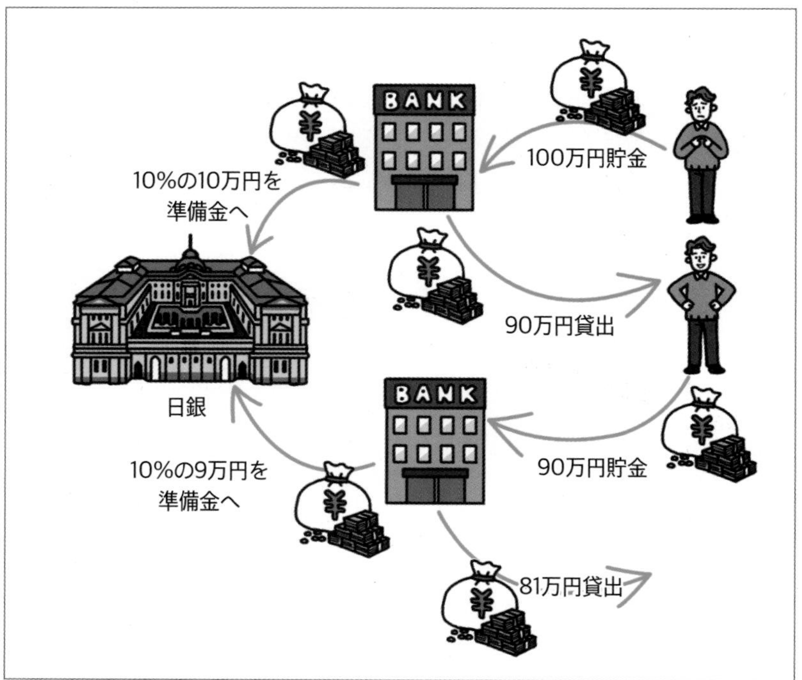

2) 신용 창조의 크기는 예금 준비율 크기로 결정되기 때문에, 중앙 은행에 의한 예금 준비율의 조작은 화폐 공급에 중요한 의미를 갖는다.

* 최초 예금액 100만엔
* 예금 준비율 10%
* 신용창조 합계액 = 최초 예금액 × $\frac{1}{\text{지불 준비율}}$ - 최초 예금액
* 신용창조 합계액 (100 만엔 × $\frac{1}{10\%}$ - 100만엔) = 900만엔

5 중앙 은행

정의	국가 금융의 중추를 차지하여 통화 공급의 원천이 되고, 금융 정책을 실시하는 은행
예시	일본 은행(일본의 중앙은행)
기능	① 일본 유일한 발권 은행으로서 일본 은행권(지폐)을 발행
	② 은행의 은행 : 금융 기관을 상대로 돈을 거래
	③ 정부의 은행 : 국고금을 출납

6 금융 정책

정의	일본 은행이 실시하는 금융 면에서의 경제 정책	
목적	경제의 지속적 확대	공개시장조작(오픈 마켓 오퍼레이션)
		예금 준비율 조작(지불 준비율 조작)
		정책 금리 조작(콜금리·공정보합)

- 일본 은행이 금융 시장에서 국채나 어음 등 유가 증권을 매매하는 것에 의해 직접적으로 통화량을 조절하는 것으로, 일상적으로 이용
- 불황 시에는 매입 오퍼레이션을, 호황 시에는 매출 오퍼레이션을 하여 통화량을 조절

- 시중 은행에 들어온 예금 중, 일정 비율(예금 준비율)을 일본 은행에 맡기고, 예금 준비율을 상황에 따라 변경하여, 통화량을 직접적으로 조절
- 조작을 행하는 빈도는 낮음

경제

7 금융 자유화

1) 금융 자유화1994 : 제2차 세계대전 이후, 일본은 오랫동안 금융 기관 활동이 특정 업무 분야에 제한되었으며, 금리도 정책금리(公定歩合(こうていぶあい))로 규제되었으나, 1994년 이후 완전 자유화하였다.

2) 금융 빅뱅(金融(きんゆう)ビッグバン) : 1996년 금융제도 개혁으로 광범위한 규제 완화를 실시, 금융기관 업무의 자유화를 도모 ➡ 금리의 자유화, 은행에서 보험 상품 판매 등 자유화를 실시하였다.

3) 독점 금지법(独占禁止法(どくせんきんしほう)) 개정1997 : 금융 지주회사(持(も)ち株会社(かぶがいしゃ)) 설립이 가능해졌다.

핵심 개념 다지기

정답 p.113

1. 다음 문장을 읽고, 빈칸에 들어갈 알맞은 용어를 보기에서 고르시오.

보기

ⓐ 間接　ⓑ 通貨
ⓒ 拡大　ⓓ 設備費　ⓔ 信用創造
ⓕ 金融　ⓖ 比較　ⓗ 直接

① NNPは、生産をするための工場や機械などの[ア]やそのメンテナンス費は除く。

② GDPの長所は[イ]ができる、ということである。しかし、豊かさを示さない数字が含まれてしまうので、GDPだけでは、生活のしやすさは判断できない。

③ 金融には、企業が株式や社債を発行して、証券会社が間に立って資金を調達する[ウ]金融と、銀行などの金融機関を通じて資金を調達する[エ]金融がある。

④ 銀行が当初の預金額を上回る貸し出しを行うことによって預金を創出することを[オ]という。

⑤ 国家金融の中枢を占め、[カ]供給の源泉となり、[キ]政策を実施する銀行を中央銀行という。

⑥ 中央銀行が実施する[キ]政策の目的は、持続的に経済を[ク]させることである。

정답 및 해설 p.113

問1　経済主体について、家計・企業・政府の三部門からなる経済の循環に関する記述として<u>誤っているもの</u>を、次の①～④のうちから一つ選びなさい。

① 企業は、政府に租税を支払い、家計から財・サービスの代金を受け取る。

② 家計は、労働力を提供して賃金を受け取り、企業に社会保険料を支払う。

③ 政府は、租税を徴収し、公共サービス提供のため支出を行う。

④ 企業は、労働力と原材料・機械を用い、財・サービスを生産する。

기출 check 2011(2)

問2　A銀行が500万円の預金を受け入れ、支払準備率を10%に設定した後、B企業に貸し出した。この資金は、B企業がC銀行に預金した。銀行の支払準備率が10%だとすると、この過程が繰り返される場合、信用創造で作り出される銀行全体の貸出金の増加額として<u>正しいもの</u>を、次の①～④のうちから一つ選びなさい。

① 2千500万円

② 3千500万円

③ 4千500万円

④ 5千500万円

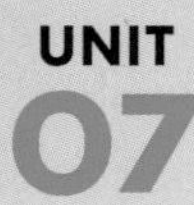

UNIT 07 재정과 사회 보장

일본어판 check!

빈출 포인트 Check

❶ 재정 정책 ☆☆☆
❷ 사회보장제도 ☆☆

핵심 개념 확인하기

1 재정의 역할

정의	국가나 지방공공단체가 행하는 경제활동
기능	① 자원 배분 기능
	② 소득 재분배 기능
	③ 경기 조정 기능(호황시에는 통화를 흡수하고, 불황시에는 통화를 공급, 통화량을 조정)

- 정의: 자본주의 경제 하에서는 재정을 통해 경제 안정과 성장을 꾀하여, 정부가 국민 경제 속에서 하는 역할 증대
- 자원 배분 기능:
  - 도로나 다리 같은 공공재는 민간에서는 공급이 행해지기 어렵기 때문에, 정부 관여가 필요.
  - 국방, 경찰, 교육 등의 공공 서비스 제공도 정부 역할.
- 소득 재분배 기능: 세입면에서는 누진과세제도를 채용하여 고소득자에게 비싸게 세금을 부담하게 해서 모은 자금을 사회 보장을 통하여 저소득자 보호에 사용하여 소득 재분배 실현

☆☆ 2 재정 정책

정의	호황 시에는 통화량을 줄이고, 불황 시에는 통화량을 늘리는 것
기능	① 빌트인 스태빌라이저(ビルトイン·スタビライザー)
	② 피스컬 폴리시(フィスカルポリシー)
	③ 폴리시 믹스(ポリシーミックス) : 재정정책과 금융정책이 일체적으로 운용되는 것

- 빌트인 스태빌라이저: 원래 재정은 누진과세제도나 사회보장제도를 통해 경기를 안정적인 방향으로 자연스럽게 이끄는 기능이 갖추어져 있지만, 불충분
- 피스컬 폴리시: 정부의 의도적인 정책에 의해 경기 조정을 실시하는 것. 공공사업을 추진하여 통화량을 증가시키는 한편, 감세를 행하여 남는 자본을 늘리고 소비를 활성화하는 등, 정부가 유효수요의 안정화를 위해 노력하는 것.

3 세입과 세출

1) 정의 ┬ 세입 : 정부의 한 회계연도 내의 모든 수입
└ 세출 : 정부의 한 회계연도 내의 모든 지출

└ 회계 연도 마다 예산을 작성하여 국회에 제출, 국회 의결 후에 집행

2) 재정 수입 : 국민이 부담하는 조세로 충당

┌ 직접세 : 납세자와 세금부담자가 동일하다
└ 간접세 : 납세자와 세금부담자가 다르다

3) 제2차 세계대전 전후의 조세 비중

제2차 세계대전 이전	간접세 비중 높음
제2차 세계대전 이후	샤우프(シャウプ) 권고1949를 받아들여 세제 개혁 ➡ 직접세 비중이 높아짐

4) 고도경제 성장기1955~1973 : 비교적 윤택한 조세수입을 확보하였다.

5) 제1차 석유 파동1973 이후 : 경제 성장률이 저조하여 세수가 정체되었으며, 급격한 저출산 고령화로 인한 복지 재원 등의 안정적 확보가 과제이다.

4 공채

정부나 공공단체가 조세로 세출을 메꿀 수 없을 경우, 국채나 지방채를 발행하여 부족한 자금을 메꾼다.

1) 공채의 기능 : 정부나 지방 공공 단체의 부족한 자금을 메꾼다.

2) 일본 공채의 역사

① 재정법1947 : 공채 발행을 엄격히 제한하였다.

② 사회기반 정비의 재원 할당 목표로 건설공채를 발행1965하게 되었다.

③ 제1차 석유 파동 후인 1975년부터 거의 해마다 특례법에 의해 특례공채(적자국채)를 발행하였다.

④ 세제 수입이 정체됨에 따라 공채 의존도가 점차 높아졌다.

2)긴축 재정

① 1980년대 들어 재정 재건을 위한 긴축 재정이 실시되었다.

② 1980년대 후반 경기 확대(버블 경제)로 재정이 일시적으로 호전 ➡ 1990년도는 적자국채가 제로로 억제되었다.

③ '버블경제' 붕괴 후 심각한 불황과 디플레 속에서 국채 발행을 반복하게 되었다.

경제

- **2023년도 일본 세입**

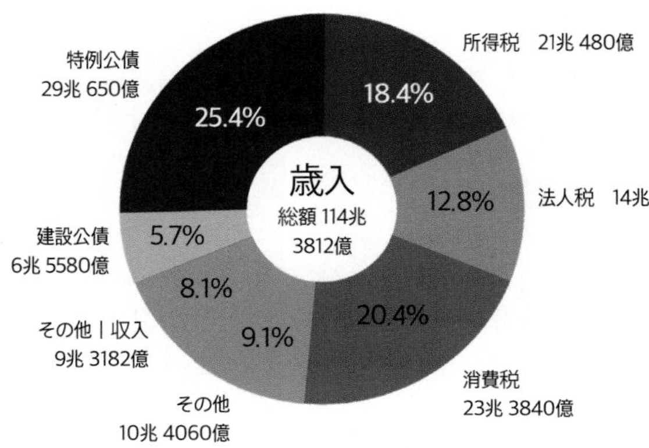

5 저출산 고령화

1) 합계특수 출생률 : 한 명의 여성이 평생 출산하는 자녀 수를 말한다.

① 인구 유지를 위해서는 한 명당 출생수가 2.1 정도 필요하지만, 일본은 현재 1.20~2023~으로 과거 최저를 갱신 중이다.

② 저출산 배경에는 ⇒ 핵가족화, 여성의 고학력화, 결혼에 대한 가치관 변화 등이 있다.

2) 저출산 고령화

① 의료기술 진보 등으로 인하여 ⇒ 평균 수명이 늘고, 고령화가 진행되고 있다.

② 현역 세대 감소에 의해 ⇒ 경제 정체, 현역 세대의 고령자 부양 부담이 증가된다.

3) 인구 감소 사회 : 노동력 부족, 경제 성장에 부정적 영향, 재정문제, 연금과 의료비, 개호비 증대 등 국가와 사회 존립에 관련된 문제가 초래된다.

- **각국의 저출산 현상**

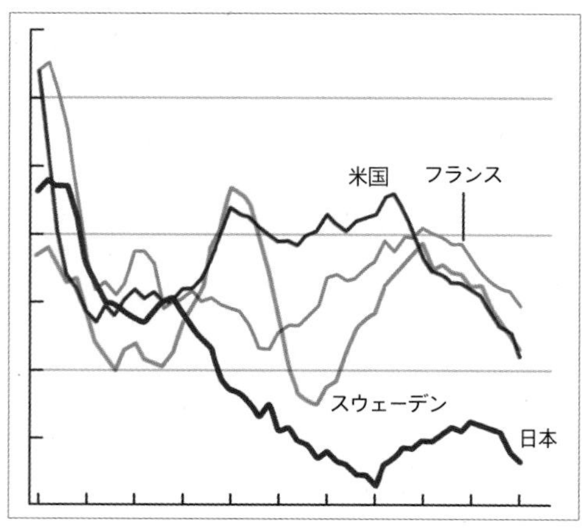

6 사회보장의 역사

1) **세계의 사회 보장제도의 선구 :** 공공부조의 기원인 영국의 엘리자베스(エリザベス) 빈민법 1601이다.

2) **사회 보험 제도 :** 19세기 후반, 독일 비스마르크(ビスマルク)는 사회주의 운동을 억압하는 한편, 세계에서 처음으로 사회 보험 제도를 실시(「アメとムチ」政策(せいさく))하였다.

3) **사회보장법 :** 미국은 뉴딜 정책 안에, 사회보장이라는 이름을 처음으로 사용 ⇒ 사회보장법 1935이 성립하였다.

4) **베버리지(ベバリッジ) 보고서**1942

① 제2차 세계대전 후, 영국 노동당 내각이 국민의 최저한도 생활수준(ナショナルミニマム)을 보장하도록 요구한 보고서이다.

② 영국은 베버리지(ベバリッジ)보고서를 토대로 ⇒ 체계적인 사회보장 제도를 실시하였다.

③ 국가가 모든 국민에게 '요람에서 무덤까지(ゆりかごから墓場(はかば)まで)' 즉, 평생 생활 보장 책임을 갖는다는, 진정한 사회 보장에 어울리는 내용이다.

7 사회보장 제도

영국 · 북유럽형	• 조세 부담에 의한 공공부조가 중심 • 무차별, 평등이 이념
대륙형(독일 · 프랑스)	• 사회보험 중심 제도 설계

1980년대 대처 정권에서 복지제도를 재검토하여, 자조노력을 기본으로 하는 제도를 도입

○ 국민 부담률(GNI대비) 각국 비교

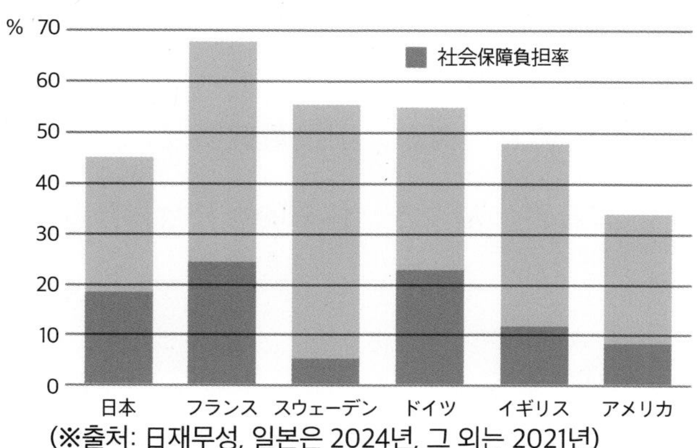

(※출처: 日재무성, 일본은 2024년, 그 외는 2021년)

경제

핵심 개념 다지기

정답 p.113

1. 다음 문장을 읽고, 빈칸에 들어갈 알맞은 용어를 보기에서 고르시오.

보기

ⓐ 建設　ⓑ 資源配分
ⓒ 合計特殊　ⓓ フィスカルポリシー　ⓔ ベバリッジ
ⓕ シャウプ　ⓖ 景気調整

① 財政には、政府が道路や橋のように民間では供給が行われにくい公共財を提供する［ア］の機能がある。

② 財政には、好況時は通貨を吸収し、不況時は通貨を供給する［イ］の機能もある。

③ 政府の意図的な政策によって景気調整を行うことを［ウ］という。

④ 日本は、戦前は間接税の比重が高かったが、戦後［エ］勧告を受けて税制を改革した。

⑤ 日本は、公債の発行を厳しく制限していたが、不況をきっかけに［オ］公債を発行するようになった。

⑥ 一人の女性が、生涯に出産する子供の数を［カ］出生率という。

⑦ イギリスは、第二次世界大戦後に労働党内閣が、国民最低限度の生活水準を保証するように求めた［キ］報告書に基づき、体系的な社会保障制度を実施した。

정답 및 해설 p.114

問1 財政政策についての記述として正しいものを、次の①～④のうちから一つ選びなさい。

① 政府は好景気のときには増税し、不景気のときには減税することで、経済を安定させようとする。

② 政府が財政政策の手段として税の増減と公共支出の増減とをあわせてもちいることをポリシー・ミックスという。

③ 政府は好景気のときには財政支出を増加させ、不景気のときには財政支出を減少させることで、経済を安定させようとする。

④ 政府による建設国債以外の国債の発行を原則として禁止することを、財政の硬直化という。

기출 check 2012(1) 2014(1) 2016(1)

問2 日本の現行の社会保障制度についての記述として誤っているものを、次の①～④のうちから一つ選びなさい。

① 社会福祉には、援助や保護を必要とする人々に対して、支援とサービスを提供したりする仕組みがある。

② 公的扶助は、自然災害の被災者に対して、最低限度の生活を保障する制度である。

③ 公衆衛生は、病気の予防など、国民の健康増進を図るための仕組みである。

④ 社会保険には、労働災害に直面した場合に、医療などのサービスを提供したり所得を保障したりする制度がある。

기출 check 2010(1)

UNIT 08

일본 경제

일본어판 check!

빈출 포인트 Check

❶ 고도 경제 성장기 ☆☆☆
❷ 플라자 합의 ☆☆☆☆

핵심 개념 확인하기

1 일본의 사회보장 제도

사회 보험	정의	• 실업, 질병, 부상, 업무상 재해 등이 발생했을 때, 또는 고령으로 퇴직할 경우, 미리 적립해 둔 보험금에서 일정 급부를 받아, 각각의 사정에 맞추어 보장하는 제도
	종류	• 고용 보험, 의료 보험, 산재보험, 연금 보험, 개호 보험
공적 부조		• 모든 국민에 최저한도의 생활을 보장하기 위한 것 • 비용은 전부 공비로 조달
사회 복지		• 사회 생활을 영위하는 조건이나 능력 상에서, 사회적 보호나 원조를 필요로 하는 아동, 장애인, 고령자 등에게 각종 보호법을 제정하여 시설이나 서비스 등을 제공하는 것 • 비용은 전부 공비로 조달
의료 · 공중 위생		• 질병의 예방이나 치료, 건강 증진 등, 국민 건강을 지키는 의료와 상하수도나 청소 시설 정비, 공해 대책 등의 생활환경 정비, 보존

2 제2차 세계대전 후의 일본 경제 개혁

1) 경사 생산 방식(傾斜生産方式(けいしゃせいさんほうしき))과 개혁

① 한정된 자원이나 자금을, 중심이 되는 분야에 집중적으로 투자하여 생산하는 방식을 취했다.

② 연합국군 총사령부(連合国軍総司令部(れんごうこくぐんそうしれいぶ), GHQ)에 의해 ➡ 재벌 해체, 농지 개혁, 노동조합 육성 등의 경제 민주화 개혁이 실시되었다.

2) 돗지라인(ドッジライン)

① 2차 대전 후 극심한 인플레를 억제하기 위해 실시한 재정, 금융 긴축정책이다.

② 돗지라인에 의해 인플레이션은 억제되었지만, 일본 경제는 불황에 빠지게 되었다.

3 고도경제 성장기

1) 전쟁 특수

6.25전쟁 발발 후, 대량의 물자와 서비스 수요가 발생하자, 미국 경제가 살아나, 실질국민소득과 소비 수준이 2차 대전 전을 웃돌았다.

① 6.25 전쟁 영향으로 ⇨ 전쟁 특수(戦争特需 せんそうとくじゅ)가 발생, 일본 경제가 되살아났다.

② 1950년대 중반~70년대 초 무렵까지 ⇨ 10%를 넘는 고도 경제 성장이 이어졌다.

③ 1955년 <경제 백서>에서 일본 경제는 "더 이상 전후(戦後 せんご)가 아니다"고 표현했다.

2) 고도 경제 성장 요인

국내 환경	일본 기업의 적극적인 설비 투자, 국민의 높은 저축률, 싸고 풍부한 젊은 노동력 공급, 정부의 산업 보호 정책 등
국제적 환경	IMF-GATT 체제 하에서의 자유무역 진전과 싼 원유의 안정적 공급

3) 경제 성장 안정기 : 고도 경제 성장은 1차 석유 파동1978으로 끝나고 안정 성장으로 전환되었다.

4 일본 산업 구조의 변화

1) 2차 산업 중심에서 ⇨ 3차 산업 중심으로 전환

① 1차 석유파동으로 2차 대전 후 첫 마이너스 성장을 기록 ⇨ 고도경제 성장이 끝난다.

② 석유파동 ⇨ 스태그플레이션이 발생하여, 기업은 에너지 절약과 자원 절약에 힘쓰고, 정부는 가공 조립형 산업으로 전환했다.

자원을 많이 사용하지 않고 부가가치가 높은 산업

경제는 정체되어 있는데, 물가는 계속 상승하는 현상

2) 국제 경쟁력 강화와 내수 주도형 전환

① 1970년대는 원유가격 급등, 변동 환율제 이행 등 국제 경제 환경 변화가 심해, 일본 기업은 국제 경쟁력 강화를 꾀하였다.

② 자동차 제조사 등은 구미 열강과 무역 마찰이 심각해지자 ➡ 내수주도형으로 전환하였다.

5 플라자 합의(プラザ合意)와 엔고 불황(円高不況)

1) 플라자(プラザ) 합의1985

① 1980년대 전후 미국은, 재정 적자와 무역 적자라는 쌍둥이 적자(双子赤字)에 시달렸다.

② 미국의 대일 무역 적자가 특히 심각했기 때문에, 이를 해결하기 위해 개최되었다.

③ G5(프랑스, 독일, 일본, 미국, 영국)가 외환시장에 개입 ➡ 엔저를 시정하도록 결의하였다.

2) 엔고 불황(円高不況)

① 플라자 합의로 엔화 강세, 달러화 약세로 유도하였다.

② 엔화 강세는 수출품의 가격 상승을 초래하기 때문에, 해외시장 경쟁력이 약화 ➡ 수출이 감소한다.

③ 산업 공동화 현상이 발생하여 ➡ 내수 경기가 한층 악화되어 엔고 불황을 맞았다.

급격한 엔화 강세에 의해 가격 경쟁력이 떨어진 수출 기업이, 해외 현지 생산을 본격화함

6 버블 경제

1) 경기완화 정책

① 불황 타개를 위하여 내수 확대와 경기회복을 꾀해 ➡ 1988년에 감세와 금리 인하를 실시하였다.

② 결과적으로, 부동산과 주식에 대한 투자 붐이 일어나 ➡ 버블 경제가 발생했다.

2) 금융 긴축책과 버블경제 붕괴

① 토지를 담보로 받은 융자가 불량 채권이 되어 은행 채산을 악화시키자 ⇨ 일본 정부와 은행은 금융 긴축책을 실시하였다.

② 금융 긴축책으로 인하여 ⇨ 버블 경제가 붕괴, 일본 경제는 큰 타격을 받았다.

7 버블 경제 붕괴 후의 일본 경제

1) 헤이세이(平成(へいせい)) 불황1991~

① 일본 경제는 버블 경제 붕괴 후 ⇨ 1990년대 후반부터 경기 침체가 이어져 심각한 불황을 겪었다.

② 금융 기관이 불량 채권을 떠안아 융자를 하지 못하게 되자, 민간 설비투자도 침체되기 시작했다.

2) 지속되는 경기 침체

① '일본판 빅뱅(ビッグバン)'과 아시아 통화 위기 영향으로, 불량 채권 처리가 교착 상태에 빠지자, 금융 기관이 파산하는 사태가 발생하였다.

└ 하시모토(橋本(はしもと)) 내각이 금융 자유화 정책을 비롯한 금융 개혁을 추진

② 디플레이션 스파이럴(デフレ・スパイラル)이 발생 ⇨ 경기 침체가 물가 하락으로 이어지고, 물가 하락이 기업 실적을 악화시켜, 임금 하락과 실업 증대를 불러 일으켰다.

③ 2008년 실질경제성장률이 마이너스 3.7%로 떨어져 1956년 이후 최대 하락폭을 보였다.

④ 2011년, 동일본대지진 발생으로 일본 경제는 큰 타격을 받았다.

8 세계 금융 위기 후의 일본 경제

1) 고이즈미(小泉) 내각01~08의 규제 완화

① 규제 완화와 자유화 추진 등 신자유주의(新自由主義)적인 제도 개혁을 추진하여 경제 활성화를 꾀하였다.

② 2002년에 경기가 바닥을 치자 수출이 증가해 2007년까지 경기가 확대되었다.

2) 일본 국내외 경제 환경

① 서브 프라임론(サーブプライム・ローン)07 , 리먼 쇼크(リーマン・ショック)08 ➡ 세계 경제에 큰 영향을 주었다.

② 그리스(ギリシャ)발 소버린 리스크(ソブリン・リスク)2010 ➡ 세계 경제에 심대한 영향을 주었다.

국제금융시장에서 자금을 빌린 정부나 국가 기관이 채무 상환을 못함으로써, 자금을 빌려준 투자자들이 안는 위험

③ 일본은 원유 수입양이 늘어 무역적자를 기록하게 되었다.

동일본대지진으로 원자력 발전소 가동이 중단, 전력 부족에 빠져, 화력에 의존하게 되어 화력 발전용 원유 수입양이 증가

3) 아베노믹스(安部ノミクス)와 고물가

① 아베(安部) 내각은 2012년부터 디플레 탈출과 지속적인 경제성장 실현을 위한 경제 정책을 전개하였다.

② 2019년 발생한 코로나 바이러스(コロナウイルス) 유행에 의한 영향으로, 2022년부터 급격한 엔화 약세로 인한 고물가 등 어려운 경제 상황이 지속되고 있으며, 반복되는 증세와 고물가에 맞지 않는 임금이 국민 불안을 가중시키고 있다.

◦ 실질 경제 성장률 추이

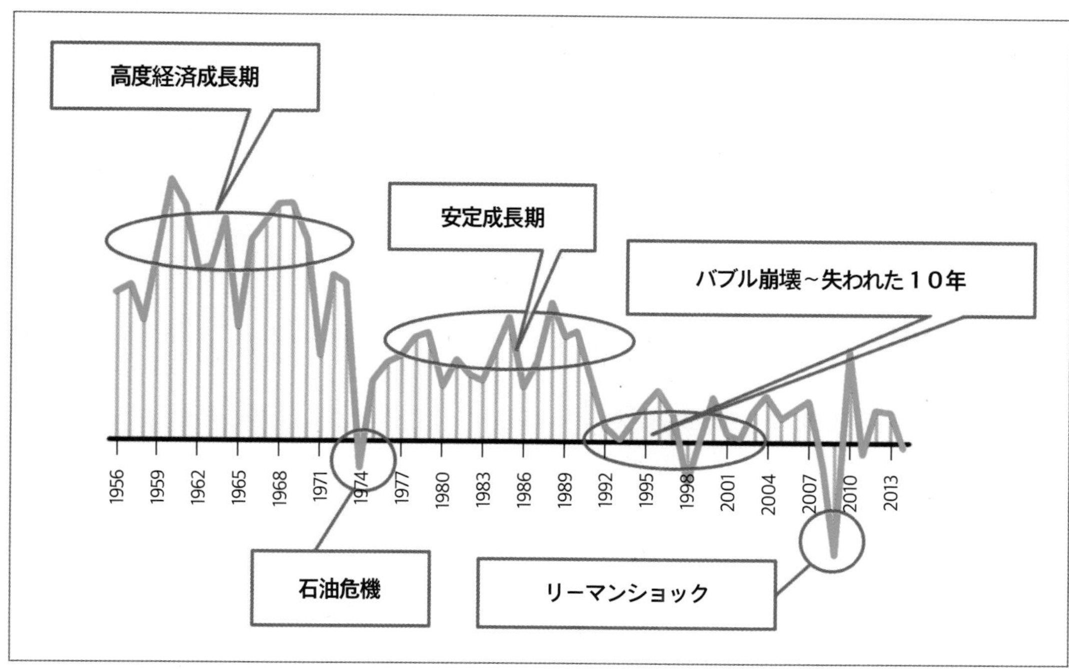

경제

핵심 개념 다지기

정답 p.114

1. 다음 문장을 읽고, 빈칸에 들어갈 알맞은 용어를 보기에서 고르시오.

보기

ⓐ 傾斜　ⓑ リーマンショック
ⓒ 社会福祉　ⓓ 平成　ⓔプラザ
ⓕ 公的扶助　ⓖ ソブリン危機

① 社会保障制度は、社会保険、[ア]、[イ]、医療・公衆衛生の４つの柱から成り立っている。

② [イ]は、社会生活を営む上で、社会的保護や援助が必要な児童・障碍者・高齢者などに対して、各種の保護法を制定し、施設やサービスなどを提供することである。

③ 第二次世界大戦後の日本経済は、限られた資源や賃金を経済の中心になる分野に集中させる[ウ]生産方式をとった。

④ 1980年代前半のアメリカは、財政赤字と貿易赤字といういわゆる双子の赤字だった。特に、対日貿易赤字が顕著だったため、これを解決するために[エ]合意を開き、円高ドル安に誘導した。

⑤ バブル経済崩壊後の日本経済は、金融機関が不良債権を抱えて融資がままならず、民間の設備投資も低迷し始める[オ]不況に陥った。

⑥ 日本経済は、2007年まで景気が拡大されたが、アメリカでサブプライムローン問題が明らかになり、2008年に[カ]が起き、2010年には[キ]が世界経済を襲った。

정답 및 해설 p.114

問1　バブル崩壊後の日本の金融についての記述として**最も適当なもの**を、次の①～④のうちから一つ選びなさい。

① 銀行が所有している土地の価格が下がったため、銀行の不良債権問題が生じた。

② 東京の金融市場から日本各地の金融市場へと取引が分散する「金融の空洞化」現象があった。

③ バブル崩壊後、大量の不良債権を抱えた銀行が企業への貸出を抑制した。

④ ゼロ金利政策の実施により、銀行は一定期間無利子で貸出しを行うことが義務付けられた。

기출 check 2015(1) 2018(1) 2021(2)

問2　高度経済成長期についての記述として**誤っているもの**を、次の①～④のうちから一つ選びなさい。

① 高度経済成長期の前半には、景気が拡大すれば経常収支が赤字となり、景気を引き締めざるをえないという問題が生じた。

② 高度経済成長期に池田内閣が掲げた国民所得倍増計画は、当初の目標であった10年間よりも短い期間で達成された。

③ 高度経済成長期には、日本のGNP(国民総生産)はアメリカに次ぐ資本主義国第二位となった。

④ 高度経済成長期に1ドル＝360円で固定されていた為替レートは、日本が輸出を増加させるのに不利な条件となった。

기출 check 2013(1) 2014(2) 2022(1)

UNIT 09

일본의 농림수산업과 산업

일본어판 check!

빈출 포인트 Check

❶ 식량 자급률 ☆☆☆
❷ 일본 산업의 특색 ☆☆

핵심 개념 확인하기

1 일본의 농림수산업과 식량 문제

1) 식량 자급률 저하

① 2차 대전 후, 일본 농업의 기본 정책은 농산물의 안정적 공급과 가격 유지였다.

② 쌀과 보리는 식량관리제도에 의한 보호정책을 폈다.

③ 1970년부터 쌀 경작면적을 감소시키는 감반(減反(げんたん)) 정책을 폈다.

보호 정책으로 쌀 생산량이 증가했으나, 공급 과잉에 빠져 쌀을 재배하는 면적을 줄이는 정책을 추진

④ 1995년 식량법 시행으로 시장 원리를 도입하였다.

⑤ 자급가능한 쌀의 소비량은 감소하고, 자급률이 낮은 옥수수・대두・유채 등의 소비량은 증가했다.

2) 농산물 수입 자유화

① 1980~90년 무렵, GATT 우루과이 라운드(ウルグアイラウンド)를 계기로 ⇒ 농작물 자유무역이 추진되었다.

② 1995년, 신식량제도로 정부에 의한 관리를 완화, 최저수입액에 한정하여 쌀 수입을 개시하였다.

└ 미니멈 액세스: 최저한의 수입 의무

③ 2004년, 개정식량제도로 자유화를 촉진, 규제 완화를 추진하였다.

└ - 쌀 판매 자유화, 가격 시장 결정 등
- 근년, 정부 주도의 과보호 상태였던 쌀이 자유화

∘ 일본의 품목별 식량 자급률(2022년도)

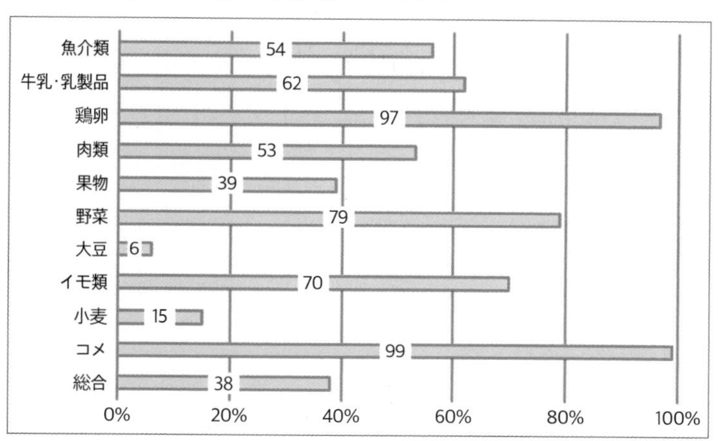

(資料: 日本国勢図絵(2024)より作成)

∘ 식량 자급률 변화

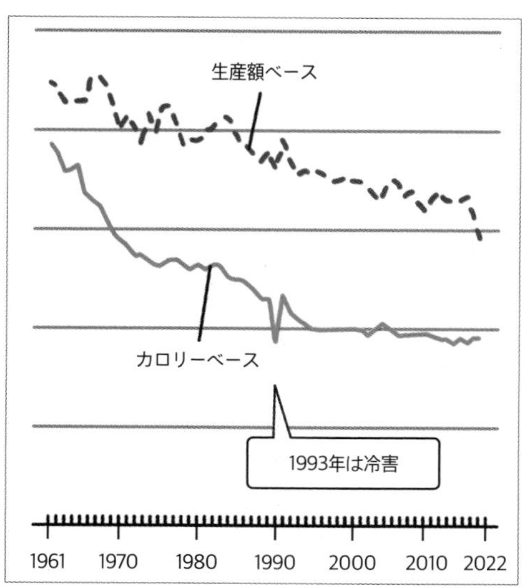

2 일본의 중소기업

1) 대기업과 중소 기업의 생산성 격차 문제 : 1957년 「경제백서」에서 일본 경제의 이중구조라고 표현했다.

	대기업	중소 기업
기업수	기업의 0.3%	99.7%
종업원수	(일본 종업원의) 31.2%	68.8%
매출	(전 기업의) 44.1%	55.9%

2) 대기업과 중소기업 생산성 격차 원인과 해결 노력

① 1980년 후반부터 지속된 엔화 강세로 ⇒ 대기업의 해외 공장 이전이 영향을 미쳤다.

② 개발도상국의 싼 제품 수입이 ⇒ 중소기업(지방산업)의 쇠퇴를 초래했다.

③ 독자적인 기술력이나 아이디어로 틈새(ニッチ)산업에 도전하여 성공하는 벤처기업이 나타나고 있다.

3 일본 산업의 특색

1) 3차 산업 비중 증가

고도경제 성장기	물건 수요 ⇑
안정성장기 이후	서비스 지출 비율 ⇑

└ 소득수준 향상과 여가시간 증대

2) 경제의 서비스화

① 기술혁신과 정보화 진전으로 서비스 생산을 중심으로 한 경제로 변화하는 경제의 서비스화가 진행되고 있다.

② 3차 산업 비율이 해마다 증가, 국내총생산(GDP)의 70%를 넘어섰으며, 그 절반 이상을 서비스 산업이 차지하고 있다.

◦ 일본의 GDP 산업 구성

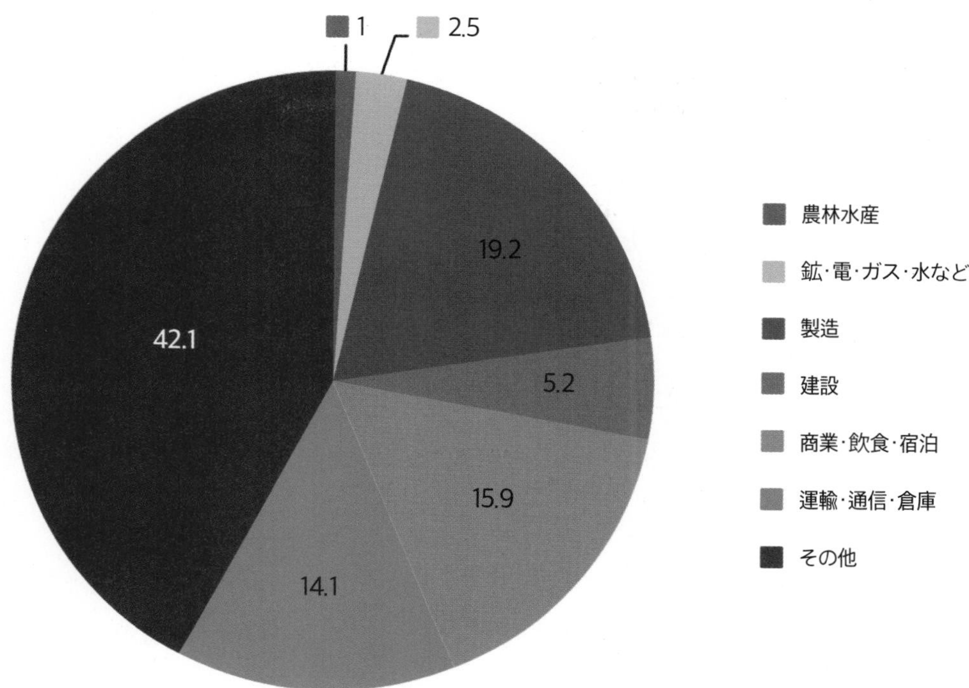

(2022년 명목 GDP, 출처 : 일본 국세조사)

경제

핵심 개념 다지기

정답 p.114

1. 다음 문장을 읽고, 빈칸에 들어갈 알맞은 용어를 보기에서 고르시오.

보기
ⓐ ニッチ　ⓑ 二重構造
ⓒ サービス　ⓓ 減反　ⓔ 新食糧
ⓕ ウルグアイラウンド

① 戦後、食糧管理制度による保護政策により、コメの生産は増加したが、食生活の変化により、コメの供給が過剰になり、1970年から米の作付面積を減少させる、[ア]政策が行われた。

② 1980～90年代頃、[イ]をきっかけに、農作物の自由貿易が推進され、日本は米の輸入に否定的であったが、自由化の道を歩み始めた。

③ [ウ]制度では、政府により管理を緩和し、ミニマムアクセスと呼ばれる最低輸入枠に限定してコメの輸入を開始することにした。

④ 日本経済において、大企業と中小企業の間に生産性や賃金などの大きな格差があることを、1957年の経済白書では、日本経済の[エ]と表現した。

⑤ 日本の中小企業の中には、独自の技術力やアイディアで、今まで取り組んでいなかった未開拓の分野である[オ]産業にチャレンジして大成功するベンチャー企業と呼ばれる企業もたくさんあった。

⑥ 日本は、安定成長期以降、国人所得水準の向上や余暇時間の増加に伴い、[カ]支出の割合が高まっている。

확인 문제로 실력 다지기

정답 및 해설 p.114

問1　日本の中小企業に関する記述として**誤っているもの**を、次の①～④のうちから一つ選びなさい。

① 1980年代後半からの円高不況と貿易摩擦のため、海外へ製造業の工場が移転しはじめた。

② 開発途上国から安価な製品が輸入されたが、日本の中小企業の製品の質は優れているため、あまり影響はなかった。

③ 日本の中小企業は、約99%をしめ、そこで働く従業員は全体のおよそ70%以上を占めている。

④ 新しい技術を開発して未開拓の分野を切り開こうとするベンチャー・ビジネスを手がける中小企業がある。

기출 check 2012(2)

問2　日本の農業政策に関する記述として**最も適当なもの**を、次の①～④のうちから一つ選びなさい。

① 第二次世界大戦後に制定された農地法により、農地の貸借が自由化されて小作農が増加した。

② 高度経済成長期に定められた農業基本法は、兼業化の促進による農業従事者の所得の増大を目指した。

③ 米の増産や消費の減少の結果として生じた生産過剰に対応するため、作付面積を減少させる減反政策が行われた。

④ 米が投機の対象となることを防止するため、民間企業による米の輸入は禁止されている。

기출 check 2022(1) 2023(2)

UNIT 10

국제경제(1) 통화와 환율, 무역

빈출 포인트 Check

❶ 통화 제도 ☆☆
❷ 고정환율제와 변동환율제 ☆☆☆

핵심 개념 확인하기

1 통화제도

1) 금본위제의 역사와 문제점

해외와 무역 거래를 할 때, 금을 기준으로 한 지폐를 사용하여, 금과 교환을 보증하는 지폐(태환지폐)를 사용

① 19세기, 영국에서 무역을 원활하게 행하기 위하여 채용되었다.

② 금 보유량 범위 내에서 지폐를 발행해야 했기 때문에, 세계 공황 때, 불황에서 벗어나기 위해 화폐량을 늘리고 싶어도 지폐를 발행할 수가 없었다. 이 때문에 금본위제를 폐지하는 국가가 증가했다.

2) 불환지폐

① 금 교환을 보증하지 않는 ➡ 불환지폐가 주류가 되었으며, 중앙 은행이 통화를 관리하는 ➡ '관리통화제도'가 세계 주류가 되었다.

② 2차 대전 후 경제체제에서는 미국의 달러를 기축 통화로 하여, 국제 경제체제를 운영(금 달러 본위제)하게 되었다.

2 환율제도의 구조

1) 국가 간의 경제 거래 : 나라 사이의 경제 거래는 재화, 서비스의 국제 무역과 국제 자본 거래로 분류된다.

2) 국제 경제 거래 지불 : 나라 사이의 경제 거래 시 지불에는 통상적으로 자국 통화와 외국 통화를 교환할 필요가 있다.

3) 외국 통화 거래

① 자국 통화와 외국 통화를 교환하는 거래를 외국통화거래라고 부른다.

② 외국 통화 거래에 있어서, 자국 통화와 외국 통화 교환 비율이 환율(환시세)이다.

3 고정환율제와 변동환율제

1) 고정환율제

① 각국 정부 간에서 환율을 고정, 유지하는 제도이다.

② 국제통화금융회의1944에서 체결된 브레튼 우즈(ブレトンウッズ) 협정이 시초이다.

- 이 협정에 의해 국제부흥개발은행(IBRD)과 국제통화기금(imf)이 설립
- 자유 무역과 자본 이동 촉진을 목적으로 금 1온스 = 35달러로 고정, 항상 달러와 금을 교환 가능하게 함(금 달러 본위제)

2) 변동 환율제

미국은 기축통화국으로서 달러의 원활한 유통을 위해, 대량의 달러를 해외에 계속 공급, 국제 수지 적자가 이어져 미국 내 금이 바닥을 드러내게 되었다.

① 금 달러 본위제 하에서 미국 국내 금이 소진되어, 달러 신용이 흔들리자, 닉슨 미 대통령은 금과 달러 교환 정지를 선언 ⇒ 고정 환율제가 붕괴되었다.

② 닉슨 쇼크(ニクソン・ショック) 이후 ⇒ 각국 경제 상황으로 환율이 변동되는 변동환율제로 이행하여, 세계 경제는 안정성을 잃게 된다.

③ 달러를 국제 통화(기축)으로 하는 ⇒ IMF 체제가 확립되었으나, 닉슨 쇼크1973로 ⇒ 선진 각국이 변동환율제로 이행하였다.

3) 변동환율제 하에서의 환율 변동 요인

① 변동환율제 하에서는, 환율은 원칙적으로 외국 환율 시장에 있어서의 자국 통화와 외국 통화 교환 수급에 의해 변동된다.

② 환율 시장 변동 요인으로서는 국제 무역 거래와 국제 자본 거래를 집계한 국제 수지 동향 등이 있다.

4 엔화 강세와 약세

1) 정의

① 엔화 수요가 오르면 ⇒ 화폐의 가치가 올라 엔화 강세가 된다.

② 엔화 수요가 내려가면 ⇒ 화폐의 가치가 내려가 엔화 약세가 된다.

◦ 엔의 가치(円高(えんだか)·円安(えんやす))와 환율(為替(かわせ)レート)

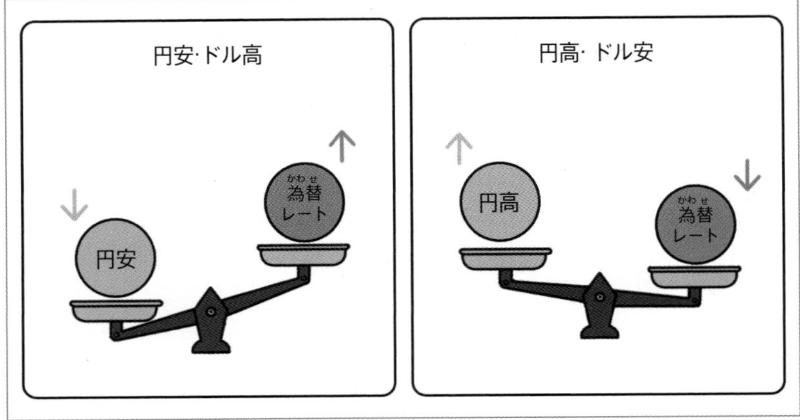

환율은 화폐의 수요와 공급의 양에 의해 결정

2) 환율에 영향을 주는 요인

① 국제 무역 거래에서는 일본 물가와 외국 물가의 상대적 관계, 국제 자본 거래에서는 일본 금리와 외국 금리 상대적 관계나 장래 환율 예상이 환율에 영향을 준다.

② 엔화 강세의 장단점

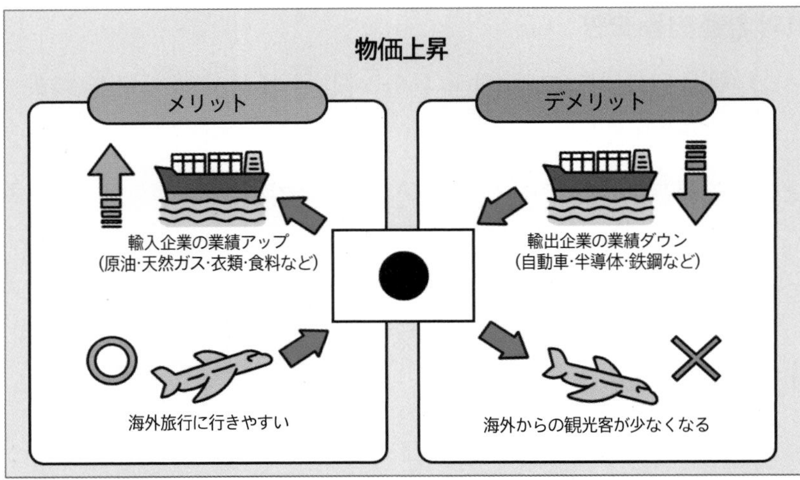

4 세계 무역

1)국제 분업과 무역

선진국 사이에서 행해지는, 서로 생산물을 수출입 하는 것

국제 분업	나라끼리 생산을 분담하는 것	
무역	나라끼리 생산물을 거래하는 것	수평 무역
		수직 무역

1차 산품을 선진국에 수출하는 개발도상국과 수입된 1차 산품을 가공한 공업 제품을 수출하는 선진국 사이에서 행해지는 무역

2) 세계 각국의 무역

① 미국은 상당한 수입 초과로 세계 최대의 무역 적자국이다.

② EU는 무역액에 있어서 세계 최대이다.

③ 일본과 독일 등 공업제품을 수출하는 나라는 ➡ 수출 초과로 무역 흑자가 되기 쉽다.

- 일본과 미국 무역 마찰 원인
- 일본은 2011년 원전 정지 후, 수입 초과로 전환

경제

5 세계무역의 변천

1) 국제 무역기구 출범

① 제2차 세계대전이 발발한 배경에 과도한 보호 무역이 있다는 인식이 작용하여, 2차 대전 종결 후 ➡ 자유무역을 추진하게 되었다.

② 1948년에 GATT(관세 및 무역에 관한 일반 협정) 발효, 1986년 우루과이 라운드 개최, 1995년에 WTO(세계무역기구)가 출범하였다.

2) WTO(세계무역기구)

① 가맹국 수는 164개국이며, 가맹국 만장 일치가 의사결정 원칙이다.

② 만장일치 원칙으로 인해, 기능 정지에 빠지는 경우가 많아, 관계국가들 사이에서 예외적으로 협정을 맺는 ➡ FTA(자유무역협정)·EPA(경제연대협정)를 추진하게 되었다.

3) FTA(자유무역협정)와 EPA(경제연대협정)

① FTA ➡ 무역 장벽 저감, 철폐를 목표로 하는 협정이다.

② EPA ➡ 무역 장벽 철폐에 더해, 투자와 인적 교류, 지적 재산 보호를 목표로 하는 협정이다.

③ 대표적인 FTA : USMCA(미국 멕시코 캐나다 협정)$_{2020}$, MERCOSUR(남미 남부 공동 시장)$_{1995}$ 등이 있다.

핵심 개념 다지기

정답 p.115

1. 다음 문장을 읽고, 빈칸에 들어갈 알맞은 용어를 보기에서 고르시오.

보기

ⓐ 水平　ⓑ ブレトンウッズ
ⓒ 需給　ⓓ 管理通貨　ⓔ 為替レート
ⓕ 垂直　ⓖ 外国為替取引　ⓗ 不換紙幣

① 19世紀以降、金との交換を保証しない［ア］が主流となり、中央銀行が通貨を管理する［イ］制度が世界の主流となった。

② 国際間の経済取引は、財・サービスの国際貿易取引と国際資本取引に分類され、受け取りと支払いには、通常自国通貨と外国通貨を交換する必要が生じ、それを［ウ］と呼ぶ。

③ 各国政府間で為替レートを固定・維持する制度である固定相場制は、国際通貨金融会議で締結された［エ］協定からはじまる。

④ 現在の変動相場制度の下では、為替相場は原則として為替市場における円と外国通貨の交換の［オ］によって変動する。

⑤ 国際貿易取引では、日本の物価と外国の物価の相対的関係、国際資本取引では、日本の金利と外国の金利の相対的関係や将来の［カ］の予想が為替相場に影響を及ぼす。

⑥ 貿易には、先進国間で行われる輸出し合う［キ］貿易と、一次産品を先進国に輸出する途上国と輸入された一次産品をもとに工業製品を輸出する先進国間で行われる［ク］貿易がある。

확인 문제로 실력 다지기

정답 및 해설 p.115

問1 通貨制度についての記述として**最も適当なもの**を、次の①～④のうちから一つ選びなさい。

① 金本位制度の下では、中央銀行は金の保有量と無関係に兌換銀行券を発行できた。

② 管理通貨制度の下では、金の保有量とは無関係に貨幣が発行されるため、インフレーションが引き起されることがある。

③ 管理通貨制の下では、中央銀行は金の保有量と一定の比例関係を保ちつつ兌換銀行券を発行できる。

④ 金本位制度の下では、外国為替取引は市場の自由な取引に委ねられ、為替レートは大きく変動した。

기출 check 2010(1) 2011(1) 2014(1)

問2 ニクソン・ショックに関連する日本経済について述べた文として正しいものを、次の①～④のうちから一つ選びなさい。

① ニクソン・ショック後、通貨の発行量が金保有量に制約を受けない管理通貨制度が採用された。

② ドッジ・ラインの実施からニクソン・ショックまで、国債が発行されずに予算が編成された。

③ ドッジ・ラインの実施からニクソン・ショックまで、通貨当局は、評価の変動幅を一定に抑えることが義務づけられた。

④ ニクソン・ショック後、戦後経済を支えたブレトンウッズ体制の崩壊を受けて、『経済白書』において「もはや戦後ではない」と表現した。

기출 check 2014(1) 2019(1)

UNIT 11 국제 경제(2) 무역과 국제수지

일본어판 check!

빈출 포인트 Check

❶ 비교생산비설 ☆☆☆
❷ 국제수지 ☆☆

핵심 개념 확인하기

1 자유 무역

1) 국제 무역의 영향

① 세계 자원 이용의 효율화 추진과 함께 수출품 생산을 증대하여 국민 소득을 증가시킨다.

② 싼 수입품을 소비하는 것에 의해 국민생활 향상에 기여한다.

2) 리카도(リカード)의 비교 생산비설

① 19세기 영국 경제학자인 리카도의 비교 생산비설에 의한 국제분업의 이익이 자유무역론의 기초이다.

② 자국 내에서 생산비가 상대적으로 낮은 재화 생산에 특화(전문화), 그 재화를 수출하고, 자국 내에서 생산비가 상대적으로 높은 재화를 수입하면 각국에 이익이 발생한다는 주장이다.

③ 국제 분업을 행하려면, 각국이 수입이나 수출에 제한을 두지 않는 자유무역이 이루어져야 한다고 주장했다.

④ 19세기 당시 영국은 높은 공업력을 보유해, 국제 경쟁이 있는 공업 제품을 수출, 주변 국가의 싼 농산물을 수입하는 것이 이익을 가져온다고 생각했다.

⑤

	영국	포르투갈
라샤 1단위 생산에 필요한 노동력	100명	90명
포도주 1단위 생산에 필요한 노동력	120명	80명

⇒ 영국은 포도주를 수입하고, 라샤를 수출하는 것으로 이익을 얻을 수 있다.

⇒ 포르투갈은 라샤를 수입하고 포도주를 수출하는 것이 이익이 된다.

		영국	포르투갈	총계
특화 전	라샤	100명이 1단위	90명이 1단위	2단위
	포도주	120명이 1단위	80명이 1단위	2단위
특화 후	라샤	220명이 2.2단위	-	2.2단위
	포도주	-	170명이 2.125단위	2.125단위

⇒ 포르투갈은 자본 일부를 라샤 생산에 할애하는 것보다도, 보다 많은 라샤를 영국에서 수입하고, 포도주 생산에 자본을 투자하는 편이 유리하다.
(수입하는 라샤가 영국보다 적은 비용으로 생산 가능한 경우가 발생한다.)

3) 국제 분업의 한계 : 각국 경제에는 경제 발전 단계에 차이가 있으며, 생산 조건도 변화하기 때문에 국제 분업으로 항상 각국이 이익을 얻는다고 한정할 수 없다.

경제

❷ 보호 무역

1) 독일 경제학자 리스트(リスト)의 보호무역론

① 보호무역을 주장하였다.

└ 독일은 아직 국내 공업이 성장하지 않았기 때문에, 자국 내 산업을 보호하기 위하여, 수입품 수량을 제한하거나, 높은 관세를 부과하여 무역을 제한할 것을 주장

② 유치(幼稚(ようち)) 산업을 보호할 것을 주장하였다.

└ 국제경쟁력이 없는 유치산업을 보호하지 않으면 그 분야 산업 발전 가능성이 없다고 주장

❸ 국제 수지

1) 정의와 구분

① 국제 경제 거래 사이에서 주고받은 금액을 어떤 일정 기간(보통은 1년)에 걸쳐 종합적으로 기록한 것을 말한다.

② 경상수지와 자본수지로 크게 구분된다.

2) 국제수지와 수요의 관계

① 수요가 국내 총생산을 웃돌면 ⇒ 무역수지와 경상수지가 적자가 된다.

② 수요가 국내 총생산을 밑돌면 ⇒ 무역수지와 경상수지가 흑자가 된다.

3) 경상수지와 대외 채무

① 경상수지가 적자가 되면, 그 적자를 메꾸기 위해, 적자분을 외국에서 빌려오게 되기 때문에 자본수지가 흑자가 되고, 대외채무가 증가한다.

② 경상수지가 흑자가 되면, 흑자분을 운용하기 위해 자금을 빌려주기 때문에 ➡ 자본 수지가 적자가 되어 대외 채권이 증가한다.

4) 일본 경제와 국제수지

① 일본 경제가 불황일 때는 ➡ 유효 수요가 부족하여 내수가 침체되어 있기 때문에, 무역수지와 경상수지 흑자가 증대한다.

② 자본수지 적자는 외국에 직접 투자나 증권 투자 증가를 의미하기 때문에, 배당이나 금리 수입을 얻을 수 있어 ➡ 소득수지가 흑자가 되는 경향이 있다.

◦ 국제수지의 구분

경상 수지	무역 서비스수지	무역수지(수출·수입), 서비스 수지(여행, 수송업, 통신업 등)
	제1차 소득수지	고용자 보수, 투자 수익 등
	제2차 소득수지	ODA 중, 무상 자금 원조 등
자본 이전 등 수지	정부가 외국에서 행하는 자본형성 원조(도로나 항만 등), 채무변제 등	
금융 수지	직접 투자	경영 목적의 투자
	증권 투자	경영 목적이 아닌 주식 등의 투자
	그 외 투자	어느 것에도 해당되지 않는 투자
	외화 준비	은행 등이 보유하는 외화량 증감
	금융 파생 상품	다른 금융 상품이나 지수, 연동하는 금융 상품
오차 탈루		

➡ 국제수지의 항등식: 경상수지 + 자본이전 등 수지 - 금융 수지 + 오차 탈루 = 0

3 개발도상국의 고민

1) 자유무역 체제의 문제점

① 개발도상국에서는 산업 구조 고도화와 소득 수준 상승을 꾀하기 위하여 제조업을 육성하는 정책을 취하지만, 제조업 육성을 위해서는 국제 경쟁력이 적은 유치 산업을 보호하기 위한, 보호무역이 필요하다.

② 선진국에서는 식량 자급 관점에서 농업 생산 유지를 꾀하거나, 타국과 경쟁이 어려워진 산업을 수입제한(セーフガード)으로 보호하거나 한다.

2) 보호 무역 정책의 필요성과 주의할 점

① 국내 산업 보호, 육성을 위해 ⇒ 수입품에 높은 관세를 부가하거나, 수입량을 규제하는 정책을 시행하는 경우가 발생한다.

② 보호무역은 자유무역에 의해 얻어진 국제 분업 이익을 해치고, 국제 경제 발전을 저해할 우려가 있다.

4 경제 글로벌화

1) 국제 자본 이동

① 국가 간에 행해지는 자본의 대차, 유가 증권 매매 등 자본 거래에 따른 자본 이동을 국제 자본 이동이라고 한다.

② 기간이 최대 1년인 단기 자본 이동과 기간이 1년을 넘는 장기 자본 이동으로 분류된다.

③ 국제 수지 상, 투자 수지는 ⇒ 직접 투자와 증권 투자(간접 투자) 등으로 나눌 수 있다.

└ 실물 자산 └ 금융자산

2) 직접 투자와 간접 투자

① 직접 투자는 현지에 공장을 이전, 경영하기 위해서 기업 장기화 시점에서 행해져 ⇒ 선진국 기술의 개발 도상국으로 이전이 기대된다.

② 간접 투자는 증권 투자나 국제은행융자 형태로 유입된 자본이며, 갑자기 유출될 가능성도 있다.

└ - 선진국 투자가는 국제 금융 시장에 투자하는 것에 의해, 국제 금융 시장을 교란시키고, 경제를 혼란하게 하는 경향이 보여짐
- 1997년 아시아 통화 위기

└ 헤지 펀드가 그 계기를 만드는 경우가 있음

경제

핵심 개념 다지기

정답 p.115

1. 다음 문장을 읽고, 빈칸에 들어갈 알맞은 용어를 보기에서 고르시오.

보기

ⓐ 保護　　ⓑ 自由
ⓒ 黒字　　ⓓ 国際収支　　ⓔ 国民所得
ⓕ 赤字　　ⓖ 比較生産費

① 国際貿易は、世界における資源利用の効率化を進めるとともに、輸出品の生産を増大させることによって［ア］を増加させる一方、安い輸入品を消費することによって、それぞれの国民生活の向上に寄与している。

② 経済学者リカードは、それぞれの国が自国内で生産費が相対的に低い生産に特化し、その財を輸出し、自国での生産費が相対的に高い財を輸入することでそれぞれの国の利益がもたらされるという［イ］説を主張した。

③ 国内の工業が成長していなかったドイツでは、経済学者のリストが自国内の産業を守るために、輸入品の数量を制限したり、高率の関税を課して、貿易を制限する［ウ］貿易を主張した。

④ ［エ］は、国際間の経済取引の受け取りと支払いの勘定を、ある一定期間にわたって総合的に記録したものである。

⑤ 需要が国内総生産を上回ると、貿易収支や経常収支が［オ］となり、下回ると、貿易収支と経常収支が［カ］になる。

⑥ ［キ］貿易の下では、発展途上国が工業化を進めることが難しい場合が生じる。

정답 및 해설 p.115

問1 リストの保護貿易の主張として**最も適当なもの**を、次の①～④のうちから一つ選びなさい。

① 保護貿易を他国が続ける場合には、報復的な関税政策を推進することを主張した。

② 寡占企業の利益を保護するために、高関税を課し、輸出補助金制度を設立することを主張した。

③ 植民地に対して特恵的な関税で輸出入が可能となるように、経済ブロック化政策をとることを主張した。

④ 先進国に比べ生産性の劣る幼稚産業を保護するために、保護主義的政策をとることを主張した。

기출 check 2014(1) 2018(1)

問2 グローバリゼーションに関連する記述として**最も適当なもの**を、次の①～④のうちから一つ選びなさい。

① 生命倫理に関する国際的な合意が形成されてきたことによって、医薬品や医療技術は特許の対象から外された。

② インターネットなどを利用した国際的な電子商取引の普及によって、商取引への各国政府による課税がより容易になってきた。

③ 知的所有権の国際的なルールづくりの進展によって、著作権保護の対象や期間などは、国際的な基準に合わせることが求められるようになってきた。

④ ILO(国際労働機関)条約に基づき各国間の社会保障制度の違いがなくなってきたことによって、国際的な労働力移動が増大した。

기출 check 2011(2)

UNIT 12

국제 경제(3) 국제 통화 체제

일본어판 check!

빈출 포인트 Check

❶ 브레튼 우즈 체제 ☆☆☆
❷ 플라자 합의 ☆☆☆

핵심 개념 확인하기

1 국제 통화 제도

1) 브레튼 우즈(ブレトンウッズ) 체제 붕괴

① 닉슨 쇼크(ニクソン・ショック)1971로 변동환율제로 이행한 뒤, 스미소니언(スミソニアン) 협정을 체결하여 ⇒ 고정환율제 지속을 논의했다.

└ 선진 10개국이 모여 고정환율제 지속을 논의

┌ 중앙 은행의 적극적 개입으로 환율 유도 가능

② 미국이 달러 위기를 극복하지 못하자 최종적으로 변동 환율제로 정식 이행하는 것을 승인하는 ⇒ 킹스턴 합의1976(キングストン合意(ごうい))를 하였다.

2) 플라자(プラザ) 합의1985·루브르(ルーブル) 합의1987

① 무역 적자가 심각했던 미국은 그 요인이 달러 강세에 있다고 판단하여 무역적자가 컸던 일본에 달러 평가 절하를 요구하여, 미국 수출을 유리하게 하려고 시도한 ⇒ 플라자 합의를 맺었다.

② 플라자 합의에도 불구하고 성과가 없자, 급격한 엔화 강세, 달러 약세에 제동을 걸기 위해 ⇒ 루브르 합의를 맺었으나, 효과가 없었다.

③ 플라자 합의 이후, 일본은, 수출이 정체되고, 엔화 강세 불황이 발생, 일본 정부는 무역에 의존하지 않고 내수로 극복하려고 하였으나, 버블경제로 이어져 ⇒ 헤이세이(平成(へいせい)) 불황을 맞이하게 되었다.

❷ GATT(관세 및 무역에 관한 일반 협정)

1) 블록(ブロック)경제와 제2차 세계대전

① 세계 공황으로 인한 불황 속에서 선진국은 식민지 이외의 국가에서는 높은 관세를 부과하여 무역을 저지하는 ⇒ '블록 경제'를 실시했다.

② 식민지를 갖지 못한 나라들이 식민지 획득에 나서기 시작하여 ⇒ 제2차 세계대전이 발발하였다.

2) 무역의 자유화

① 보호무역이 제2차 세계대전으로 연결되었다는 반성에서 ⇒ 자유 무역 확대 움직임이 고조되었다.

② '무역의 자유화'를 목표로 맺어진 GATT(관세 및 무역에 관한 일반협정)1947에는 ⇒ '자유, 다각, 무차별'의 3원칙이 있다.

자유	관세 인하와 비관세 장벽 철폐
다각	다국간 교섭 실시(라운드)
무차별	최혜국 대우, 즉 모든 가맹국에 동일한 조건 적용

❸ GATT에서 WTO로

1) 케네디 라운드(ケネディ・ラウンド)1964~67와 도쿄(東京(とうきょう)・ラウンド) 라운드1973~79 : 주로 철공업 제품의 관세 인하를 목표로 하였다.

라운드란 GATT 체제 하에서 다국간 교섭을 행하여 특정 국가에 유불리가 생기지 않도록 하는 것

2) 우루과이 라운드1986

① 라운드 중에서 가장 중요하다.

② 농작물 관세화(자유화), 서비스 무역, 지적 재산권에 관한 협정을 체결하였다.

③ WTO 설립이 합의되어, 1994년에 스위스에 설립되었다.

3) 도하(ドーハ) 개발 라운드2001 : 국제 무역의 새로운 규칙 만들기를 목적으로 시작되었으나, 현재도 합의에 이르지 못했다.

경제

4 지역 경제 통합

1) ASEAN(동남아시아 국가연합)1967

① 베트남전쟁이 심각해지자, 공산주의가 동남아시아에 침투하는 것을 경계한 안보동맹 성격으로 출발하였다.

② 태국(タイ)・인도네시아(インドネシア)・말레이시아(マレーシア)・필리핀(フィリピン)・싱가폴(シンガポール) 등 5개국으로 결성되었다.

③ 베트남(ベトナム) 전쟁 종결 후인 1970년대 후반부터는 점차 경제협력 성격이 강해졌다.

④ 냉전 종결 후, 베트남, 라오스(ラオス), 미얀마(ミャンマー), 캄보디아(カンボジア)가 가맹, 동남아시아 10개국이 모두 가맹하는 지역 연합이 되었다.

2) APEC(아시아 태평양 경제협력회의)1989

① 오스트레일리아(オーストラリア) 제창으로 아시아태평양 지역의 지속 가능한 성장과 번영을 위한 무역, 투자 자유화와 원활화, 지역 경제 통합 추진, 경제·기술 협력 등의 활동을 목적으로 설립되었다.

② 가맹국은 총 21개국이다.

3) CIS(독립국가 공동체)

① 소련 붕괴 시, 소련을 결성하고 있던 15개국 중 발트(バルト) 3국을 제외한 12개국에 의해 결성된 국가 연합체이다.
 └ 에스토니아, 라트비아, 리투아니아

② 유럽공동체(EC)형 조직을 모델로 했지만, 독자적인 헌법이나 의회는 갖고 있지 않다.

4) EU(유럽 연합)

① 1992년, 단일 유럽 의정서1986를 토대로 유럽 공동체(EC) 시장통합이 완성된 후 ⇨ 마스트리히트(マーストリヒト) 조약 발효와 함께 유럽연합(EU)으로 명칭을 바꾸었다.

└ 1991년, 네덜란드에서 EC 수뇌가 모여 유럽 중앙은행 설립, 공통 통화 도입을 목표로 유럽연합 창설을 합의한 조약

② 2002년, 공통통화인 유로(ユーロ) 유통이, 25개국으로 확대되었다.

③ 2004년, 동유럽 등 10개국이 일제히 가맹, 2007년 불가리아와 루마니아도 가맹하였으나 가맹국 증가는, 현 가맹국 중 프랑스, 독일, 네덜란드(オランダ) 등의 선진국 부담 증가를 우려해 경계 또는 반대하는 의견도 많다.

④ 2016년 영국이 탈퇴해, 현재 가맹국은 27개국이다.

◦ EU의 역사

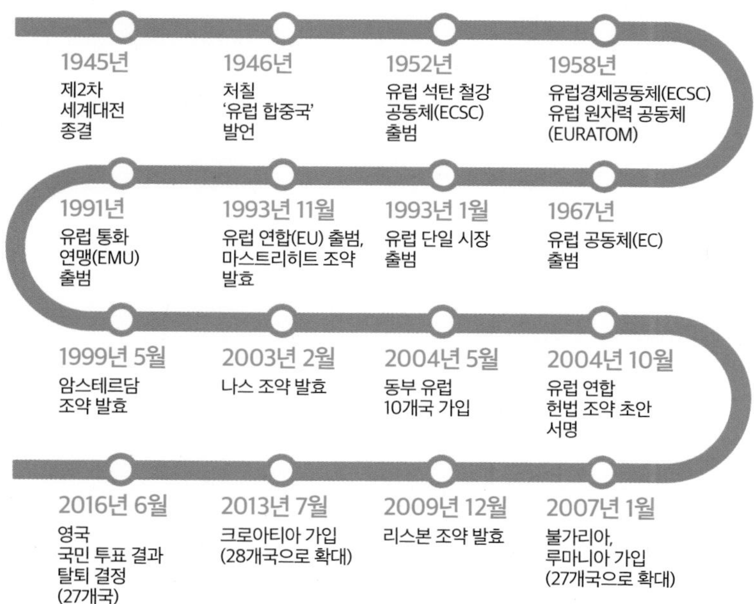

5) USMCA(미국·멕시코·캐나다 협정)

① 1992년, 북미에서 미국, 캐나다, 멕시코에 의한 ⇨ 북미자유무역협정(NAFTA)이 만들어졌다.

② 2018년, 가맹국에 의한 NAFTA 재교섭 결과 ⇨ 미국·멕시코·캐나다 협정(USMCA)으로 변경하는 것에 합의, NAFTA는 효력을 잃었다.

6) BRICs : 21세기에 들어서, 광대한 국토와 많은 인구, 풍부한 자원을 배경으로 눈부신 발전을 보인 브라질, 러시아연방, 인도, 중국을 일컫는다.

7) CPTPP=TPP11(환태평양 파트너십에 관한 포괄적 및 선진적 협정)

① 환태평양 파트너십 협정(環太平洋連携協定・TPP)$_{2016}$은, 미국 주도로 모든 부문(교육 및 의료 포함)으로 확대를 꾀한 자유화 구상이며, 일본을 포함한 12개국에서 협정이 성립되었다.

② 2017년, "미국 제1주의"를 표방한 트럼프 대통령이 TPP 탈퇴를 표명 ⇨ 현재는 11개국의 'TPP11$_{2018}$'로 임시 운용되게 되었다.

8) MERCOSUR(남미공동시장)

① 중남미 세계의 지역적 자유무역권이다.

② 남미 4개국이 가맹하여 발족하였으나, 준가맹국이 중남미로 확대되며 중요한 지역경제 공동체가 되었다.

└ 브라질, 아르헨티나, 파라과이, 우르과이

③ 칠레, 볼리비아, 페루 등은 준가맹국이며, 멕시코는 옵서버 참가국이다.

9) RCEP(지역적 포괄적 경제연대)2020

① 일본, ASEAN 10개국 외에, 오스트레일리아, 뉴질랜드, 중국, 한국의 15개국이 참가하고 있다.

② 인도는 서명 직전에 탈퇴하였다.

③ 관세가 철폐되는 품목이 적기 때문에 견고한 EPA는 아니다.

경제

5 금융 위기

1) 아시아 통화 위기

① 1980년대 경제 성장을 이룬 동남아시아와 NIEs 국가는, 금융 자유화 등으로 세계 경제의 경계가 불명확해진 것이 원인으로, 해외에서 자본이 유입되어 부동산 등에 투자되었다.

└ 90년대, 태국은 '거품경제' 상태

② 1997년 7월, 태국 바트와 달러 교환비율이 폭락한 것을 계기로, 말레이시아, 한국, 인도네시아 등에도 확산되었다.

③ 한국은 IMF 관리 체제에 놓였으며, 아시아 전체에 불황이 확산, 심각한 경기 후퇴가 초래되었다.

④ 컨디셔널리티(コンディショナリティー) : IMF가 구제 융자를 하는 조건으로 당사국에 요구하는 경제 정책이다.

└ - 증세, 금리 인상, 금융 자유화 등의 구조 개혁
- 당사국 간의 위기가 더욱 깊어진다는 지적도 있음

2) 미국발 금융 위기

① 서브프라임(サーブプライム) 문제2007: 지가와 부동산 가격 하락으로, 당초 계획대로 변제하지 못하자 불량채권이 되어 ⇨ 금융 불안을 발생시켜, 미국 경제를 위기에 몰아넣었다.

└ 미국 저소득자용 주택 대출로 이율이 올라가도 자산가치가 올라가기 때문에 문제가 없다는 인식이었다

② 리먼 쇼크2008 : 미국 대형 증권 회사인 리먼 브러더스(リーマン・ブラザーズ)가 도산하여 세계적인 주가 하락을 일으켰다.

└ 일본을 비롯한 선진국에 심각한 영향을 줌

3) 그리스 재정위기

① 2009년, 역대 정권의 방만한 재정 운영으로 인한 재정 적자가 드러났다.

② 새로운 정권이 공무원 인건비 대폭 억제, 공공사업 동결, 연금 삭감 등의 정책을 추진하자, 국민의 부담이 증폭되어, 시위가 빈번하게 발생했다.

③ EU 가맹국인 포르투갈로 확산될 우려가 있어, 2010년부터 2011년에 걸쳐서, 유로 위기라고 불리는 경계감이 확산, 2008년에 발생한 리먼 쇼크에 이어 세계 경제는 혼란에 빠졌다.

④ EU 전체에 악영향이 미치는 것을 피하기 위해, EU는 거액의 지원을 그리스에 투입하여 극복하려 했다.

⑤ 그리스 국채가 폭락하자, EU 각국 국채에도 영향을 미쳐, 유로 하락을 초래했다.

6 일본의 자유무역협정

① 특정 국가와 자유무역을 실현하려고 하는 세계적인 흐름을 따라 FTA·EPA 체결에 적극적으로 나서, 2002년에 싱가폴과 처음으로 EPA를 체결했다.

② 지리적으로 가까운 아시아나 태평양 주변국이 대상국에 많은 것이 특징이지만, 스위스2009, EU2018, 영국2021 과 같은 유럽 나라들과도 EPA를 체결했다.

7 남북 문제

1) 남북 문제 : 1960년대 이후에 현저해진, 선진공업국과 개발도상국 경제 격차에 따른 이해 대립을 일컫는다.

2) UNCTAD(유엔 무역 개발 회의)1964 : 민족간 대립이나 빈곤 등에 더해, 자원을 둘러싼 국제 자본 개입 등, 많은 곤란에 직면한 개발 도상국 71개국이 설립하였다.

3) 남남문제

① 1970년대 이후, 남북 문제가 심각해져, 남남 문제가 발생하였다.

② 개발 도상국 중에서도 석유수출국기구(OPEC) 가맹국과 같은 자원을 보유한 나라와 자원 개발이 늦어진 나라에서 격차가 확대된 것을 의미한다.

③ 적극적으로 선진국과 직접 투자를 받아들여 경제발전을 이룬 신흥공업경제군(NIES)이나 ASEAN 및 중국과 그 외의 나라 사이에서도 격차가 벌어졌다.

핵심 개념 다지기

정답 p.115

1. 다음 문장을 읽고, 빈칸에 들어갈 알맞은 용어를 보기에서 고르시오.

보기

ⓐ EU　ⓑ GATT
ⓒ 南北問題　ⓓ スミソニアン協定　ⓔ ASEAN
ⓕ ブロック経済　ⓖ ニクソンショック

① 固定相場制であるブレトンウッズ体制が［ア］によって変動相場制に変わった後、先進国10カ国が固定相場制への復帰に向けて［イ］を締結した。

② 世界恐慌の真っ最中で、先進国は自分の植民地以外には高い関税をかけ、貿易を阻止する保護貿易である［ウ］を行いはじめた。

③ 第二次世界大戦後、保護貿易が世界を巻き込む戦争につながってしまったという反省から、自由貿易の拡大を目指す動きが高まり、1947年に［エ］が結ばれた。

④ ［オ］は、ベトナム戦争が深刻化する中で、共産主義の東南アジアへの浸透を警戒した軍事同盟の性格で結成された。

⑤ ［カ］は、マーストリヒト条約の発効とともに、ECがヨーロッパ連合に名称を変え、はじまった。

⑥ 1960年代以降に顕著となった、先進工業国と発展途上国の経済格差に伴う利害の対立を［キ］という。

확인 문제로 실력 다지기

정답 및 해설 p.115

問1　1970年代の金融危機の出来事の記述として**最も適当なもの**を、次の中から一つ選びなさい。

① タイの通貨バーツの下落をきっかけとして、アジア各国では投機資金の流出が連鎖的に起こり次々と通貨危機が発生した。

② ニクソン大統領が金・ドル交換停止を宣言し、従来の固定相場制から変動相場制へと為替制度を変更する国が相次いだ。

③ 日本では大手の金融機関の倒産が相次いだため、護送船団方式が強化された。

④ サブプライム・ローン問題を契機に、IMF(国際通貨基金)により資本の自由な移動が原則として禁止された。

기출 check 2019(1)

問2　WTO(世界貿易機関)についての記述として**最も適当なもの**を、次の中から一つ選びなさい。

① WTOは、地域経済(貿易)圏の創設を目指して、加盟国が二国間交渉を行うために設立された国際機関である。

② 特定商品の輸入急増により、国内の競合する生産者に重大な損害を与えるおそれのある場合には、セーフガードの発動が認められる。

③ 国際的な経済活動を活発に行っている国の中で、いまだ加盟していない国として、中国がある。

④ WTOは、ブレトンウッズ協定に基づき設立された、多角的貿易協定の実施を目的とする国際機関である。

기출 check 2010(2) 2011(1) 2012(2) 2013(1) 2016(2) 2021(1)

問1　修正資本主義に関する記述として適当でないものを、次の中から一つ選びなさい。

① 資本主義の矛盾である不況が発生した時には、政府の市場介入が必要だとする考え方である。

② 1930年代の世界大不況の中で行われた公共投資は、大量の失業者に対して職業と賃金を与えるという意味をもっていた。

③ 1930年代の世界大不況の中で、有効需要を創出するために実施されたニューディール政策は、消極財政を基本にする政策であった。

④ 景気調整のためには、有効需要の調節が必要であることから、金本位制は崩壊し、管理通貨制に移行した。

問2　アダム・スミスの展開した学説に関する記述として正しいものを、次の①～④のうちから一つ選びなさい。

① 新製品の開発や新たな生産方法の導入などのイノベーション(技術革新)が、経済発展の原動力であるとした。

② 国防や司法などに活動を限定している国家を「夜警国家」と呼び、自由主義国家を批判した。

③ 『経済学および課税の原理』において国際分業に関する比較生産費説を展開し、自由貿易を行うことが各国の利益になると主張した。

④ 『国富論(諸国民の富)』を著し、市場の調整機能を「見えざる手」と呼んで重視した。

정답 및 해설 p.116

問3　市場に関する記述として**最も適当なもの**を、次の①～④のうちから一つ選びなさい。

① 労働市場では、求職者数が需要量であり求人数が供給量である。

② 完全競争市場では、需要者と供給者の間に情報の非対称性がある。

③ 消費財市場では、贅沢品の需要の価格弾力性は生活必需品より大きい。

④ 寡占市場では、単一の企業が製品やサービスの供給を行う。

問4　国民経済の指標に関する記述として**最も適当なもの**を、次の①～④のうちから一つ選びなさい。

① GDP(国内総生産)は、GNPから輸入を引いたものをいう。

② 三面等価とは、国民所得の生産・分配・支出の三面の大きさが等しいことをいう。

③ 国民所得とは、ある時点で蓄積されている国富の額をいう。

④ GNP(国民総生産)とは、ある国で、ある期間に生産された生産物の額を合計したものをいう。

問5　物価に関連する記述として<u>正しいもの</u>を、次の①～④のうちから一つ選びなさい。

① インフレーションの下では、貨幣の価値は上昇する。

② デフレスパイラルとは、景気後退と物価上昇が相互に影響し合って進行する現象をいう。

③ 自国通貨の為替相場の下落は、国内の物価を引き下げる効果をもたらす。

④ デフレーションの下では、債務を抱える企業や家計にとって債務返済の負担が重くなる。

問6　日本銀行に関連する記述として<u>適当でないもの</u>を、次の中から一つ選びなさい。

① 日本銀行は、民間金融機関及び一般企業との取引を行う銀行の銀行及び企業の銀行である。

② 日本銀行は、特別法に基づいて設立された日本の中央銀行である。

③ 日本銀行は、政府の国庫金の収納を管理する政府の銀行である。

④ 日本銀行は、通貨(日本銀行券)発行権限を有する唯一の発券銀行である。

問7　金融機構に関する記述として**最も適当なもの**を、次の①〜④のうちから一つ選びなさい。

① 信用創造とは、金融機関が貸付けを通して預金通貨をつくることである。

② 公開市場操作は、株式の売買により通貨量の調節を図る金融政策である。

③ 預金準備率は、市中銀行における預金量に対する自己資本の比率のことである。

④ コールレートとは、市中銀行が優良企業に無担保で貸出しをする際の金利である。

경제

問8　産業構造の変化に関連する記述として**最も適当なもの**を、次の①〜④のうちから一つ選びなさい。

① プラザ合意後の円高不況と貿易摩擦の中で、国内製造業においては、労働集約的な生産方法への転換が進んだ。

② 高度経済成長期における活発な設備投資を背景に、重化学工業から軽工業へと変化した。

③ 二度の石油危機をきっかけに、エレクトロニクス技術を利用した省資源・省エネルギー型の加工組立産業が発展した。

④ バブル経済期の低金利と株価上昇を受けて、第二次産業就業者数が第三次産業就業者数を上回った。

問9　独占・寡占市場において見られる特徴として適当でないものを、次の中から一つ選びなさい。

① 独占・寡占市場においては、価格は一般的に上昇しやすい。

② 独占・寡占市場においては、プライス・リーダーが設定した価格に他の企業が追従するという管理価格が設定されやすい。

③ 独占・寡占市場においては、企業間の価格競争は排除される傾向がある。

④ 独占・寡占市場においては、広告・宣伝などによる製品差別化が重要な企業戦略となる。

問10　国民総生産(GNP)と国内総生産(GDP)の記述として適当でないものを、次の中から一つ選びなさい。

① 日本人が日本国内で生み出した商品の価格は、GNPとGDP両方に含まれる。

② 日本人が海外で行ったコンサートの収益は、GNPに含まれるが、GDPには含まれない。

③ 外国人が日本国内で生み出した商品の価格は、GNPとGDPに両方に含まれない。

④ 外国人が日本で行ったコンサートの収益は、GNPに含まれないが、GDPには含まれる。

問11　経済成長に関する記述として<u>適当なもの</u>を、次の中から一つ選びなさい。

① 実質経済成長率が上昇すると、必ず国民の生活水準は向上する。

② 国内における生産総額が前年度に比べて増加すれば、必ず実質経済成長率は上昇する。

③ 実質経済成長率が下落すると、一般的に景気は停滞し、物価は上昇する。

④ 国内における生産総額が前年度に比べて増加すれば、必ず名目経済成長率は上昇する。

問12　市場の失敗の例として<u>最も適当なもの</u>を、次の①～④のうちから一つ選びなさい。

① 工業製品に必要な希少金属の需要が高まり、その国際価格が高騰した。

② ある工場が有害な産業廃水を川に流し、下流住民に健康被害が生じた。

③ ある産業で新規参入が起きたため、その産業の既存企業の利潤が減った。

④ 企業の業績不振情報が公開されて、その企業の株価が下落した。

IV

현대사회

주요 학습 내용

현대사회 파트 만점을 위한 핵심 공략법!

출제 문항 수

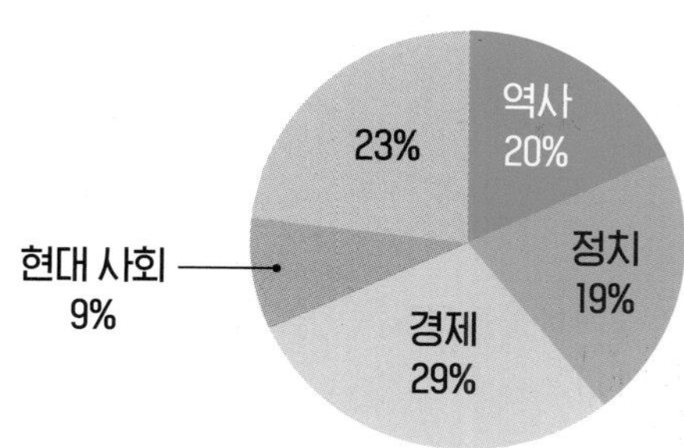

❶ 출제되는 빈도가 가장 낮으며, 출제되지 않는 경우도 있다.

❷ 출제 빈도는 높지 않으나, 최근 관심도가 높아지고 있는 분야이므로 내용을 꼭 확인해 두자.

빈출 범위

❶ 환경 문제는 최근 사회적 관심이 높아지고 있는 분야로, 출제 가능성도 높다.

❷ 새롭게 시험 범위에 추가된 사법과 소비자의 권리 내용은 꼭 체크해 두자.

❸ 지리나 국제사회 분야와 공통점이 많으니 정치, 경제, 지리와 함께 연관하여 생각해 두자.

❹ SDGs의 17개 목표는 최근 일본에서 로고 이미지와 함께 출제되고 있다.

빈출 문제 유형

❶ 맞지 않는 것을 고르는 문제가 자주 출제된다.

UNIT 01

공해·환경 문제

일본어판 check!

빈출 포인트 Check

❶ 지구 환경 문제 ☆
❷ 일본의 4대 공해병 ☆☆

핵심 개념 확인하기

1 일본의 공해 문제

1) 전형 7공해

대기 오염	• 대기 중에 배출된 물질이, 자정 능력을 웃돌아 대기 중에 존재하여 인간 생활을 포함한 생태계에 영향
수질 오염	• 물의 상태가 산업이나 가정의 일상생활 등의 인간 활동 때문에 나빠지는 것 • 인간의 산업이나 생활에 의한 폐기물, 배수에 의한 오염이 원인
토양 오염	• 폐기물 등에 포함되는 유해 물질이 땅속에 쌓여 버리는 것 • 토양이 오염되면 장기에 걸쳐 사람들의 건강이나 생활 환경, 생태계에 영향
소음	• 일상생활에 밀착한 공해
진동	• 지면 또는 건물의 흔들림
지반 침하	• 원인 : 인간 활동, 자연 현상 • 지반 건조에 의한 수축, 지하수의 변동, 지하 공동 함몰 등
악취	• 불쾌감을 느끼는 사람이 있으면 공해가 됨

2) 4대 공해병

① 고도경제 성장기에 발생한 '미나마타(水俣(みなまた))병' '니가타미나마타(新潟水俣(にいがたみなまた))병' '이타이이타이(いたいいたい)병' '욧카이치(四日市(よっかいち))천식'이다.

② 이전에는 대규모, 산업형 공해가 가장 큰 사회 문제였지만, 최근에는 도시형, 생활 환경형으로 변화하고 있다.
└ 이웃으로부터의 소음, 악취 등

2 지구 환경 문제

1) 개요

① 산업 혁명 이후, 산업화로 ➡ 세계 각지에서 환경문제, 공해 문제가 발생하고 있다.

② 선진국에서는 대기오염이나 에너지 문제, 개발 도상국 지역에서는 삼림, 수질 악화 등의 도시화 진행 문제가 있다.

2) 산업화로 인한 환경 오염 문제

지구 온난화	• 경제 발전에 따른 공업화와 도시화로 석유나 석탄 등 화석 연료 대량 소비 ➡ 이산화 탄소 등의 배출량 증가 • 빙하가 녹아 저지대 침수나 내륙 건조화 피해 발생 우려
오존층 파괴	• 프레온 가스의 대량 사용이 요인 • 강력한 자외선이 지표에 내리쬐어 피부암이나 백내장에 걸리기 쉬움
산성비	• 대기 중에 방출되는 황산화물이나 질소산화물이 원인 • 국경을 넘어서 피해가 확대되기 때문에, 지구상의 많은 지역에 피해
야생 생물 종 감소	• 열대림 감소, 농지 확대, 산성비, 해양 오염, 환경 호르몬(내분비 교란 물질) 등 ➡ 생태계 파괴 진행으로 멸종 위기에 빠진 야생동물 종 증가
열대림 감소	• 화전 경작이나 신탄재를 얻기 위해 벌목으로 사막화 • 야생 생물종의 생태계를 파괴, 자연재해의 위험성 증가, 지구 온난화 촉진

현대사회

3 자원 에너지 문제

1) 일본의 에너지 자급률

① 일본의 에너지 자급률은 ➡ 2021년에 약 12.1%이다.

② 에너지가 부족해, 해외 의존도가 높다.

└ 석탄(99.6%), 액화 천연가스(97.7%), 원유(99.7%) 등

③ 2011년 동일본 대지진 영향으로 원자력은 발전소가 일시 가동 정지 상태였다.

④ 원유는 90% 가까이 중동에서 수입하기 때문에 ➡ 중동 지역 정치 정세에 민감하다.

2) 재생 가능 에너지 : '고갈되지 않는다' 'CO_2를 배출(증가)하지 않는다'는 장점이 있다.

└ 태양열, 풍력, 파력(波力[はりょく]), 기조력(潮汐力[ちょうせきりょく]), 지열, 바이오매스 등
자연의 힘으로 무한하게 보충

핵심 개념 다지기

정답 p.117

1. 다음 문장을 읽고, 빈칸에 들어갈 알맞은 용어를 보기에서 고르시오.

보기

ⓐ 野生動物の種　ⓑ 熱帯林
ⓒ 騒音　ⓓ 原子力　ⓔ オゾン層破壊
ⓕ 再生可能　ⓖ 四大公害病

① [ア]は、日常生活に密着した公害で、苦情を言われることが多数を占めている。

② かつては、[イ]に代表される大規模・産業型の公害が大きな社会問題だったが、近年は、都市型・生活環境型へと変化している。

③ フロンガスの大量使用は、[ウ]の要因となっている。[ウ]によって、強力な紫外線が地表に降り注ぎ、皮膚がんや白内障になりやすいと言われている。

④ 農地の拡大、酸性雨、海洋汚染、環境ホルモンなどによる生態系の破壊が進行し、[エ]の減少が進んでいる。

⑤ [オ]の減少は、自然災害の危険を大きくするだけではなく、地球温暖化を促進する要因ともなっている。

⑤ エネルギーが不足している日本は、石炭や液化天然ガスの海外依存率が高いが、東日本大震災の影響により、[カ]は、一時稼働停止となっている。

⑦ 太陽光、風力、波力・潮汐力、地熱、バイオマスなどの[キ]エネルギーは「枯渇しない」、「どこにでも存在する」、「CO_2を排出しない」との長所がある。

확인 문제로 실력 다지기

정답 및 해설 p.117

問1　日本の環境基本法では「典型７公害」を決めている。次の文の内容は「典型７公害」の中で何に関する説明か、アに当てはまる語として<u>正しいもの</u>を次の①～④のうちから一つ選びなさい。

人間の活動によるものと、自然現象によるものがあるが、自然現象による［　ア　］には、地盤の乾燥による収縮・地下水の変動・地下空洞の陥没などがある。

① 大気汚染

② 土壌汚染

③ 水質汚濁

④ 地盤沈下

問2　地球の環境は、産業化による環境汚染問題で深刻になりつつある。環境汚染に関する説明の中で<u>誤っているもの</u>を、次の①～④のうちから一つ選びなさい。

① 熱帯林破壊は、森林による二酸化炭素の吸収力を減退させ、地球温暖化にも影響を与えている。

② 化石燃料の燃焼の際に発生する硫黄酸化物や窒素酸化物による酸性雨は、森林の枯死、魚の死滅、遺跡の腐食などの被害をもたらす。

③ 天然ガスの多量使用によって生じるオゾン層破壊は、人体に有害な紫外線の量を増加させ、皮膚ガンや白内障などの健康被害につながる。

④ 地球温暖化の原因は、二酸化炭素・メタン・フロンなどの温室効果ガスで、海面の上昇により島国や低湿地の国々の浸水被害が深刻になっている。

기출 check 2010(2) 2019(1)

UNIT 02

권리와 책임, 노동 인구

일본어판 check!

빈출 포인트 Check

❶ 노동 3권과 노동 3법 ☆☆
❷ 일본의 노동 인구 ☆☆☆

핵심 개념 확인하기

1 사법과 계약

1) 국내법의 분류

분류	정의	포함되는 법
공법(公法[こうほう])	국가와 개인의 관계를 규정한 것	헌법
		행정법
		형법 등
사법(私法[しほう])	개인끼리의 관계를 규정한 것	민법 ─ 누구나 누구나와 자유롭게 계약을 맺을 수 있음
		상법
		회사법 등

2) 민법

① 매매 계약, 임대차계약, 노동 계약, 소비대차계약 등을 규정하고 있다.

② 민법에서 노동기준법, 최저 임금법, 소비자 계약법, 차지차가(借地借家[しゃくちしゃくや])법 등의 특별법을 규정하고 있다.

└ 계약은 평등해야 하지만, 계약에 관한 교섭력이나 정보량 등이 대등하지 않은 경우가 있어, 약한 입장의 노동자나 소비자 등을 보호하기 위한 법

2 소비자의 권리와 책임

1) 소비자의 권리를 보장하기 위한 법

① 정보의 비대칭성 해소를 위해 2004년 소비자기본법 개정, 2009년 소비자청이 설치되었다.

소비자와 사업자가 계약을 맺을 때, 소비자는 충분한 정보를 갖고 있지 않아 교섭력이 떨어짐.

소비자 행정을 일원화

② 민법 특별법에 소비자 계약법과 제조물 책임법(PL법)이 있으며, 특정상거래법에 쿨링오프(クーリングオフ： Cooling-off)제도가 있다.

일정 기간 내 무조건 계약 해지가 가능

기업의 생산은 최종적으로 소비자 선택에 의해 결정된다.

2) 시장 경제 : 소비자 주권의 원리가 작동하기 때문에 ⇒ 트레이서빌리티(トレーサビリティ)제품을 이용하는 윤리적(エシカル : 윤리적) 소비 행동이 요구된다.

제품의 제조 이력과 유통 과정을 추적 관리하는 시스템

3 노동자의 권리와 고용·노동 환경 문제

1) 노동 3권과 노동 3법

① 헌법에서 노동자의 기본적 권리로서 노동 3권(단결권, 단체 교섭권, 단체 행동권)을 규정하고 있다.

기업은 노동자를 고용, 노동자는 기업에 고용되어 노동 계약을 맺는데, 이 때 노동자의 권리 보장이 필요

② 노동 3권 보장을 위해 노동 3법(노동기준법, 노동 조합법, 노동관계조정법)과 최저임금법을 제정하고 있다.

2) 고용 형태의 변화

① 제2차 대전 후, 일본식 고용 형태가 이어지고 있었다.

└ 종신고용, 연공서열임금, 기업별노동조합

② 1990년대 이후, 글로벌화와 경기 침체에 의한 정리 해고(リストラ) 등에 의해 ➡ 경영 방식이 바뀌고 있다.

③ 노동자파견법 개정에 의해, 비정규고용자 비율이 40%에 다다르고 있다.

└ 1986년 파견 노동자의 고용 안정과 복지 증진을 목적으로 제정, 1996년, 비정규고용자 대상 업무 규제가 완화.

3) 사회 문제 대두와 대책

① 거품경제 붕괴 후, 프리터(フリーター ：자유 직업인)나 니트(ニート ：자발적 실업자), 워킹 푸어가 늘고 있다.

└ 일반적으로 정규고용자가 아닌 다양한 형태의 일을 하는 것

└ 일 할 의욕 없이 취업 활동도 하지 않는 경우

└ ワーキングプア, 풀 타임 노동을 해도 소득이 적어 생계 유지조차 어려운 빈곤 노동자층

② 노동 재해 발생과 블랙 기업(ブラック企業(きぎょう))도 문제시 되고 있다.

└ 과로사나 정신 건강(メンタルヘルス) 악화

└ 장시간 노동이나 잔업, 과도한 노르마 등을 강요하는 기업

③ 정부와 기업에 일하기 쉬운 환경 정비가 요구되고 있다.

└ 워케이션(ワーケーション), 워크쉐어링(ワークシェアリング), 육아제도, 텔레워크 등의 일과 생활의 균형 실현

4 노동 인구

1) 연령별 노동력률

① 유럽과 미국의 경우, 연령별 노동력률에 남녀 차이가 크지 않다.

└ 출산이나 육아에 상관 없이 취업을 이어나갈 수 있기 때문에

② 개발 도상국에서는 여성 고용 기회가 적고, 특히 이슬람권에서는 여성의 사회적 지위가 낮으며, 교육도 남성 우선이기 때문에 ⇒ 여성의 취업률이 매우 낮다.

2) 일본은 M자 커브 그래프가 보인다.

└ 결혼이나 출산을 계기로 이직한 뒤, 육아가 일단락되면 다시 일하기 시작

주요국 여성의 연령별 노동력률(2020년)

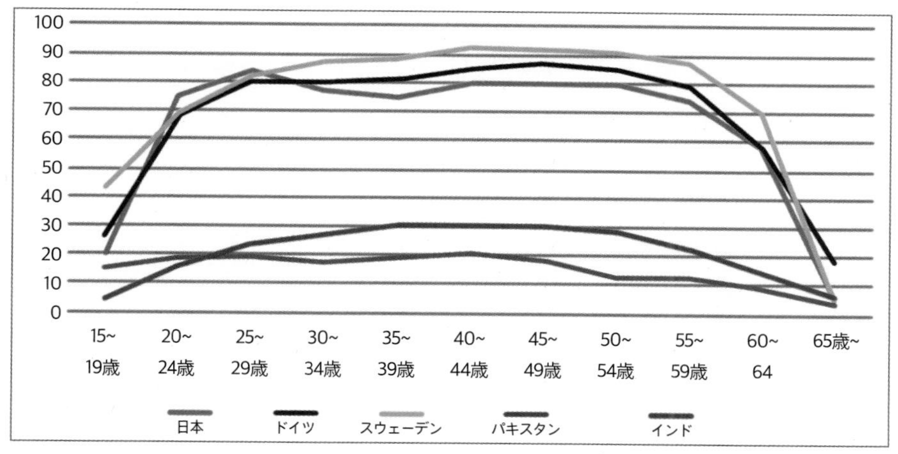

(출처 : 総務省 「労働力調査」)

현대사회

핵심 개념 다지기

정답 p.117

1. 다음 문장을 읽고, 빈칸에 들어갈 알맞은 용어를 보기에서 고르시오.

보기

ⓐ 消費者契約法　ⓑ M字カーブ
ⓒ 私法　ⓓ 労働組合　ⓔ 特別法
ⓕ 公法　ⓖ 非対称性　ⓗ エシカル

① 国内法のうち、国家や個人の関係について定めたのが［ ア ］であり、私人どうしの関係について定めたものが［ イ ］である。

② 契約当事者どうしは契約において対等であるべきだが、契約に関する交渉力や情報量が対等ではない契約も多数ある。そのような労働者や消費者を保護するために、民法において、労働基準法、［ ウ ］、最低賃金法、借地借家法などの［ エ ］が定められている。

③ 消費者は、契約を結ぶとき、十分な知識を持っていなく、交渉力が劣ることを情報の［ オ ］という。

④ 市場経済で、最終的に企業の生産を決定するのは、消費者の選択であるため、消費者は地球環境にやさしい方法で生産されている製品を利用するなど［ カ ］消費が求められている。

⑤ 憲法では、労働者の基本的権利を保護するために、労働基準法、［ キ ］法、労働関係調整法という労働三法を制定している。

⑥ 日本の女性は、結婚や出産を機に離職し、育児が一段落した後に再び働く［ ク ］と言われるグラフが見られる。

확인 문제로 실력 다지기

정답 및 해설 p.118

問1 現代社会では、消費者に「エシカル消費行動」が求められている。次の説明の中で、「エシカル消費」に向けた取り組みとして<u>適当ではないもの</u>を①～④のうち、一つ選びなさい。

① 誰もが安全な食料を手に入れられるようにするため、農薬を使用したものやゆがみや傷がある野菜や果物は購入しないようにする。

② 生産や流通過程において少しでも負担のないような原料を使用したものを購入する。

③ 発展途上国の経済改善や生産者・労働者の生活改善のために、発展途上国で生産されたものを適正価格で販売・購入する。

④ 輸送エネルギーや環境悪化を防ぐために、地元で作られた野菜や食料を積極的に消費する。

問2 現在では携帯電話やパソコンを利用して音楽を楽しむことができるようになりました。これに関して、著作権などの知的所有権(知的財産権)に関する記述として<u>最も適当なもの</u>を、次のうちから一つ選びなさい。

① 日本では、制限なく著作物を複製できることが、法律で認められている。

② 著作権は、出版物や音楽などには認められているが、コンピュータソフトは対象外となっている。

③ 世界知的所有権機関(WIPO)や世界貿易機関(WTO)は、知的所有権の保護に関する取り組みを行っている。

④ 日本では、個人情報の保護に関する法律(個人情報保護法)で禁止されている。

UNIT 03

정보 기술과 인권

일본어판 check!

빈출 포인트 Check

❶ 인권 문제 ☆☆☆☆
❷ 민족 문제 ☆☆

핵심 개념 확인하기

1 ICT 발달

1) ICT(정보 통신 기술) 발달

① 20세기 중반까지, 정보 발신은 매스미디어(텔레비전, 신문, 잡지 등)가 중심이었다.

② ICT의 발달로, 시간이나 거리 제약 없이, 대량의 정보를 양방향으로 주고받을 수 있게 되었다.

2) ICT(정보 통신 기술) 발달에 의한 영향

① 장점과 단점

장점	• 새로운 가능성(온라인 회의나 전자 머니, 메타버스 공간에서의 커뮤니케이션 등) 확대 • 생활의 편리함 도래
단점	• 개인의 프라이버시에 관련된 문제(공적 기관이나 기업이 갖는 개인 정보 유출) 발생 • 디지털 디바이드(デジタル·デバイド : 정보 격차) 발생 가능성

② 미디어 리터러시(メディア・リテラシー)가 요구된다.

└ 넘쳐나는 다량의 정보 중, 진위 여부를 가려내어 필요한 정보를 주체적으로 판단, 선택, 활용할 수 있는 능력

❷ 바이오테크놀로지

1) 생명과학과 생명 공학 분야의 발전

① 인간의 다양한 성질은 DNA라고 불리는 물질의 유전자를 통해서 전달되는데, 인간 유전 정보를 모두 해독할 수 있는 인간 게놈(ヒトゲノム)계획이 이미 완료, 공개되었다.

② 유전자 레벨에서 조작할 수 있는 단계로 진전, 유전자 조작 작물이나 복제(クローン) 동물이 탄생하고 있다.

2) 법률 규제

① 일본에서는, 2009년 장기이식법이 개정되었다.

└ 본인의 제공 의사가 불명확해도, 가족 승낙이 있을 경우 장기 이식 가능

② 연명 치료에 관한 존엄사나 안락사 여부 등, 의료 현장에서 일어나고 있는 여러 문제가 생명윤리(バイオエシックス) 문제로서 논의되고 있다.

❸ 인권 문제

1) 냉전 종결 후 분쟁 다발

① 시리아, 예멘, 소말리아 내전, 미국에서 발생한 동시 다발 테러 사건2001 등 분쟁이 다발하고 있다.

② 이라크 전쟁에 의한 알카이다(アルカイダ)와 과격파 조직IS, 이슬라믹스테이트(イスラミックステート) 등 국제 테러 조직이 주목받고 있다.

☆ 2) 분쟁 해결을 위한 노력

① 유엔이 PKO(유엔평화유지활동)를 전개하고 있다.

② 분쟁 후에는 국제기관과 함께 NGO가 다양한 역할을 하고 있다.

3) 난민의 발생

① 난민 문제 해결을 위해 유엔난민 고등 판무관 사무소(UNHCR)가 대응하고 있다.

② 난민으로 인한 치안 악화 등을 이유로, 유럽 각국에서 난민 수용을 반대하는 의견이 커지고 있다.

4 민족 문제

1) 스코틀랜드 : 영국과 분리 독립 의견이 고조, 1999년에 주민 투표를 한 결과, 스코틀랜드 의회가 부활하였지만, 경제적, 정치적으로 잉글랜드와 동화하여, 영국 일부로 되어 있다.

2) 바스크(バスク) 지방 : 현대 스페인 바스크 지방에서 분리 독립 운동이 일어났다.

└ 대서양을 접한 피레네 산맥을 끼고 스페인과 프랑스에 걸쳐 있는 지방

3) 퀘벡주(ケベック州(しゅう)) : 현재 캐나다지만, 프랑스계 캐나다인이 다수를 차지해, 프랑스어권을 이루고 있다.

⇒ 1960년대부터 분리독립 운동이 시작되어, 1980년과 95년에 독립에 관한 주민 투표가 실시되었으나, 독립은 부결되었다.

4) 체첸(チェチェン) 공화국 : 러시아 연방 내 공화국이지만, 소련 해체 후, 독립을 요구하는 가장 격렬한 전투가 발생하였다.

5) 쿠르드(クルド)인 : 서아시아 튀르키예, 이란, 이라크, 아르메니아에 걸쳐서 거주하는 민족으로, 고대 이후 긴 역사를 갖지만 민족 국가가 형성된 적은 없다. 2010년 무렵부터 시리아 내전 속에서 실질적인 자치를 목표로 하는 운동이 강하게 발생하고 있다.

5 빈곤 문제

1) 남북 문제

① 1960년대에 현저해진, 선진 공업국과 개발도상국의 경제 격차를 일컫는다.

② 1964년, 개발 도상국 71개국이 유엔무역개발회의(UNCTAD)를 설립하였으나, 남북문제 해결에 큰 성과는 보이지 않았다.

2) 남남문제

① 1970년 이후, 개발 도상국 중에서도 석유수출기구(OPEC) 가맹국과 같은 자원을 갖는 국가와 자원이 빈곤하고 개발이 늦어지고 있는 국가 사이에서 발생한 경제 격차를 일컫는다.

② 국가 간의 경제 격차는 평화로운 국제 사회 실현을 저해하기 때문에 유엔에서 경제 원조를 실시하고 있다.

ODA(정부개발 원조) : 개발 도상국에 경제적 원조

NGO(비정부조직) : 개발 도상국이나 분쟁 지역에 의료 활동이나 평화구축, 인권보호나 환경 보호 등 광범위하게 활동

5 지속가능한 사회 실현

1) 지구 환경 악화

① 산업혁명 이후, 지구 환경 악화가 급격한 속도로 진행, 지나친 인간 활동으로 유한한 지구 자원이 위기에 처해 있다.

② 이산화탄소, 메탄, 아황산질소, 프레온 가스 등의 방출로 지구 평균 기온이 상승해, 지구 온난화가 진행되고 있다.

└ 빙하를 녹이거나 해면 상승 등 이상 기온 발생

2) 지속 가능한 사회

① 지속 가능한 사회를 잘 보존하고, 미래 세대에도 변함없이 풍요롭고 아름다운 지구에서 생활할 수 있도록 계승하는 것을 지속가능한 사회의 실현이라고 한다.

└ 미래 세대의 욕구를 충족하면서, 현재 세대의 욕구도 충족할 수 있는 사회

② 지속가능한 사회 실현을 위한 국제적인 대처로서, 유엔인간환경회의1972를 들 수 있다.

└ '오직 하나뿐인 지구'를 슬로건으로, 인간환경 선언 채택

③ 1997년, 지구환경 온난화 방지 교토(京都(きょうと))회의에서 교토 의정서를 채택 ➡ 미국은 이탈하였으나, 러시아가 비준하여 2005년 발효되었다.

└ 선진국 온실효과가스 삭감 목표나 온실효과 가스 배출권 거래 등

현대사회

핵심 개념 다지기

정답 p.118

1. 다음 문장을 읽고, 빈칸에 들어갈 알맞은 용어를 보기에서 고르시오.

보기

ⓐ クルド　ⓑ チェチェン　ⓒ 臓器移植
ⓓ ICT　ⓔ 南南問題　ⓕ マス・メディア
ⓖ 南北問題　ⓗ メディア・リテラシー

① 20世紀中頃まで、情報の発信は、テレビ・新聞・雑誌などの［　ア　］が中心であったが、その後［　イ　］の発達によって、時間や距離の制約を受けずに、大量の情報を双方向でやり取りできるようになった。

② 現代では、氾濫している大量の情報の中で真偽を見極め、必要な情報を主体的に判断、選択し、活用する［　ウ　］を養うことが求められている。

③ 2009年改訂された日本の［　エ　］法では、本人の提供意思が不明でも、家族の承諾があれば移植ができるようになった。

④ ［　オ　］共和国は、ロシア連邦内の一つの共和国であるが、ソ連解体後、独立を求める最も激しい戦闘を行っている。

⑤ ［　カ　］人は、西アジアのトルコ・イラン・イラク・アルメニアにまたがって居住する民族で、古代以来の長い歴史を持つが、民族国家を形成したことがなかった。

⑥ 先進工業国と発展途上国の経済格差を［　キ　］といい、発展途上国の中でも石油輸出機構加盟国のように資源を持つ国と、資源に乏しく開発が遅れている国々で生じた経済的格差を［　ク　］という。

확인 문제로 실력 다지기

정답 및 해설 p.118

問1　次の説明の中で、下線に該当する言葉は何か、正しいものを次の①～④のうちから一つ選びなさい。

高度情報社会の到来は、私たちの生活に多大な便利さをもたらすが、注意しなければならない点もある。情報通信機器の有無や活用能力の差によって生じる格差も心配されている。また、氾濫している多量の情報の中で真偽を見極め、必要な情報を主体的に判断し、選択し、活用する力を養うことが求められている。

① メディア・リテラシー

② メタバース

③ デジタル・デバイド

④ プライバシー

問2　人権や貧困問題の解決や持続可能な社会実現のための国際的な取り組みのうち、正しい組み合わせを次の①～④の中から一つ選びなさい。

① PKO – 難民問題の解決

② UNCTAD – 発展途上国の経済支援

③ ODA – 紛争地域における医療活動

④ OPEC – 国家間の紛争解決

기출 check 2010(2) 2011(1)

UNIT 04 국제 협력

일본어판 check!

빈출 포인트 Check

❶ 파리 협정 ☆☆
❷ SDGs ☆

핵심 개념 확인하기

1 지속 가능한 사회를 위한 국제 협력

1) 경제활동과 사회의 지속적 관계 실현을 위한 움직임 가속

① 2015년, 유엔 총회에서 SDGs(지속 가능한 개발 목표)가 채택되었다.

② 2015년 12월, COP12에서 '파리 협정'을 채택, 금융안정 이사회(FSB)에 의한 '기후관련 재무정보개시 태스크포스(TCFD)'도 설립되었다.

2) 파리 협정

① 2015년, 유엔기후변동 프레임워크 조약 체결국 회의(COP21)에서 체결되었다.

② 교토 의정서에 이어, 온실효과가스 배출을 실질적으로 제로로 하는 것을 목표로 했다.

③ 전세계 196개국 모든 나라가 참가하였다.

교토의정서는 일부 선진국에만 온실효과가스 배출 삭감을 부과

3) SDGs

① 2030년까지 지속 가능하고, 보다 좋은 세계를 위한 17개의 개발 목표를 내걸었다.

② 일본에서도 SDGs 추진 본부를 설치, 매 해 8개의 우선 과제를 토대로 한 'SDGs액션플랜'을 책정하고 있다.

2 SDGs 17개 목표

1	빈곤을 없애자	전세계의 극도로 빈곤한 생활을 하고 있는 사람을 없애자
2	기아를 제로로	누구나가 안전하고 영양 있는 식량을 먹을 수 있도록 하자
3	모든 사람에게 건강과 복지를	전염병이나 예방할 수 있는 병을 줄이고, 모든 사람이 기초적인 보건 서비스를 받을 수 있도록 하자
4	모두에게 질 높은 교육을	성별 상관없이, 모든 아이들이 질 높은 교육을 받을 수 있도록 하자
5	젠더 평등을 실현하자	모든 여성에 대한 모든 차별을 없애자
6	안전한 물과 화장실을 전세계에	누구나가 안전한 물과 화장실을 사용할 수 있도록 하자
7	에너지를 모두에게 그리고 클린하게	재생 가능한 에너지 비율을 늘려, 에너지 효율을 좋게 하자
8	일하는 보람도 경제 성장도	각 나라 사정에 맞춰, 경제적인 풍요를 꾀하자
9	산업과 기술혁신 기반을 만들자	지속 가능한 산업화를 추진, 고용과 GDP에서 차지하는 농업, 어업 이외의 비율을 늘리자
10	사람과 나라의 불평등을 없애자	차별적인 법률과 정책을 없애, 사람들의 격차를 줄이자
11	지속 가능한 공동체를	모든 나라에서 지속가능한 공동체 만들기를 추진, 안전한 집에, 싼 가격에 살 수 있게 하자
12	만드는 책임 사용하는 책임	쓰레기나 버려지는 식량을 줄여, 환경에 해를 끼치지 않도록 하자
13	기후변동에 구체적인 대책을	각 나라에서 기후 변동에 대한 대응을 정책에 넣자
14	바다의 풍요로움을 지키자	모든 바다의 오염을 막고, 바다의 생태계를 회복시키자
15	육지의 풍요로움을 지키자	육지나 담수지역의 생태계나 삼림 등을 회복하게 하자
16	평화와 공정을 모든 사람에게	모든 형태의 폭력이나 고문을 없애, 법률에 의해 평등하게 다뤄지도록 하자
17	파트너십으로 목표를 달성하자	개발도상국에 대한 국제적인 지원을 행하자

현대사회

핵심 개념 다지기

정답 p.119

1. 다음 문장을 읽고, 빈칸에 들어갈 알맞은 용어를 보기에서 고르시오.

보기		
ⓐ ジェンダー	ⓑ 京都議定書	ⓒ 国連人間環境
ⓓ 地球温暖化防止京都	ⓔ アクションプラン	
ⓕ 飢餓	ⓖ パートナーシップ	

① 持続可能な社会を実現するための国際的な取り組みとしては、環境問題をはじめて国際的に検討した[　ア　]1972会議が注目される。ここでは、「かけがえのない地球」をスローガンに掲げ、人間環境宣言が採択された。

② [　イ　]会議1997では、先進国の温室効果ガスの削減目標や排出権取引が盛り込まれた[　ウ　]が採択された。

③ SDGsは、2030年までに持続可能であり、よりよい世界を目指す17の国際目標を指す。日本でも、SDGs推進本部を設置、毎年8つの優先課題に基づいたSDGs[　エ　]を策定している。

④ SDGsの17の目標のうち、「[　オ　]をゼロに」は、誰もが安全で栄養のある食料を手に入れられるようにすることを促進している。

⑤ SDGsの17の目標のうち、「[　カ　]平等を実現しよう」は、すべての女性に対するあらゆる差別をなくすことを目標にしている。

⑥ SDGsの17の目標のうち、「[　キ　]で目標を達成しよう」は、発展途上国への国際的支援を行うことを促進している。

정답 및 해설 p.119

問1　地球環境問題に対する国際社会の取り組みについての記述として**最も適当なもの**を、次の①～④のうちから一つ選びなさい。

① 国連環境開発会議(地球サミット)では、オゾン層の保護を目的とするモントリオール議定書が採択された。

② 国連人間環境会議では、先進国による温室効果ガスの削減目標値が決められた。

③ 国連環境開発会議の決議をうけて、先進国による温室効果ガスの排出量取引が開始された。

④ 国連人間環境会議の決議をうけて、環境保護を目的とした国連環境計画(UNEP)が設立された。

기출 check 2011(1) 2014(2) 2015(2) 2016(1) 2021(2)

問2　2015年、持続可能な社会実現のためのSDGs(持続可能な開発目標)が国連サミットで採択された。SDGs17の目標に関する説明として正しくないものを、次の①～④の中から一つ選びなさい。

① 貧困をなくそう：極度に貧しい暮らしをしている人をなくす。

② ジェンダー平等を実現しよう：全ての女性に対するあらゆる差別をなくす。

③ 人や国の不平等をなくそう：それぞれの国の状況に応じて、経済的な豊かさを目指す。

④ 飢餓をゼロに：だれもが安全で栄養のある食料を手に入れられるようにする。

問1　議定書の一つに、気候変動枠組条約第３回締約国会議で採択された京都議定書がある。この京都議定書についての記述として正しいものを、次の①～④のうちから一つ選びなさい。

① 温室効果ガスの排出枠について、国家間での取引が禁じられた。

② アメリカは、この議定書を批准した。

③ ロシアの批准によって、この議定書が発効した。

④ 採択年を基準年として温室効果ガス削減の数値目標が、定められた。

問2　再生可能エネルギーの利用についての記述として誤っているものを、次の①～④のうちから一つ選びなさい。

① 太陽光発電の年間発電量において、現在、フランスは日本を上回っている。

② 再生可能エネルギーの中には、地熱発電や潮力発電が含まれる。

③ 再生可能エネルギーの開発と普及は、持続可能性の高い低炭素社会の実現に寄与する。

④ バイオマスには、トウモロコシから製造したエタノールや、間伐材を加工した小型固形燃料が含まれる。

정답 및 해설 p.119

問3　日本の技術の進歩に関する記述として<u>適当でないもの</u>を、次のうちから一つ選びなさい。

① 技術革新などによって発生する、50年から60年ほどを周期とする景気循環のことを、キチンの波という。

② シュンペーターは、新たな生産技術の導入や新製品の開発などが資本主義における経済発展の原動力であると指摘した。

③ IT革命の中、ベンチャービジネス(ベンチャー企業)と呼ばれる事業体は、新たなビジネス分野を次々と開拓した。

④ 集積回路(IC)の生産工程で用いられる溶剤による地下水汚染などの公害のことを、ハイテク汚染という。

問4　医療技術の発達や生命倫理に関する記述として<u>適当でないもの</u>を、次のうちから一つ選びなさい。

① 医師は患者に治療をする際に、患者にインフォームド・コンセントをしなければいけない。

② 出生前に胎児の障害や遺伝病の有無などを調べる出生診断は、命の選別につながるとの指摘もある。

③ ヒトゲノムを解読するためのプロジェット作業の完了が発表された。

④ 日本では、生前の本人の意思表示が不明の場合は、臓器提供はできないことになった。

問5　次に揚げる条件に対する日本の取り組みに関する記述として誤っているものを、次の①～④のうちから一つ選びなさい。

① 死刑廃止条約の批准により、長年にわたって維持してきた死刑制度を廃止した。

② 女性差別撤廃条約を批准するに先立って、男女雇用機会均等法の制定など、国内法の整備を行った。

③ 二つの国際人権規約を批准する際に、それらの権利をすべて認めたのではなく、いくつかの条項について留保している。

④ 子供の権利条約を批准したが、未成年者保護の観点から、成人と異なった取り扱いを行うことは認められている。

問6　NPO(民間非営利団体)・NGO(非政府組織)に関する記述として最も適当なものを、次のうちから一つ選びなさい。

① 日本では、特定非営利活動促進法(NPO法)に基づくNPOが個人や団体などから寄附を受け取ることは禁止されている。

② 日本では、特定非営利活動促進法(NPO法)により、一定の条件の下、特定の非営利活動を行う団体に法人格を付与している。

③ 「地雷禁止国際キャンペーン」は、対人地雷全面禁止条約の発効を契機として設立されたNGOの連合体である。

④ 「アムネスティ・インターナショナル」はあらゆる災害に苦しむ人々に差別することなく医療の提供を行うことを目的に活動しているNGOである。

問7　国家や地域の利害を越えた地球規模の人類に共通する利益の観念に当てはまる例として適当でないものを、次の①～④のうちから一つ選びなさい。

① 1993年、マーストリヒト条約が発効し、そこでは共通の外交・安全保障政策の実施が一つの柱とされた。

② 1992年、「持続可能な開発」の理念に基づくリオ宣言と、その実現のための諸原則を揚げたアゼンダ21が採択された。

③ 1998年、人道に対する罪などの国際犯罪を裁く国際裁判所として、国際刑事裁判所を設置することが決められた。

④ 1972年、国連人間環境会議で、「かけがえのない地球」のスローガンの下に人間環境宣言が採択された。

問8　発展途上国の経済発展のために国際機構が行ったことの記述として誤っているものを、次の①～④のうちから一つ選びなさい。

① 南北問題に関する協議を行うために、UNCTAD(国連貿易開発会議)が創設された。

② 国連の資源特別総会で、NIEO(新国際経済秩序)の樹立に関する宣言が採択された。

③ 国連の経済社会理事会で、下部組織といてDAC(開発援助委員会)が設置された。

④ 発展途上国への技術協力と開発のための資金援助を行うために、UNDP(国連開発計画)が創設された。

V

지리

주요 학습 내용

지리 파트 만점을 위한 핵심 공략법!

출제 문항 수

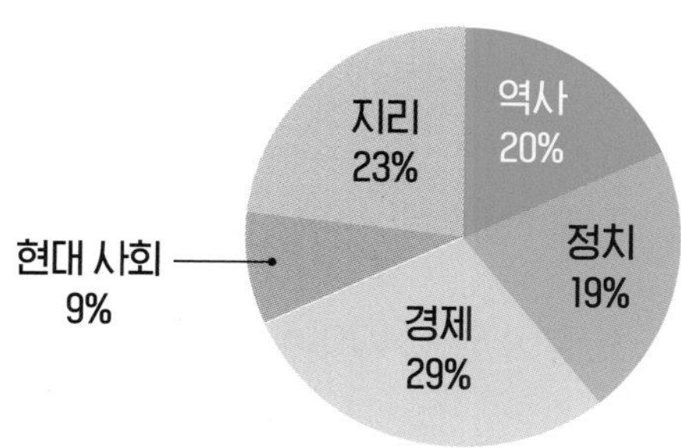

❶ 1회 시험 당 평균 5문제 정도 출제된다.

❷ 국제 사회 등 다른 분야의 내용과 함께 복합적으로 출제되는 경우도 많다.

빈출 범위

❶ 전 세계를 중심으로 출제되므로, 평소부터 지도와 지명은 꼭 확인해 두자.

❷ 지도와 도표를 이용한 문제가 많이 출제되며, 최근에는 시차 계산 문제도 자주 출제된다.

❸ 일본에 관한 내용(국토, 환경, 산업, 농업 등)은 자주 출제되니 내용을 잘 확인해 두자.

❹ 세계의 종교와 민족, 환경, 인구 문제는 출제 빈도는 낮으나, 최근 세계적으로 관심도가 높은 분야이므로 빠짐 없이 내용을 확인해 두자.

빈출 문제 유형

❶ 지도(세계지도와 일본 지도)를 사용하여, 지형이나 기후 구분을 묻는 문제

❷ 도표를 이용하여, 특정 국가의 자원이나 에너지 구성에 관해 묻는 문제

UNIT 01

지구와 지도(1)

빈출 포인트 Check

❶ 정적 도법과 정각 도법 ☆☆☆
❷ 정거방위도법☆

핵심 개념 확인하기

1 지구본과 지구

1) 지구와 동일한 공 모양이기 때문에, 방위, 각도, 거리, 면적을 동시에 바르게 나타낼 수 있다.

2) 지구의 크기는, 적도 반경이 약 6,400㎞, 둘레가 약 4만㎞인 구형이며, 육지와 해양이 분포되어 있다.

3) 육지와 해양의 비율은 3:7이며, 해양이 압도적으로 넓다.

4) 북반구에는 육지의 2/3가 분포되어 있다.

2 거리와 방위

1) 지구 표면 일부 또는 전부를 일정 비율로 축소하여, 기호나 문자를 사용하여 표현하는 것이다.

2) 평면인 지도상에서는 구형인 지구의 거리, 방위, 면적, 각도 모두를 바르게 표현할 수 없기 때문에, 지도 용도에 맞추어서 여러 가지 도법으로 작성된다.

☆3) 정적도법

① 평면 상에서 면적을 바르게 할 때 사용된다.

② 상송(サンソン) 도법은 저위도를, 몰바이데(モルワイデ) 도법은 고위도를 정확하게 나타낸다.

③ 구드(グード) 도법은 위도 40°44'를 경계선으로 하여, 저위도를 상송 도법으로, 고위도를 몰바이데 도법으로 표현한 지도이다.

└ 단열(断裂[だんれつ])이 있기 때문에, 사람이나 물건의 움직임을 화살표로 표현하는 것은 부적절

◦ 상송도법

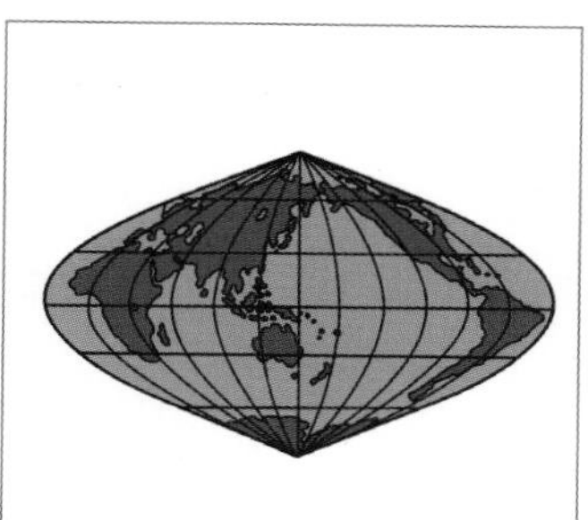

◦ 몰바이데 도법

◦ 구드 도법

4) 정각(메르카토르) 도법

① 임의의 2점을 연결한 직선은 등각항로가 되기 때문에 ➡ 현재도 항해에 사용되고 있다.

└ 지구 표면에서 경선과 위선이 직교하고 있는 것처럼, 메르카토르 도법 상에서도 경선과 위선이 항상 직교

┌ 본래는 적도 상의 경도 1도와 다른 위도에 있어서의 경도 1도는 거리가 다름

② 모든 경도를 적도 상의 경도와 같은 길이로 표현하고 있기 때문에 ➡ 고위도가 될수록 거리나 면적이 현저히 확대되어 버린다는 단점이 있다.

└ 북위 60도에 있어서의 경도 1도가 2배로 확대되어 버리기 때문에, 러시아나 캐나다, 특히 그린란드는 메르카토르 도법에서 실제보다 상당히 크게 표현

5) 정거방위도법

① 임의의 중심점에서의 거리와 방위가 올바른 도법으로 ➡ 항공도에 사용된다.

② 외주원은 중심의 대척점(반대측)을 나타낸다. 도쿄에서 동쪽으로 가면 아르헨티나가 나오고, 서쪽으로 가면 아프리카 남동부, 북쪽으로 가면 브라질 동부에 도착한다.

③ 중심부터의 거리가 바르기 때문에, 임의의 중심점에서 직선을 그리면 최단(대권 : 大圏)코스가 된다. 지구 일주는 40,000㎞이기 때문에, 지도 중심에서 외주까지의 반경은 20,000㎞가 된다.

◦ 메르카토르 도법

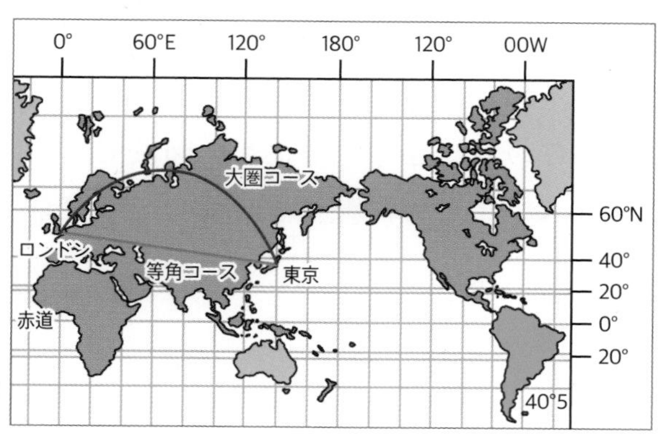

◦ 정거방위도법

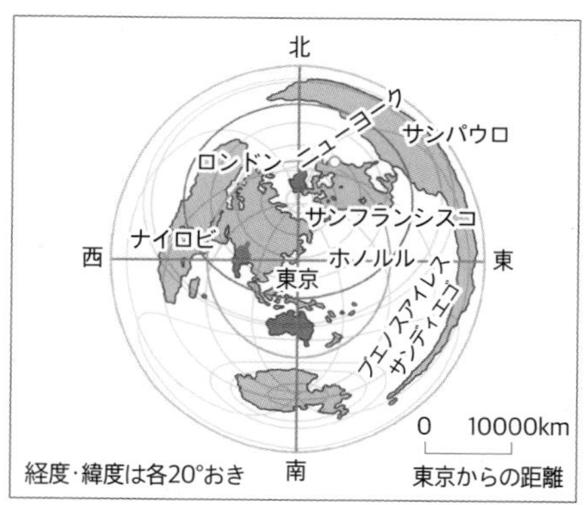

핵심 개념 다지기

정답 p.120

1. 다음 문장을 읽고, 빈칸에 들어갈 알맞은 용어를 보기에서 고르시오.

보기

ⓐ 高緯度　ⓑ モルワイデ　ⓒ 地球儀
ⓓ 等角　ⓔ 正距方位　ⓕ 正積　ⓖ アルゼンチン
ⓗ 海洋　ⓘ アフリカ南東部　ⓙ メルカトル

① [ア]は、地球と同じ球体であるため、方位・角度・距離・面積の全てを同時に正しく示すことができる。地球には、陸地と海洋が分布しており、その割合は[イ]が圧倒的に大きい。

② [ウ]図法は、平面上で面積を正しく示すときに使用されるが、サンソン図法は低緯度を、[エ]図法は高緯度を正確に表す。

③ 地球の表面で経線と緯線が直交しているように、[オ]図法上でも経線と緯線が常に直交している。だから、任意の2点を結んだ直線は、[カ]航路になる。

④ 本来は、赤道上の経度１度と他の緯度における経度１度は距離が違うはずなのに、正角図法では、すべての経度を赤道上と同じ長さに表しているから、[キ]になるほど、距離や面積が著しく拡大してしまうという弱点がある。

⑤ [ク]図法は、任意の中心点からの距離と方位が正しい図法で、航空図に使われている。この図法の外周円は、中心の対蹠点を表すので、東京から真東に進むと[ケ]が出るし、真西に進むと[コ]に行き着く。

확인 문제로 실력 다지기

정답 및 해설 p.120

問1　次に示す図は、東京を中心とした正距方位図法によって描かれている。次の図の説明として正しくないものを、次の①～④のうちから一つ選びなさい。

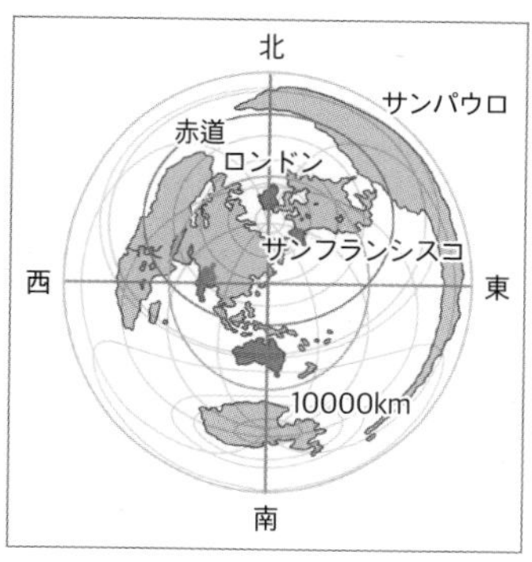

①　任意の２地点を結ぶ直線は最短コースを示している。

②　東京と任意の地点を結ぶ直線は最短コースを示している。

③　外周円は、図の中心の対蹠点を表す。

④　図の中心から外周までの半径は２万kmになる。

問2　次に示す図は、メルカトル図法によって描かれている。次の図の説明として正しくないものを、次の①～④のうちから一つ選びなさい。

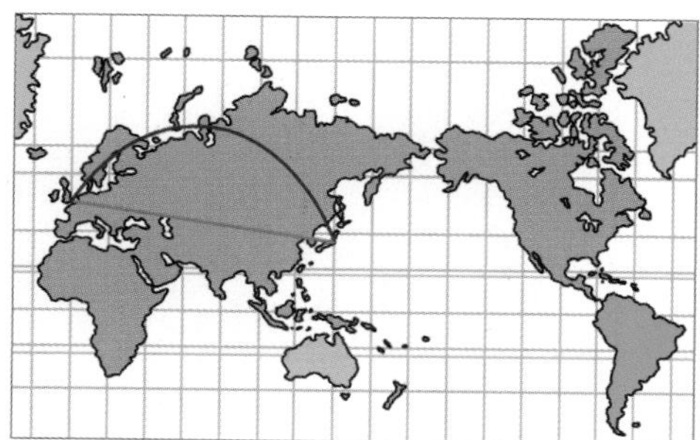

①　等角航路を地図上で表現でき、航海用に利用する。

②　低緯度地域に比べ、高緯度地域の面積は拡大されている。

③　大陸の形にはゆがみがあるが、面積は正しく表現されている。

④　緯度60度では、赤道上と比べて距離が２倍、面積が４倍で表現される。

기출 check 2016(2) 2021(2)

지리

지구와 지도(2)

빈출 포인트 Check

❶ 날짜 변경선 ☆☆☆
❷ 시차 ☆☆

핵심 개념 확인하기

❶ 지형도

1) 척도

① 3종류(1만분의 1, 2.5만분의 1, 5만분의 1)가 있다.

② 실물을 많이 줄이면 ➡ 척도가 작다, 많이 줄이지 않으면 ➡ 척도가 크다고 한다.

	범위		거리
	위도	경도	1㎝
5만분의 1	10'	15'	500m
2.5만분의 1	5'	7'30"	250m

○ 5만분의 1 지형도

○ 2.5만분의 1 지형도

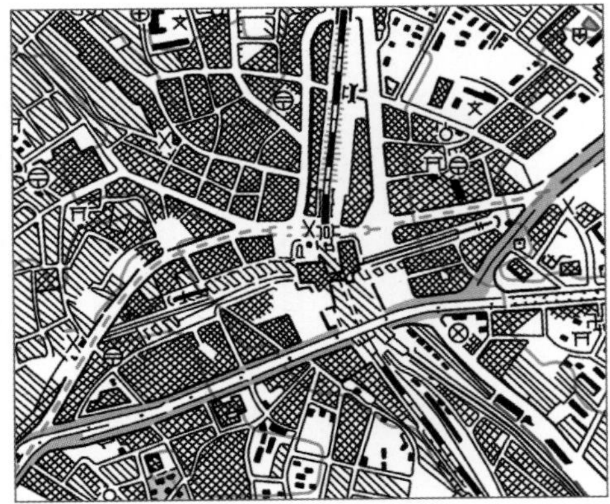

2) 등고선 : 산이나 계곡 등 지표의 기복을 나타내며, 간격이 넓으면 완만한 경사를, 좁으면 급한 경사를 나타낸다.

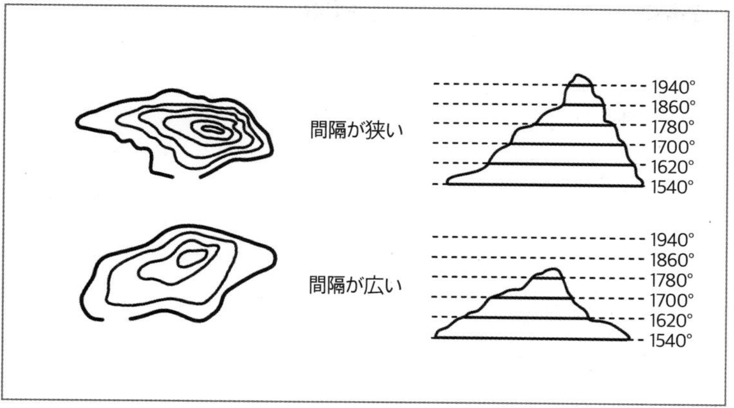

2 날짜 변경선

1) 정의 : 날짜 변경선이란 동쪽과 서쪽의 시차가 1일이 되는 경계선을 말한다. └ 거의 경도 180도상을 통과하지만, 나라마다의 사정으로 인해 꺾은선으로 표현

┌ 날짜 변경선 서쪽에서 순서로 시간이 진행

2) 날짜 변경선 서쪽에서 1일이 시작되기 때문에, 1월 1일을 처음으로 맞이하는 곳은 날짜 변경선을 기준으로 서쪽, 마지막에 맞이하는 곳이 날짜 변경선을 기준으로 동쪽이다.

3)

가장 빠르게 신년을 맞이하는 나라	남태평양상의 서사모아
가장 늦게 신년을 맞이하는 나라	동사모아(東(ひがし)サモア : 미국령)

개념 플러스

• **서사모아**

- 순수한 폴리네시아 문화를 가지고 있는 사모아제도 중, 19세기말 미국과 독일이 서경 171도를 경계로 서쪽은 독일이, 동쪽은 미국이 각각 영유하였다. 그 후, 서사모아는 1962년 독립국가가 되었다.
- 2011년 호주, 뉴질랜드 및 아시아 국가와 동일한 날짜를 사용하기 위해, 날짜변경선을 동쪽에서 서쪽으로 변경하였다.

지리

날짜 변경선

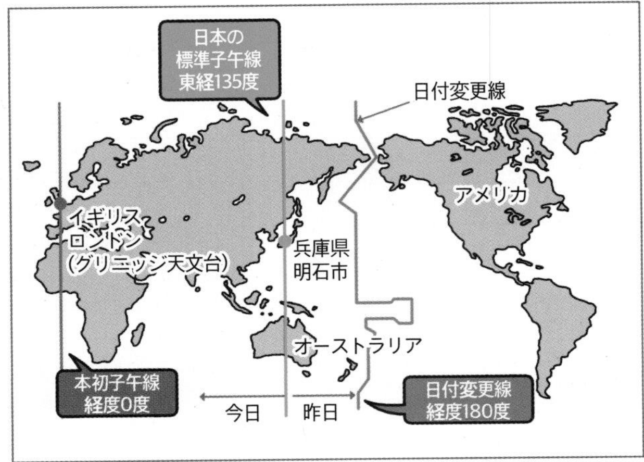

서사모아의 날짜 변경선 이동

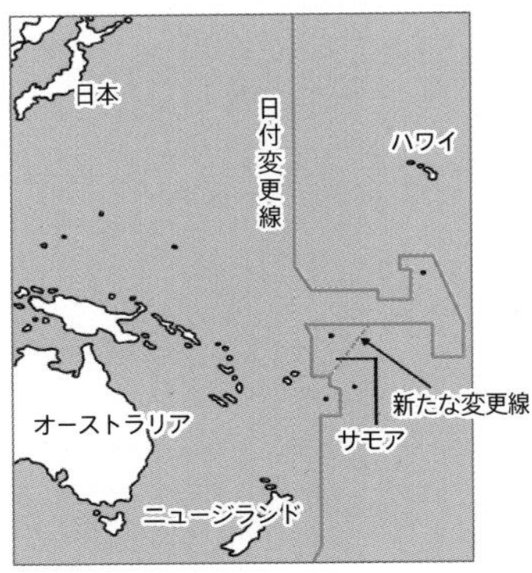

3 표준시와 시차

1) 표준시와 시차

① 지구는 24시간에 걸쳐 1회전(360도)하기 때문에, 경도 15도마다 1시간의 시차가 발생한다.

② 세계는 경도 0도에 있는 영국 런던을 통과하는 본초 자오선을 세계표준시(GMT) 기준선으로 하고 있다.

③ 일본은 효고현 아카시 시(兵庫県明石市(ひょうごけんあかしし))의 동경 135도를 표준시로 하고 있다.

긴 여름의 일조시간을 활용하여, 여가 시간을 늘리고, 에너지 절약을 하기 위해서

2) 영국이나 독일 등 고위도에 있는 유럽 각국에서는, 국내 시간을 1시간 빠르게 하는(1시 → 2시) 제도인 서머타임(サマータイム)을 실시하고 있다.

- 본초 자오선

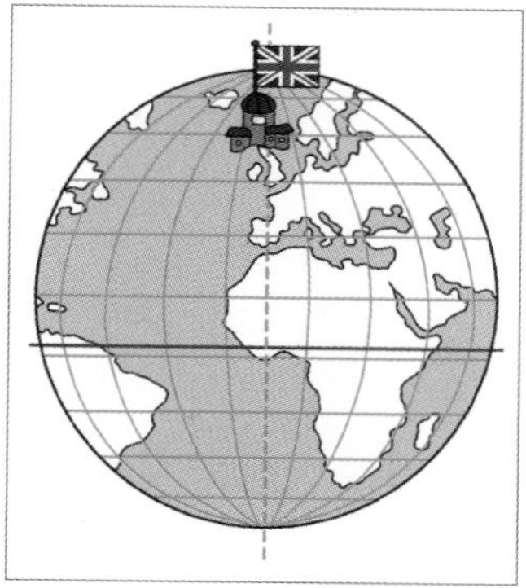

- 시차 지도

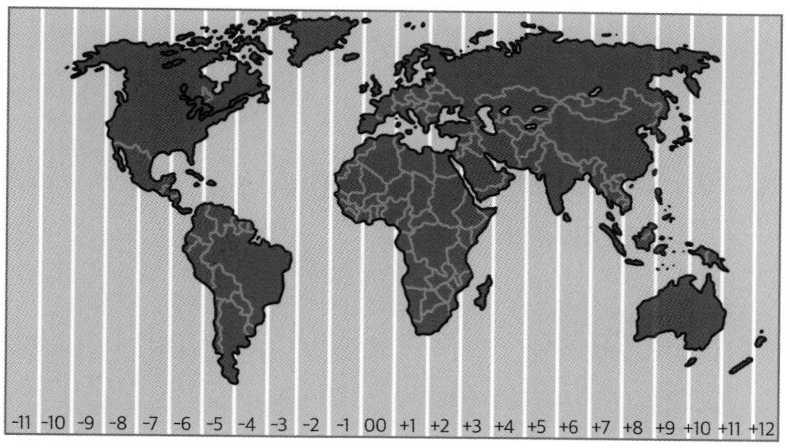

지리

3 GIS의 활용

1) 정의와 활용

정의	• 위도나 경도 등 위치에 관한 정보가 있는 데이터(공간 데이터)를 종합적으로 관리·가공하여, 시각적으로 표시하고, 고도의 분석이나 신속한 판단을 가능하게 하는 기술
활용	• 인공위성, 현지 답사에서 얻어진 데이터를 공간, 시간 면에서 분석·편집 ⇨ 지리 정보 관리, 도시 계획에 이용

└ 과학적 조사, 토지, 시설이나 도로

2) 실제 활용 예시 : 재해 해저드 맵(ハザードマップ)

└ 재해상정구역이 예상 가능하여, 재해를 줄일 수 있음

핵심 개념 다지기

정답 p.120

1. 다음 문장을 읽고, 빈칸에 들어갈 알맞은 용어를 보기에서 고르시오.

보기
ⓐ 大きい　ⓑ 小さい　ⓒ 15
ⓓ 地理情報システム　ⓔ 緩やか　ⓕ 0
ⓖ 急　ⓗ 日付変更　ⓘ 本初子午　ⓙ 9

① 地形図の縮尺は、1万分の1、2.5万分の1、5万分の1の3種類であり、実物をどれほど縮めているかで、より縮めていれば縮尺が［ ア ］、あまり縮めていなければ縮尺が［ イ ］という。

② 等高線は、山や谷などの地表の起伏を示し、間隔が広いほど［ ウ ］な傾斜を、狭いほど［ エ ］な傾斜を示す。

③ 東と西で時差が1日になる境目を［ オ ］線といい、この線は、ほぼ経度180°上を通るが、国ごとの都合で折れ線になっている。

④ 地球は、一日かけて一回転するわけだから、経度［ カ ］度で1時間の時差が生じることになる。世界は経度［ キ ］度になるイギリスのロンドンを通過する［ ク ］線を世界標準時の基本線と定めている。

⑤ 日本の標準時は、世界標準時に［ ケ ］時間を足した時刻である。

⑥ ［ コ ］は、緯度や経度などの位置に関する情報を持ったデータを総合的に管理・加工し、視覚的に表示し、高度な分析や迅速な判断を可能にする技術である。

확인 문제로 실력 다지기

정답 및 해설 p.120

問1 東京の日本標準時時刻はグリニッジ標準時時刻とどのような関係にあるか、最も適当なものを、次の①～④のうちから一つ選びなさい。

① グリニッジ標準時の方が9時間進んでいる。

② 東京の方が9時間20分進んでいる。

③ 東京の方が9時間進んでいる。

④ グリニッジ標準時の方が9時間20分進んでいる。

기출 check 2011(2) 2012(1) 2017(2) 2022(2)

問2 日付変更線に関する説明として正しくないものを、次の①～④のうちから一つ選びなさい。

① 東と西で時差が1日になる境目を言う。

② 太平洋上の経度180°を直線に通っている。

③ 日付変更線を越えて東へ進むと日付を1日遅らせる。

④ 世界で最初に新年を迎える国は西サモアである。

기출 check 2013(1)

UNIT 03

기후요소

일본어판 check!

빈출 포인트 Check

❶ 기온 ☆
❷ 항상풍 ☆☆

핵심 개념 확인하기

1 기후 요소

1) 기후 요소와 기후 인자

기후 요소	기온, 바람, 강수량
기후 인자	위도, 해발 고도 등

2) 기온

① 위도가 높을수록 기온이 낮아진다.

② 고위도와 저위도

고위도	기온은 낮아짐, 연교차 높음
저위도	기온이 높아짐, 연교차 낮음

③ 대륙과 해양

대륙	여름에 덥고 겨울에 추움(기온 연교차가 크다)
해양	연중 내내 일정한 기온을 유지(기온의 연교차가 작다)

④ 유라시아 대륙 서해안은 북대서양 난류와 편서풍의 영향을 받아 여름은 서늘하고 겨울은 온난하다 ➡ 서안해양성 기후, 지중해성 기후

유라시아 대륙 서해안

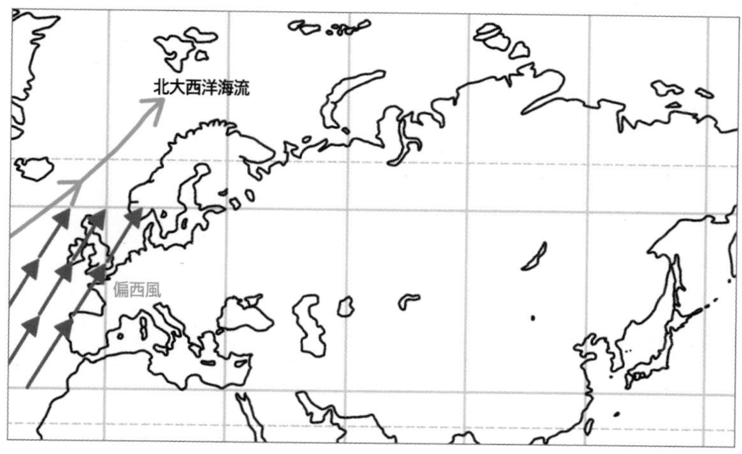

3) 바람

① 기류의 발생에 의해서 생긴다.

대순환 : 지구 전체의 대기의 흐름

② 상승기류와 하강기류

	발생 요인	구름의 형성	예시
상승기류	지표면이 뜨거워지면 발생	구름이 형성되기 쉬워 습윤	적도 저압대 고위도 고압대
하강기류	상승한 공기가 상공에서 차가워지면 발생	구름이 형성되기 어려워 건조	중위도 고압대 극고압대

1년 내내 정해진 방향으로 부는 바람

③ 항상(恒常(こうじょう))풍

	특징	북반구	남반구
무역풍	중위도 고압대에서 적도 저압대를 향해 부는 바람	북동풍	남동풍
편서풍	중위도 고압대에서 고위도 저압대를 향해 부는 바람	남서풍	북서풍
극동풍	극고압대에서 고위도 저압대로 부는 동쪽에서 부는 바람		

개념 플러스⁺

- **기후 인자**
  - 기후가 위도나 해발 고도 등의 복수 요인에 의해 좌우되는 것
- **연교차**
  - 1년 기온 중 최고 온도와 최저 온도의 차이
- **기온 저감률**
  - 고도에 따라서 기온이 증감하는 것
  - 같은 위도라도 표고에 따라서 기온차가 발생
- **대기의 대순환**
  - 지구 전체의 대기의 흐름

④ 제트기류 : 편서풍대에서 기류가 가장 강한 곳을 제트기류(ジェット気流)라고 하며, 공기가 남북으로 사행(蛇行)하며 흐른다.

북반구 중위도(일본이 있는 위도) 상공

⑤ 비행기를 타면, 서쪽에 갈 때보다, 동쪽에 갈 때가 더 빨리 도착하는 것은, 서쪽으로 갈 때는 편서풍이 맞바람으로 작용하고, 반대로 동쪽으로 갈 때는 편서풍이 순풍 작용을 하기 때문이다.

◦ 항상풍

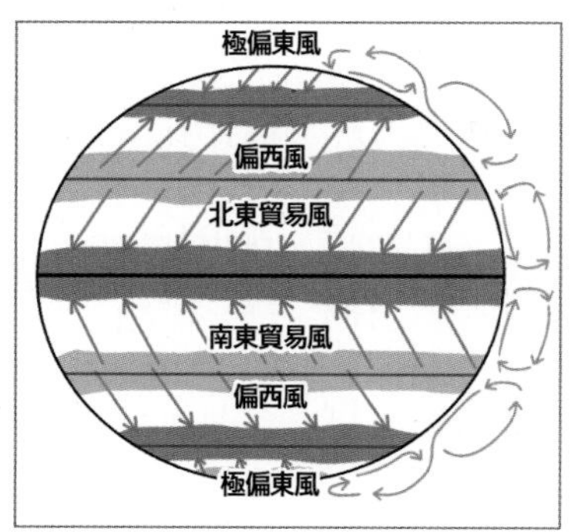

◦ 제트기류

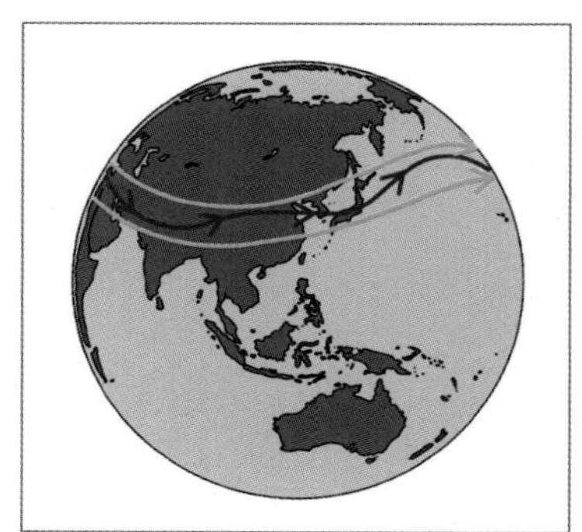

- 계절에 따라 부는 방향이 바뀌는 바람
- 유라시아 대륙 동해안에서 현저하게 발생

⑥ 계절풍(モンスーン)

여름	대륙에서 덥혀져서 상승기류가 발생 ⇒ 저압이 된 부분에 해양에서부터 습기가 있는 바람이 불어옴
겨울	여름과 반대

◦ 유라시아 대륙 계절풍(여름)

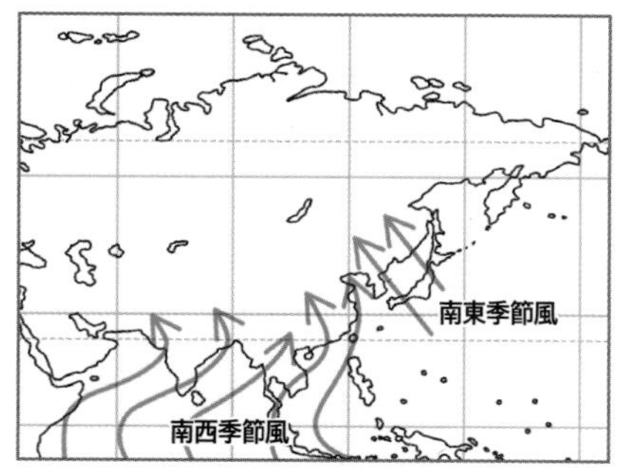

◦ 유라시아 대륙 계절풍(겨울)

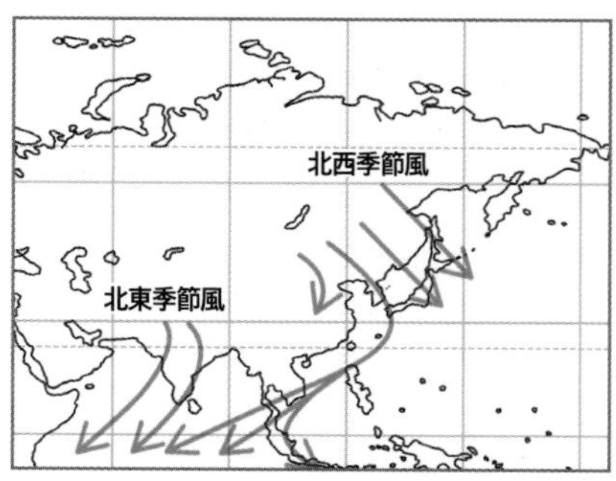

열대 해양상에 발생하는 저기압으로, 지역에 따라서 호칭이 다름

⑦ 열대 저기압

태풍(台風)	동아시아
사이클론(サイクロン)	북인도양
허리케인(ハリケーン)	미국 남부와 멕시코, 서인도 제도

열대 저기압

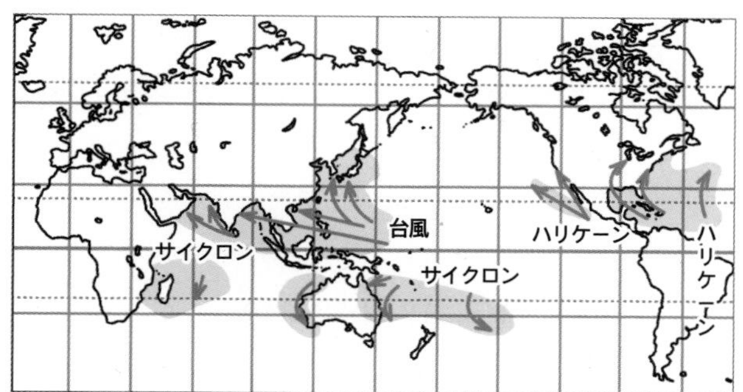

국지풍

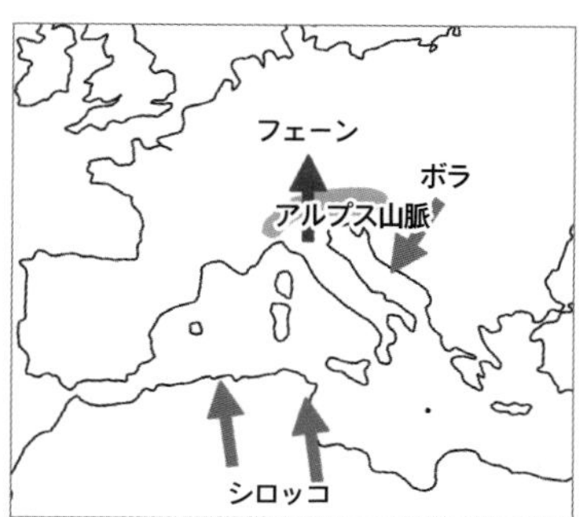

특정 지역에 한정적으로 부는 바람

⑧ 국지(局地)풍

높새바람(やませ)	초여름에 북일본 태평양 측에 부는 차갑고 서늘한 북동풍
해룩풍(シロッコ)	사하라 사막에서 지중해로 부는 모래먼지(砂塵)나 먼지를 동반하는 후덥지근한 바람
푄(フェーン)	알프스 산맥 북쪽으로 불어 내려오는 덥고 건조한 남풍
보라(ボラ)	아드리아해 연안에서 계절적으로 부는 차가운 북동풍

4) 강수량

	분포	대표 지역
다우 지역	• 고온인 저위도와 저위도에서 중위도 대륙 동부에서 눈에 띔	
건조 지역	• 북반구와 남반구 모두 위도 20~30도 부근의 남·북 회귀선에 띠 모양으로 분포.	• 아프리카 사하라 사막 • 오스트리아 사막 등

핵심 개념 다지기

정답 p.120

1. 다음 문장을 읽고, 빈칸에 들어갈 알맞은 용어를 보기에서 고르시오.

보기

ⓐ 上昇	ⓑ 大き	ⓒ 下降
ⓓ 気温	ⓔ 季節	ⓕ 小さ
ⓖ 風	ⓗ 偏西	ⓘ 局地

① 緯度が高くなるほど[ア]が低くなるため、[ア]の年較差は緯度が高くなるほど大きくなる。

② 海洋は気温の年較差が[イ]く、大陸は気温の年較差が[ウ]いため、夏に暑く、冬に寒くなる。

③ [エ]は、気流の発生によって生じるが、地表が熱せられると[オ]気流が発生し、上昇した空気が上空で冷えると、[カ]気流になる。

④ 一年中決まった方向に吹く風を恒常風といい、貿易風・[キ]風・極東風の三つがある。

⑤ [ク]風は、季節によって吹く方向が変わる風であり、夏は大陸から温められて上昇気流が発生し、低圧になった部分に海洋から風が吹き込む。

⑥ 特定の地域に限定的に吹く風を[ケ]といい、初夏に北日本の太平洋側に吹く冷涼で湿った北東風であるやませ、サハラ砂漠から地中海に吹くシロッコ、アルプス山脈北側に吹き降りるフェーンが代表的である。

확인 문제로 실력 다지기

정답 및 해설 p.120

問1　気温に関する説明として正しいものを、次の①～④のうちから一つ選びなさい。

① 気温の年較差は緯度が高くなるほど小さくなる。

② 大陸は海洋に比べ、気温の年較差が大きい

③ ユーラシア大陸の西岸は、気温の年較差は東岸に比べて大きくなる。

④ 気温は、緯度が高くなるほど高い。

기출 check 2018(1)

問2　熱帯の海洋上に発生する低気圧を熱帯低気圧という。熱帯性低気圧に関する説明として正しくないものを、次の①～④のうちから一つ選びなさい。

① 東アジアで発生する熱帯性低気圧は台風である。

② 熱帯性低気圧は南半球では発生しない。

③ 北インド洋で発生する熱帯性低気圧はサイクロンである。

④ 米国南部・メキシコなどで発生する熱帯性低気圧はハリケーンである。

기출 check 2013(2)

UNIT 04

대지형과 소지형

빈출 포인트 Check

❶ 우온도와 하이더그래프 ☆
❷ 선상지와 삼각주 ☆☆☆

핵심 개념 확인하기

기온과 강수량을 나타냄

1 우온도·하이더그래프

	우온도(雨温図)·하이더그래프(ハイザーグラフ)
북반구	7~8월 경의 기온이 다른 달보다 높음
남반구	7~8월 경의 기온이 다른 달보다 낮음

○ 도쿄의 우온도

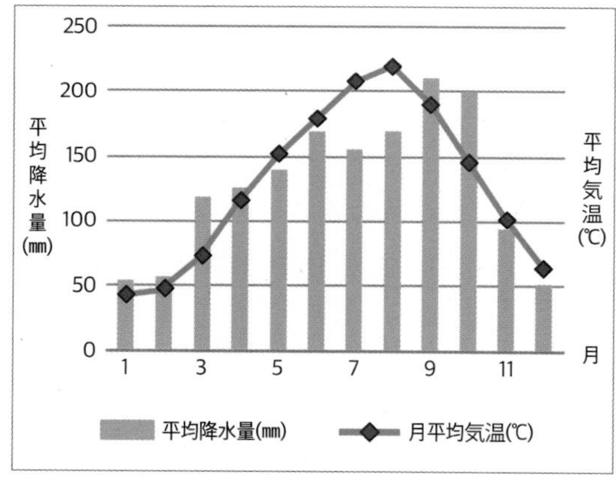

(자료: 日기상청 홈페이지, 1981~2010)

○ 도쿄의 하이더그래프

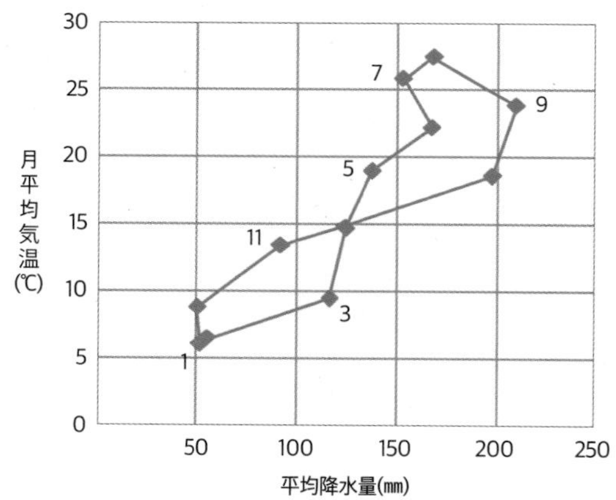

런던의 우온도

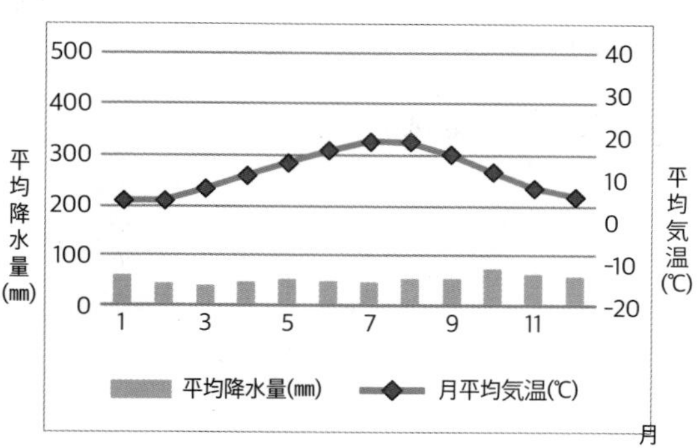

런던의 하이더그래프

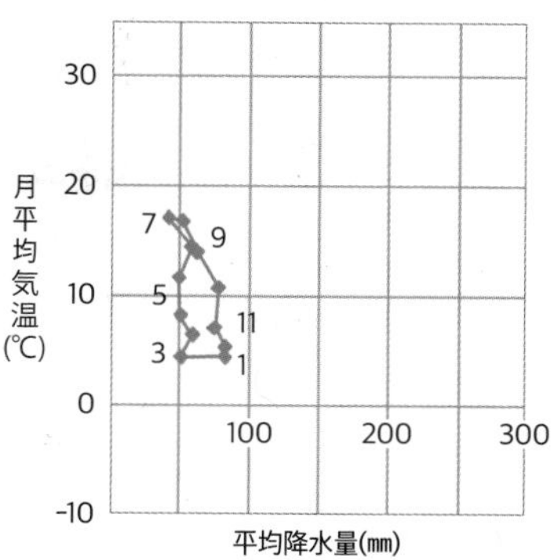

로마의 우온도

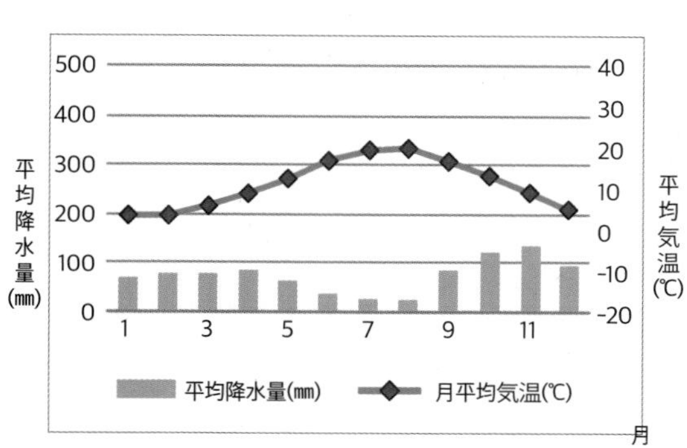

로마의 하이더그래프

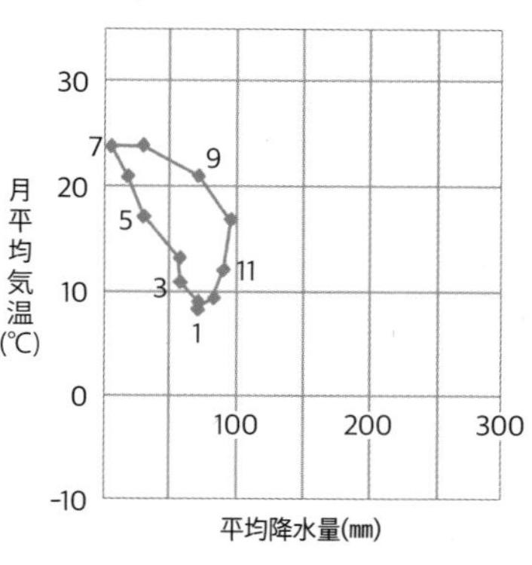

지구상의 육지는 조산운동 영향을 받은 지질연대의 차이에 따라 안정육괴, 고기조산대, 신기조산대로 나뉨

2 대지형

	특징	대표 지역	산출 광물
안정육괴	• 오랜 세월 대규모 변동 없이, 침식이 진행되어 평탄한 토지가 펼쳐진 지형	• 아프리카 대지구대(アフリカ大地溝帯(だいちこうたい))	철광석
고기조산대	• 침식으로 기본이 완만한 산지가 펼쳐진 지형	• 스칸디나비아(スカンディナヴィア) 산맥 • 우랄(ウラル) 산맥 • 그레이트 디바이딩(グレートディバイング) 산맥 • 애팔래치아(アパラチア) 산맥	석탄
신기조산대	• 기복이 큰(표고가 높은) 산지가 펼쳐진 지형 • 현재도 조산운동이 활발하게 행해지고 있는 지역도 존재 • 지진이나 화산활동이 빈번하게 발생	• 환태평양 조산대 • 알프스 히밀라야 조산대	석유, 동, 은, 주석

○ 조산대

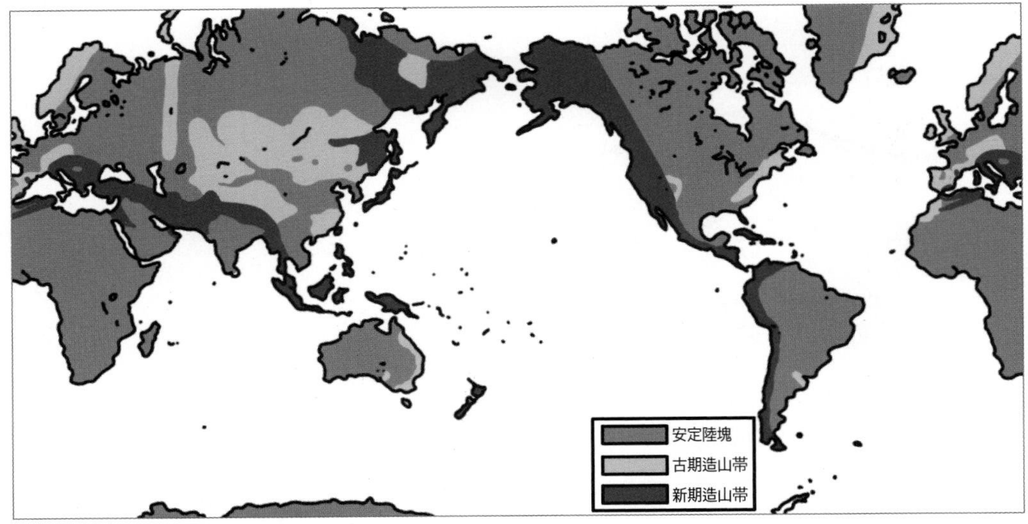

외적 지질 영력을 받아 형성된, 비교적 규모가 작은 지형

2 소지형

① 충적 평야에는 산지에서 바다에 걸쳐 선상지, 범람원, 삼각주가 형성된다.

	정의	특징
선상지	• 좁은 골짜기를 흐르던 하천의 속도가 늦어져, 모래와 자갈이 부채 모양으로 퇴적한 지형	• 생산력이 풍부하여 인구가 집중 • 특히, 물을 얻기 쉬운 선상지의 선정 부분과 선단에는 일찍부터 촌락이 성립 • 하천이 복류하는 선앙은 촌락의 입지가 늦어짐 • 일반적으로 해안은 복잡하며 변화가 풍부한 리아스식 해안이 발달
삼각주	• 하천 하구 근처에 토사나 점토가 퇴적해서 만들어진 저습지	
범람원	• 홍수 시에 흘러 넘친 물이 옮긴 토사가 퇴적해서 만들어진 낮고 평평한 토지	• 집락이나 밭, 과수원이 입지 • 배후습지와 자연제방이 나타남

∘ 선상지 단면

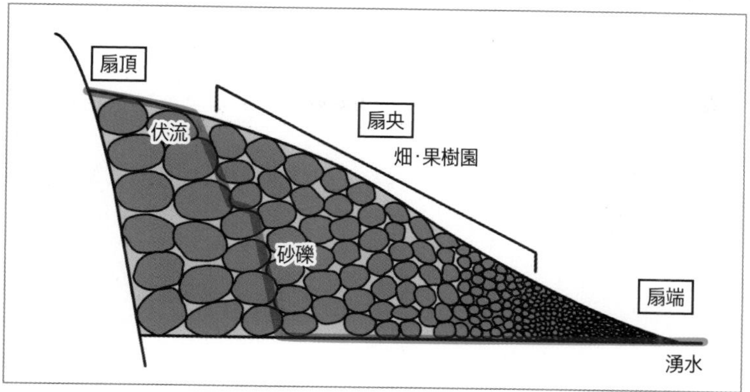

∘ 충적평야

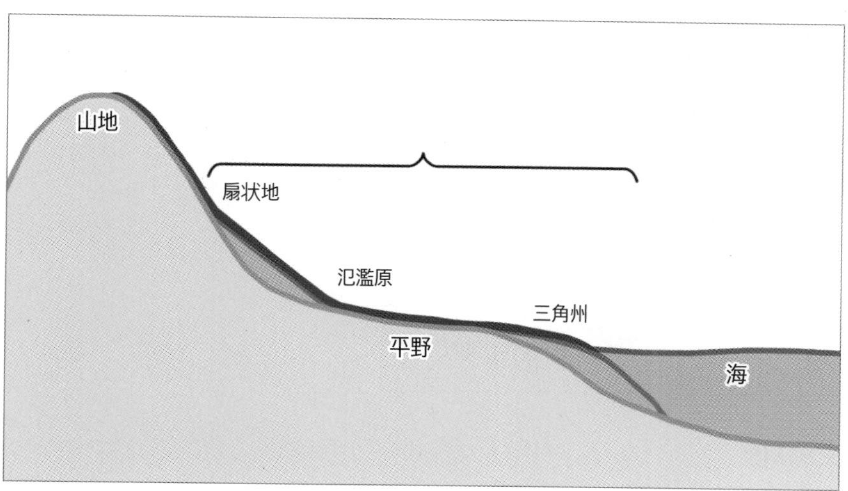

홍수 시에 범람한 물이 운반한 토사가 퇴적해서 쌓인 강의 저지대로 홍수 시에도 비교적 안전

② 범람원

	특징	이용
배후습지	• 범람 시에 자연제방을 넘쳐흐른 물이 정체되어 있는 습지	• 배수가 좋지 않아 주로 수전(논)으로 이용
하적호	• 곡류가 심한 구불구불한 하천	• 유로(물길) 변화에 따라 일부가 남겨져 호수와 늪이 됨

◦ 삼각주와 하적호

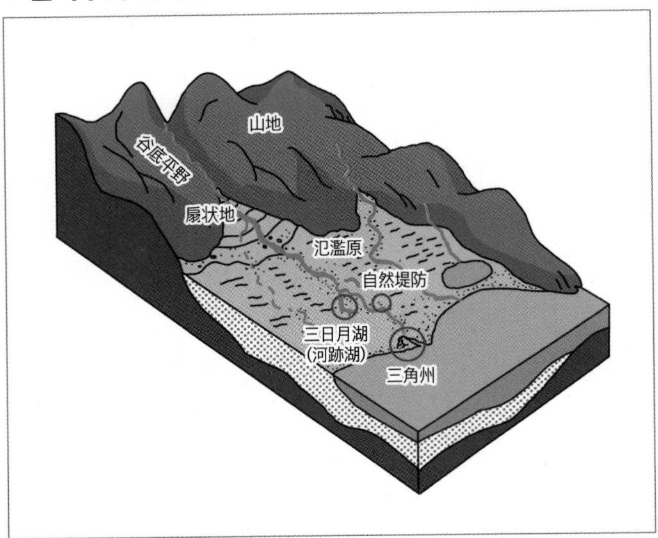

◦ 흐르는 물이 만드는 지형

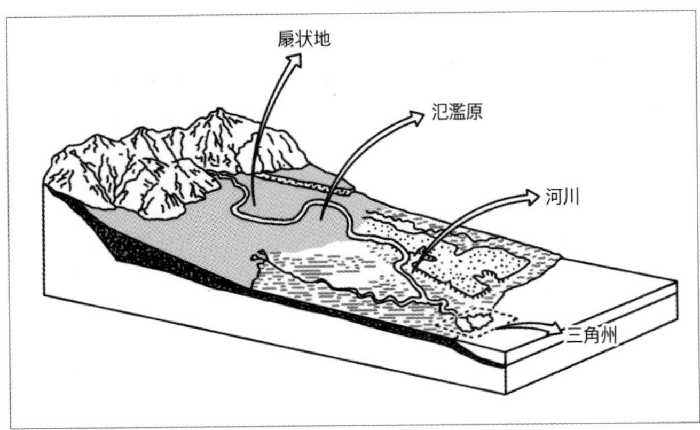

③ 삼각주는 배수(水はけ)가 나빠 수전(논)으로 사용된다.

└ 아프리카의 나일강 하구와 북미 최장 미시시피강, 이탈리아 테베레 강 등에 발달

┌ 하천의 유속증대에 의해 계단 모양이 된 지형

④ 홍적대지: 하안단구는 밭이나 과수원으로 이용된다.

└ 퇴적 후에 평야 일부가 융기하여 대지가 되는 것

◦ 삼각주

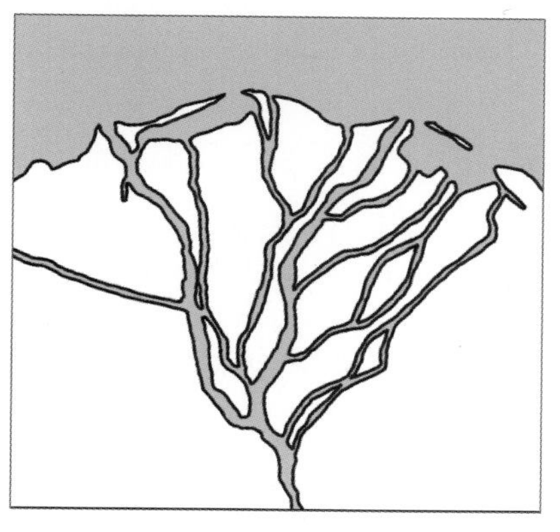

◦ 홍적대지

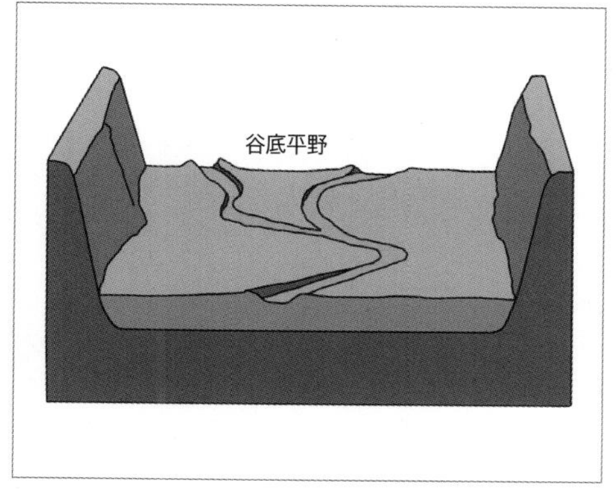

⬇ 土地隆起(海面低下)で、河川の下方侵食が強まる

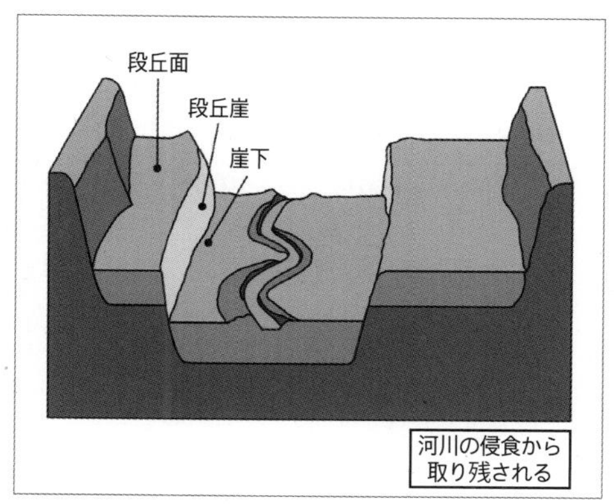

지리

핵심 개념 다지기

정답 p.121

1. 다음 문장을 읽고, 빈칸에 들어갈 알맞은 용어를 보기에서 고르시오.

보기

ⓐ 南半球　ⓑ 扇頂　ⓒ 果樹園
ⓓ 北半球　ⓔ 安定陸塊　ⓕ 扇状
ⓖ 扇央　ⓗ 雨温図　ⓘ 河岸段丘　ⓙ 洪積

① 気温と降水量を示すもののうち、[ア]は、7・8月頃の気温が他の月よりも高めの場合は[イ]であり、反対は、[ウ]である。

② 地球上の陸地は、造山運動の影響を受けた地質年代の違いによって、[エ]・古期造山帯・新期造山帯の三つに区分される。

③ 沖積平野の中で、谷口で河川の速度が衰え、砂礫が[オ]に堆積した地形を[オ]地という。

④ [オ]地の水の得やすい[カ]と扇端には、早くから村落が立地したが、河川の伏流する[キ]は、村落の立地が遅れた。

⑤ 堆積後に、平野の一部が隆起し、大地になることを[ク]台地と称するが、河川の流速増大によって階段状になった地形を[ケ]といい、ここは、畑や[コ]に利用される。

정답 및 해설 p.121

問1　世界の地形は侵食で起伏が緩やかな山地と、起伏が大きい山地に区分される。次の図のⓐの部分に関する説明として**最も正しいもの**を次の①～④の中から一つ選びなさい。

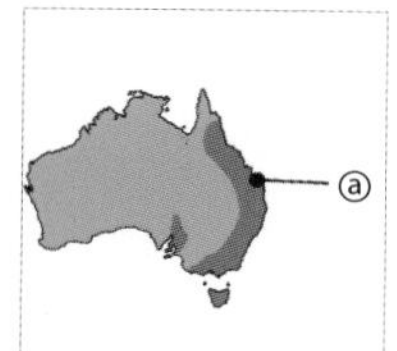

① 大昔に造山運動を受けて地形が盛り上がり、長い年月大規模な変動なく、侵食がすすみ、平坦な土地が広がっている地形である。

② 侵食で起伏が緩やかな山地が広がり、石炭が多く分布している。

③ 現在も造山運動が起きており、地震や火山が頻繁に起きる。

④ 標高の大きい山地が広がり、環太平洋造山帯が代表である。

기출 check 2011(1) 2012(1) 2021(1)

問2　山地から海にかけて形成される地形に関する説明のうち、**最も正しいもの**を次の①～④の中から一つ選びなさい。

① 山地から平野に差し掛かるところに形成される地形を氾濫原という。

② 三角州では、川が蛇行するので、自然堤防・背後湿地・三日月湖が形成される。

③ 氾濫原は、平野から海へ突入する川の河口部分に存在する地形なので、海面と同じ高さになり、水はけが悪くなる。

④ 扇状地の扇頂部分は、水を手に入れることができるので、古くから集落ができ、稲作もしていた。

기출 check 2012(2)

UNIT 05

해안 지형과 건조 지형

빈출 포인트 Check

❶ 해안 지형 ☆☆☆☆☆
❷ 건조 지형 ☆☆☆

핵심 개념 확인하기

1 해안 지형

1) 해안 단구(海岸段丘(かいがんだんきゅう))

① 물을 얻기 어려워, 논이나 과수원으로 이용한다.

해안단구

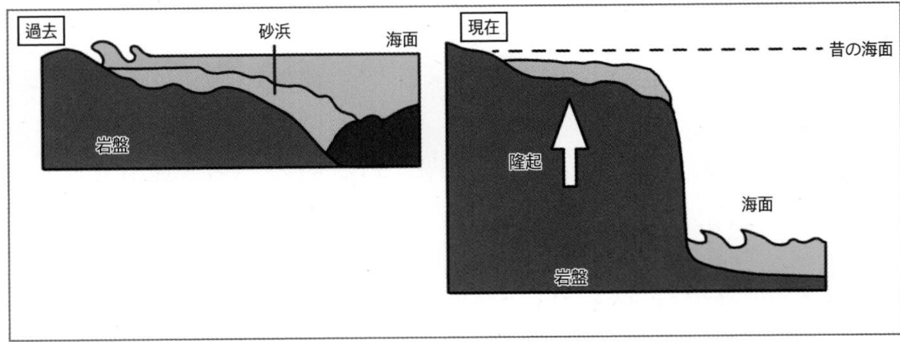

2) 침수해안

특징	예시	종류
• 육지의 침강이나 해수면 상승으로 만들어진 해안	• 리아스(リアス)해안 • 피요르드(フィヨルド) • 에스츄어리(エスチュアリー)	• 하천 침식으로 형성된 V자곡 • 빙하에 의한 침식으로 형성된 U자곡

① 리아스(リアス)식 해안

정의	특징	대표적 지역
• 하천 침식으로 V자곡이 침수한 톱날 모습의 해안	• 양항(良港[りょうこう])이 많이 입지하며, 지진 시 해일이 작은 만에 진입하면, 파도가 한층 더 높아짐	• 일본 이세시마(伊勢志摩[いせしま])

② 피요르드(フィヨルド) 해안

정의	대표적 지역
• 빙하에 의해 침식된 U자곡이 침수해서 만들어진 해안	• 노르웨이 서안, 칠레 남부, 뉴질랜드 남서 등 일찍이 빙하가 있었던 고위도 지역

③ 에스츄어리(エスチュアリ : 삼각강)

정의	특징	대표적 지역
• 하구의 침수로 만들어진 나팔 모양의 만	• 수심이 깊고, 대평야가 펼쳐져 있기 때문에, 무역항이나 대도시, 공업지역 발달에 적합	• 남미 라플라타강(ラプラタ), 북미 세인트로렌스(セントローレンス)강이 유명 • 유럽의 엘베(エルベ)강, 템스(テムズ)강, 지롱드(ジロンド)강, 센(セーヌ)강 등에서 발달

◦ V자곡의 침수

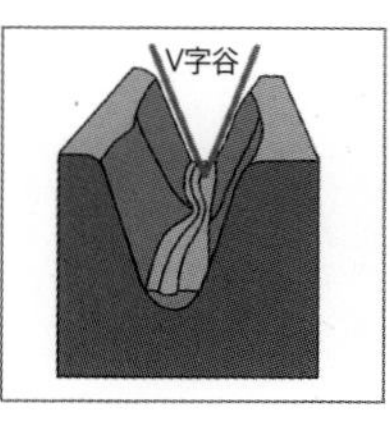

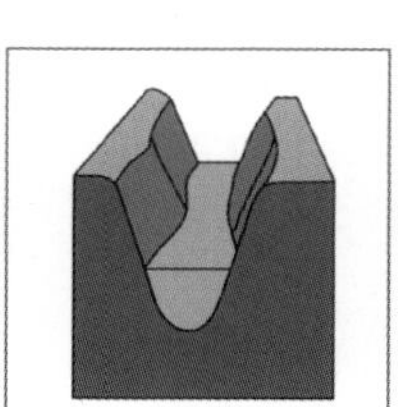

◦ U자곡의 침수

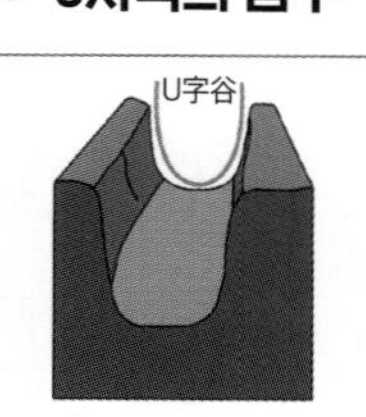

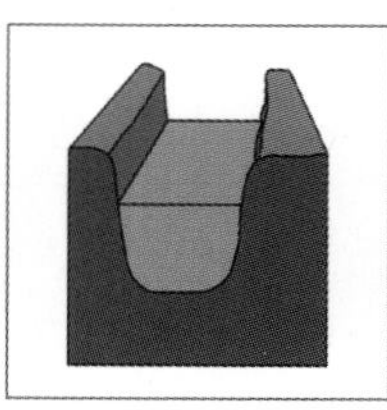

◦ 삼각강

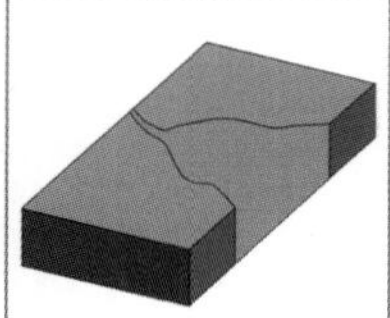

지리

3) 해안의 소규모 지형

① 연안류에 의한 퇴적으로 만들어진 소규모 지형을 볼 수 있다.

사취(砂嘴(さし))	연안류가 운반한 모래가 새의 부리 모양으로 바다 쪽으로 길게 뻗어 나간 지형
사주(砂州(さす))	사취가 발달한 만을 막고 있는 지형
육계사주(陸繫砂洲(りくけいさす))	사주에 의해 연결된 섬
석호(潟湖(せきこ))	사주에 의해 바다와 격리된 호수

- **해안의 소규모 지형**

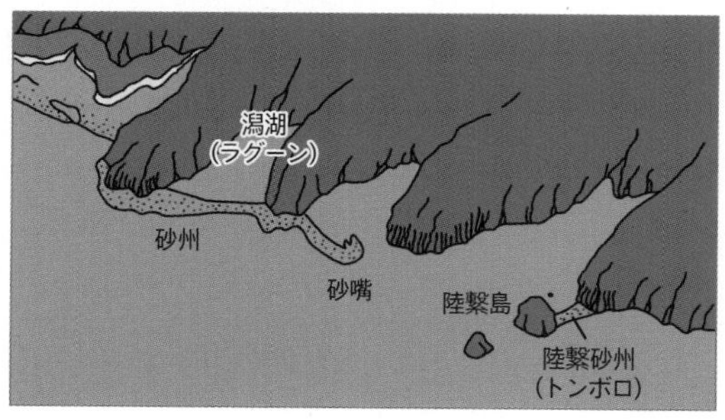

빙하가 이동, 융해할 때, 얼음 아래나 측면을 깎는 움직임으로 형성된 지형

2 빙하 지형

호른(ホルン)	빙하로 인해 주위가 깎인 바위 봉우리
권곡(カール)	빙하의 침식으로 형성된 반원 모양의 움푹 패인 땅
모레인(モレーン)	빙하로 깎인 모래와 자갈이 빙하의 운반작용으로 주변부에 퇴적한 것
빙하호	빙하가 깎은 움푹 패인 땅이나 모레인에 의해 형성된 호수
U자곡	빙하가 만든 골짜기로, 바닥은 폭이 넓고 평탄한 지형

- **빙하지형**

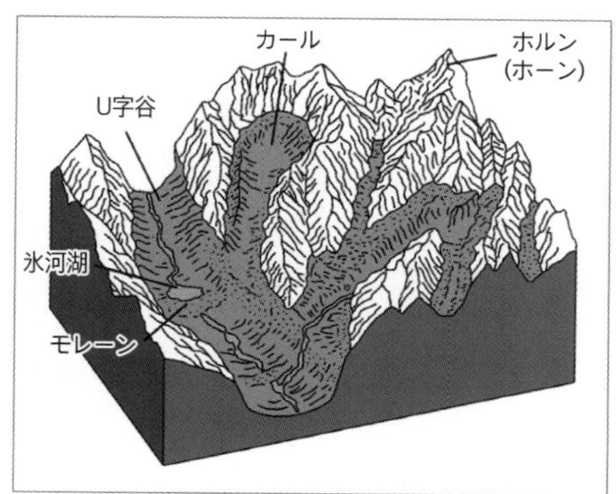

건조 기후에서 발달하는 지형

2 건조 지형

	특징	대표 예시
사막	• 식생이 거의 없음	• 암석사막 : 90%를 차지 • 자갈 사막 • 모래 사막
외래하천	• 습윤지역에 원류가 있으며, 건조 지역에 흘러 들어오는 하천	• 나일(ナイル)강 • 티그리스(ティグリス)강 • 유프라테스(ユーフラテス)강 등
와디(ワジ)	• 강우 시에만 유수가 생기는 하천	
오아시스	• 외래하천 등에 의해 건조지역에서 국지적으로 물을 얻을 수 있는 곳	
염호	• 증발과 농축으로 염분 농도가 높은 호소(호수와 늪)	• 카스피(カスピ)해 • 아랄(アラル)해 • 사해(死海(しかい)) • 우유니(ウユニ) 염호 등

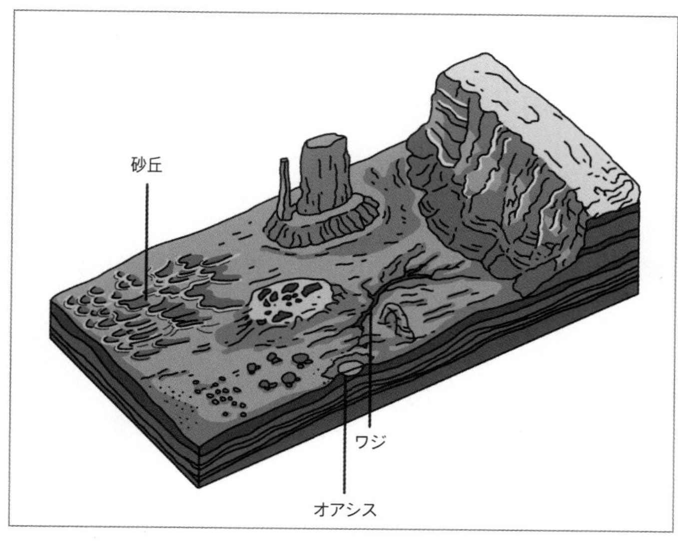

지리

정답 p.121

1. 다음 문장을 읽고, 빈칸에 들어갈 알맞은 용어를 보기에서 고르시오.

보기

ⓐ ワジ　ⓑ モレーン
ⓒ リアス式　ⓓ ホルン　ⓔ オアシス
ⓕ 砂嘴（さし）　ⓖ カール　ⓗ 塩湖

① 陸地の沈降や海面の上昇した海岸を沈水海岸といい、[ア]海岸、フィヨルド、エスチュアリーがある。

② 海岸には、沿岸流による堆積でできた小規模の地形が見られるが、沿岸流が運んだ砂が鳥のくちばし状に海へ突き出した地形を[イ]という。

③ 氷河地形には、周囲を氷河によって削られた岩峰である[ウ]と、氷河の侵食によって形成された半円状のくぼ地である[エ]、氷河によって削られた砂礫が氷河の運搬作用によって周縁部に堆積したものである[オ]がある。

④ 乾燥気候で発達する乾燥地形のうち、[カ]は、降雨時の流水が見られる枯れ川である。

⑤ 外来河川などによって、乾燥地域で局地的に水を得られるところを[キ]という。

⑥ 蒸発と濃縮により塩分濃度が高い湖沼を[ク]という。

확인 문제로 실력 다지기

정답 및 해설 p.121

問1　海岸の地形に関する説明として<u>正しくないもの</u>を、次の①～④のうちから一つ選びなさい。

① リアス海岸は、河川の浸食で形成されたＶ字谷が沈水してできたものである。

② リアス海岸は、のこぎりの歯状の海岸である。

③ フィヨルドは、氷河によって侵食されたＵ字谷が沈水してできたものである。

④ フィヨルドは、河口の沈水によるラッパ状をしている。

기출 check 2021(2)

問2　海岸には、沿岸流による堆積で次のような小規模な地形が見られる。**<u>最も適当な説明</u>**を、次の①～④のうちから一つ選びなさい。

① 砂嘴は、沿岸流が運んだ砂が湾を塞いでいる地形である。

② 砂州は、砂嘴が発達して、海へ突き出した地形である。

③ ラグーンは、砂州によって外洋から切り離された湖である。

④ 陸繋島は、砂嘴によってつながった島である。

기출 check 2012(2)

UNIT 06

식생과 토양

일본어판 check!

빈출 포인트 Check

❶ 콰펜의 기후 구분 ☆☆☆☆☆
❷ 간대 토양 ☆

핵심 개념 확인하기

❶ 쾨펜의 기후 구분

독일의 기후학자(1846~1940)

1) 쾨펜(ケッペン)

① 식생이 기후에 강하게 영향을 받는다는 관점에서 식생분포를 기초로 기후 구분을 하였다.

② 기후 구분을 기호로 나타냈다.

열대A	Af	열대 우림 기후	연중 고온 다습. 열대우림의 밀림
	Am	열대 계절풍 기후	짧은 건기가 있다. 몬순의 영향
	Aw	사바나 기후	우기와 건기. 사바나(초원과 소림(疏林(そりん)))
건조대B	BS	스텝 기후	단초 초원, 비옥한 흑토.
	BW	사막 기후	사막, 오아시스에 식생, 집락
온대C	Cs	지중해성 기후	여름에 고온 건조, 겨울에 습윤
	Cw	온난 동계 건조 기후	여름에 고온 다우, 겨울은 온난 소우, 계절풍의 영향
	Cfa	온난 습윤 기후	여름에 고온 습윤, 겨울은 한랭건조. 계절풍의 영향
	Cfb	서안 해양성 기후	난류와 편서풍의 영향으로 여름, 겨울 모두 온화
냉대D	Df	냉대 습윤 기후	평균적인 강수, 시베리아 서부, 알래스카, 캐나다
	Dw	냉대 동계 건조 기후	북반구의 한국, 중국 동북에서 시베리아 동부
한대E	ET	툰드라 기후	짧은 여름에 얼음이 녹음 ⟹ 지의류나 해초류 툰드라
	EF	빙설기후	연중 빙설로 뒤덮여 있음

2) 평균 기온과 기후 구분

최한월 평균 기온	18℃ 이상	열대
	18℃ 미만 -3℃ 이상	온대
	-3℃ 미만	한대
최난월 평균 기온	22℃ 이상	온난 습윤 기후
	그 외	서안해양성 기후

2 토양

	생성 요인	대표적 토양과 재배물
성대 토양 (成帯土壌 せいたいどじょう)	기후, 식생 변화에 대응해서 생성	• 체르노젬(チェルノーゼム) : 우크라이나의 비옥한 토양, 밀의 재배지
		• 프레리(プレーリー) : 북미 그레이트 플레인스 등에 분포. 밀의 재배지
간대 토양 (間帯土壌 かんたいどじょう)	암석, 지형의 영향을 받아 생성 (기후, 식생의 영향 적음)	• 레구르(レグール) : 인도 데칸 고원에 분포, 면화의 재배지
		• 테라로사(テラローシャ) : 브라질의 브라질 고원, 커피 재배에 적합
		• 테라록사(テラロッサ) : 지중해 주변에 분포, 석회암이 풍토되어 만들어진 비옥한 토양

지리

핵심 개념 다지기

정답 p.121

1. 다음 문장을 읽고, 빈칸에 들어갈 알맞은 용어를 보기에서 고르시오.

보기

ⓐ 西岸海洋　ⓑ 18
ⓒ 成帯　ⓓ ケッペン　ⓔ －3
ⓕ 22　ⓖ サバナ　ⓗ 間帯　ⓘ 地中海性

① [ア]は、植生が気候に強く影響されるという観点から植生分布を基礎に気候分類を行った。

② 最寒月平均気温が[イ]℃以上なら熱帯、[イ]℃未満で[ウ]℃以上なら温帯、[ウ]℃未満なら寒帯である。

③ 最暖月平均気温が[エ]℃以上なら温暖湿潤気候、そうでなければ、[オ]性気候となる。

④ [カ]気候は、雨季と乾燥、草原と疎林がある。

⑤ [キ]気候は、夏に高温乾燥、冬は寒冷湿潤である。

⑥ 土壌には、気候・植生の変化に対応して生成された土壌である[ク]土壌と、気候・植生の影響よりも岩石・地形に制約されて生成された[ケ]土壌がある。

확인 문제로 실력 다지기

정답 및 해설 p.122

問1　ドイツのケッペンは植生によって12の気候区に分類した。各気候区に関する特徴に対する説明として<u>正しくないもの</u>を、次の①～④のうちから一つ選びなさい。

① 亜寒帯湿潤気候は、北アメリカ大陸とユーラシア大陸など北半球に広く分布する。

② ステップ気候・砂漠気候は、オーストラリア大陸とアフリカ大陸に広く分布する。

③ 地中海性気候は、温帯気候だが冬には高温乾燥な気候である。

④ 西岸海洋性気候は、暖流と偏西風の影響により夏も冬も温暖である。

기출 check 2010(2) 2012(1) 2017(1) 2019(1) 2022(2)

問2　土壌とは、地表の岩石や堆積物が、地形や気候、植物などに影響され、長い時間をかけて変化した土のことである。次は土壌に関する説明の中で<u>正しいもの</u>を、次の①～④のうちから一つ選びなさい。

① チェルノーゼム土は、ウクライナから西シベリア南部にかけて分布する肥沃な土壌である。

② プレーリー土は、北アメリカなどに分布する塩分が多いアルカリ性である。

③ テラローシャは、ヨーロッパに分布する腐植を含む肥沃な土である。

④ テラロッサは、鉱産資源のボーキサイトが多く分布している。

육수와 해양, 해류

일본어판 check!

빈출 포인트 Check

❶ 육수 ☆
❷ 북대서양 난류 ☆☆☆

핵심 개념 확인하기

1 육수

<table>
<tr><th>특징</th><th colspan="2">종류</th></tr>
<tr><td rowspan="3">• 육지에 둘러싸인 물
• 지구상에 존재하는 물 중, 육수는 약 2.5%에 지나지 않으며, 그 중에서 우리들이 이용할 수 있는 육수는 전체의 0.01%</td><td>하천수</td><td>• 수운 이용 가능 지역 : 일년 내내 수량을 안정적으로 공급할 수 있는 유럽 하천
• 일본의 하천은 급경사로 수운에 부적합</td></tr>
<tr><td>호소수
(湖沼水)</td><td>• 농업용수와 공업용수로 이용
• 세계에서 가장 깊은 호수 : 시베리아 남서부 바이칼(バイカル)호
• 세계에서 가장 높은 곳에 있는 호수 : 남미 안데스산맥 고지의 티티카카(チチカカ)호
• 염분 농도가 가장 높은 염호 : 서아시아의 카스피해</td></tr>
<tr><td>지하수</td><td>• 주로 농업용수로 공급. 특히 건조지역에서는 관개로 이용
• 오스트레일리아의 그레이트 디바이딩(グレートディヴァイング)산맥 대찬정분지에서는 지층을 파낸 우물로 물을 얻고 있지만, 염분이 높기 때문에 양(羊)의 음수로만 이용</td></tr>
</table>

2 해양

1) 육지와 해양의 면적비율은 3:7이다.

2) 특징과 중심

	특징	중심
육반구	• 위도별 육해 분포 비율을 나타낸 것	육지가 최대가 되며, 파리 남서 부근이 중심
수반구		해양이 최대가 되며, 뉴질랜드 남동이 중심

◦ 육반구

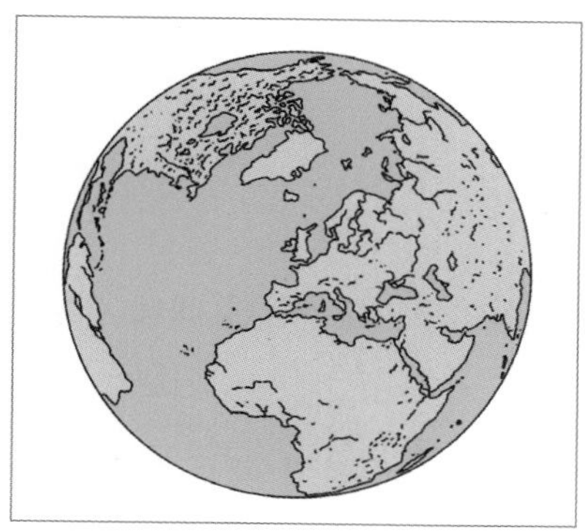

◦ 수반구

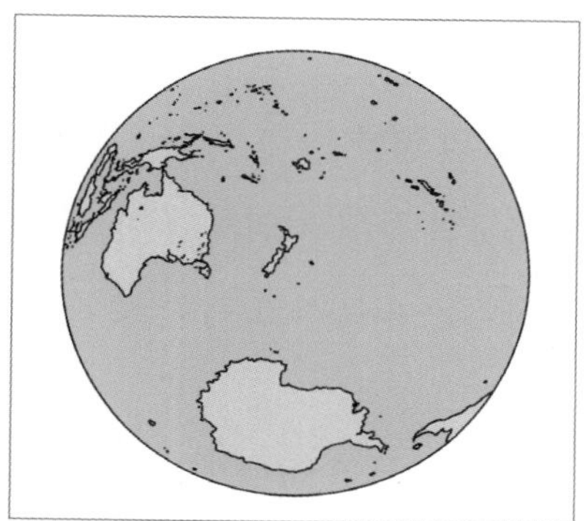

항상 거의 일정한 방향으로 이동하는 해수의 흐름

3 해류

1) 난류와 한류

난류	저위도에서 고위도로 흐름
한류	고위도에서 저위도로 흐름

2) 북반구와 남반구

북반구	시계 방향
남반구	반시계 방향

지리

한류와 난류의 흐름

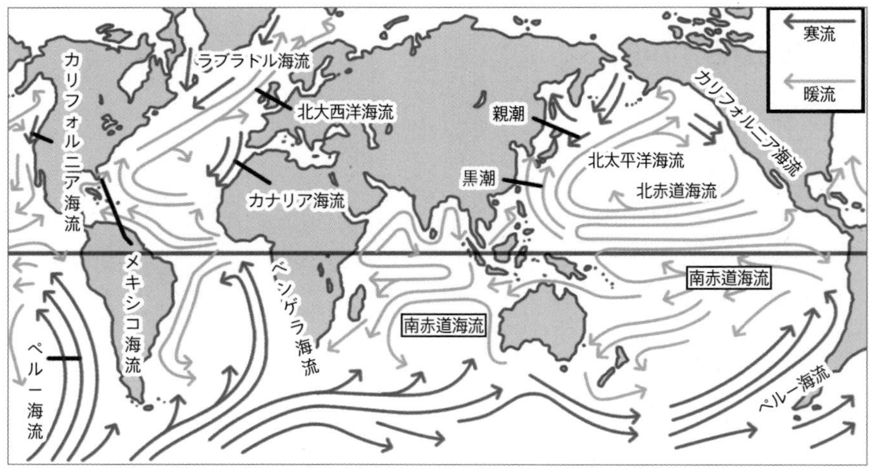

3) 난류와 한류의 영향

① 난류가 흐르면 주위 지역보다 비교적 수온이 높아진다.

② 난류 상공에는 따뜻하고 습한 공기가 흐르기 때문에, 연안 기후는 일년 내내 온난 습윤하다.

③ 유럽 서쪽은 난류인 북대서양해류가 흐르며, 그 위를 편서풍이 불기 때문에 고위도이지만, 겨울도 온난하고, 기온의 연교차가 적다.

④ 알래스카 연안에서 캐나다 서해안까지는, 난류인 알래스카 해류와 편서풍의 영향으로 지중해성 기후이다.

북대서양 해류

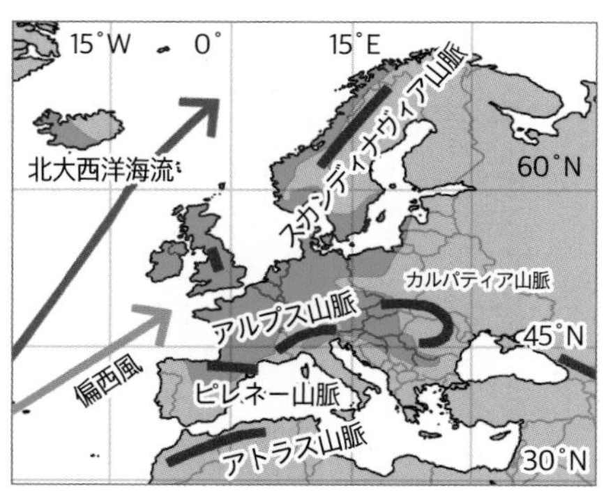

알래스카 해류

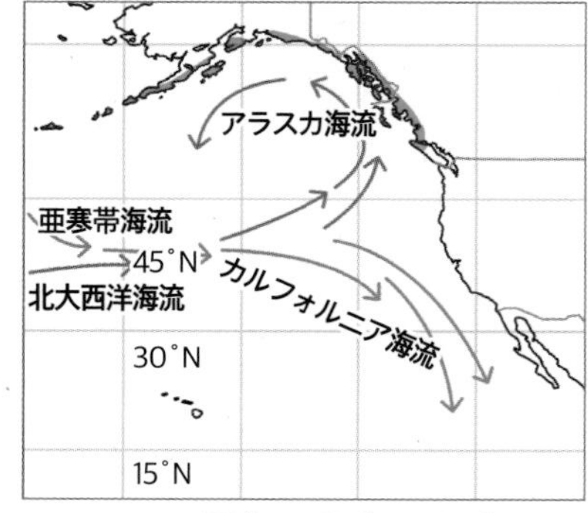

⑤ 오스트레일리아 대륙 동부와 뉴질랜드는, 동부 연안을 흐르는 난류인 동오스트레일리아 해류 영향을 받아, 서안해양성기후가 분포한다.

동 오스트레일리아해류

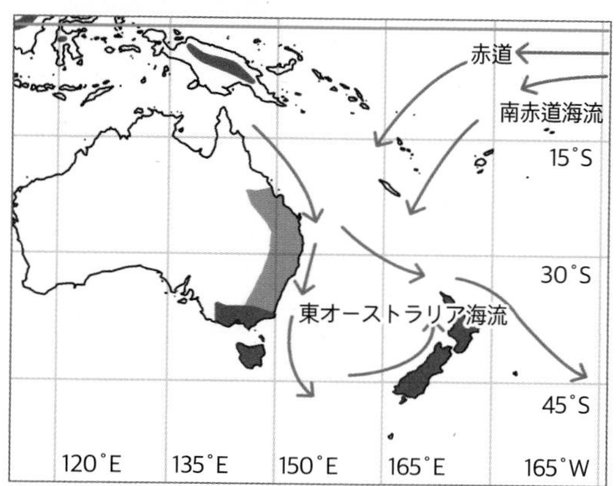

⑥ 한류 상공에는 차갑고 습한 공기가 흐르기 때문에, 냉랭한 기후가 된다.

➡ 한류 영향이 강한 연안에서는, 비를 내리게 하는 상승기류가 발생하기 어려우며, 해안 부근에는 사막이 형성된다.

└ 나미브 사막과 아타카마(アタカマ)사막

벵겔라 해류

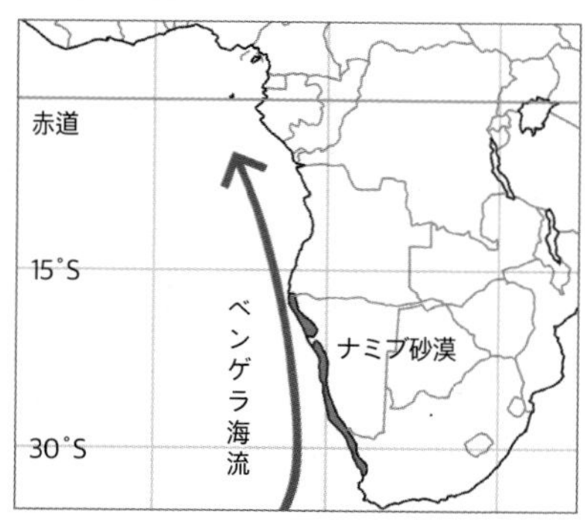

페루 해류

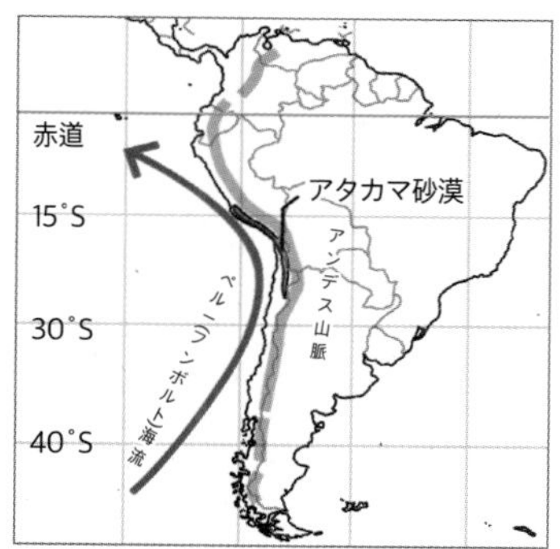

지리

핵심 개념 다지기

정답 p.122

1. 다음 문장을 읽고, 빈칸에 들어갈 알맞은 용어를 보기에서 고르시오.

보기		
ⓐ 陸半球	ⓑ 河川水	
ⓒ 暖流	ⓓ 地中海	ⓔ 湖沼水
ⓕ 海流	ⓖ 寒流	ⓗ 砂漠

① [ア]が水運に利用される地域は、年間を通して水量の安定供給ができるヨーロッパの河川であり、日本の河川は、急勾配で水運には向かない。

② [イ]は農業・工業用水に利用され、シベリア南西部にあるバイカル湖は世界一深いことで有名である。

③ 緯度別の陸海分布割合を示したものに、[ウ]と水半球がある。

④ 常に一定の方向に移動する海水の流れを[エ]という。[オ]は低緯度から高緯度へ、[カ]は高緯度から低緯度へ流れる。

⑤ アラスカ海岸からカナダ西岸までは、暖流のアラスカ海流と偏西風の影響で[キ]性気候になる。

⑥ 寒流の上には冷たく湿った空気が流れるため、冷涼な気候になる。寒流の影響が強い沿岸では、雨を降らせる上昇気流が発生しにくく、海岸付近には、[ク]が形成される。

확인 문제로 실력 다지기

정답 및 해설 p.122

問1　常にほぼ一定の方向に移動する海水の流れを海流という。海流に関する説明の中で正しいものを、次の①～④のうちから一つ選びなさい。

①　海流は、海水の密度と傾斜によって変わるが、風の影響は受けない。

②　暖流は、高緯度から低緯度へ流れる。

③　海流は、北半球では時計回りに、南半球では反時計回りに流れる。

④　寒流と暖流は、低緯度から高緯度へ流れる。

기출 check 2019(1)

問2　ヨーロッパの西側は、高緯度でありながら冬場も温暖で、気温の年較差が小さくなる。その原因に関する説明の中で正しいものを、次の①～④のうちから一つ選びなさい。

①　暖流の北大西洋海流が流れ、その上を偏西風が吹いているためである。

②　ペルーの沖合を北上する暖流の上を貿易風が吹いているためである。

③　高緯度から低緯度へ暖流が流れ、海水の温度が上がるためである。

④　北海から流れる暖流がヨーロッパの西側を流れるためである。

기출 check 2022(2)

UNIT 08

농업과 수산업, 공업

일본어판 check!

빈출 포인트 Check

❶ 농업 ☆☆☆☆
❷ 수산업 ☆

핵심 개념 확인하기

1 농업

1) 한랭한계(재배한계)

정의	지역	건조한계
• 작물의 재배가 곤란해지는 최저 기온	• 한대와 겹침	• 벼 : 1,000㎜ • 목축 : 250㎜

2) 토양과의 관계

면화재배에 적합	• 인도 데칸 고원 레구르
커피 재배에 적합	• 브라질고원의 테라록사

3) 쌀(米(こめ))

재배 조건	• 고온다우, 연강수량 1,000㎜ 이상이 필요
재배지	• 90% 이상이 아시아에서 생산, 소비

4) 밀(小麦(こむぎ))

재배 조건	• 연강수량 500㎜ 전후 반건조지역
재배지	• 러시아 우크라이나 체르노잼 • 미국 프레리

5) 대두, 옥수수, 사탕 수수

대두(大豆) (だいず)	• 식용유, 두부, 미소(味噌(みそ) : 일본식 된장) 원료
옥수수 (トウモロコシ)	• 원산지 : 멕시코 고원 • 이용 : 식용, 사료용, 유지(油脂(ゆし))용, 근년 바이오에탄올 원료로 주목
사탕 수수 (サトウキビ)	• 사탕무(テンサイ)와 함께 설탕의 원료가 됨 • 온난한 기후에서 잘 자라기 때문에 ⇨ 세계 각지의 열대, 아한대 지역에서 재배
사탕무(テンサイ)	• 추위에 강하여 ⇨ 한랭지 작물로 중고위도 지역에서 재배

6) 차와 면화

차(茶) (ちゃ)	• 온난하고 배수가 좋은 토지를 선호
면화(綿花) (めんか)	• 서리가 내리지 않는 긴 계절과 600㎜~1200㎜ 정도의 강수량이 필요 • 열대에서 아열대에 걸친 습윤·반건조지대가 적합 • 현재는 관개 발달로 강수량이 적은 지역에서도 재배

7) 커피와 카카오

커피(コーヒー)	• 남미와 동남아시아, 그 외 지역에서 재배
카카오(カカオ)	• 초콜릿, 코코아 원료 • 아프리카 기니아만에 접한 국가에서 많이 생산
천연 고무	• 주로 동남아시아, 중남미, 아프리카 고온다습한 열대 지역에서 생산 • 아시아에서 90% 이상을 생산

2 수산업

1) 대륙봉(大陸棚[たいりくだな])과 뱅크(バンク)

① 자연 조건이 좋아 어장이 발달한다.

② 대륙붕은 수심 200m 정도까지의 얕은 해역으로, 태양 빛이 해저까지 잘 도달한다.

③ 뱅크는 대륙붕 중에서 특히 수심이 얕은 부분이다.

대륙붕과 뱅크

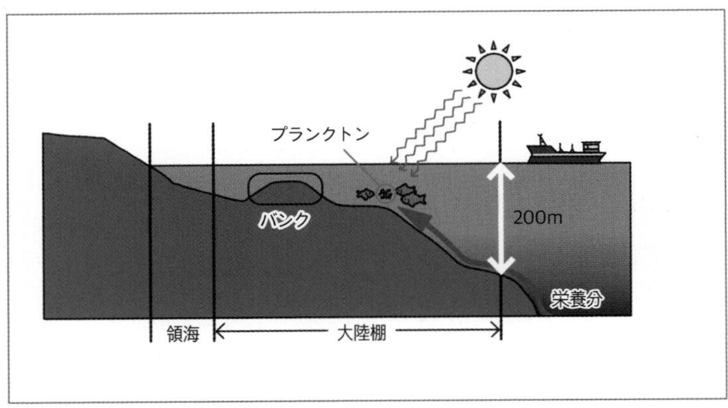

2)세계적인 어업의 쇠퇴

원인	• 석유 위기에 의한 연료비 급등 • 배타적 경제 수역(200해리 경제 수역) 설정
일본의 수산물	• 절반 이상을 수입에 의존하는 세계적인 수입국

3 공업의 입지

입지형	공업	이유
원료지향형	금속, 시멘트, 펄프	• 가공 후에 원료 중량이 대폭 줄기 때문에 ⇒ 원재료가 가공되는 과정에서 가벼워지는 산업에 적합 • 생산지 부근에 입지
전력지향형	알루미늄	• 전기를 대량으로 소비하기 때문에 ⇒ 전기 요금이 싼 지역에 입지 • 알루미늄 산업이 대표적
시장지향형	맥주, 청량음료 인쇄, 출판	• 원료를 어디에서나 입수 가능하기 때문에 ⇒ 소비지 부근에 입지 • 가공 과정에서 중량이 늘거나, 제품 수송 속도가 중요한 산업에 적합

노동력지향형	섬유, 조립	• 일손이 많이 필요하기 때문에 ⇒ 인건비가 싼 지역에 입지 • 대량의 싼 인건비가 요구되는 섬유공업이나 전기기계공업이 적합
임해지향형	철광, 석유화학	• 해외에서의 수입 원료에 의존하기 때문에 ⇒ 항구에 입지
임공항지향형	일렉트로닉스	• 소형, 경량으로 고부가가치 제품이기 때문에 ⇒ 비행기로 수송이 가능하고, 공항이나 공항으로 이어지는 고속도로 부근에 입지
집적지향형	자동차	• 부품 공장이 모여 입지하여, 설비의 공동 이용이나 수송 비용 삭감이 가능

4 각종 공업의 특징

	특징	지역
섬유공업	• 대량의 싼 노동력이 필요	• 개발도상국이 중심 • 고급 의류는 선진국에서 생산
알루미늄 공업	• 전기를 대량으로 소비	• 석탄에 의한 화력발전이 활발한 오스트레일리아, 중국, 인도 • 수력 발전 중심지인 노르웨이, 캐나다, 브라질
자동차 공업	• 다수의 부품 공장에서 만들어 조립	• 공장이 모여 있는 집적 지향형이 유리
항공기 공업	• 고도의 기술력과 거래 자금 필요	• 미국이 대표적 • 항공기 공업은 미국에서는 시애틀(シアトル)이나 로스앤젤러스(ロザンゼルス) 등 태평양 측에 입지하고, 유럽에서는 독일, 프랑스, 영국 등 분업으로 제조한 부품으로 프랑스에서 최종 생산

지리

핵심 개념 다지기

정답 p.122

1. 다음 문장을 읽고, 빈칸에 들어갈 알맞은 용어를 보기에서 고르시오.

보기

ⓐ 繊維　ⓑ 臨海指向
ⓒ レグール　ⓓ 原料指向　ⓔ テロローシャ
ⓕ 自動車　ⓖ 寒冷限界　ⓗ 集積指向　ⓘ 大陸棚

① 作物の栽培には、作物の種類に適した気温が必要であり、作物の栽培が困難になる最低の気温を［ ア ］という。

② 土壌も大きく関係しているが、インドのデカン高原に分布する［ イ ］は、綿花栽培に適し、ブラジル高原の［ ウ ］はコーヒー栽培に適している。

③ 好漁場の自然条件に恵まれる場所は、［ エ ］とバンクである。［ エ ］は、水深200 m程度までの浅い海域で、太陽が海底までよく到達するところである。

④ ［ オ ］型工業は、原材料が加工される過程で軽くなる産業に適するが、燃料・原料の輸入への依存度が高くなる産業は、［ カ ］型へ移行する。

⑤ ［ キ ］工業は、多くの安い労働力が必要なので発展途上国が生産の中心となっているが、高級なものは先進国で生産される。

⑥ ［ ク ］工業は、多数の部品工場で作られたものを組立工場で製品化するので、工場が集まって立地する［ ケ ］型が有利である。

확인 문제로 실력 다지기

정답 및 해설 p.122

問1　三大穀物の一つである米に関する説明の中で**正しくないもの**を、次の①～④のうちから一つ選びなさい。

① 米の原産地はインド東部から長江中下流域とされている。

② 高温多雨で年降水量1000㎜以上が栽培の条件になる。

③ アジア人の主食であるので、アジアだけで生産・消費される。

④ 米の生産が多い国は、中国・インド・タイなどである。

기출 check 2020(2)

☆問2　農業には自然環境のほか、経済的条件や歴史的背景も影響し、各地で特色ある農業地域が形成されている。次の説明として**最も適当なもの**を、次の①～④のうちから一つ選びなさい。

① 小麦は、粗放的で大規模な経営のため生産性と労働生産性が高い。

② 地中海式農業で生産されるものは、小麦が代表的である。

③ 園芸農業は、都市への出荷を目的としているのでパリが中心生産地である。

④ 南ヨーロッパの気候が温暖なので、てんさいの栽培が盛んでいる。

UNIT 09

산업과 에너지 자원, 금속, 영역

일본어판 check!

빈출 포인트 Check

❶ 산업 분류☆
❷ 1차 에너지 ☆☆

핵심 개념 확인하기

❶ 산업 분류

1) 분류

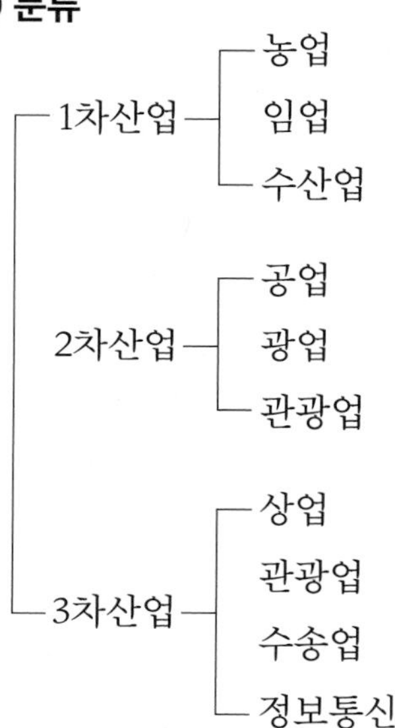

2) 삼각 그래프 : 산업별 취업률을 나타내는 그래프이다.

◦ 일본의 산업별 취업자수 추이

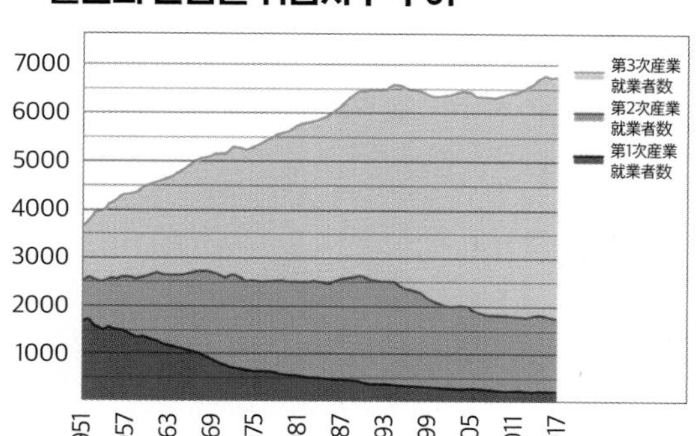

◦ 삼각 그래프

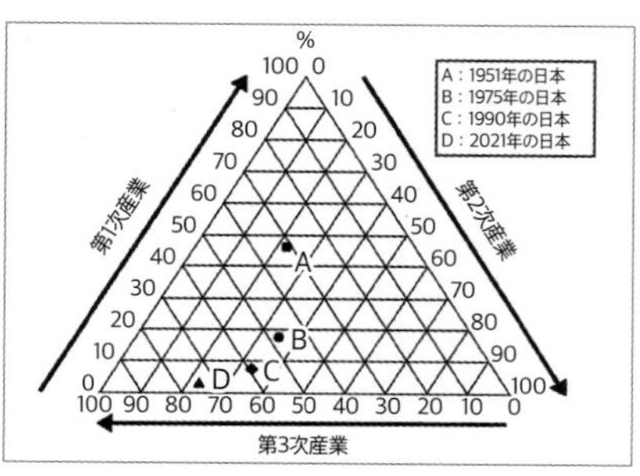

❷ 에너지 자원

1)분류

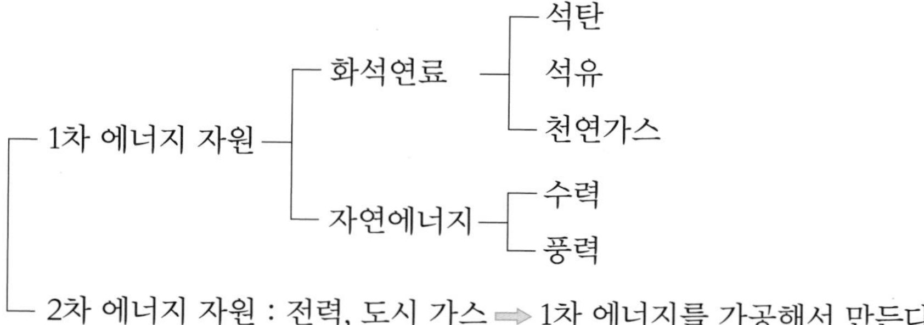

2차 에너지 자원 : 전력, 도시 가스 ⇨ 1차 에너지를 가공해서 만든다.

2) 석유

① 1차 에너지 중에서 가장 많이 소비된다.

② 세계 매장량의 약 절반이 서아시아와 신기 조산대에 편재해 있다.

③ 1, 2차 석유파동을 계기로, 석유 소비국에서 탈 석유를 목표로 ⇨ 미국에서는 혈암(頁岩(けつがん) : 셰일)에서 석유를 추출하는 기술이 개발되어 원유 생산량이 증가하였다.

④ 일본은 95% 이상의 원유를 중동에서 수입하고 있다.

3) 석탄 : 매장량이 가장 많으며, 유라시아대륙이나 아메리카대륙의 고기조산대에 넓게 분포하고, 편재성은 적다.

4) 천연가스 : 그린 에너지인 천연가스는, 냉각·액화한 상태로 운반되기 때문에 ⇨ 수송에 편리한 동남아시아와 오스트레일리아가 중심이다.

5) 자연 에너지 : 풍력발전, 태양열발전, 지열발전, 바이오매스 등이 대표적이다.

❸ 금속자원·비금속자원

1) 철광석 : 안정육괴에 분포한다.

2) 구리

① 마그마가 지표에 나오는 과정에서 형성된다.

② 신기조산대 지역에 분포한다.

3) 보크사이트

① 알루미늄의 원료 암석으로 ⇒ 열대, 아열대 지역, 특히 사바나 지역에 많이 분포한다.

② 주로 전력 비용이 낮은 수력발전소를 보유하는 나라에서 생산된다.

- 알루미늄은 보크사이트에서 추출하는 과정에서 대량의 전력이 필요
- 중국, 캐나다, 러시아 등

4) 금 : 장식품을 비롯해, 스마트폰이나 전기 자동차 등 산업용으로 이용된다.

티타늄, 크롬, 니켈 등

5) 희귀금속(レア・メタル)

① 첨단기술산업에 꼭 필요한 중요한 금속이다.

② 존재량이 적으며, 아프리카 대륙 남부, 중국, 구 소련 지역에 편재되어 매장되어 있다.

③ 레어 메탈의 확보에 어려움을 겪고 있는 선진국은, 레어 메탈을 재활용하고 있다.

인구가 많은 도시에는 회수할 수 있는 레어 메탈이 매장되어 있다고 생각해, 이것을 도시광산이라고 부름

6) 우라늄(ウラニウム)

① 원자력 발전, 핵무기의 연료가 된다.

② 산출, 수출입, 보관, 매매에 관하여 국가 간 규모로 감시하고 있다.

7) 다이아몬드 : 고강도이기 때문에 공업용으로도 중요하다.

④ 영역

1) 정의 : 주권이 미치는 육지(영토), 바다(영해), 하늘(영공)을 영역이라고 한다.

2) 영해와 영공

영해	• 연안에서 12해리 이내
영공	• 영토, 영해, 상공이며 동시에 대기권 내

2) 배타적 경제 수역과 접속 수역

베타적 경제 수역	• 영해를 포함하는 200해리 • 광산 자원이나 수산 자원의 독점이 허용되는 범위
접속 수역	• 영해의 기선에서 그 바깥 쪽 24해리까지의 해역(영해 제외) • 연안국이 자국 영토 또는 영해 내에서 통관, 재정, 출입국 관리(밀수입이나 밀입국 등) 또는 위생(전염병 등)에 관한 법령 위반이나 방지 및 처벌을 행할 수 있는 수역

◦ 영토,영해, 영공, 공해

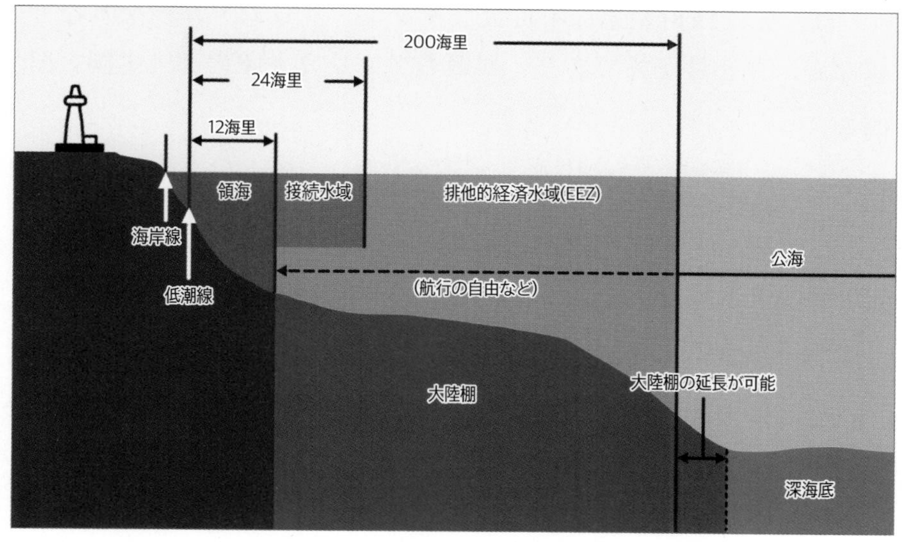

지리

핵심 개념 다지기

정답 p.122

1. 다음 문장을 읽고, 빈칸에 들어갈 알맞은 용어를 보기에서 고르시오.

보기

ⓐ 第1次　ⓑ ウラン
ⓒ 第2次・第3次　ⓓ 領海　ⓔ 鉄鉱
ⓕ レアメタル　ⓖ 銅鉱　ⓗ 接続水域

① 経済が発達すると、[ア]産業は減少し、[イ]産業の人口が増加する。

② [ウ]は、安定陸塊に分布し、[エ]は、マグマが地表に出る過程で形成されるので、火山活動が活発な新期造山帯の地域に分布する。

③ [オ]は、先端技術産業に不可欠なチタン・クロム・ニッケルなどの重要な金属だが、存在量が稀であり、埋蔵もアフリカ大陸南部・中国・旧ソ連地域に偏る。

④ [カ]は、原子力発展の燃料ともなるが、核兵器の原料ともなるため、その産出、輸出入と保管、売買については国家間規模で監視されている。

⑤ [キ]は、沿岸から12海里以内で、排他的経済水域は[キ]を含む200海里となっている。

⑥ [ク]は、領海の基線からその外側24海里までの海域で、沿岸国が自国の領土又は領海内における通関、財政、出入国管理、衛生に関する法令の違反の防止及び処罰を行うことが認められた水域である。

확인 문제로 실력 다지기

정답 및 해설 p.122

問1　1次エネルギーの中で一番多く消費されている石油は、1973年・1979年、石油危機によって石油価格が高騰した。石油に関する説明の中で<u>正しくないもの</u>を、次の①～④のうちから一つ選びなさい。

①　世界の埋蔵量の約半分が西アジアに集中している。

②　古期造山帯の褶曲(しゅうきょく)した地層の背斜部に集積している。

③　動力・発電の燃料や石油製品の原料で、現在の物質文明を支えている。

④　日本は石油の95%以上を中東地域から輸入している。

問2　産業は、第一次産業・第二次産業・第三次産業の３つに分類される。産業に関する説明の中で<u>正しくないもの</u>を、次の①～④のうちから一つ選びなさい。

①　第一次産業には、農業・林業・水産業などがある。

②　第二次産業には、工業・建設業・観光業などがある。

③　第三次産業には、商業・観光業・情報通信業などがある。

④　日本では現在までに、第一次産業の人口は減少したことがない。

기출 check 2018(2)

UNIT 10

국경과 세계의 문화

일본어판 check!

빈출 포인트 Check

❶ 자연 국경과 인위적 국경 ☆
❷ 세계 3대 종교 ☆☆☆

핵심 개념 확인하기

1 국경

	특징	예시
자연적국경	• 산맥, 하천 등 자연이 경계	• 피레네 산맥(스페인과 프랑스의 경계) • 스칸디나비아 산맥(노르웨이와 스웨덴의 경계) • 오대호(캐나다와 미국의 경계) • 리오그란데 강(미국과 멕시코 경계)
인위적 국경	• 경선, 위선이나 축조물을 경계로 이용	• 경도 이용(미국과 캐나다, 이집트와 리비아, 인도네시아와 파푸아뉴기니) • 위도 이용(미국과 캐나다, 이집트와 수단)

대부분의 국가 국경이 여기에 해당

자연적 국경(피레네 산맥)

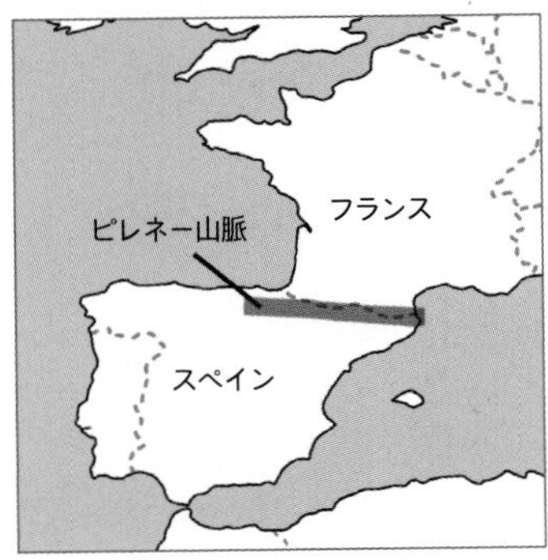

자연적 국경(스칸디나비아 산맥)

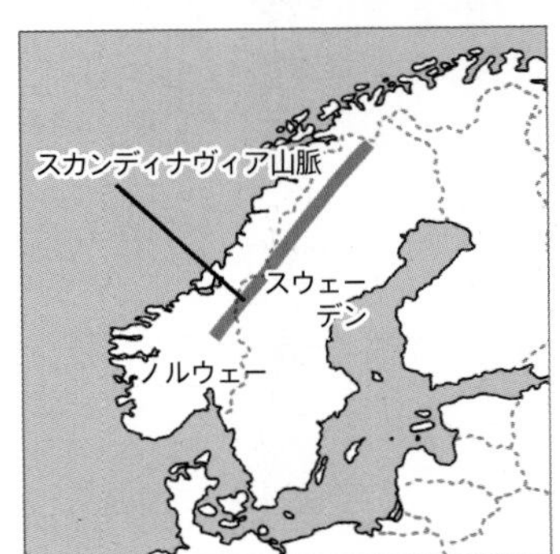

자연적 국경(오대호)

인위적 국경(경도를 이용)

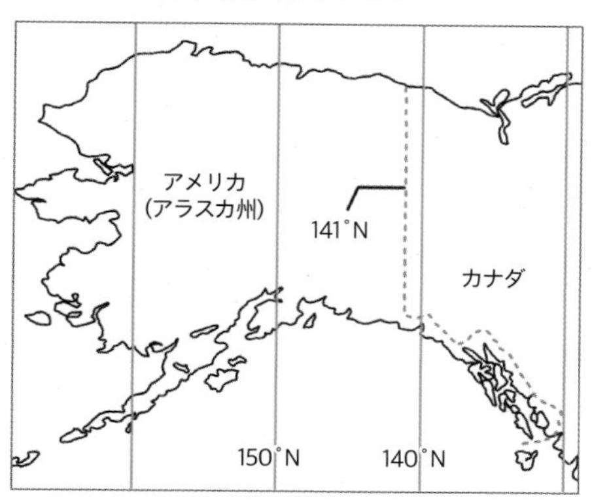

인위적 국경(경도를 이용)

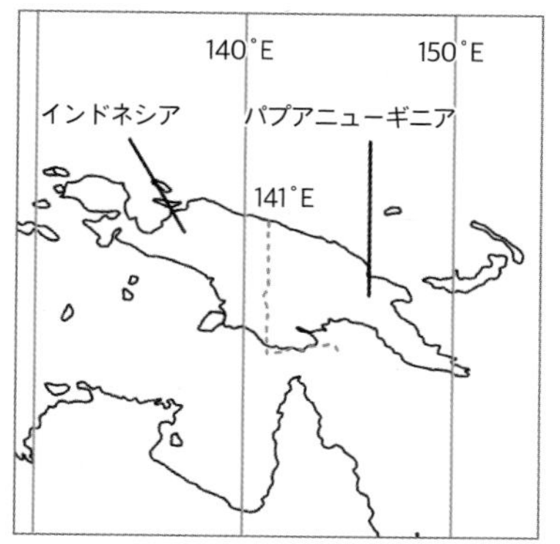

인위적 국경(미국과 캐나다 : 위도를 이용)

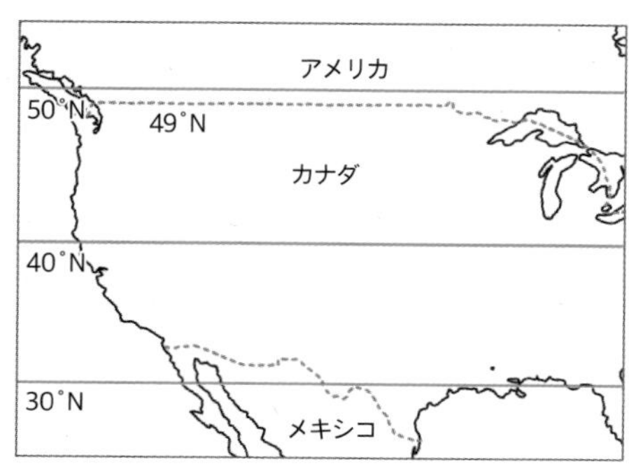

인위적 국경(이집트와 수단)

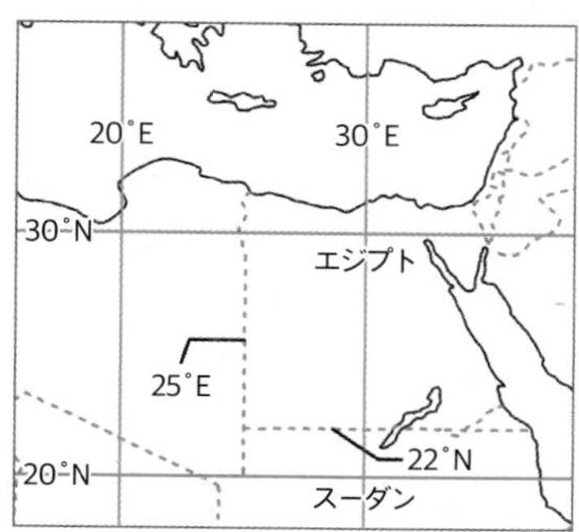

지리

❷ 세계의 종교

1) 세계 3대 종교 : 기독교, 이슬람교, 불교를 말한다.

2) 민족종교 : 특정 민족이 믿는 종교로 ➡ 힌두교, 유대교, 신도, 도교 등이 해당된다.

3) 이슬람교 : 돼지와 술을 금기시하며, 여성의 지위가 낮기 때문에 ➡ 이슬람교 국가에서는 돼지 사육이 적으며, 여성의 사회 진출이 늦어지고 있다.

4) 힌두교 : 인도의 종교로, 소를 신성시해서 금기시하고 있다.

5) 민족 간의 문제는 언어와 종교가 복잡하게 얽혀 있다.

- 이슬람교 대립 : 이란(시아파)과 이라크(수니파)
- 쿠르드인: 튀르키예 동부 지역과 산악지역에 거주, 세계 최대의 "독립된 조국을 갖지 않는 민족"

① 팔레스타인 분쟁 : 이스라엘 건국과 함께, 유대인이 이주해서 거주하는 한편, 선주민이었던 팔레스타인인이 거주지를 잃고 난민이 되어 지금도 분쟁 중이다.

② 유럽의 분쟁

북아일랜드 분쟁	종교적인 문제로 영국에서 분리 독립을 요구
키프로스 분쟁	민족·종교 문제로 튀르키예와 그리스계의 분리 독립을 요구
카탈루냐·바스크 분쟁	스페인에서 분리를 요구

❸ 세계의 언어

1) 언어 : 민족을 구별하는 하나의 지표이다.

2) 어족 : 문법 특징 등으로 비교하여 나눈 것이다.

3) 다민족 국가 : 공용어를 복수 설정
- 인도: 힌두어, 영어 등 21 언어
- 벨기에: 네덜란드어, 프랑스어, 독일어
- 스위스: 프랑스어, 독일어, 이탈리아어, 로만슈어
- 싱가폴: 중국어, 말레이어, 타밀어, 영어

4) 세계의 언어별 인구 : 영어, 중국어, 힌두어, 스페인어, 프랑스어 순이다(2023년 현재).

5) 언어 대립

언어 대립	벨기에 남부의 프랑스어(왈론어)와 북부 네덜란드어의 대립
구 유고슬라비아 분쟁	4개의 언어가 얽혀 있음
캐나다 퀘벡 주	프랑스어계가 다수, 영국계 주도 ➡ 정부에서 독립운동 전개

4 역사와 생활

1) 라틴 아메리카와 아메리카의 많은 국가는, 식민지 시대 종주국에 원료 공급지였던 역사를 갖고 있다.

➡ 모노컬쳐 경제에 국가 경제가 크게 의존하고 있다.

└ 사탕수수, 카카오, 차 등의 1차 산업품과 플랜테이션, 대토지소유제를 토대로한 대농원에서 하는 생산, 수출이 국가 경제의 중심

2) 수출하는 상품 작물의 생산은 활발하지만, 필요한 식량 생산은 수입에 의존하고 있다.

➡ 작물의 국제가격 변동에 영향을 받기 쉽다.

지리

핵심 개념 다지기

정답 p.123

1. 다음 문장을 읽고, 빈칸에 들어갈 알맞은 용어를 보기에서 고르시오.

보기

ⓐ 道教　ⓑ 自然的
ⓒ 語族　ⓓ 人為的　ⓔ プランテーション
ⓕ イスラム教　ⓖ モノカルチャー　ⓗ シーア

① 国境には、山脈・河川など自然のものを境界にする［ア］国境と、経線・緯線や構築物を境界に利用する［イ］国境がある。

② 人種や民族の枠を超えて信仰されている宗教として、キリスト教・［ウ］・仏教がある。

③ 民族宗教とは、特定の民族のみに信仰されている宗教であり、ヒンドゥー教、ユダヤ教、神道・［エ］などが該当される。

④ 民族間の問題は、言語と宗教と複雑に絡み合っている。イランとイラクの紛争は、イスラムの［オ］派とスンニ派との宗教的な対立である。

⑤ 民族を区別する一つの指標として言語がある。文字の特徴などで比べ分けたものを［カ］というが、インドにはヒンドゥー語・英語など21の言語がある。

⑥ ラテンアメリカやアフリカの多くの国は、植民地時代の宗主国への原料供給地だった歴史背景から、［キ］や大土地所有制に基づいた大農園で生産・輸出に国の経済が大きく依存している［ク］経済である。

확인 문제로 실력 다지기

정답 및 해설 p.123

問1　多民族国家では、民族ごとの言語を認め、公用語を複数設定したりする。公用語に関する説明の中で正しいものを、次の①～④のうちから一つ選びなさい。

① インドは、イギリスの植民地であったことをうけて公用語は英語だけである。

② ベルギーでは、オランダ系の人々が多いので、オランダ語が公用語である。

③ シンガポールは、中国人が多いので、中国語が共通語である。

④ カナダのケベックではフランス語だけを使うようにしている。

기출 check 2013(1)

問2　世界宗教とは、人種や民族の枠を越えて信仰されている宗教を指し、民族宗教とは、特定の民族のみに信仰されている宗教を指す。多様な宗教の特徴に関する説明の中で正しいものを、次の①～④のうちから一つ選びなさい。

① 世界宗教には、イスラム教・ヒンドゥー教・仏教が該当する。

② カトリック信徒は、南ヨーロッパや中・南アメリカに多い。

③ プロテスタント信徒は、東ヨーロッパやロシアに多い。

④ アメリカに移民したヒスパニック系には、イスラム信徒が多い。

기출 check 2015(2) 2022(1) 2022(2)

UNIT 11 촌락·도시, 교통과 통신

일본어판 check!

빈출 포인트 Check

❶ 역사와 민족 ☆☆☆
❷ 도시 문제 ☆

핵심 개념 확인하기

1 역사와 민족

1) 볼리비아(ボリビア)와 페루(ペルー) 등 : 잉카 제국의 중심으로 선주민의 비율이 높다.

2) 에콰도르(エクアドル)나 칠레(チリ) 등 : 백인과 선주민의 혼혈(메스티소 : メスチーソ) 비율이 높다.

3) 아이티(ハイチ)나 자마이카(ジャマイカ) 등 : 아프리카계 비율이 높으며, 선주민은 적다 ➡ 아프리카인이 사탕수수나 커피콩 재배 노동력으로 동원된 것이 원인이다.

4) 아르헨티나(アルゼンチン), 우르과이(ウルグアイ) : 선주민이 적고, 유럽계가 많다 ➡ 열대 작물 플랜테이션이 형성되기 어려워, 아프리카계 노동자가 적었다.

5) 구 종주국과 식민지 : 언어와 문화가 익숙해져 있기 때문에 ➡ 긴밀한 관계로 연결되어 있다.

└ 이주 근로자와 이민자가 많음
- 프랑스와 알제리아, 말리
- 포르투갈과 앙골라
- 영국과 케냐

6) 아프리카 국가들 : 구 종주국이 인위적으로 그은 인위적 국경선이 민족간 분쟁 불씨가 되어 있는 경우가 많다.

② 촌락·도시

1) 분류

촌락	제1차 산업이 경제 기반
도시	제2, 3차 산업이 경제 기반

2) 도시 문제

① 스프롤(スプロール) 현상 : 도시가 발전하여 지가가 올라가면, 도시 교외에 베드타운(ベッドタウン)이 형성되는데, 그 대부분이 무계획, 무질서하게 형성되는 현상이다.

② 도너츠(ドーナツ) 현상 : 도시 교외에 이주하는 사람들 대부분이 도심에서 통학, 통근하기 때문에 ⇒ 도심의 야간 인구가 주간 인구보다 적어, 주야간 인구 수에 증감이 있는 현상을 일컫는다.

③ 이너시티(インナーシティー) : 도시 사람들이 교외로 이주한 결과 ⇒ 도심에는 슬럼화하거나 지역 전체가 저급화 되어 가는 문제가 발생하는 현상이다.

산업혁명 이후, 선진국에서는 도시가 형성, 개발 도상국에서는 촌락 인구가 급증

3) 도시 규모별 분류

메트로 폴리스(メトロポリス)	나라와 지방의 중심이 되는 대도시
메가 폴리스(メガポリス)	복수의 메트로 폴리스가 결합해서 만들어진 지역
코너베이션(コナベーション)	인접한 도시가 결합하여, 경계가 불명확해진 도시
프라이메이트 도시 (プライメートシティ)	• 특정 도시에만 인프라가 집중, 정비되어 다른 도시에 비해 인구가 많은 도시 • 개발도상국에 많음 • 멕시코시티, 방콕, 자카르타, 서울 등

지리

3 교통

1) 철도 교통

장점	• 대량의 여객·화물을 장거리에 걸쳐서, 신속·안전·확실하게 수송 • 환경 부하가 적음
단점	• 지형적 제약을 받기 쉬움
발달된 국가	• 중국 : 여객과 화물 모두 높음 • 일본과 인도 : 여객이 높음 • 미국과 러시아 : 화물 수송이 높음 • 브라질 : 밀림 지역의 철도 개발이 곤란하여, 수송량이 지극히 적음

2) 자동차 교통

①

장점	• 자유로운 수송이 가능 • 목적지까지 직접 도착
단점	• 적은 수송량 • 대기 오염 발생
발달된 국가	• 모터리제이션(モータリゼーション) 발생으로 ⟹ 대기오염 대처 필요

– 자동차가 생활 필수품화 하는 현상
– 대책 ┌ 파크앤드라이브(パークアンドライド) : 도심부 자동차 통행 억제
　　　└ 로드 프라이싱(ロードプライシング) : 도심부 들어오는 자동차에 과금, 도심부 교통 혼잡을 완화, 혼잡세

② 모덜 시프트(モーダルシフト) : 환경 부하가 큰 자동차 수송이 환경 부하가 적은 철도·수상 교통으로 변환하고 있다.

3) 항공 교통

장점	• 지형에 의한 제약 없음 • 가장 신속한 수송이 가능
단점	• 기상 제약 • 공항에만 이착륙 가능 • 중량이 있는 화물에는 부적절 • 비용이 비쌈
적합한 화물	• ICT(집적회로), 의약품, 생선 식품 등 소형 경량이고 고가인 제품

선박 수송이 세계 무역의 중심

4) 수상 교통

①

장점	싸고 중량이 있는 화물의 대량 수송 가능
단점	속도가 느리며 자연 제약이 큼
적합한 화물	중량이 무거운 것을 대량으로 싸게 수송할 경우

② 편의 치적선(便宜置籍船[べんぎちせきせん]) : 배의 세금이 싼 나라에 선박을 등록하는 것으로, 파나마(パナマ) 리베리아(リベリア)가 세계 1, 2위 상선 보유국이다.

4 통신

1) 고정전화(유선 전화)

① 선진국에 보급되어 있다.

② 개발 도상국에서는 회선 정비 시설에 많은 비용이 필요하기 때문에 ⇒ 보급률이 낮다.

2) 이동전화(휴대폰)

① 소액의 기지국 건설로 이용 가능하기 때문에 ⇒ 개발 도상국에서 급속히 보급되었다.

② 북미는 한랭하고 경제적으로 풍요롭기 때문에 ⇒ 실내에서 정보를 얻을 수 있는 고정전화와 겨울에 통행이 어려울 경우에 연락하기 위해 이동전화가 빠르게 보급되었다.

3) 인터넷

① 선진국에서 전화 회선을 이용하는 형태로 보급되었기 때문에 ⇒ 이용자 비율이 높다.

② 개발 도상국에서는 컴퓨터 보유자가 적기 때문에 ⇒ 이용자 비율이 낮다.

③ 중국은 인터넷 이용자 비율은 낮지만, 인구가 많아 이용자 수는 세계1위이다.

핵심 개념 다지기

정답 p.123

1. 다음 문장을 읽고, 빈칸에 들어갈 알맞은 용어를 보기에서 고르시오.

보기

ⓐ コナベーション　ⓑ アンゴラ　ⓒ メトロポリス
ⓓ 中国　ⓔ アイチ　ⓕ メガロポリス　ⓖ 移民者
ⓗ 旅客　ⓘ 貨物輸送　ⓙ 固定電話

① [ア]やジャマイカなどは、アフリカ系の割合が高く、先住民が少ないが、その理由は、かつてサトウキビやコーヒー豆の栽培の労働力として多くのアフリカ人が連れてこられたためである。

② 旧宗主国と植民地は、言語と文化が慣れているため、緊密な関係を結びがちである。たとえば、フランスとアルジェリア・マリ、ポルトガルと[イ]、イギリスとケニアなどには[ウ]や出稼ぎ者が多い。

③ 都市には、国と地方の中心となる大都市の[エ]、複数の[エ]が連なった地域を[オ]、隣接する都市が結合し、境界が不明確になった[カ]がある。

④ [キ]は、旅客と貨物の利用率が高く、日本とインドは[ク]の方が、アメリカとロシアは[ケ]の方が高い。

⑤ [コ]は、先進国ではよく普及しているが、途上国では回線の整備施設に多額の費用が必要なので、普及されていない。

확인 문제로 실력 다지기

정답 및 해설 p.123

問1　船の税金の安い国に船籍を登録するものを便宜置籍船という。世界的に便宜置籍船が多く登録されている国はどこか、次の①～④のうちから一つ選びなさい。

① パナマ

② チリ

③ インドネシア

④ インド

기출 check 2011(2)

問2　都市が発展すると、都心の地価が高くなり、人々は都市郊外に移す。すると、都市郊外では人口が増加し、衛星都市などが開発される。この開発が無計画・無秩序に開発される現象を何と呼ぶか、次の①～④のうちから一つ選びなさい。

① ドーナツ現象

② スラム現象

③ スプロール現象

④ ストロー現象

기출 check 2016(1)

UNIT 12

지구 규모의 과제(1) 인구

일본어판 check!

빈출 포인트 Check

❶ 인구 피라미드 ☆☆☆
❷ 합계 특수 출생률 ☆

핵심 개념 확인하기

1 인구

1) 세계 인구는 급속히 증가하고 있다.

2) 개발 도상국

이전	출생률⇑ 사망률⇑
현재	선진국이나 WHO(세계보건기구)로부터 의료나 식량 공급 ⇨ 사망률⇓

3) 인구 수

가장 많은 곳	아시아
증가율이 높은 곳	아프리카

4) 합계 특수 출생률

① 한 명의 여성이 평생 낳는 아이의 수를 말한다.

② 합계 특수 출생률이 2.1을 넘으면 인구가 증가하고, 그 이하면 인구는 감소한다.

③ 대부분의 개발 도상국은 2.1을 웃돌지만, 중국은 한 자녀정책1979-2015 이후 2.0을 밑돌고 있다.

④ 일본은 2023년 현재 1.2 이하를 기록하고 있다.

⑤ 인구가 가장 많은 국가 : 인도, 중국, 미국, 인도네시아, 파키스탄(2023년도) 순서이다.

⇨ 2050년도에는 인도, 중국, 나이지리아, 미국, 파키스탄 순서가 될 것으로 예상된다.

지역별 인구 추이

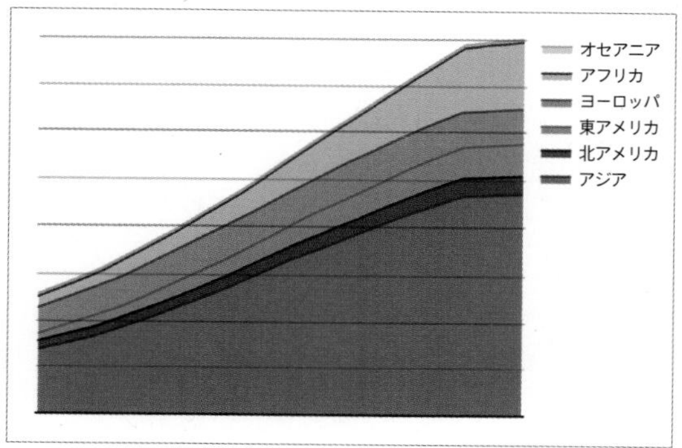

주요국 합계 특수 출생률

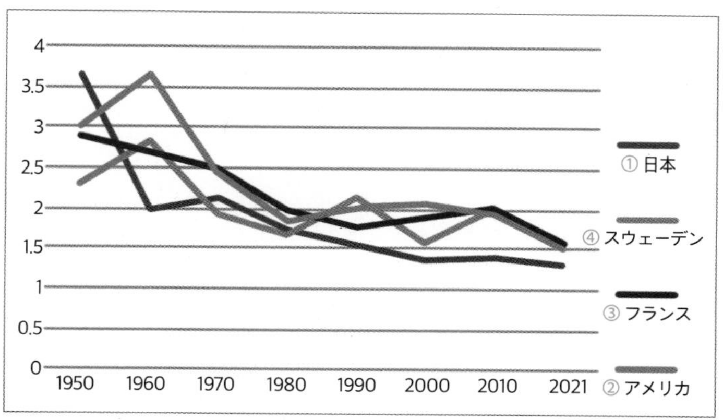

5) 인구 피라미드

① 각국의 인구 피라미드

중국의 인구 피라미드(2019)

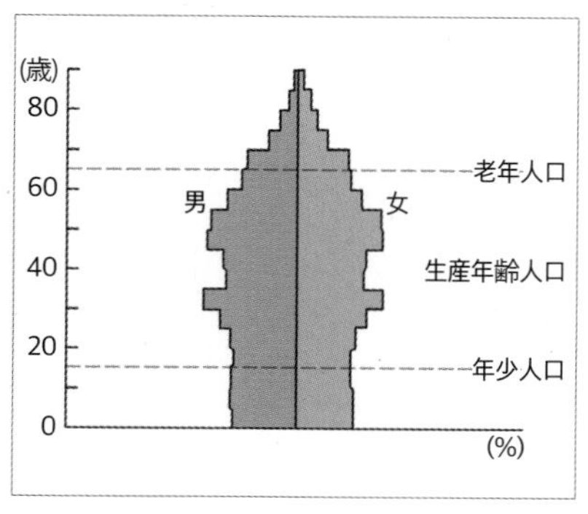

에티오피아 인구 피라미드(2017)

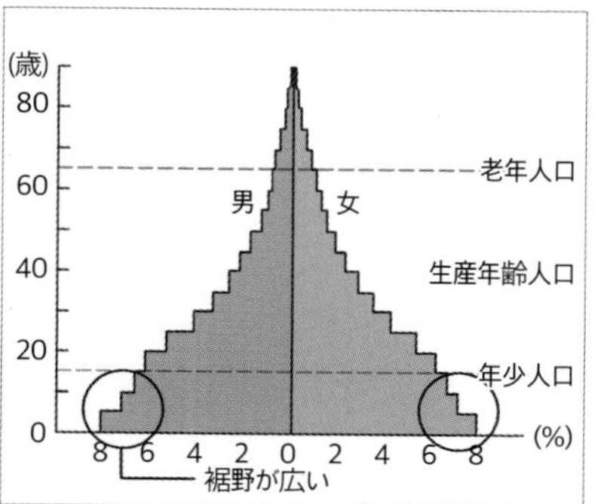

지리

멕시코 인구 피라미드(2017)

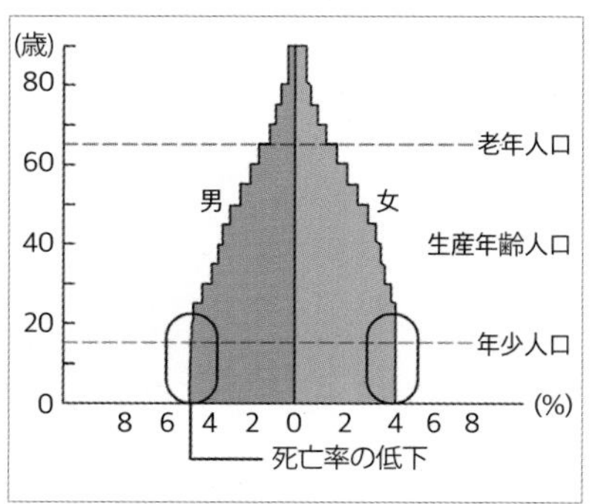

브라질 인구 피라미드(2019)

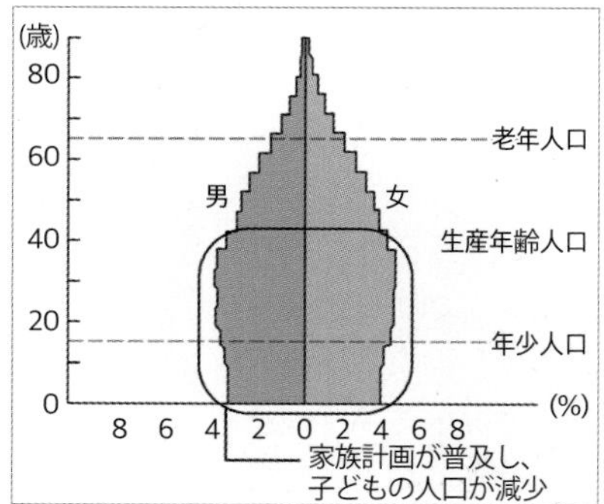

핀란드 인구 피라미드(2017)

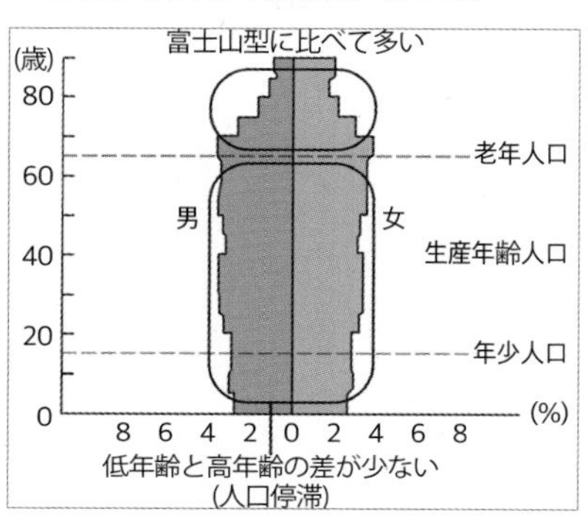

일본 인구 피라미드(2019)

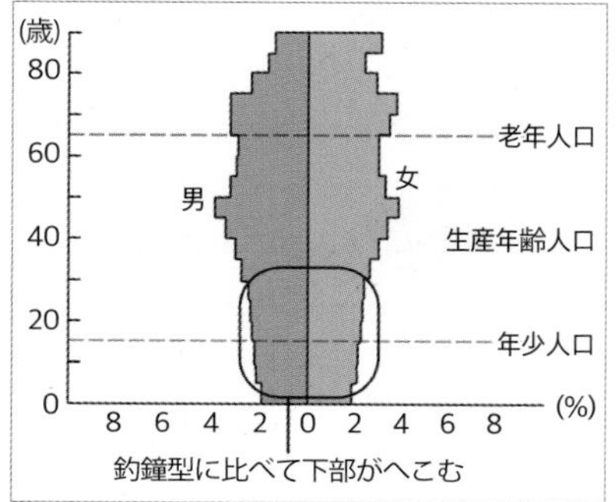

◦ 미국 인구 피라미드(2019)

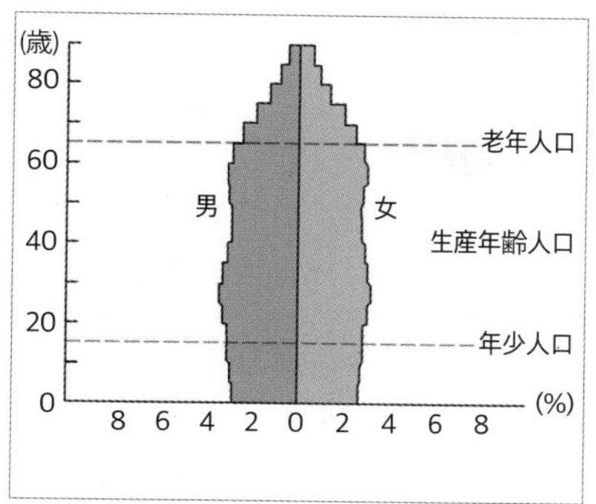

◦ 러시아 인구 피라미드(2019)

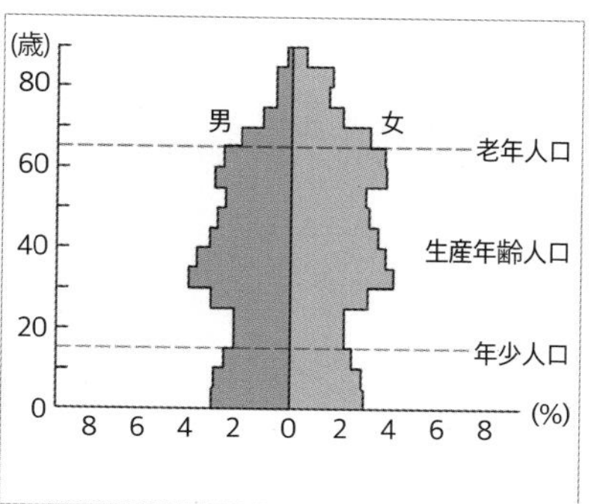

② 인구 변화를 좁은 지역에 한정했을 때의 인구 피라미드

◦ 도시로 생산 인구가 유출한 농촌

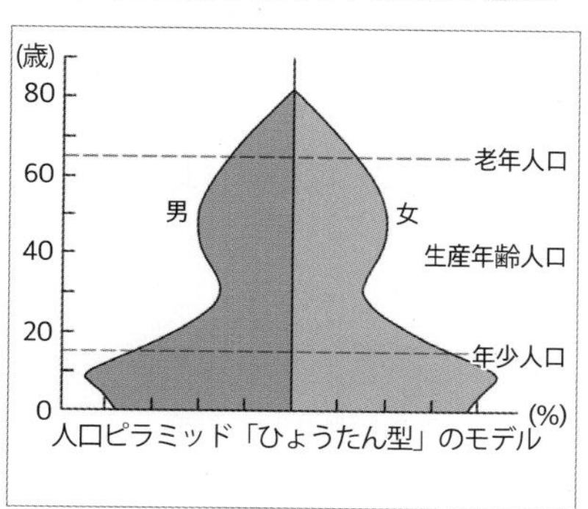

◦ 생산연령인구가 농촌부에서 유입된 도시부

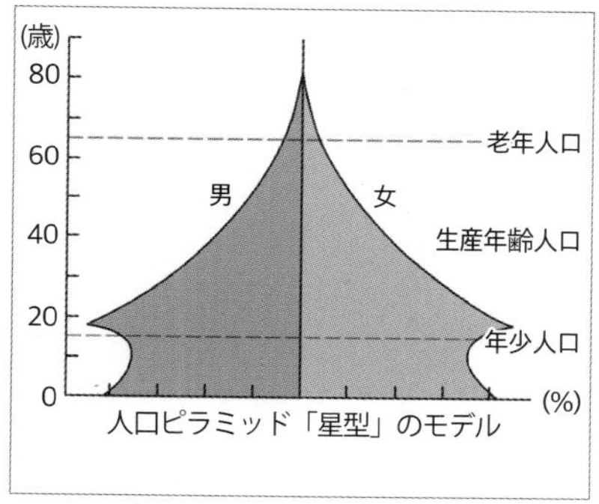

정답 p.123

1. 다음 문장을 읽고, 빈칸에 들어갈 알맞은 용어를 보기에서 고르시오.

보기

ⓐ 発展途上国　ⓑ 先進国　ⓒ 増加　ⓓ 中国
ⓔ アジア　ⓕ アフリカ　ⓖ 合計特殊出生率
ⓗ 減少　ⓘ インド　ⓙ 人口ピラミッド

① 現在、世界の人口は急激に増加している。かつては［ ア ］では、高い出生率の割に、死亡率が高かったが、今は［ イ ］やWHOからの医療と食料の供給で死亡率が低下した。

② 現在最も人口が多いのは［ ウ ］だが、人口増加率が高いのは［ エ ］である。

③ 一人の女性が生涯何人の子供を産むのかを推計するのが、［ オ ］である。この値が2.1を超えれば人口が［ カ ］し、その以下なら［ キ ］する。

④ 2023年現在、人口が多い国家は［ ク ］・［ ケ ］、アメリカ、インドネシア、パキスタンの順である。

⑤ 男女別、年齢ごとの人口を表したものを［ コ ］という。

확인 문제로 실력 다지기

정답 및 해설 p.123

問1　次の図1で分かるように、世界の人口はこの数百年間で急激に増加したことになる。その原因に関する説明の中で誤っているものを、次の①～④のうちから一つ選びなさい。

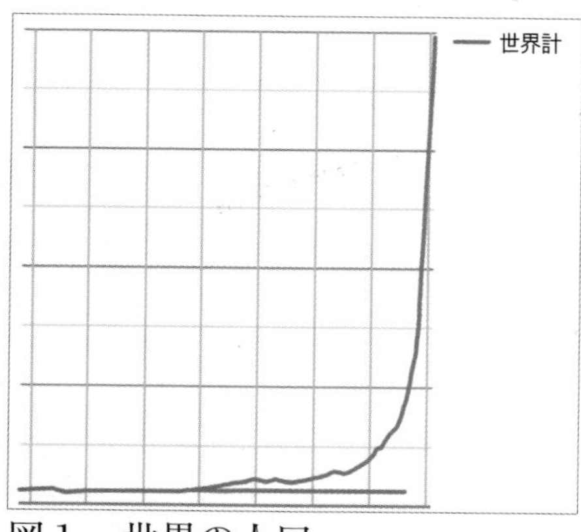

図1　世界の人口

① 医学・薬学等の発達や衛生面の向上により、生存率が高くなったためである。

② 発展途上国に対する医療援助や食料供給で、乳児死亡率が低下したためである。

③ 経済的に豊かな先進国で、子供を多く産んだためである。

④ 発展途上国の医療の発達につれて、死亡率が低下したためである。

기출 check 2016(1)

問2　人口増加の原因には、生死による増減の自然増加と、地域間の流入・流出による増減の社会増加がある。この中で人口の社会増加につながる要因に関する説明の中で最も適当なものを、次の①～④のうちから一つ選びなさい。

① 国際的な人口の社会増加は、移民によって建国された国で見られる。

② 国際的な人口の社会増加は、発展途上国で多く見られる。

③ 人口の社会増加の主軸になっているものは、主に若年層である。

④ 移民者は、経済的な問題で出産を抑えるため、人口の社会増加は低い。

UNIT 13

지구 규모의 과제(2) 환경

일본어판 check!

빈출 포인트 Check

❶ 열대림 파괴 ☆
❷ 환경에 대한 대처 ☆

핵심 개념 확인하기

❶ 환경

1) 열대림 파괴

① 화전(焼畑)농업의 확대와 과도한 벌목, 맹그로브림(マングローブ林)의 벌목이 원인이다.

② 생태계의 파괴, 이산화 탄소 흡수력 감퇴에 의한 지구온난화와 관련이 있다.

2) 사막화 요인

① 과도한 경작, 벌목, 관개에 의한 염해(塩害)가 원인이다.

② 사하라사막 남쪽 경계인 사헬(サヘル)에서 심각한 사막화가 발생하고 있다.

∘ 사하라 사막 남부 지역 사헬

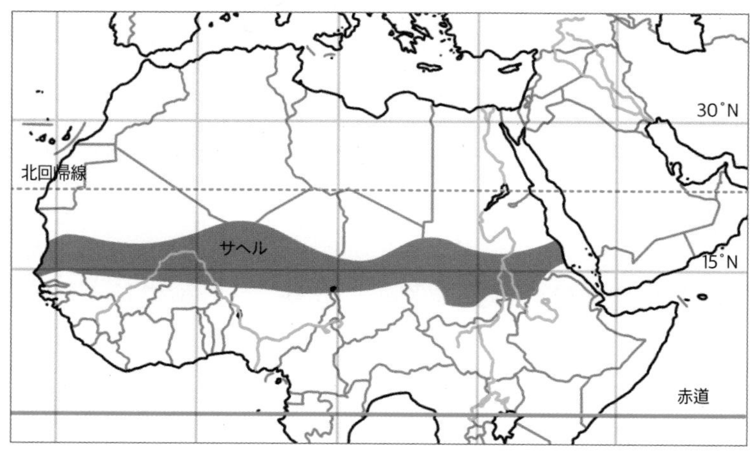

3) 대기 오염

① PM2.5라고 불리는 초미립자와 산성비에 관심이 모이고 있다.

② 산성비 원인은 화석연료 연소 시에 발생하는 황산화물(硫黄酸化物)과 질소산화물(窒素酸化物)이며 ⇨ 삼림의 고사(枯死), 호수의 산성화에 의한 물고기의 사멸, 유적의 부식을 초래한다.

4) 오존층(オゾン層)

① 태양으로부터 유해한 자외선을 흡수하는 역할을 하기 때문에 ⇨ 오존층이 파괴되면 피부암이나 백내장 등의 피해로 연결된다.

② 대책: 빈(ウィーン) 조약1985와 몬트리올(モントリオール) 의정서1987로 프레온 가스(フロンガス)를 규제하고 있다.

5) 지구온난화 현상

정의	1980년대 이후 지구 평균 기온이 급격히 상승하는 현상
원인	이산화탄소, 메탄, 프레온 가스 등의 온실효과 가스
영향	해면 상승에 의한 침수 피해와 사막화, 생태계의 파괴 등
침수 지역	· 폴더(ポルダー)라고 불리는 간척지가 있는 네덜란드가 대표적 · 몰디브, 키리바시, 투발루 등

6)엘니뇨, 라니냐 현상

엘니뇨(エルニーニョ)	페루 해안 온도가 높아지는 현상 ⇒ 안초비 어획량 격감
라니냐(ラニーニャ)	페루 해안 온도가 낮아지는 현상

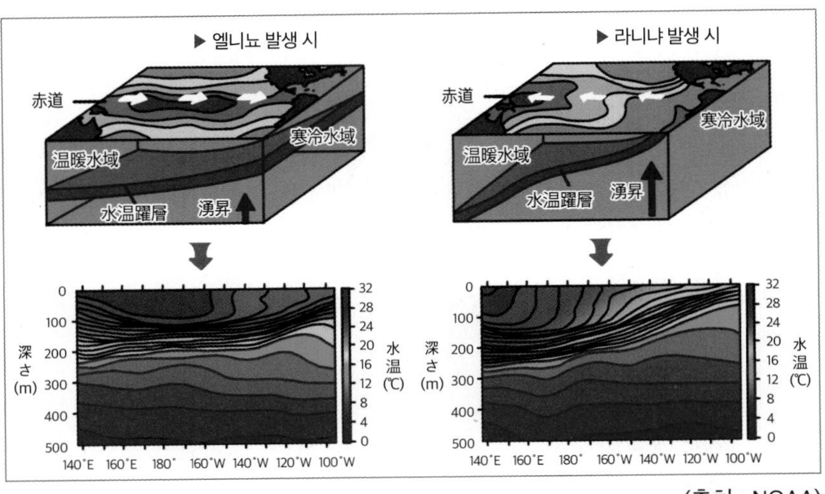

(출처 : NOAA)

❷ 환경에 대한 대처

1) 리우(リウ) 유엔환경개발회의(地球(ちきゅう)サミット)1992

① 지구 온난화에 대한 대책으로 기후변동협약을 채택하였다.

② 정식 명칭은 기후변화에 관한 UN 기본 협약이다.

2) 교토(京都(きょうと)) 의정서1997

① 리우 협약을 강화해 선진국 전체에서 실질적인 온실가스 감축 목표를 의무화하였다.

② 미국은 탈퇴2001하였다.

3) 파리 협정2015 : 개발도상국을 포함한 모든 참가국에게 온실효과 가스 배출 삭감 목표를 설정하고, 환경세2012를 도입하였다.

◦ 환경 관련 주요 국제 협약과 내용

조약	연도	개최지	내용
람사르(ラムサール) 조약	1971	이란/람사르	물새 생식지로서 중요한 습지에 관한 협약
유엔 인간 환경 회의	1972	스웨덴/스톡홀름	'오직 하나뿐인 지구'를 표어로 인간환경 선언을 채택
유엔 인간 환경 계획	1972	스웨덴/스톡홀름	온난화 실태와 대책 보고
워싱턴(ワシントン) 협약	1973	미국/워싱턴	멸종 위기에 처한 야생동물의 국제 거래에 관한 협약
바젤(バーゼル) 협약	1989	스위스/바젤	유해 폐기물의 국가간 이동 및 그 처분의 규제에 관한 협약
유엔 환경 개발 회의	1992	브라질/리오데자네이로	'지속가능한 개발', 리오 선언, 기후 변화에 관한 UN 기본 협약 아젠다21 채택, 기후 변동 조약 체결
환경 개발 서밋	2002	남아공/요하네스버그	세계 환경과 빈곤문제 해결을 위해 개최

지리

핵심 개념 다지기

정답 p.124

1. 다음 문장을 읽고, 빈칸에 들어갈 알맞은 용어를 보기에서 고르시오.

보기

ⓐ 国連人間環境会議　ⓑ 微粒子状
ⓒ 地球サミット　ⓓ 地球温暖化　ⓔ エルニーニョ
ⓕ パリ　ⓖ マングローブ　ⓗ 環境

① 熱帯林破壊の原因は、焼畑農業の拡大・過伐採・[ア]林の伐採などであり、これは、生態系の破壊・二酸化炭素の吸収力の減退による[イ]に関係されている。

② 大気汚染は、近年、PM2.5と呼ばれる[ウ]と酸性雨が注目されている。

③ 異常気温として[エ]とラニーニャがあるが、ペルー沖合の温度が高くなる現象を[エ]という。

④ 地球の温暖化現象に対する対策として、[オ]での気候変動枠組条約がある。

⑤ [カ]会議は、ストックホルムで開かれ、「かけがえのない地球」、人間環境宣言を採択した。

⑥ 京都議定書を採択し、先進国全体で温室効果ガスの排出を削減したが、アメリカは離脱した。それから、[キ]協定を採択し、途上国を含むすべての参加国に温室効果ガスの削減目標を設定し、[ク]税も導入した。

정답 및 해설 p.124

問1　地球の環境を保護するために多様な対策が行われている。この対策に関する説明の中で正しいものを、次の①～④のうちから一つ選びなさい。

①　1987年のモントリオール議定書は、有害廃棄物の越境移動及びその処分の規制に関する条約である。

②　1985年のウィーン条約は、特定フロンなどの規制をした。

③　1971年のラムサール条約は、水鳥や湿地の保護に関する条約である。

④　1989年のバーゼル条約は、オゾン層保護の国際的取り組みを採択した。

기출 check 2014(2) 2015(1) 2016(1) 2021(1) 2023(2)

問2　地球の環境汚染の要因は多様で広範囲にわたっている。その要因に関する説明の中で誤っているものを、次の①～④のうちから一つ選びなさい。

①　砂漠化は、過耕作・過放牧・過伐採などが要因である。

②　酸性雨は、焼畑やプランテーション農園や牧場の開発が要因である。

③　オゾン層破壊は、スプレーの噴射剤、冷蔵庫、エアコンで使用されるフロンが要因である。

④　地球温暖化は、二酸化炭素・メタン・フロンなどの温室効果ガスが原因と言われている。

UNIT 14

일본의 국토와 환경

일본어판 check!

빈출 포인트 Check

❶ 일본의 지진과 화산 ☆☆☆☆
❷ 일본의 기후와 식생 ☆☆☆

핵심 개념 확인하기

1 일본의 위치

1) 일본 열도

① 유라시아 대륙 동쪽에 위치하고 있기 때문에 ⇨ 동안기후로, 서쪽 해안보다 비교적 연교차가 크다.

② 섬나라이기 때문에 해양에 의해 조금 온화해진다.

2) 일본의 영해

① 12해리까지이다.

② 배타적 경제수역은 연안에서 200해리까지이다.

○ 일본 열도의 위치

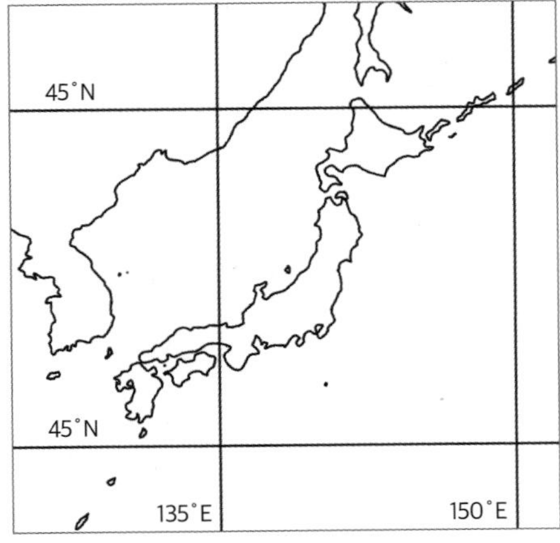

❷ 일본의 지진과 화산

1) 플레이트 : 4개의 플레이트가 만나는 지역에 위치하고 있다.

└ 지구 표층은 플레이트라고 불리는 십 여개의 암반으로 뒤덮여 있음

○ 일본 주변의 플레이트

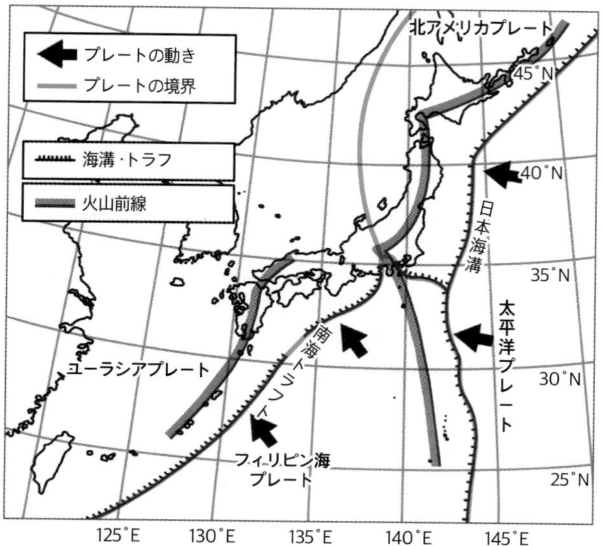

2) 해구(海溝[かいこう]) 형성 : 태평양 측에 해양 플레이트가 대륙 플레이트 밑에 가라앉아 좁혀지는 경계에 발달해 있다.

3) 해양 플레이트 : 어느 정도까지 가라앉으면 마그마가 발생하여, 이 마그마가 부력으로 상승, 지표 부근에 화산이 형성된다.

4) 화산활동·지진 발생 : 플레이트 중앙부는 안정되어 있지만, 경계 부분이 불안정하다.

└ 일본은 환태평양 지진대 일부에 해당하는, 세계 유수의 지진 국가

개념 플러스⁺

- **플레이트**
  - 지구의 표층을 뒤덮고 있는 암반.
  - 대륙 플레이트: 플레이트 중, 대륙 측에 있는 가벼운 것
  - 해양 플레이트: 바다 측에 있는 무거운 것

- **맨틀**
  - 플레이트 밑에 있는 유동성이 있는 물질.
  - 플레이트는 맨틀에서 발생하는 대류에 의해 이동.
  - 플레이트 중앙부는 안정되어 있으나, 플레이트의 경계 부분은 상당히 불안정하여, 화산 활동이나 지진이 발생하기 쉽다.

지리

6) **효고현(兵庫県) 남부 지진1995(한신·아와지 대지진)** : 대도시 직하형 지진이었기 때문에 큰 피해 발생, 츠나미(津波)로 큰 피해를 초래했다.

츠나미가 원인으로 후쿠시마(福島) 원자력발전소 사고 발생

7) **동일본대지진2011** : 도호쿠(東北)에서 관동에 걸쳐 심대한 피해를 초래하였다.

8) **일본 알프스(アルプス)** : 일본 혼슈(本州) 중앙부는 표고 3,000m 전후의 높은 산들이 있는 험악한 지형이다.

9) 지질 구조

① 혼슈(本州) 중앙부를 남북으로 관통하는 포사 마그나(ホッサマグナ)를 경계로, 동북 일본과 남서 일본으로 나뉜다.

② 남서 일본을 남북으로 가르는 단층선을 중앙 구조선(中央構造線)이라고 한다.

일본의 지질 구조

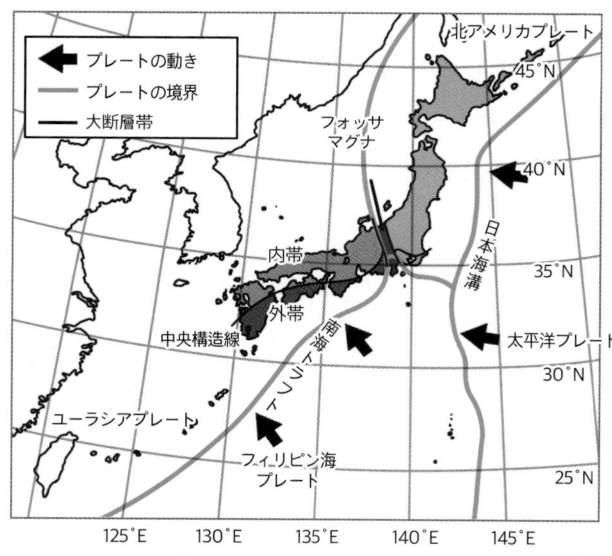

❸ 일본의 기후와 식생

1)기후의 특징

① 큰 기온차 : 일본 열도는 남북으로 길기 때문에 남과 북에서 평균 기온이 17℃ 차이가 난다.

② 대부분 온대(홋카이도는 아한대, 남서제도는 아열대에 속함)에 속한다.

2) 5개 기후 구분

구분	특징
태평양측 기후	여름부터 가을까지 강우량 ⇑
일본해측 기후	겨울에 강우량 ⇑, 겨울엔 춥고 여름에 고온
내륙성 기후	더워지기 쉽고, 추워지기 쉬워, 기온차 ⇑
홋카이도 기후	아한대(냉대). 장마가 없으며 여름이 짧음. 겨울에 혹독하고 긴 추위
남서제도 기후	아열대. 해양성 기후, 일년 내내 온난하고 강유량 ⇑

◦ 일본의 기후 구분

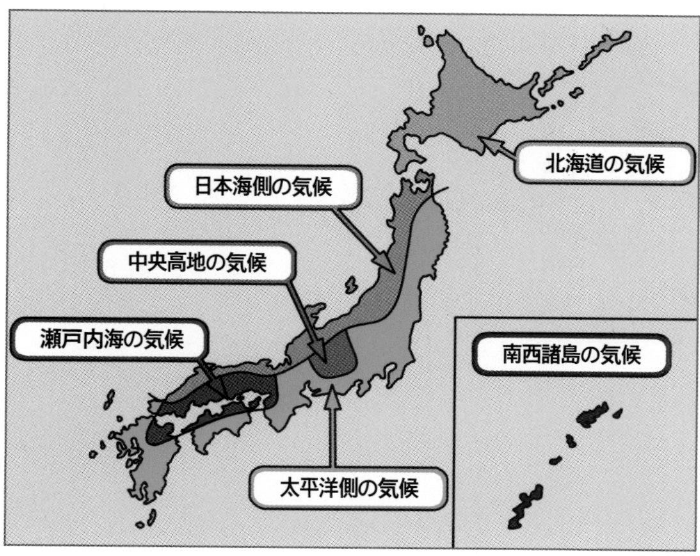

3) 일본의 식생

	특징	분포
전체	• 국토의 75%가 산지 • 국토 중 66%가 삼림	남 → 북 ┌ 상록수 → 낙엽수 └ 활엽수 → 침엽수
남서제도		• 아열대림 • [해안] 맹그로브(홍수림)
고산지대	• 홋카이도 중앙부~동쪽지방, 혼슈 중앙고지	• 냉대림

지리

4 일본의 해안·해류

리아스식(リアス式(しき)) 해안	• 해안선이 길고 복잡하며 수심이 깊어 양항 발달 • 평지가 좁아 큰 무역항 발달이 곤란
흑조(黒潮(くろしお)) 해류	• 태평양 연안을 북상하는 난류
쓰시마(対馬(つしま)) 해류	• 흑조에서 규슈 연안으로 갈라지는 일본해에 들어오는 난류
오야시오(親潮(おやしお)) 해류	• 쿠릴(千島(ちしま))열도에서 태평양 연안을 남하하는 한류 • 영양분이 풍부해 물고기 종류⇑
대륙붕(大陸棚(たいりくだな)) 발달	• 완만하고 평탄한 200m까지의 해저 영역 • 좋은 어장이 형성되어 해저 자원 개발에 주목

◦ 일본 연안의 해류

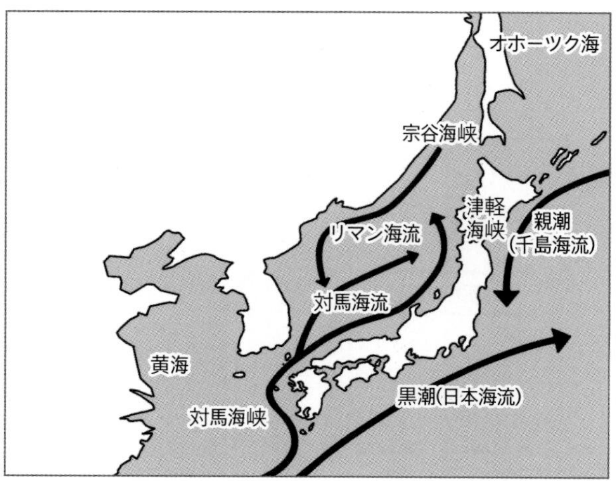

일본 연안의 난류와 한류

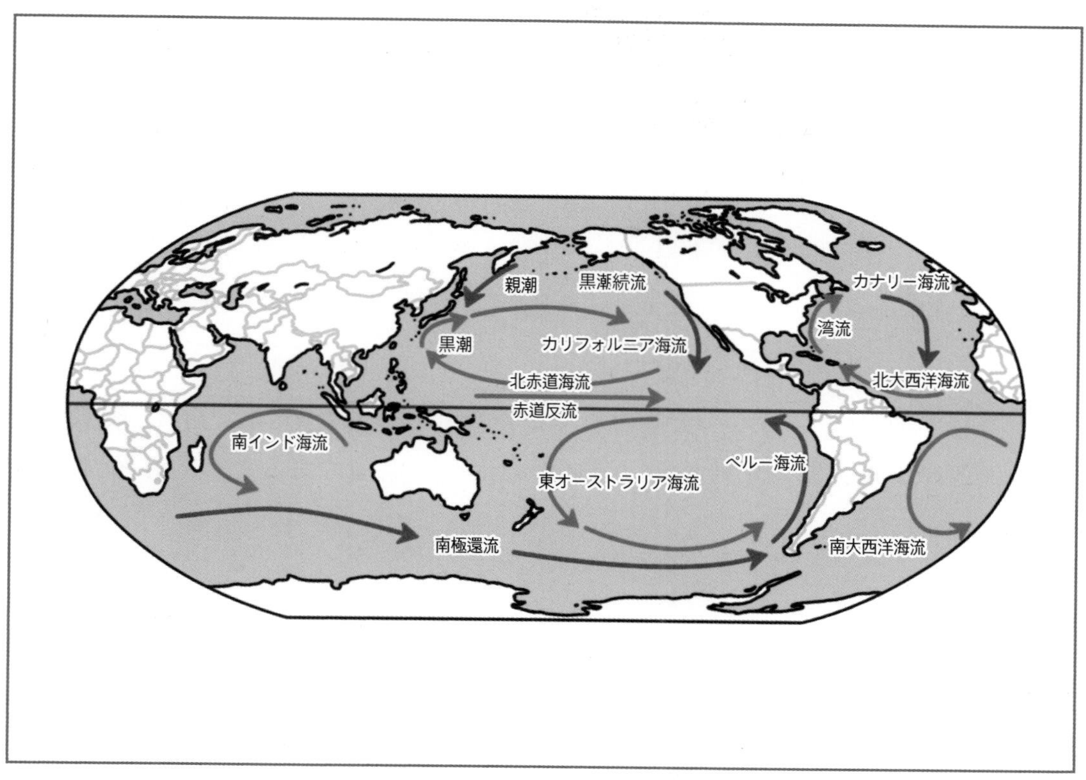

親潮
黒潮続流
カナリー海流
湾流
黒潮
カリフォルニア海流
北赤道海流
北大西洋海流
赤道反流
南インド海流
ペルー海流
東オーストラリア海流
南極還流
南大西洋海流

핵심 개념 다지기

정답 p.124

1. 다음 문장을 읽고, 빈칸에 들어갈 알맞은 용어를 보기에서 고르시오.

보기		
ⓐ 亜寒帯	ⓑ ユーラシア	ⓒ 環太平洋
ⓓ 東岸	ⓔ 亜熱帯	ⓕ 太平洋
ⓖ 温帯	ⓗ 大陸棚	ⓘ 黒潮

① 日本列島は[ア]大陸の東沖に位置しているため、[イ]気候となり、西岸より気温の年較差が大きい。しかし、島国であるため、海洋によりやや和らげられている。

② 日本は４枚のプレートが出会う地域に位置しており、[ウ]側に海洋プレートが大陸プレートの下に沈み込む狭まる境界があり、海溝が形成されている。

③ プレートとプレートの境界部分はすごく不安定で、火山活動や地震が生じやすい。日本は[エ]地震帯の一部に当たり、世界有数の地震国である。

④ 北海道は[オ]に属し、南西諸島は[カ]に属すが、日本の大部分は[キ]に属している。

⑤ 日本列島を北上する海流は、海水が濃い色をしているため、[ク]と呼ばれる暖流である。

⑥ 海岸から緩やかに傾斜して棚のようになっている200ｍまでの海底を[ケ]という。

확인 문제로 실력 다지기

정답 및 해설 p.124

問1　日本の海岸と海流に関する説明の中でもっとも適当なものを、次の①～④のうちから一つ選びなさい。

① 日本の海岸は主にリアス式海岸だが、北海道にはフィヨルド海岸も局地的に見られる。

② 日本列島の太平洋岸沖を北上する海流は、海水が濃い色をしているため黒潮と呼ばれる寒流である。

③ 千島列島から太平洋岸を南下する海流は、栄養分に富むため魚の種類が多いので親潮と呼ばれる寒流である。

④ 陸に隣接する水深200 mまでの浅い海を大陸棚といい、港湾の建設が難しいため、開発が難しい。

기출 check 2016(2)

問2　日本の気候に関する説明の中で誤っているものを、次の①～④のうちから一つ選びなさい。

① 日本列島は長いため、北と南では年平均気温が17℃と気温差が大きい。

② 北海道の夏は、長い梅雨が原因で稲作はほとんど行われない。

③ 太平洋岸にみられる太平洋岸気候は、夏から秋にかけて降雨量が多い。

④ 南西諸島の気候は、亜熱帯に属し、海洋性気候である。

기출 check 2011(1) 2014(2)

UNIT 15 일본의 산업

빈출 포인트 Check

❶ 공업 발달 단계 ☆
❷ 일본의 공업지대 ☆☆☆☆

핵심 개념 확인하기

1 일본의 공업

1) 일반적인 공업의 발달 단계 :

경공업 ➡ 금속, 기계 공업 ➡ 중화학 공업 ➡ 첨단 기술 산업

- 경공업: 면공업, 제사업 등
- 중화학 공업: 철공업, 석유 화학 공업 등
- 첨단 기술 산업: 일렉트로닉스 산업 등 고도의 지식과 기술이 필요

2) 일본의 공업 발달

① 고도 경제성장을 거쳐 미국 다음의 공업국이 되어, 1980년대에 들어서 일본 무역흑자가 증가하자, 수출국과의 무역 마찰을 피하기 위하여, 무역량이 많은 미국 등에 진출해, 현지 생산을 늘렸다.

② 1985년 이후, 급속한 엔고(円高[えんだか]) 현상에 의해 임금이 싼 아시아 국가 등에 공장을 이전하여, 제품 가격 인하 노력을 하고 있다.

2 금속 공업

1) 철강업

① 원료인 철강석과 석탄을 수입에 의존 ➡ 제철소가 태평양 벨트지대 임해부에 집중되어 있다.

② 1960년대에 급증, 1973년에 처음으로 1억톤을 초과하였으나, 그 후에 정체 상태이다. ➡ 1980년 무렵부터 시작된 중국, 한국과의 경쟁이 원인이며, 중국은 1996년 일본을 제치고 세계 1위 생산국이 되었다.

2) 레어 메탈(レアメタル)

① 합금을 만들면 특수한 기능을 발휘하기 때문에 ➡ 하이테크 기술에 있어 필수 물질이다.

② 중국 등 신흥국에서도 자원을 대량으로 소비하기 때문에 ➡ 세계 각지에서 획득 경쟁이 심해지고 있다.

3 기계 공업

1)자동차 공업

1960년대	국내용을 중심으로 생산 증가
1970년대	미국을 중심으로 수출 증가
1980년대	미국과 무역 마찰 발생 ➡ 현지생산(미국이 중심) 추진 ➡ 산업의 공동화
2007년	해외 생산이 국내 생산 상회
2008년	세계적인 불황으로 생산 대수 급감

2) 산업용 로봇 : 자동차 산업, 전기 기계 등의 산업과 함께 발전하였다.

3) 반도체 집적회로

① 복잡한 전기회로를 하나의 칩에 정리하기 때문에 ⇨ 집적회로 발달로 공업제품 성능이 향상하였다.

② 1980년대 : 세계 시장의 50%를 점유한 것이 무역 마찰의 요인이 되었다.

최근: 경쟁이 심화하여 일본의 지위 저하

4) 컴퓨터

① 조립이 간단하여, 임금이 싼 중국에 부품을 수출하여 현지에서 싸게 조립하는 경우가 늘고 있다.

② 2007년에는 전세계에서 생산된 컴퓨터 94%가 중국제가 되었다.

4 공업 지대

공업지대	중심 지역	특징
기타큐슈(北九州) 공업지대	후쿠오카현 기타큐슈시 (福岡県北九州市)	• 중화학 공업 중심으로 발달 • 경공업 비율 ⇓
한신(阪神) 공업지대	오사카후~효고현 (大阪府~兵庫県)	• 일본 제3위 공업지대 • 경공업이 활발 • 금속, 기계, 화학도 발전 ⇨ 근년 쇠퇴
주쿄(中京) 공업지대	기후~미에현 (岐阜県～三重県)	• 일본 제2위 공업지대 • 섬유 공업 비율 ⇑ • 중화학 공업도 발달 • 도요타시(자동차), 욧카이치시(석유화학 공단)
게이힌(京浜) 공업지대	도쿄~가나가와현 (東京～神奈川県)	• 일본 최대의 공업지대 • 기계 공업 비율 ⇑

- 일본의 4대 공업 지대

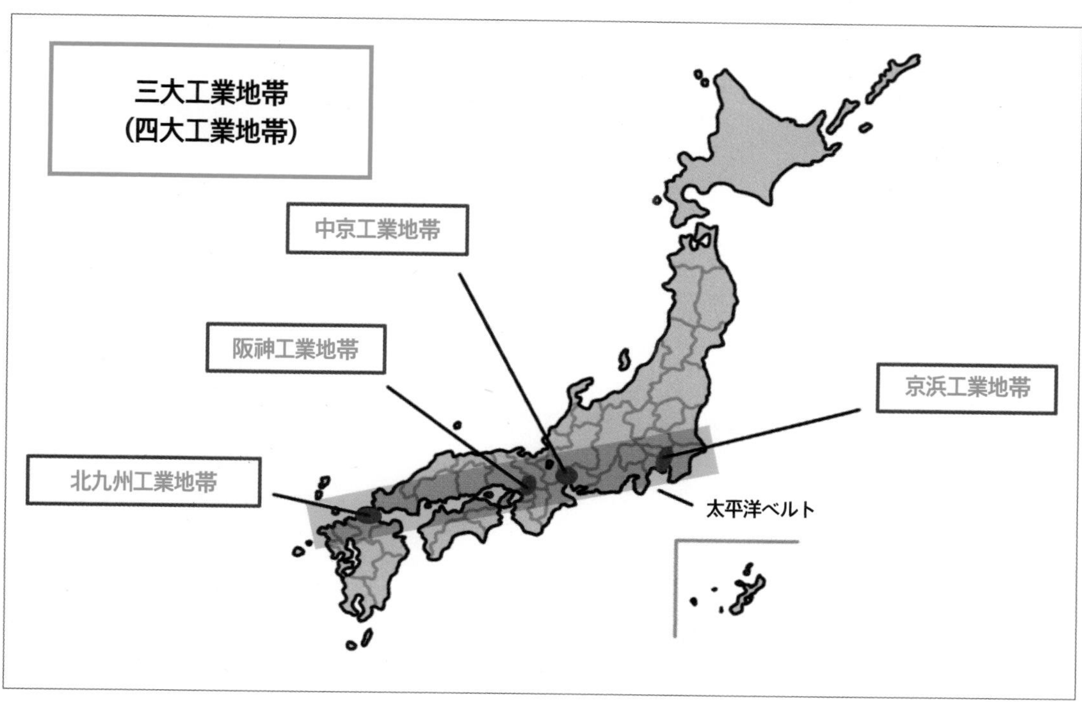
三大工業地帯
(四大工業地帯)
中京工業地帯
阪神工業地帯
京浜工業地帯
北九州工業地帯
太平洋ベルト

핵심 개념 다지기

정답 p.124

1. 다음 문장을 읽고, 빈칸에 들어갈 알맞은 용어를 보기에서 고르시오.

보기

ⓐ レアメタル　ⓑ 自動車産業
ⓒ 軽工業　ⓓ 京浜　ⓔ 金属工業
ⓕ 機械工業　ⓖ 石炭　ⓗ 半導体

① どの国でも、はじめは綿工業・製糸業などの［ ア ］を中心に発達し、やがて［ イ ］・機械工業へと発展する。

② 日本の鉄鋼業は、原料の鉄鉱石と［ ウ ］を輸入に依存しているため、大きな製鉄所は太平洋ベルト地帯の臨海部に集中している。

③ ［ エ ］は、合金にすると特殊な機能を発揮するので、ハイテク技術には欠かせない。

④ ［ オ ］は、1960年代から国内向け中心に生産を伸ばし、70年代には、アメリカを中心に輸出が増えた。

⑤ 複雑な電気回路を一つのチップにまとめる［ カ ］集積回路は、工業製品の性能を上げるのに必須なものである。日本は1980年代半ばに世界市場生産量の半分を占め、貿易摩擦の原因ともなった。

⑥ ［ キ ］工業地帯は、東京都と神奈川県にまたがる日本最大の工業地帯で、［ ク ］の比率が高い。

확인 문제로 실력 다지기

정답 및 해설 p.124

問1　日本には、京浜工業地帯・中京工業地帯・阪神工業地帯・北九州工業地帯の４大工業地帯がある。これに関する説明の中で**最も適当なもの**を、次の①～④のうちから一つ選びなさい。

① 京浜工業地帯は、重化学工業を中心に発達し、軽工業の比率が低いのが特徴である。

② 中京工業地帯は、日本第２の工業地帯で、自動車や石油化学コンビナートが有名である。

③ 阪神工業地帯は、日本最大の工業地帯で、繊維工業の比率が高いが、機械工業の比率も高い。

④ 北九州工業地帯は、軽工業が盛んで金属・機械・化学も発展したが、近年は、地位が低下しつつある。

기출 check 2021(1)

問2　戦後、日本はアメリカに対する輸出を伸ばしていった。これが原因になってアメリカと日本の間で貿易摩擦を起こした。貿易摩擦に関する説明の中で**誤っているもの**を、次の①～④のうちから一つ選びなさい。

① 日本は、貿易摩擦の根本的問題を回避するため、アメリカに工場を建設して現地生産するようにした。

② アメリカは、日本に対して輸入の自由化を迫り、貿易収支の不均衡を解消しようとした。

③ 現地生産が進められたことで、日本国内では、産業の空洞化が生じ、自国の雇用が減るなどの問題が起きた。

④ 日本は、アメリカに対する輸出を減らし輸入を増やすことで、貿易摩擦の解決を図った。

기출 check 2014(2)

UNIT 16 일본의 농림수산업

일본어판 check!

빈출 포인트 Check

❶ 일본의 농업 ☆☆
❷ 일본의 임업 ☆☆☆

핵심 개념 확인하기

1 일본의 농업

1) 2차 대전 후의 농업

低	高
• 식량 자급률 • 벼농사의 지위 하락(1995년 미국 쌀 수입 이후) • 쌀 소비량 ⇓ • 야채, 과일, 육류, 우유나 유제품 자급률 저하 • 밀과 대두 자급률 저하	• 토지 생산성 • 빵, 육류 소비

빵의 원료인 밀과 가축의 사육 작물인 옥수수를 수입에 의존, 식량 자급률이 대폭 저하

2) 식량 자급률

① 전체 식량 자급률(칼로리 기준)은 2022년도 38%가 되었다.

② 품목별로는 쌀이 99%, 밀 15%, 대두가 6%로 낮다.

2 일본의 임업

1) 특징

특징	삼림 종류
• 국토의 약 70%가 삼림 • 남북으로 긴 국토 ➡ 기온의 차↑ • 나무의 종류 풍부 • 노동자 고령화 • 임도 정비 지체	• 2/3가 침엽수 • 1/3이 활엽수

2) 수입산 목재에 의존

① 2008년 : 목재 공급량 중 80%를 외국에서 수입했다.

② 국내에서 목재보다 수입산이 싸기 때문에 ➡ 점차 목재 수입량이 늘고 있다.

3 일본의 축산업·수산업

1) 축산업

① 제2차 세계대전 이후 달걀, 유제품 등을 섭취하게 되어, 축산업이 발전하였다.

② 현재, 해외에서 대부분의 축산물을 싸게 수입하고 있다.

2) 수산업

① 연안 어업은 영세어업이 많다.

② 원양 어업

1970년대 이후 ➡ 석유파동에 의한 연료 급등과, 대부분의 국가가 200해리 어업전관수역을 수용함에 따라 ➡ 1980년대 후반부터 어획량이 감소했다.

③ 일본은 세계유수의 수산물 수입국으로, 세계 전체의 14%를 수입(2007)하고 있다.

개념 플러스+

• **집약적 농업**
- 노동력, 자본 투입이 많은 생산 방식

• **벼농사 지위 하락**
- 1995년 미국 쌀 수입 이후, 일본의 벼농사 지위가 하락

• **낮은 식량자급률**
- 2008년의 종합식량자급률 41%

• **수입 목재에 의존**
- 2008년 목재 공급량 중, 수입산 목재 비율은 약 80%

핵심 개념 다지기

정답 p.125

1. 다음 문장을 읽고, 빈칸에 들어갈 알맞은 용어를 보기에서 고르시오.

보기

ⓐ 80　ⓑ 低い　ⓒ 70
ⓓ 沿岸　ⓔ 増加　ⓕ 零細　ⓖ 遠洋
ⓗ 14　ⓘ 専管水域　ⓙ 畜産業

① 日本は他の先進国と比べ、食料の自給率が極端に[ア]。日本の食生活は、高度経済成長に伴い、大きく変化し、パンや肉類の消費が[イ]した。

② 日本の国土は[ウ]%が森林に覆われている。2008年は、木材供給量のうち、外国から輸入したものが約[エ]%を占めている。

③ 戦後、日本の国民は卵、乳製品などを好んで食べるようになり、[オ]が発達してきた。

④ 日本は、小さい漁船で日帰りのできる範囲内で魚をとる[カ]漁業や[キ]漁家が多い。

⑤ [ク]漁業は、1970年代以降、石油ショックによる燃料の高騰やほとんどの国が200海里漁業[ケ]を設定したため、1980年代後半から漁獲量が減少した。

⑥ 日本は世界有数の水産物輸入国となり、世界全体の[コ]%を輸入している。

확인 문제로 실력 다지기

정답 및 해설 p.125

問1　日本の国土は70％近くが森林に覆われている。かつては高い森林率を活かして、木材はほぼ自給していたが、近年は木材を外国からの輸入に頼っているため、自給率は低下しつつある。その原因として誤っているものを、次の①～④のうちから一つ選びなさい。

① 林業の従事者の減少が続き、間伐などの管理が十分でないため

② 日本の人件費の上昇のため、国内の木材が輸入のものより高いため

③ 日本には、木材の樹種が多様でないため

④ 林業活動のための林道の整備などが遅れているため

問2　日本は世界有数の水産物輸入国である。近年、日本の水産物の輸入が増加する原因に関する説明の中で正しくないものを、次の①～④のうちから一つ選びなさい。

① 安価な燃料に支えられた遠洋漁業が、２度の石油危機による燃料の高騰のため激減した。

② 国際的に排他的経済水域(EEZ)が設定され、漁業ができる水域が減少された。

③ 東南アジアの諸国の水産業を活性化させるために輸入を増やしたためである。

④ 1980年代後半には、乱獲などが増加し、沖合漁業も減少し、その分、輸入が激増している。

기출 check 2011(1)

지리

UNIT 17

일본의 무역과 인구

빈출 포인트 Check

❶ 일본의 에너지 ☆
❷ 일본의 인구 ☆

핵심 개념 확인하기

❶ 무역

1)수출품과 수입품

수출품	수입품
• 자동차, 집적회로, 철강, 자동차 부품, 과학약품 등	• 석유, 액화 가스 등 에너지 자원 • 의류, 집적회로, 컴퓨터

2) 주요 무역 상대 국가별 무역액

(단위: 億円)

나라 이름	수출	수입
중국	190,038	248,344
미국	182,550	117,331
오스트레일리아	21,727	116,118
대만	68,574	70,972
한국	71,062	44,163
태국	42,693	35,024

<출처 : 『データブックオブワールド2024』>

➡ 2007년, 중국이 최대 무역 상대국이 되었다.

2 일본의 에너지

1)일본의 에너지 사용 변천

시대	특징	주력 에너지
메이지(明治, めいじ) 시대	본격적으로 에너지를 사용	석탄(1960년대까지)
1970년대	석유 파동 영향으로 에너지 다양화	원자력, 천연가스 등이 석유 대체 에너지로 사용

2) 에너지 자급률(원자력 포함) 20% 미만 : 에너지 자원 대부분을 해외에 의존하고 있다.

3) 주요 에너지 자원

에너지	특징	수입
석탄	• 1970년대 석유 파동 이후 석유 대체 에너지원으로 급부상, 소비 증가 • 기술진보로 환경 부담 감소 ⇒ 소비 확대	• 중동 이외의 국가 ⇒ 안정적인 수입
석유	• 일본의 에너지 자원 중 가장 소비 비중 ⇑ (전체 중 47% 차지) • 원유 99% 이상을 수입	• 90% 이상을 중동에서 수입
천연가스	• 1970년대 석유 파동 이후, 석유 대체 에너지원으로 급부상	• 액화 천연가스 : 주로 동남아시아에서 수입 • 최근 동남아시아에서의 수입 감소 ⇒ 중동산 수입 증가
광물자원	• 금속 자원이 빈곤 ⇒ 대부분을 수입에 의존	
신에너지	• 석탄, 석유, 천연가스 등 유한자원은 연소 시 이산화탄소 등 지구 온난화 원인 물질 발생 ⇒ 신에너지의 실용화 필요 • 풍력 발전, 태양열 발전, 바이오매스(생물 유래) 등 ⇒ 환경 영향 ⇓	

일본의 1차 에너지 공급량

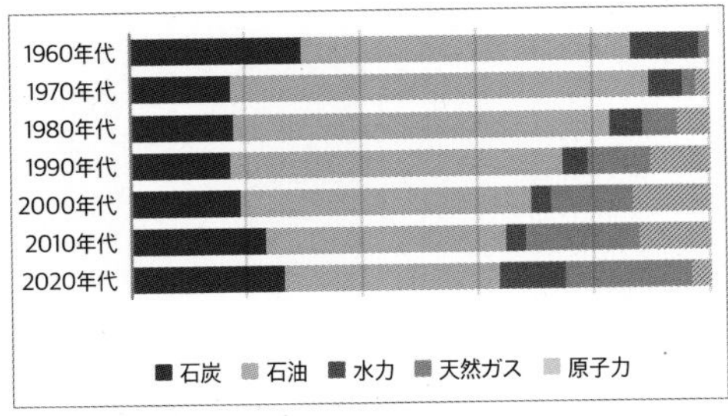

(자료 : 日자원에너지청)

3 일본의 인구

1) 제2차 세계대전 이후 : 일관된 증가 추세를 보였으나, 감소로 전환되었다.

2) 평균수명 : 늘고 있으나, 출생률 감소하고 있다.

└ 저출산 고령화가 급속히 진행

3) 고령화 : 고령화가 진행되면, 노동력 인구 비율이 줄어, 세금이나 연금 보험료 부담이 높아진다.

4) 인구 감소

① 2005년에 감소로 전환되었다.

② 장래 인구추정(2006년 추계)에 의하면, 일본은 향후에도 저출산화가 진행되어, 2046년에 1억명 밑돌 것이 예상되고 있다.

③ 고령화 진행으로 2052년에 65세 인구 비율이 40%에 달할 것으로 예측 ➡ 국민의 2.5명에 1명이 고령자가 된다.

일본인구 추이

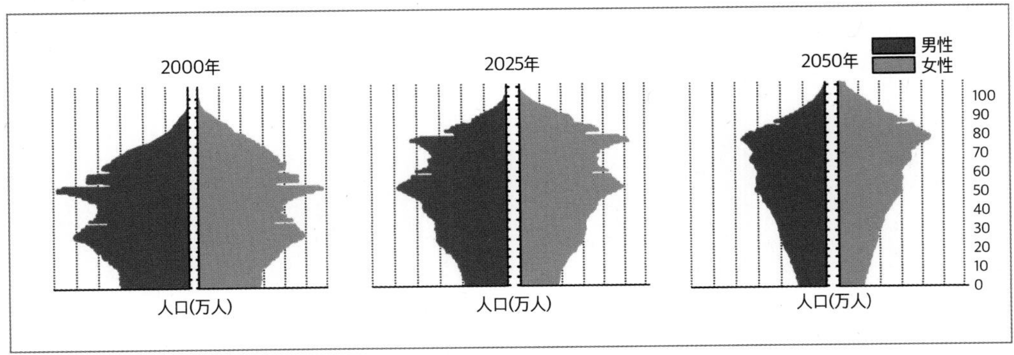

일본인구 동태 전환

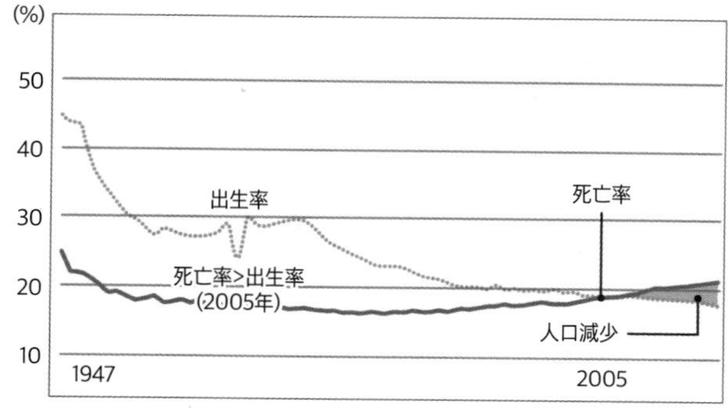

고도경제성장기에, 기업 이익을 우선, 환경 배려를 게을리해 발생

4 일본의 4대 공해병

①

공해병	지역	원인
구마모토 미나마타병 (熊本水俣病)	구마모토현	유기수은(有機水銀)
욧카이치 천식 (四日市ぜんそく)	미에현 욧카이치시	아황산 가스 (亜硫酸ガス)
이타이이타이병 (イタイイタイ病)	토야마현	카드뮴(カドミウム)
니가타 미나마타병 (新潟水俣病)	니가타현	유기수은(有機水銀)

② 공해대책기본법1967, 환경 기본법1993 제정

일본의 4대 공해병

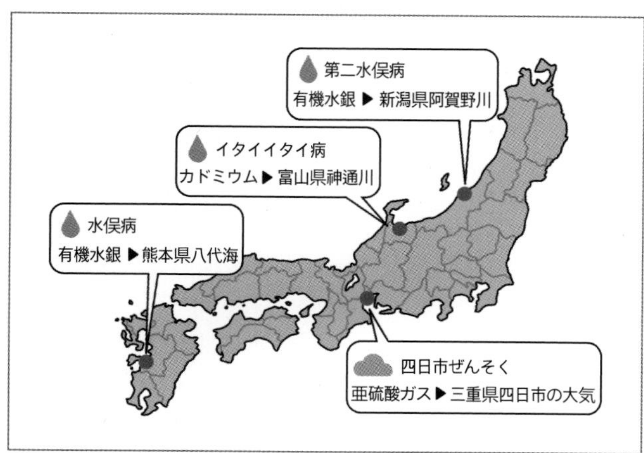

개념 플러스

- **저출산 고령화**
  - 65세 이상의 인구가 인구에서 차지하는 비율이 높아지는 것.
- **저출산**
  - 출생률이 줄고, 아이의 숫자가 감소하는 것
- **공해**
  - 경제적 이익을 추구한 활동에서 발생하며 사람의 건강 피해나 자연 환경 파괴를 초래. 일본은 고도 경제 성장기에 기업 이익을 우선하고, 환경 배려를 소홀히 해 발생

핵심 개념 다지기

정답 p.125

1. 다음 문장을 읽고, 빈칸에 들어갈 알맞은 용어를 보기에서 고르시오.

보기

ⓐ 石油危機　ⓑ 減少
ⓒ 中東　ⓓ 水俣　ⓔ 環境基本法
ⓕ 中国　ⓖ 公害対策基本法

① 日本との貿易が多い国は［ア］、アメリカ合衆国、韓国、台湾、オーストラリアなどの順になっている。

② 日本は、1970年代に二度の［イ］が起きると、石油に大きく頼っていた体質が問題になった。

③ 石油は、日本でもっとも多く消費するエネルギーとして、消費する原油の99%以上を輸入に頼っており、このうち90%以上が［ウ］産である。

④ 第二次世界大戦後は一貫して増加していた日本の人口増加率は［エ］傾向にある。

⑤ 公害の取り組みとして、1967年に制定された［オ］と、1993年に制定された［カ］がある。

⑥ ［キ］病は、化学工場などからメチル水銀が川や海に流出された水の汚染から生じた公害病である。

확인 문제로 실력 다지기

정답 및 해설 p.125

問1　次は日本のエネルギー資源の変化に関する説明である。下の説明の中で誤っているものを、次の①～④のうちから一つ選びなさい。

① 1960年代までのエネルギーの消費の中心は石炭から石油へ転換した。

② 1970年代の２度の石油危機の影響で、石油偏重を見直し、太陽熱・風力などのエネルギーへ変換した。

③ 2011年、東日本大震災の時、原子力発電所の事故で、発電量が不足となり経済に膨大な影響を及ぼした。

④ 近来、先進国の中でも日本の石炭の消費量が増加した原因は、東日本大震災の時、原子力発電所の事故で減少した発電量を補うためである

기출 check 2016(1)

問2　戦後、日本は重化学工業化が急激に進んだ高度経済成長期に、産業施設から何の処理もしないまま有害物質が排出され、住民の健康を脅かした。次は、代表的な産業公害病に関する説明である。説明の中で誤っているものを、次の①～④のうちから一つ選びなさい。

① 水俣病は、熊本県で工場廃液に含まれる水銀が原因で発生した。

② 第二水俣病は、山形県で工場廃液に含まれるヒソが原因で発生した。

③ イタイイタイ病は、富山県で、鉱山廃液に含まれるカドミウムが原因である。

④ 四日市喘息は、石油化学工場から出る煤煙中にふくまれる亜硫酸ガスによる空気の汚れが原因である

기출 check 2016(2)

응용 문제로 만점 다지기

問１　次の図を見て、下の問いに答えよ。

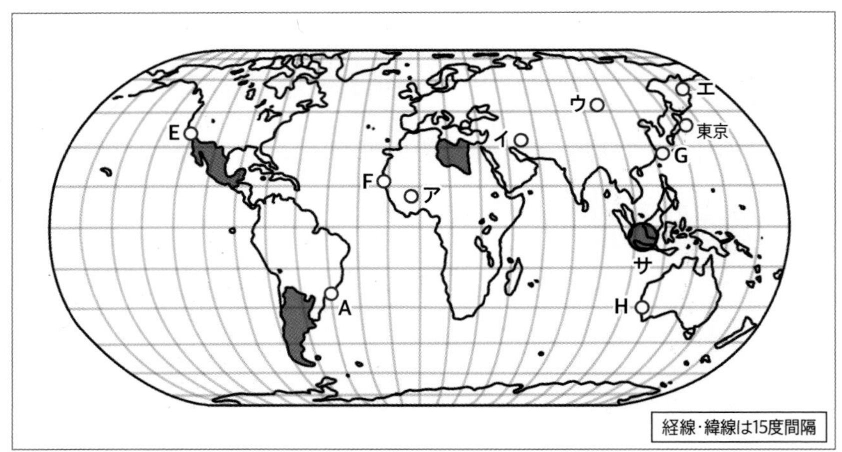

1. 図１のＡ地点で１月１日午後１時に開始されるサッカーの試合の生中継を、東京で視聴する時の試合開始時刻として正しいものを、次の①～④のうちから一つ選びなさい。なお、サマータイム制度は考慮しない。

①　１月１日午前１時

②　１月２日午前１時

③　１月１日午後７時

④　１月１日午前７時

2. 図１のＥ～Ｈの４地点のうち、温暖湿潤気候区に属する地点として正しいものを、次の①～④のうちから一つ選びなさい。

① Ｈ　② Ｆ　③ Ｇ　④ Ｅ

3. 図１のア～エの４地域のうち、安定陸塊(安定大陸)に位置する地域として最も適当なものを、次の①～④のうちから一つ選びなさい。

① エ　② ウ　③ ア　④ イ

問２　次の図は、赤道付近から北極付近における大気大循環の模式図である。図にかかわる内容について述べた文として最も適当なものを、次の①～④のうちから一つ選びなさい。

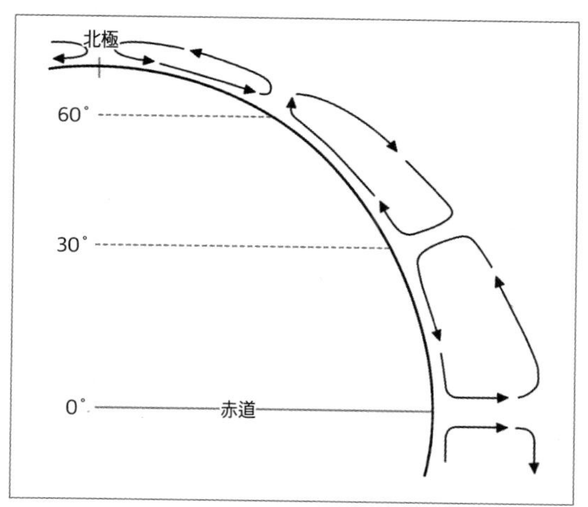

① 高圧帯や低圧帯の南北移動は、降水量の季節変化の一因となっている。

② 北緯30度付近では下降気流が卓越し、湿潤な気候をもたらしている。

③ 北緯30度付近から高緯度側へ向かう大気の流れは、極東風とよばれる。

④ 北極付近と赤道付近は、いずれも高圧帯となっている。

問3　次の図中のX～Zは、ケッペンの気候区分による寒帯、冷帯(亜寒帯)、温帯のいずれかの気候帯に位置する都市の月平均気温を示したものである。X～Zと気候帯との正しい組合せを、次の①～④のうちから一つ選びなさい。

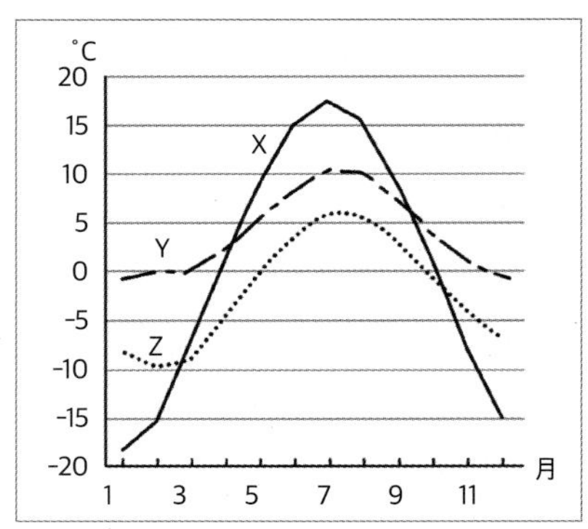

	①	②	③	④
寒帯	X	Z	Y	Y
冷帯	Y	X	X	Z
温帯	Z	Y	Z	X

問4　次の①～④の文章は、イラン、エジプト、サウジアラビア、トルコのいずれかの国における政治と宗教・民族との関係について述べたものである。イランに該当するものを、次の①～④のうちから一つ選びなさい。

① この国は、ヨーロッパを模範として近代化を推進し、正教分離を行い、欧米諸国との連携を強めている。

② この国は、シーア派の指導者を中心にイスラムに基づく国家建設をすすめてきて、欧米諸国との間で対立している。

③ この国は、アラブ民族主義の指導者のもとで近代化を成し遂げ、アラブ世界の中心として中核的役割を果たした。

④ この国は、スンナ派王族による正教一致の王政を維持してきて、豊富な石油資源を背景に、国際的に強い影響力を有している。

問5　次の表は、アメリカ合衆国とその近隣諸国および日本における、1人1日当たりの食料供給栄養量(熱量)の一部を示したものであり、①～④は、小麦、米、大豆油、トウモロコシのいずれかである。小麦に該当するものを、表2中の①～④のうちから一つ選びなさい。

	①	②	③	④
アメリカ合衆国	612	502	94	87
キューバ	368	156	306	635
日本	361	113	79	607
メキシコ	260	118	1043	64

(統計年次は２００７年、FAOの資料により作成)

問6　次の図のア～ウは、イスラーム(イスラーム教)、カトリック、プロテスタントのいずれかの宗教・宗派別人口について、総数と地域別の割合を示したものである。ア～ウと宗教・宗派名との正しい組合せを、下の①～④のうちから一つ選びなさい。

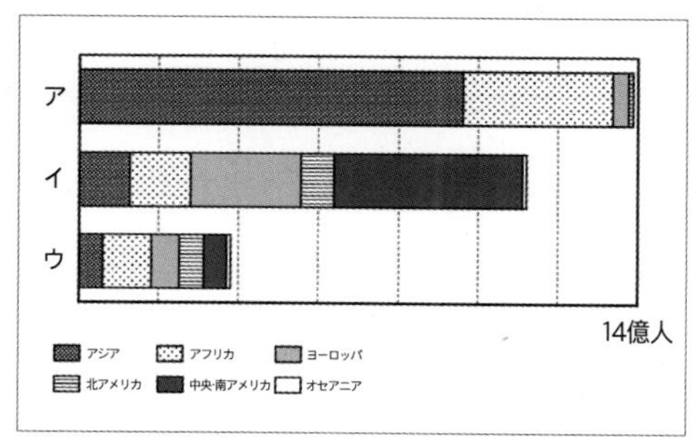

	ア	イ	ウ
①	カトリック	イスラム	プロテスタント
②	イスラム	プロテスタント	カトリック
③	イスラム	カトリック	プロテスタント
④	プロテスタント	カトリック	イスラム

지리

시원스쿨

EJU

일본유학시험

종합과목

개념 완성

별책

시원스쿨닷컴

별책 목차

별책

부록

시원스쿨

EJU 종합과목

개념 완성

부가자료 1

세계의 사정

UNIT 01

동아시아

❶ 중국의 산업과 에너지 ☆☆☆
❷ 마카오와 홍콩☆

핵심 개념 확인하기

◦ 동아시아

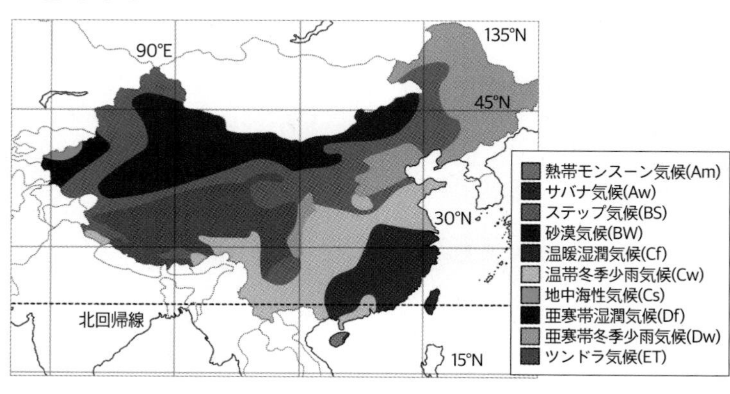

◦ 동아시아 단면도

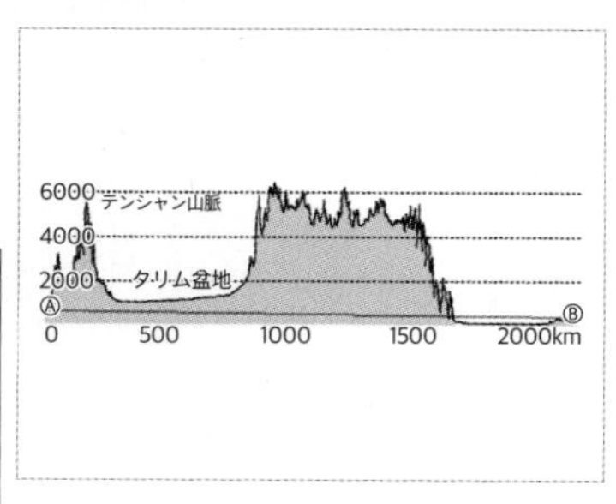

❶ 중국

국토	• 39°52' N116°27'E(55m) • 러시아, 캐나다에 이어 세계 제3위의 광대한 국토
인구	• 약 14억(2022년도까지 인구수 세계 1위, 현재 세계 2위)
민족과 종교	• 인구 92%가 한민족(50을 넘는 소수 민족 존재) • 몽골족(モンゴル族), 티베트족(チベット族) : 라마교 위구르족(ウイグル族), 회족(ホイ族) : 이슬람교
산업	• 1차 에너지 구성 : 산출량 1위 석탄(생산량보다 소비량이 많아 수입)
무역	• 2001년에 WTO(세계 무역기구)에 가맹 • 무역 총액 세계 1위(최대 수출상대국인 미국과 무역 마찰 발생)

◦ 중국의 농업

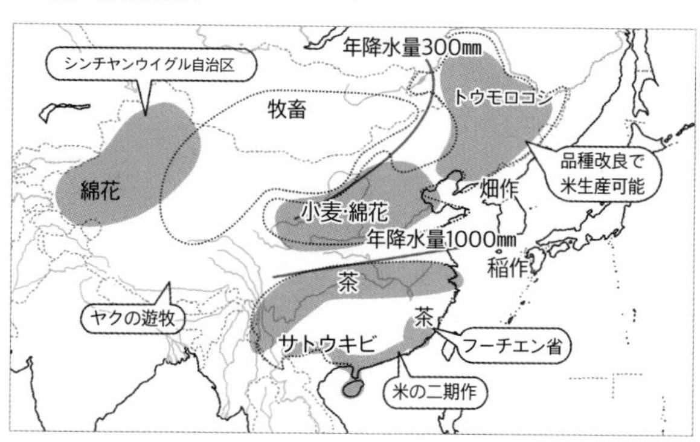

◦ 중국의 전력 구성(2024)

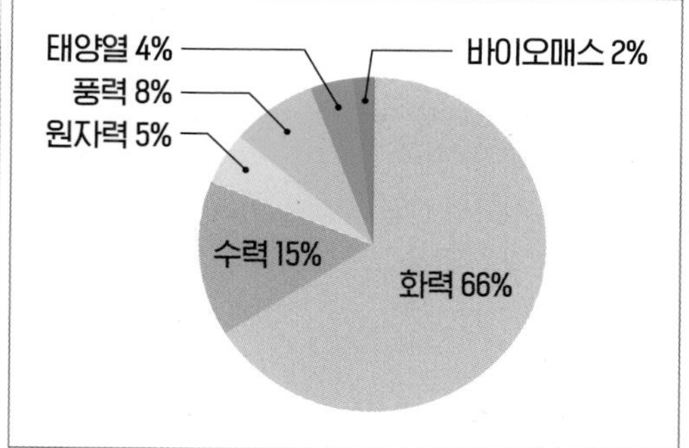

❷ 홍콩

산업	• 관광, 가공 무역 • 동남 아시아의 금융 센터
기타	• 영국의 직할 식민지였으나, 중국에 반환(1842~1997) ➡ 50년간 일국양제(一国二制(いっこくにせい)) 도입, 자본주의체제 유지

❸ 마카오와 대만

마카오	• 포르투갈의 직할 식민지였으나, 1999년 중국에 반환. • 일국양제 • 관광지
대만(台湾(たいわん))	• 아시아 NIEs 중 하나 • 컴퓨터 산업이 세계적으로 유명하며, 반도체 공장 ⇑

UNIT 02

동남아시아

일본어판 check!

빈출 포인트 Check

❶ 인도네시아의 산업 ☆☆☆
❷ 베트남의 산업 ☆

핵심 개념 확인하기

◦ 동남아시아

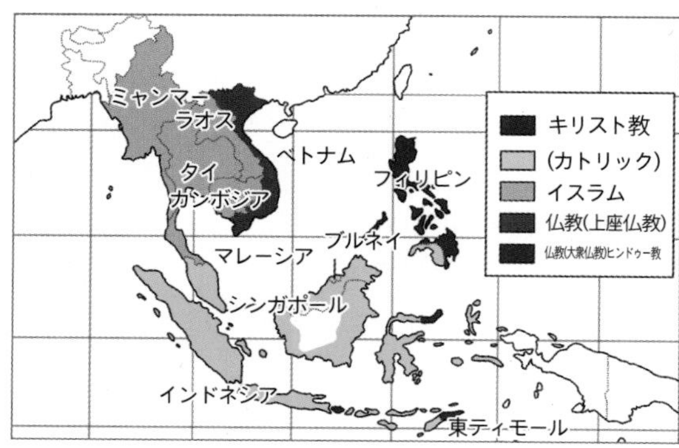

❶ 태국

농업	• 쌀 수출량 세계 1위(쌀 단일 재배(モノカルチャー) 경제)
자원	• 천연 고무 생산 및 수출 세계 수위
공업	• 기계류가 최대 수출품(외국 자본 도입으로 공업화)
종교	• 국민 대부분이 불교
정치	• 영국과 프랑스 사이의 완충국으로서 독립을 유지

❷ 말레이시아

정치	• 연방제 입헌군주국
민족과 종교	• 다민족 국가 : 말레이인(이슬람교), 중국계 이민, 인도계 이민
자원과 산업	• 천연고무 농원 : 영국인에 의한 전형적인 플랜테이션 ┌ 이전 : 천연고무와 주석 수출이 중심 └ 현재 : 세계 유수의 팜유 생산국
공업	• 기계류가 수출의 중심 : 1970년대부터 공업화가 진행

③ 싱가포르

특징	• 교통의 요지 • 말레이시아 일부로서 독립하였으나, 1965년에 분리 • 아시아 NIEs 중 하나로 꼽히며, 1인당 국민소득이 동남아시아에서 최고 수준
산업	• 가공무역 • 기술집약적 공업 발전 : 1970년대에 외국 자본을 도입하여 집약적 공업 발전

④ 인도네시아

국토	• 6°07' S·106°48'E(8m) • 5개의 주요 섬과 18,000개 이상의 섬으로 구성된 세계 최대의 섬나라
인구	• 세계 4위(약 2억 7천만명)
종교	• 이슬람 교도 ⇑ • 발리 섬 : 힌두교
농업	• 열대 작물 : 네덜란드 식민 지배 하에서 강제 재배 • 천연고무, 팜유, 커피콩, 쌀: 세계 유수의 생산지 • 쌀 : 인구가 많아 소비량이 생산량을 웃돌아 수입
자원	• 석탄 생산량 세계 1위 • 석유, 천연가스 생산량 ⇑ • 풍부한 천연가스 : 미국계 메이저와 국영 기업이 생산
그 외	• OPEC 가맹국

⑤ 동티모르 : 구 포르투갈령, 카톨릭, 2002년 인도네시아에서 독립

⑥ 필리핀과 베트남

필리핀	• 카톨릭(기독교)이 중심 : 남부 이슬람 교도와 대립이 심각 • 사탕수수와 바나나 생산과 수출 : 미국이나 일본 자본으로 플랜테이션 재배
베트남	• 프랑스 식민지였으나 1986년 쇄신 정책으로 시장 경제 도입 : 대외 경제 우선 ⇨ 1995년 ASEAN에 가맹 • 쌀, 커피 콩 생산량 세계 1위

UNIT 03

남아시아

일본어판 check!

빈출 포인트 Check

❶ 인도의 농업과 산업 ☆☆☆
❷ 이슬람교 국가와 불교 국가☆

핵심 개념 확인하기

◦ 남아시아

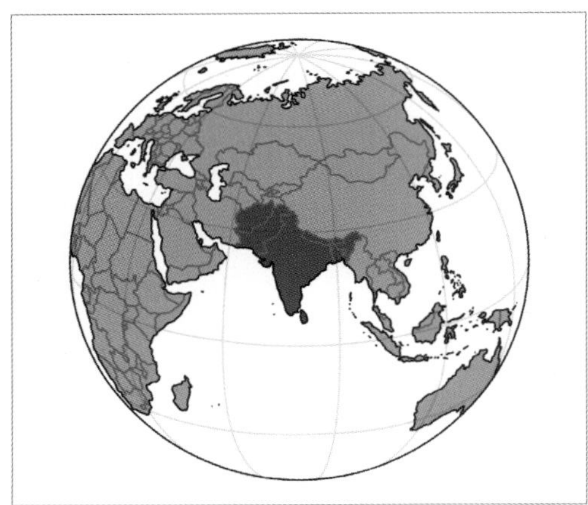

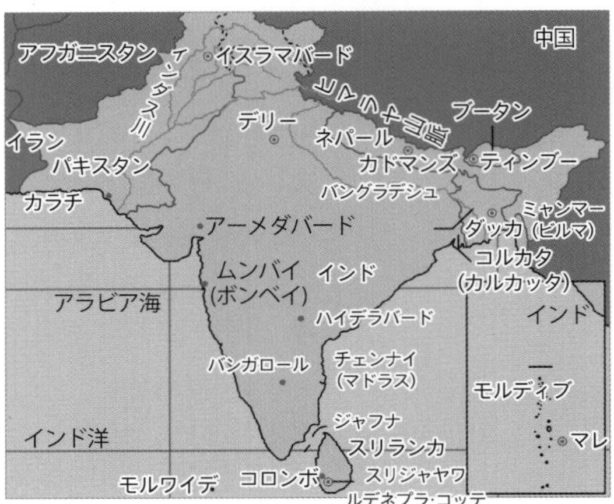

❶ 인도

국토	• 28°38′ N·77°17′E(211m)
인구	• 약 14억(2022년도까지 인구 세계 2위, 현재 세계 1위)
종교	• 인구 약 80%가 힌두교 ⇨ 카스트제(신분제도)가 뿌리 깊음
농업	• 농업 인구가 압도적으로 많으나, 생산성 ⇓ ⇨ 영국에서 독립 후 식량 증산에 주력 ⇨ 1960년대 후반부터 다수확 품종 도입 ⇨ 1970년대 말에 식량 자급 달성 • **대표적 농산물 : 쌀, 면화, 황마, 밀, 차** • 비약적인 농산물 생산 증대 : **'녹색 혁명'** • 우유나 유제품 증산 증가 : **'백색 혁명'**
공업	• 면공업, 철강업, 원자력 산업이나 그 외 첨단 산업 발달 : 개발도상국 중 공업화 진행 • 무역 총액 세계 1위(최대 수출 상대국인 미국과 무역 마찰 발생)

사회	• 빈부 격차 ⇑, 급격한 인구 증가와 대도시 인구 집중으로 도시 문제 발생 • 힌두교에서 소고기 섭취를 금기시 해서, 우유, 유제품 생산을 위해서 소 사육

❷ 파키스탄

기후	• 건조 기후(BW·BS)
종교	• 이슬람교
농업	• 밀과 면화 재배 활발

❸ 방글라데시

역사	• 동파키스탄에 부속되었으나, 1971년 분리 독립 • 건조 기후(BW·BS)
종교	• 인구 89%가 이슬람교
그 외	• 인구 밀도 ⇑ • 사이클론에 의해 큰 재해 발생 빈도 ⇑

❹ 스리랑카와 몰디브

스리랑카	• 제2차 세계대전 이후, 불교국으로 독립 • 차 재배 : 영국계 기업의 플랜테이션 농업 • 천연고무, 코코아 생산 ⇑
몰디브	• 1,000을 넘는 산호초 섬과 26개의 환초로 구성된 국가 • 섬의 80%가 해발 1m 이하 ⇨ 지구온난화에 의한 해면 상승으로 국가 대부분이 수몰 위기

UNIT 04

서아시아

일본어판 check!

빈출 포인트 Check

❶ 주요 산유국 ☆☆☆
❷ 이스라엘의 갈등 ☆

핵심 개념 확인하기

◦ 서아시아

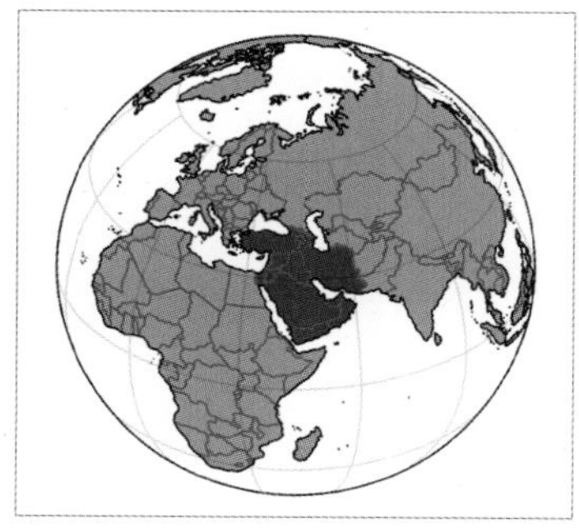

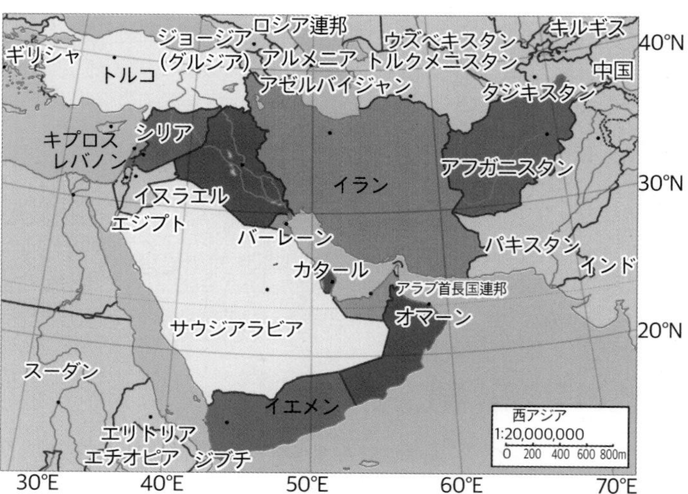

❶ 이란

민족과 언어	• 페르시아인 • 공용어 : 페르시아(ペルシャ)어 (인도=유럽어족)
종교	• 이슬람교(시아파)
국토와 자원	• 신기조산대에 위치 ⇒ 석유 자원이 풍부 ⇒ 방대한 석유 수입으로 급속한 근대화 추진 ⇒ 국민 반발로 이란 혁명$_{1978}$ 발생 ⇒ 왕조 붕괴 ⇒ 2차 석유 파동$_{1973}$으로 세계 경제에 타격을 줌

❷ 사우디아라비아

정치	• 20세기 초에 독립하였으나, 현재도 완전한 전제군주국가 ⟹ 의회도 정당도 없음
종교	• 이슬람교의 순교지인 메카(メッカ) : 전세계에서 신자가 방문
국토와 자원	• 대부분이 사막 • 세계 상위권 산유국 (일본의 1위 원유수입국)
농업	• 대추야자 생산 세계 상위

❸ 이스라엘

민족과 언어	• 유대인 • 공용어 : 헤브라이(ヘブライ)어
종교	• 유대교
주요 산업	• 다이아몬드 산업 : 다이아몬드 원석 수입 가공하여 수출
역사	• 팔레스타인(パレスチナ) 지역에 예루살렘(エルサレム)을 수도로 이스라엘을 건국$_{1948}$ ⟹ 선주민인 아랍인과 팔레스타인 지역을 둘러싸고 분쟁 중

❹ 튀르키예

국토	• 아시아, 유럽, 아프리카에 걸쳐 있음
종교	• 이슬람교
정치	• 유럽형 근대화를 추진하여, 동서냉전 시대에도 NATO 나 OECD 등에 가입 ⟹ 서양 자본주의 국가와 연계 추진
기타	• 키프로스 ┌남측(키프로스 공화국) : 동방정교(東方正教(とうほうせいきょう))인 그리스인 다수 ⟹ EU에 가입$_{2004}$ └북측(북키프로스(北(きた)キプロス), 튀르키예 공화국) : 튀르키예 계열 사람들 대다수 ⟹ 튀르키예 이외에 독립 인정 못 받음

UNIT 05 아프리카

일본어판 check!

빈출 포인트 Check

❶ 이집트의 자원과 산업 ☆☆☆
❷ 자원이 풍부한 남아공 ☆

핵심 개념 확인하기

◦ 아프리카

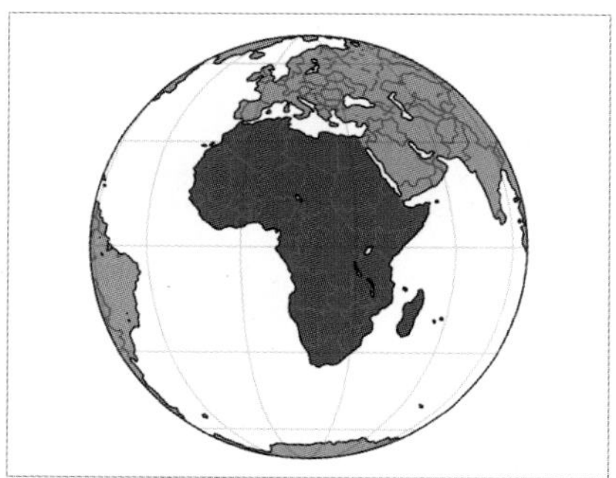

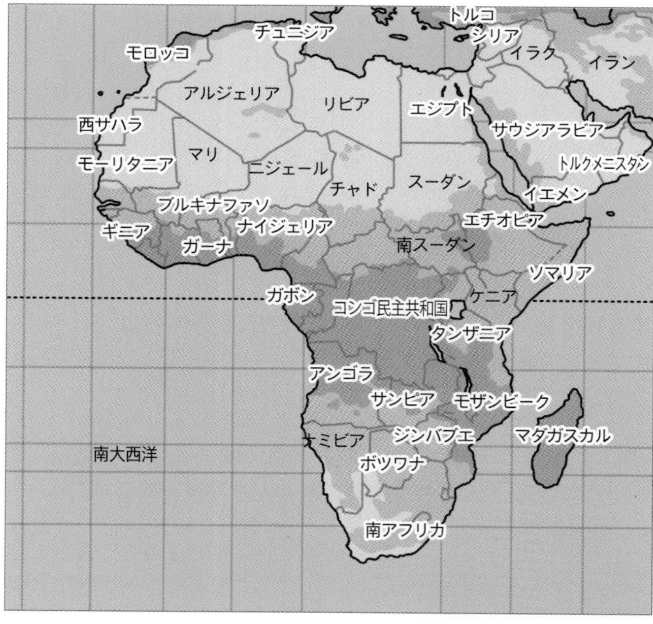

1 이집트(エジプト)

특징	• 영국령이었으나, 1922년에 독립 ⇒ 수에즈 운하 국유화$_{1956}$ ⇒ 관개(나일강 아스완하이댐(アスワンハイダム))로 농지 증가 ⇒ 염해 등의 피해 확대
농업	• 생산성이 낮아 곡물 자급률 ⇓
자원과 산업	• 석유와 석유 제품이 최대 수출품 • 수에즈 운하 통관료와 관광 수입

2 알제리(アルジェリア)

특징	• 프랑스령이었으나, 1962년에 독립 ⇒ 주요 산업 국유화
농업	• 올리브, 포도 : 지중해 연안(지중해식 농업) • 유목, 오아시스 농업 : 건조 지역
자원과 산업	• 석유와 천연가스 : 사하라 사막에서 산출 ⇒ OPEC 가맹국

3 리비아(リビア)

특징	• 인구 밀도 ⇓
농업	• 수자원이 지하수밖에 없어 농경지가 국토의 1%
자원과 산업	• OPEC 가맹국이지만, 인구가 적어 1인당 GNI ⇑

4 튀니지(チュニジア)

특징	• 구프랑스령이었으나, 제2차 세계대전 후에 독립$_{1956}$ • 튀니지 혁명$_{2010}$: 민주화 운동 ⇒ 아랍 세계에 확산 ⇒ '아랍의 봄(アラブの春(はる))'

5 케냐(ケニア)

국토	• 적도에 걸쳐 있으며, 내륙부에 고원 위치. • 수도 나이로비는 표고 1700m에 위치하여, 쾌적
농업	• 차와 커피 : 영국령이었던 관계로 플랜테이션 ⇑ • 원예 농업 : 장미 등을 재배하여, 유럽에 수출

6 에티오피아(エチオピア)와 마다가스카르(マダガスカル)

에티오피아	• 아프리카에서 가장 오래된 독립국 • 수도 아디스아바바는 고산도시 • 커피의 원산지 : 세계 유수의 생산국
마다가스카르	• 국토 남부를 남회귀선이 통과 • 주민은 말레이계가 대다수 • 수전 농업 • 열대성저기압 태풍(사이클론) 영향

7 남아프리카 공화국(南アフリカ共和国(みなみアフリカきょうわこく))

국토	• 아프리카 대륙 남단에 위치 • 내륙부에 1,000m를 넘는 고원 위치
농업	• 포도 생산 : 지중해성 기후인 케이프타운(ケープタウン) 부근
자원과 산업	• 금 생산: 세계 1위 • 다이아몬드, 백금(プラチナ), 석탄, 철광석, 우라늄, 레어 메탈이 풍부 • 석유는 산출 없음

8 나이제리아(ナイジェリア)

국토와 기후	• 삼각주 형성 : 열대 고온 다습한 기후인 니제르(ニジェール)강 하구에 형성
인구와 민족	• 아프리카 최대 인구 • 다민족 국가 : 민족과 종교 대립으로 내전 다발
농업	• 카카오, 팜유 다량 생산
자원과 산업	• 아프리카 유수의 산유국 ⇨ OPEC에 가맹

9 가나(ガーナ)와 코트디부아르(コートジボワール)

가나	• 카카오 생산 대국 • 알루미늄 제련 : 수력발전(볼타강)을 이용 ⇨ 공업화 • 수도 아크라(アクラ)를 본초자오선이 통과
코트디부아르	• 카카오와 천연 고무 생산 ⇑ : 카카오 생산량 세계 최대

⑩ 리베리아(リベリア)

자원과 산업	• 철광석과 천연 고무 의존도 ⇑ : 미국 자본 • 편의 치적선(便宜置籍船) 多

◦ 아프리카 식민지도

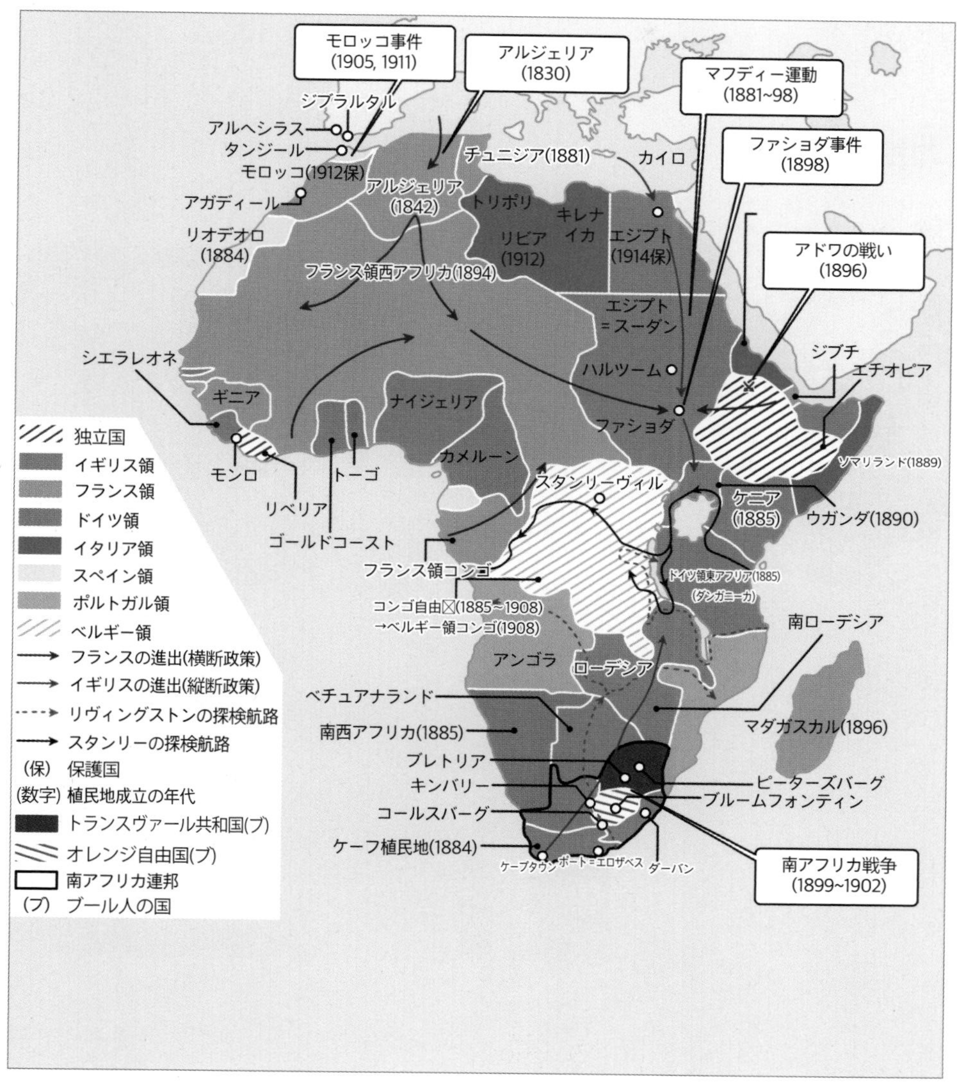

UNIT 06

유럽의 지형과 산업

일본어판 check!

빈출 포인트 Check

❶ 유럽의 정치·경제 ☆☆☆
❷ 유럽의 기후와 민족 ☆

핵심 개념 확인하기

◦ 유럽

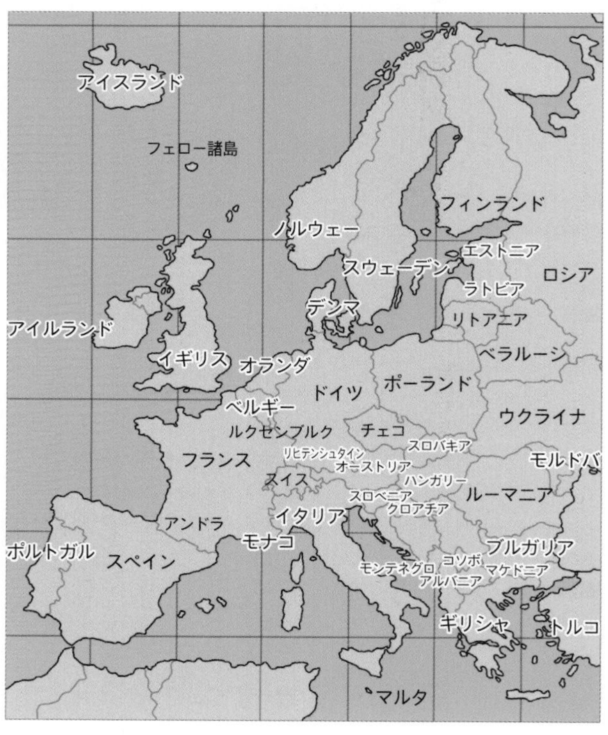

❶ 지세

1) ┌ 유럽 남부 : 신기조산대인 피레네산맥, 알프스산맥 횡단
└ 유럽 북부 : 고기조산대인 스칸디나비아 산맥, 페닌 산맥 분포

2) 유럽 북부~중부 ┬ 피요르드 : 노르웨이 서해안부
├ 빙하호 : 핀란드
└ 모레인 : 북독일 평원
⇨ 빙하로 뒤덮여 있던 곳

3) 에스츄어리(삼각주) : 유럽 하구는, 하천 균배가 완만하고 토사 공급량이 적어 삼각주 발달

4) 카르·혼 ┬ 유럽 남부 알프스산맥, 피레네 산맥
└ 산악 빙하에 의한 빙하지형

❷ 기후와 민족

1) 기후

- 서유럽 : 온화한 서안해양성 기후 (위도가 높으나, 난류인 북대서양 해류와 편서풍의 영향으로)
- 남유럽 : 지중해성 기후(겨울에 습윤, 여름은 건조)
- 중앙 유럽 : 대륙성 기후

2) 민족

슬라브 민족이 중심 ➡ 그 외 여러 민족이 할거 ➡ 대립 ⇑, 국제 분쟁으로 발전

◦ 유럽의 기후

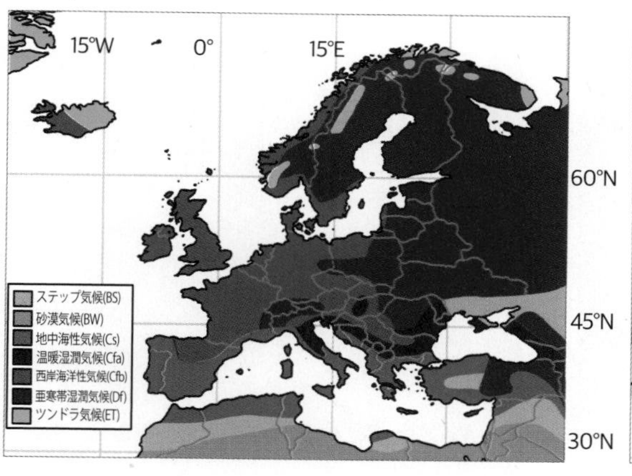

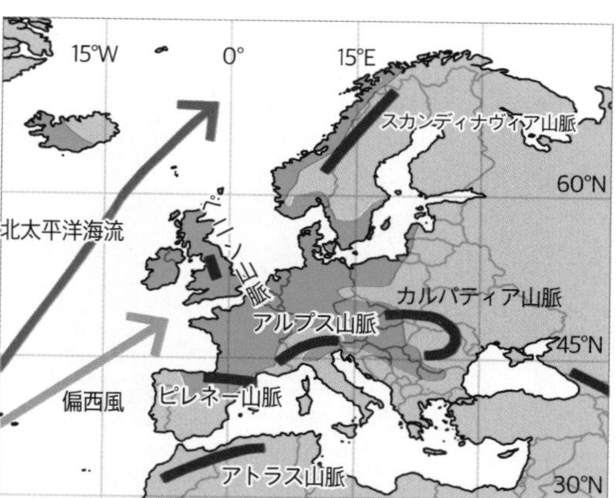

3 정치와 민족, 언어

1) 정치 : 제2차 세계대전 말기부터 종전 후에 걸쳐 사회주의 혁명이 일어난 나라는 대부분 가난한 농업국

⇒ 혁명 후, 각종 공적 보험이 정비 되었으나 구소련 패권 하에 놓인 국가가 많아

⇒ 정치는 비민주적

⇒ 바르샤바 조약기구가 오랫동안 민주화 운동을 탄압

⇒ 1980년대 후반부터 민주화 운동 크게 진전

⇒ 1991년 소련 해체를 전후로, 정치 민주화와 경제 자유화 등 개혁, 해방

2) 언어 : 인도 = 유럽 어족이 대부분

3) 종교 ┬ 기독교가 기본
└ 발칸반도의 알바니아, 코소보, 보스니아 헤르체고비나 : 이슬람교

유럽의 종교

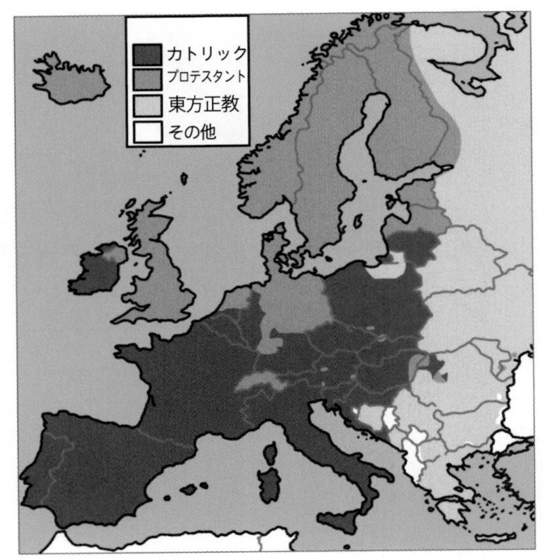

유럽의 언어

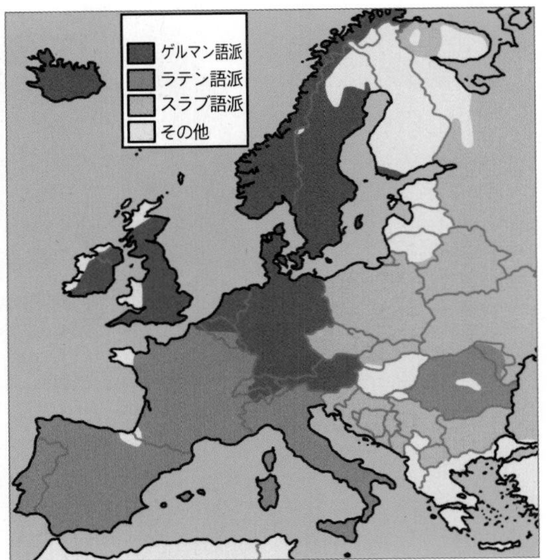

4 정치, 경제

1)블루 바나나
- 유럽의 사회적, 경제적 중핵이 되는 지역
- 바나나 모습의 굽은 모습
- 인구 밀도가 높으며 대도시가 많음
- 유럽을 견인하는 공업지역
- 대기업 등의 본사가 위치하는 금융, 정보의 중심지

2) 제3의 이탈리아
- 이탈리아의 중소기업이나 장인에 의한 전통 공예가 발달한 각종 도시와 지역
- 중세로 거슬러 올라가는 전통 공업의 역사를 지닌 경우 많음

3) 유럽의 선벨트
- 스페인 중부에서 프랑스 남부를 거쳐 이탈리아 중부에 이르는 지중해안 지역
- 항공기 공업이나 최첨단 기술 산업 집적
- 외국 자본에 의한 자동차 공업이 입지

◦ 유럽의 경제 중심지

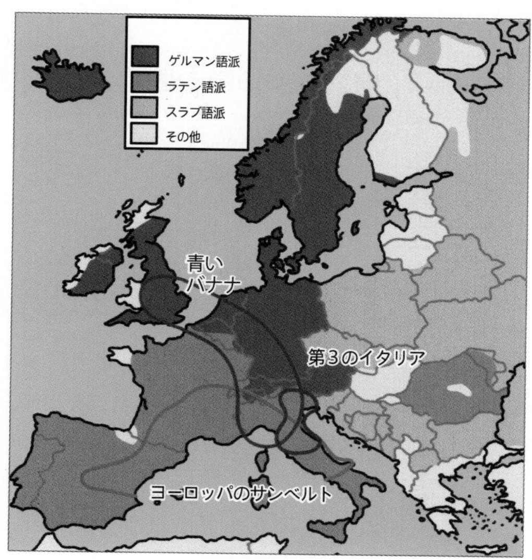

UNIT 07

서유럽 국가들

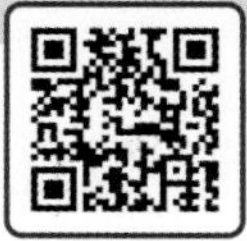

빈출 포인트 Check

❶ 프랑스의 농업과 산업☆☆☆
❷ 스위스와 스페인의 산업 ☆

핵심 개념 확인하기

1 영국

국토	• 4개의 지역으로 구성되는 연합국가(잉글랜드, 스코틀랜드, 웨일스, 북아일랜드)
경제	• 해외의 광대한 식민지를 지배하고 '대영제국'으로 번영 ⟹ 세계의 해운, 금융면에서 중심적 지위 차지 • 20세기 접어들어 철강업 경쟁력 저하 • 제2차 세계대전 이후 산업 국유화로 산업 사양화에 대응 ⟹ 국제 시장에서 경쟁력 쇠퇴 ⟹ 1980년대에 수많은 국영대기업을 민영화, 경제 회복을 추진
사회	북아일랜드에서는 다수의 개신교 신도와 소수의 카톨릭 주민의 마찰로 분리 독립 요구

2 프랑스

농업	• 서유럽 최대의 농업국, 농업 인구 비율이 선진 공업국 중 높은 편 • 밀 등 식량 수출국 : 생산성 ⇑ • 포도 생산 세계 수위 : 중부와 서부 • 올리브, 포도 등 과수재배 : 지중해 연안(여름에 건조한 지중해성 기후)
공업	• 공업지대가 형성되지 않았으나 항공기 등 공업 발전 • 수도 파리가 최대 종합공업도시
전력	• 원자력 발전 의존도 ⇑

- **프랑스의 전력 구성(2024)**

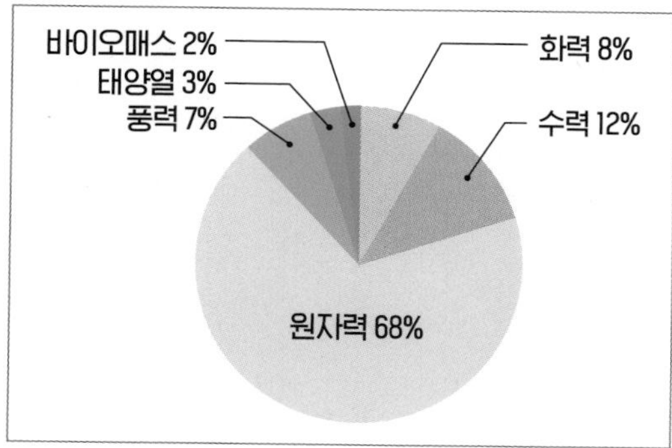

③ 독일

정치	• 1990년 통일 독일 성립 : 동독이 서독에 편입
사회	• 구 서독 : 튀르키예, 구 유고슬라비아, 이탈리아 등에서 다수의 이주 노동자 수용 ⇒ 사회 문제 발생
산업	• 루르 공업지역을 중심으로 근대 공업 발달 ⇒ 세계 대전에 2번 패했으나, 1950년 서독이 미국의 원조를 받아, 경제 기적의 부흥을 이룸
농업	• 호밀, 감자 재배 : 프랑스 다음의 농업 대국 • 돼지 사육 등 낙농 생산

④ 베네룩스 3국

벨기에	• 작은 선진국, EU 공통 시장 확대에 의욕 • 1993년에 군주제인 채 언어별 연방국으로 이행 • 북부 : 낙농 중심, 네덜란드어 / 남부 : 철공업 지역, 프랑스어 ⇒ 경제 정세 차이가 양 지역 언어 분쟁에도 영향 • 최대 수출품 : 의약품
네덜란드	• 낙농업과 원예농업이 활발 • 국토의 1/4가 해면보다 낮음 • 유로포트 : 최대의 무역항이자 EU의 현관
룩셈부르크	• 남부 : 철광석 산지 ⇒ 철광업 활발 • 세계 유수의 금융 센터

5 덴마크

낙농업	• 축사 관리 낙농이 활발
에너지	• 편서풍을 활용한 풍력 발전 활발

◦ 덴마크의 전력 구성(2020)

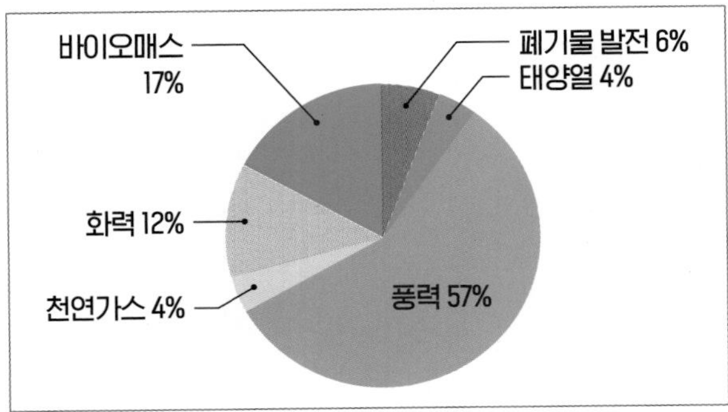

6 스위스

언어와 민족	• 다민족 국가로 4언어가 공용어로 설정
낙농업	• 계절에 따라 이동하는 이목
산업	• 관광업이 활발 • 정밀기계공업(시계가 유명) • 화학, 식품 공업 활발

7 스페인

국토	• 이베리아 반도의 대부분을 차지 • 피레네 산맥 : 신기조산대, 프랑스와의 자연적 국경 • 스페인 북서부 : 리아스 해안의 유래가 된 장소
기후	• 전체 : 지중해성 기후 • 중앙부 : 건조 기후 • 북부 : 서안해양성 기후
낙농업	• 오렌지, 올리브, 포도 : 지중해식 농업 • 양(메리노종)과 이베리코 돼지 사육 활발
자원과 산업	• 수은 : 세계 굴지의 산출지 • 자동차 수출 세계 7위
사회	• 바스크와 카탈루냐

8 이탈리아

국토	• 화산 ⇑
낙농업	• 지중해식 농업과 이목: 남부와 중부 ⇒ 생산성 ⇓, 농민은 빈곤 ⇒ 남북 지역차에 의한 경제 격차가 문제 ⇒ 공장도 적고, 실업자가 많음
산업	• 중화학 공업 : 북부, 수력자원을 이용 • 패션 산업이 활발 : 공업의 중심

이탈리아의 전력 구성(2024)

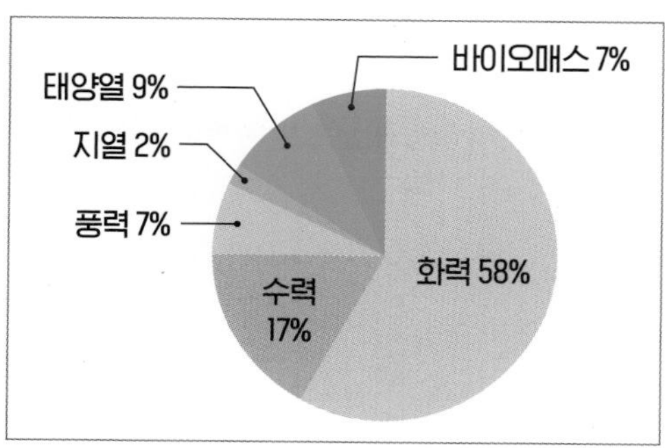

UNIT 08

북유럽과 동유럽

일본어판 check!

빈출 포인트 Check

❶ 아이슬란드의 자원과 산업☆
❷ 폴란드의 자원과 산업 ☆

핵심 개념 확인하기

1 스웨덴

국토	• 스칸디나비아 산맥 : 노르웨이와의 자연적 국경 • 북위 55도~69도 사이에 위치 : 길고 어두운 극야의 겨울과 짧고 밝은 백야의 여름이 특색
사회	• 고령화 사회가 형성된 복지국가 ⇒ 세금과 사회보험료 부담 ⇑
자원과 산업	• 삼림자원, 광산 자원, 수력 자원 풍부 : 기계공업이 활발 • 농업은 부진

2 핀란드

국토	• 빙하호 많음 : 대륙 빙하에 뒤덮여 있던 영향
민족과 언어	• 아시아계 핀란드인 • 우랄 어족
자원과 산업	• 임업과 제지 펄프 공업이 활발 : 삼림 자원 풍부

3 아이슬란드

국토	• 화산의 섬나라 ⇒ 화산 활동이 활발 • 북대서양 해류(난류) : 연안을 통과
기후	• 남부 : 온대 서안해양성 기후 • 북부 : 툰드라 기후
자원과 산업	• 알루미늄 제련 등 공업, 수산업 활발 : 수력, 지열 이용
그 외	• EU 비가맹(2024년 현재)

아이슬란드의 전력 구성(2019)

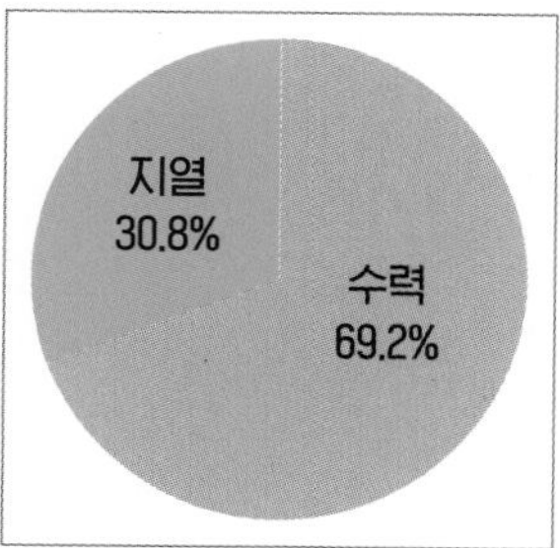

4 노르웨이

민족과 종교	• 게르만계 • 기독교도가 대부분
자원과 산업	• 풍부한 석탄을 이용한 화력 발전으로 공업화 • 알루미늄공업 발달 • 북해유전이 있어 원유·천연가스 다량 산출 • 수력발전은 국내용, 화력발전은 수출용 • 연어 등 세계 유수의 어업 대국

노르웨이의 전력 구성(2021)

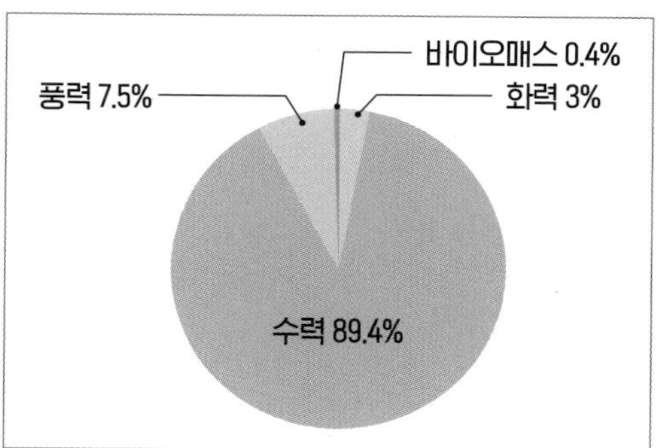

5 폴란드

민족과 종교	• 슬라브계 폴란드인 • 카톨릭교도가 대부분
자원과 산업	• 풍부한 석탄을 이용한 화력 발전으로 공업화

폴란드의 전력 구성(2024)

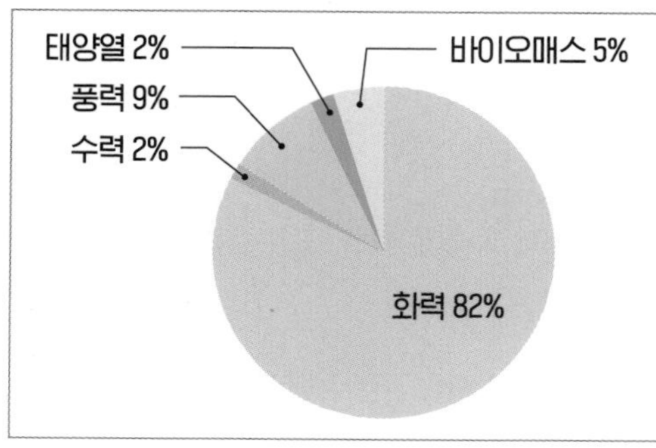

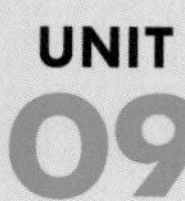

동유럽

빈출 포인트 Check

❶ 러시아의 산업 ☆☆
❷ 발트 3국 ☆

핵심 개념 확인하기

1 체코와 루마니아

체코	• 구체코슬로바키아에서 공업이 발달한 체코 중심의 경제 정책이 이어짐 ⟹ 체코와 슬로바키아의 2개 나라로 분리 1993
루마니아	• 라틴계 • 그리스 정교도 많음 • 석유 산출국

2 헝가리

민족과 언어	• 아시아계 마자르인 • 우랄 어족
종교	• 카톨릭 교도 ⇑
농업	• 곡물 농업 활발

3 러시아

국토	• 55°45' N·37°38'E(156m) • 국토 면적 세계 1위 • 발트해를 접한 러시아 역외 영토(飛び地(とびち))가 있음 • 동서로 길고, 경도차가 160도 이상이며, 러시아 국내에 11개의 표준시가 존재
기후	• 냉대기후가 가장 넓음
산업	• 중공업 : 구소련에서 산업의 기초로 우선시 ⟹ 러시아 국내 자원 개발 활발 • 콤비나트 방식 공장 건설

정치	• 러시아 성립에 따라, 경제 자유화와 농지 사유화 등의 개혁 추진
독립국가연합 (CIS)	• 소련 소멸1991과 함께 창립 선언 • 협력 수준이 낮음 • 1993년 12개국으로 구성(현재 우크라이나와 몰도바가 탈퇴) • 민족분쟁을 처리할 능력이 결여 • 군사적으로 우위에 놓여 있는 러시아 영향력이 여전히 ⇑

러시아의 전력 구성(2024)

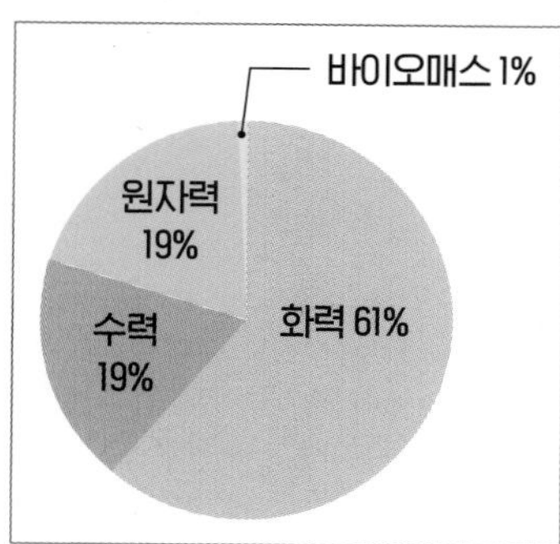

4 우크라이나

농업	• 밀, 해바라기 생산 활발 : 비옥한 흑색토(체르노젬)로 곡창지대
자원과 산업	• 석탄 철광석 등 자원 풍부 • 흑해 연안은 온난하여, 피한지, 리조트로 유명

5 발트 3국

역사	• 1918년에 각각 러시아에서 독립 ⇨ 1940년에 독일과 구소련 사이의 독소 밀약을 토대로 구소련에 편입 ⇨ 1991년 정식 독립
농업	• 3국 모두 낙농지대
민족과 종교	• 에스토니아 : 핀계(아시아계)로 개신교가 중심 • 라트비아 : 발트계(인도=유럽계)로 개신교 • 리투아니아 : 카톨릭 문화권

UNIT 10

북미의 국가

빈출 포인트 Check

❶ 미국의 산업 ☆☆☆
❷ 캐나다의 기후와 역사 ☆

핵심 개념 확인하기

○ 북미 대륙

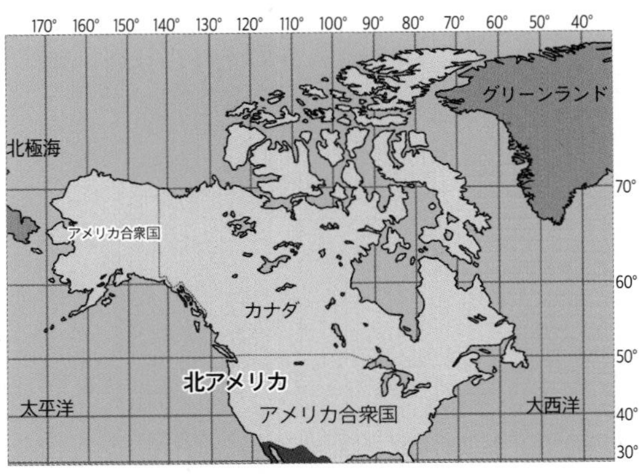

○ 북미 대륙 단면도

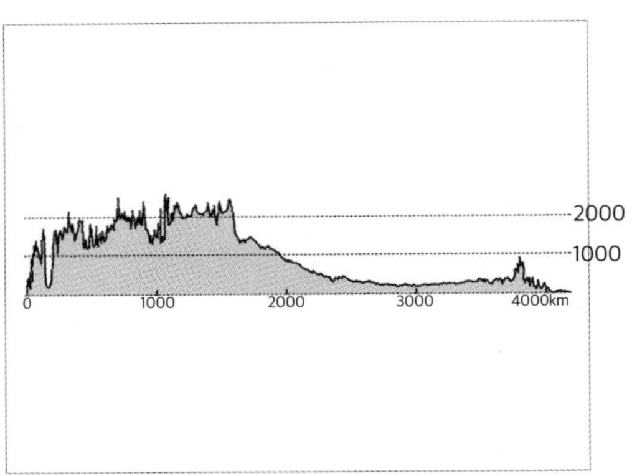

❶ 미국

1) 위치와 기후

위치	• 38°54′ N·77°01′W(5m) • 50개 주로 구성된 연방국가(각 주는 광범위한 통치 권한 보유) • 광대한 국토 : 알래스카와 하와이를 제외한 북미 대륙만으로도 경도차 60도, 4개의 표준시
지형	• 서부 : 험악한 산지, 록키 산맥 발달 • 동부 : 구릉지, 해안평야(멕시코만~대서양안)
기후	• 열대 기후 : 플로리다반도 남부, 허리케인 피해 ⇑ • 스텝 기후 : 사막 • 지중해성 기후, 서안해양성 기후 : 태평양 • 동부는 습윤

2) 역사와 민족

역사		• 17세기부터 유럽인이 이주 • 1776년에 동부 13주가 영국에서 독립 ⇒ 농지와 금광을 찾아 이민이 증가 ⇒ 토지를 빼앗긴 인디언 저항
민족	특징	• 다민족국가, 이민의 나라 ⇒ 20세기 후반부터 라틴아메리카계와 아시아계 이민이 증가 ⇒ 전체 80%를 차지하는 백인 중 앵글로색슨(영국계)이 상류계급 형성
	히스패닉	• 멕시코계를 중심으로 한 스페인어계 미국인 • 일상생활에서 스페인어 사용 • 인구증가율이 높으며, 인구수가 흑인을 추월
	그 외	• 인디언, 흑인, 유대인 • 태평양 연안과 하와이 : 아시아계 이민 ⇑

3) 자원과 산업

산업	• 각종 자원이 풍부한 세계 1위의 공업국 • 농업생산량 ⇑ • 고도의 과학 기술을 토대로한 세계 최대의 생산력
콘체른	• 소수 거대 기업이 생산 독점 ⇒ 거대 기업을 자본 관계로 지배하는 재벌 밑에 거대 기업 그룹 형성
자원	• 세계 유수의 자원 보유국 ⇒ 제2차 세계대전 후, 각종 자원 수입 증가 • 일반 공업제품 경쟁력 저하로, 수입 증가 ⇒ 무역 적자 초래

4) 농목업

특징	• 생산성 ⇑ • 대농법에 의한 적지 적작(適地適作) ⇒ 경영 규모 확대로 대농장 증가 • 생산 과잉 문제 해결을 위해, 농산물 수출에 진력 ⇒ 세계 농산물 시장에서 차지하는 미국의 지위 ⇑
문제점	• 토양이나 물 등의 생산 기반을 혹사, 파괴하며 수종 늘려 옴 ⇒ 토양 침식, 지하수 고갈, 염해 등의 문제점 대두
대평원과 대초원	• 미국 서경 100도 기준 서쪽 : 대평원(그레이트 플레인스) • 미국 서경 100도 기준 동쪽 : 대초원(프레리)

◦ 미국의 농목업

混合農業
100°W
春小麦
酪農
牧畜
酪農
近郊農業
トウモロコシ
冬小麦
混合農業
地中海式農業
綿花
亜熱帯作物
100°W
牧畜地帯
畑作地帯

◦ 그레이트플레인스와 프레리

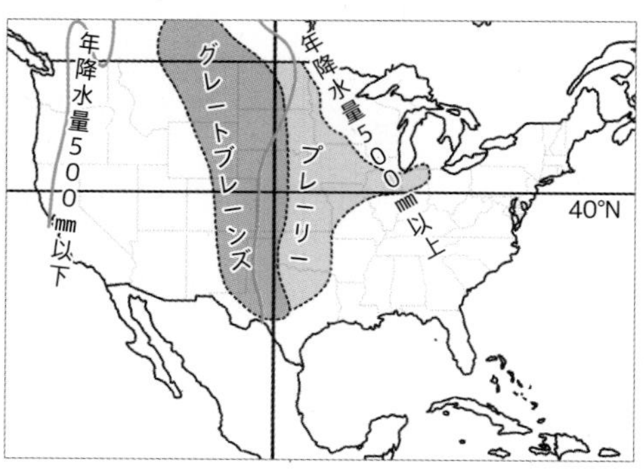

5) 지역별 특징

지역	특징
북동부	• 뉴욕 맨해튼 월가에 있는 주식 시장과 국제적인 금융 기관이, 세계 경제에 절대적 영향력 보유 • 국제연합(UN) 본부 위치, 국제 정치의 중추 기능 • 워싱턴 ┬ 미국 수도 　　　　│ 어느 주에도 속하지 않는 연방 정부의 직할지 　　　　└ 인구 70%가 흑인 • 보스턴 ┬ 영국풍의 거리 풍경 　　　　└ 학문과 문화의 중심지 • 필라델피아 ┬ 공업도시 　　　　　　└ 동부 표준시 자오선 서경 75도선 통과
중서부	• 시카고 ┬ 세계적인 농축산물 집산지 　　　　└ 농업기계, 식품 공업 중심지로 발전 • 디트로이트 : 공업도시(자동차 공업) • 피츠버그 : 공업도시(철강업)
남부	• 뉴올리언스 : 프랑스계 이민에 의해 발전한 남부 최대의 무역항 • 애틀랜타 ┬ 흑인의 싼 임금노동으로 면공업 발전 　　　　　│ 선벨트 　　　　　└ 멕스코만 유전을 기반으로 발전 • 휴스턴 ┬ 대표적인 공업도시 　　　　└ 항공우주산업, 석유화학 공업 발전
서부	• 시애틀 ┬ 대표적인 공업 도시 　　　　└ 항공기 산업과 펄프 공업 활발 • 산호세 ┬ 대표적인 공업 도시 　　　　└ 일렉트로닉스공업 발달 ⇨ 실리콘밸리 • 로스앤젤레스 ┬ 미국 제2의 대도시 　　　　　　　└ 항공기 산업, 석유 화학공업 입지

알래스카	• 석유 산출 • 에스키모인
하와이	• 일본계 ⇑

2 캐나다

위치	• 45°25' N·75°40'W(5m) • 북미 대륙 북반부를 차지하는 광대한 국가 면적으로, 러시아에 이어 세계2위의 면적
기후	• 대부분 냉대
민족	• 선주민은 인디언과 에스키모인 • 17세기부터 프랑스인이 이주, 그 후에 영국인도 이주 ⇨ 영국 식민지 ⇨ 소수파가 된 프랑스계 주민은 주로 퀘벡주에 거주하며, 독자적 문화를 유지.
주요 도시	• 오타와 : 수도 • 토론토 : 캐나다 인구 1위 도시
자원과 산업	• 삼림자원 풍부 ⇨ 목재, 종이, 펄프 수출 ⇑ • 에너지 : 빙하호의 물을 이용한 수력 자원 활발 ⇨ 수력 발전을 이용한 알루미늄 공업 발달

◦ 캐나다의 전력 구성(2024)

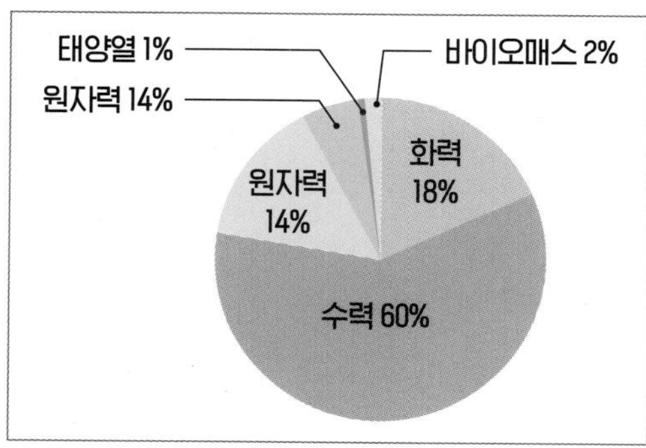

UNIT 11

중남미

빈출 포인트 Check

❶ 미국의 산업 ☆☆☆
❷ 중남미 국가 ☆

핵심 개념 확인하기

중남미 대륙 단면도

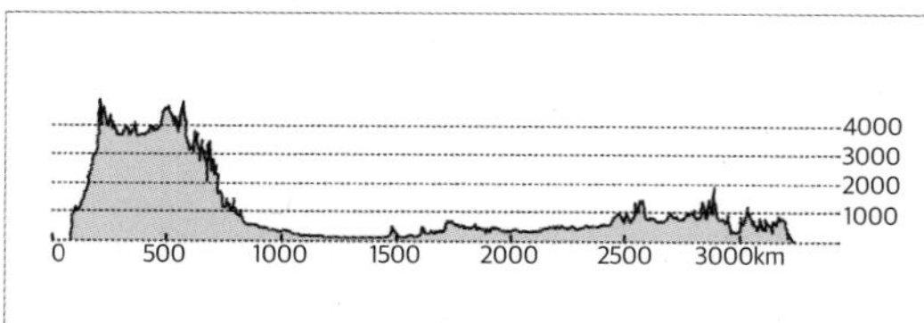

브라질의 전력 구성(2024)

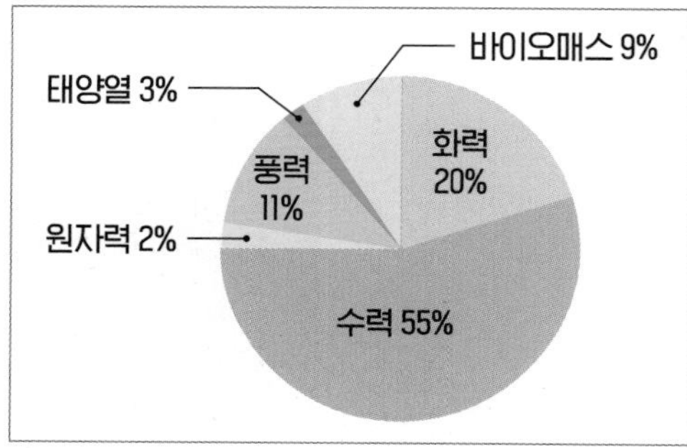

◦ 중남미 국가들

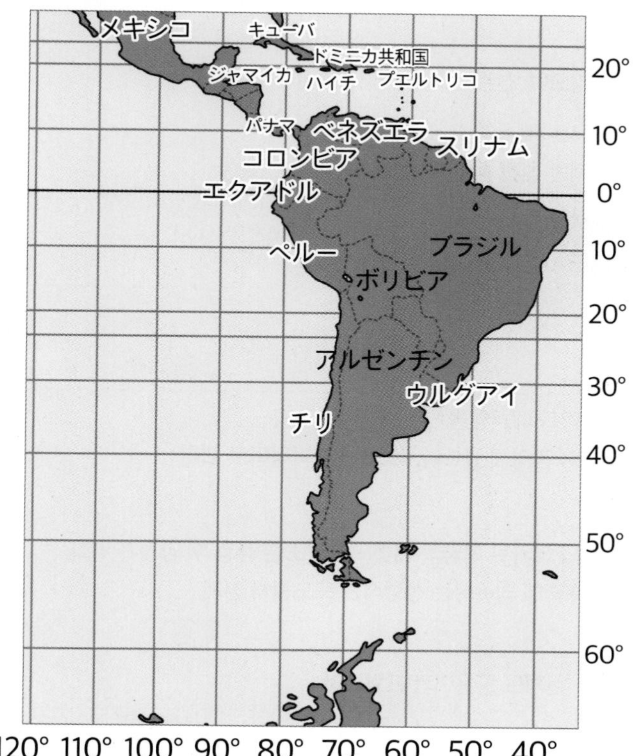

メキシコ
キューバ
ドミニカ共和国
ジャマイカ
ハイチ
プエルトリコ
パナマ
ベネズエラ
スリナム
コロンビア
エクアドル
ペルー
ブラジル
ボリビア
アルゼンチン
ウルグアイ
チリ
20°
10°
0°
10°
20°
30°
40°
50°
60°
120° 110° 100° 90° 80° 70° 60° 50° 40°

❶ 멕시코

역사와 민족	• 1821년 스페인에서 독립 • 혼혈 메스티조가 가장 많으며, 선주민도 ⇑
인구	• 전 인구의 1/4가 멕시코시티에 집중 ➡ 심각한 대기오염, 지반 침하 등 문제 발생
자원과 산업	• 석유, 은을 비롯한 철광자원 풍부 • 북미자유무역협정(NAFTA)을 결성, 경제적인 결합 강화

❷ 그 외 중남미 국가들

파나마	• 파나마 운하 ┬ 태평양과 대서양을 잇는 운하 └ 미국이 관리해 왔으나, 1999년에 파나마로 귀환 • 편의 치적선 ⇑
쿠바	• 1959년 혁명 후 사회주의 국가로 미국과 대립 ➡ 구소련 붕괴 후 경제가 악화 • 사탕수수 재배와 설탕 수출에 의존하는 전형적인 모노컬처 경제
아이티	• 국민 90%가 흑인 • 과거 프랑스 식민지 ➡ 현재도 공용어가 프랑스어
자메이카	• 커피 콩 생산지로 유명 • 세계 유수의 보크사이트 생산국
베네수엘라	• 볼리바르 • 산유국이며 OPEC 가맹국 ➡ 수출품목 대부분이 원유 • 철광석 산출, 미국에 수출
콜롬비아	• 커피 모노컬처 경제 국가 • 대부분의 대도시가 고산도시 • 저위도이지만 온화한 기후
에콰도르	• 적도를 지나는 국가 • 석유 산출국이며 OPEC 가맹국 • 바나나 생산 ⇑ • 갈라파고스제도 영유 : 태평양상에 진화론으로 유명한 섬
페루	• 태평양 연안 사막기후 : 한류인 페루 해류 영향 • 수산업 활발, 어획량 세계 유수 ➡ 최근 엘니뇨 현상으로 저하 • 구리 등 광산자원도 풍부
볼리비아	• 내륙국 ➡ 주석 등의 광산 자원 풍부 • 라파스 : 수도, 고산 도시

칠레	• 국토가 남북으로 길며, 기후도 변화가 풍부 • 안데스 제국(諸国) 중 백인의 비율이 가장 ⇑ • 미국 자본에 의한 동 생산이 가장 높은 모노컬처 경제의 전형 • 포도 생산 활발 : 중부, 지중해식 농업
브라질	• 1822년, 포르투갈령에서 독립 ⇨ 현재도 공용어 포르투갈어 • 주민 중, 포르투갈계를 중심으로 한 백인이 가장 많음 • 아시아계 중 일본인 이민 = 일계인(日系人)도 있음 • 커피 콩 재배에 적합한 토양인 테라록사(적토)가 분포 : 세계 유수의 커피 콩 생산국 • 사탕수수, 천연 고무 : 모노컬처 ⇨ 현재는 다각화, 기계화 추진 • 철광석, 원유, 보크사이트 생산 활발 • 알루미늄 공업 발전 : 수력 발전 이용
아르헨티나	• 1816년 스페인에서 독립 • 1982년 포클랜드제도 영유를 둘러싸고 영국과의 전쟁에서 패배 • 팜파스 : 온대 초원, 북부와 남부에 분포 • 남부 : 사막기후와 스텝 기후

UNIT 12

오세아니아와 양극지방

빈출 포인트 Check

❶ 호주의 자원과 산업 ☆☆☆
❷ 중남미 국가 ☆

핵심 개념 확인하기

○ 오세아니아

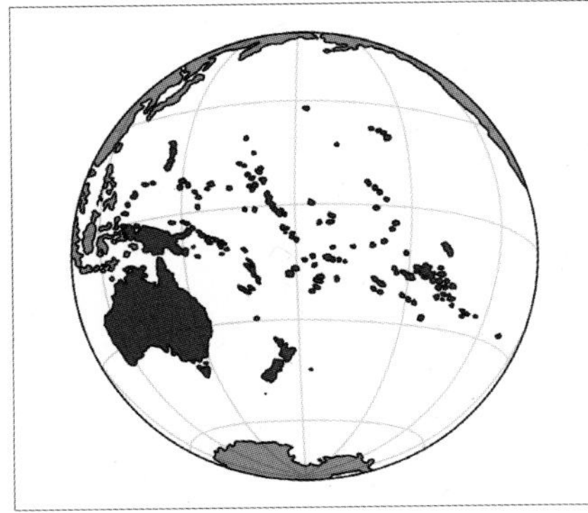

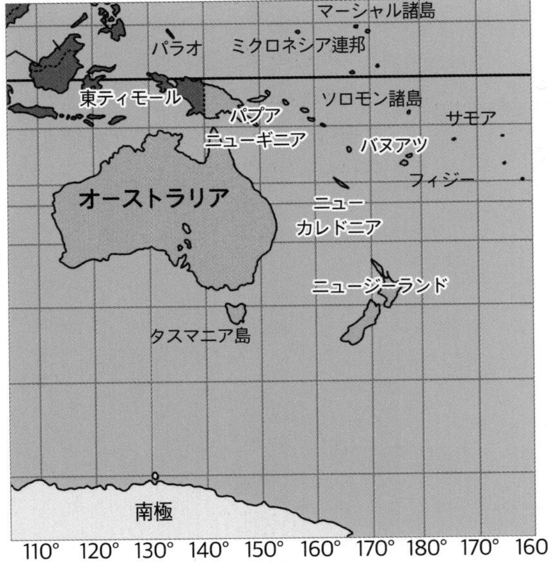

1 오스트레일리아

역사	• 18세기에 영국인 쿡이 발견 ⇨ 영국 식민지로 • 영국 산업혁명 이후, 모직물 원료인 양모 수요 증대로 개척이 진전 • 19세기 말 골드러시 이후, 인구 증가 • 1901년 오스트레일리아연방이 조직, 영 연방 내 자치령으로
민족	• 다민족 국가, 다문화 사회 : 아시아와 남유럽 등에서의 이민이 증가 • 애버리지니 ┬ 오스트레일리아 선주민 └ 백인의 박해로 인구 급감했으나, 정부 보호 정책으로 다시 증가
캔버라	• 수도, 계획도시 • 정치기능의 중심지로 인구 ⇓
기후	• 건조대가 가장 넓음 • 북부 : 열대 사바나 기후 • 남부 : 온대(지중해성기후, 서안해양성 기후, 온난습윤기후)
농목업	• 기계화가 진행된 기업적 농목업
자원과 산업	• 광공업 : 외국 자본에 의해 1960년대부터 석탄, 철광석, 우라늄광, 액화 천연 가스, 보크사이트(알루미늄) 등의 산출과 수출이 증대 • 철광석과 석탄 : 일본, 미국 자본과 기술로 개발되어, 일본에 대량 수출
그레이트 디바이딩 산맥	• 남부 동쪽 : 강수량 ⇑ ⇨ 머리강 유역에서 도수하여, 수력발전

◦ 머레이 달링 분지

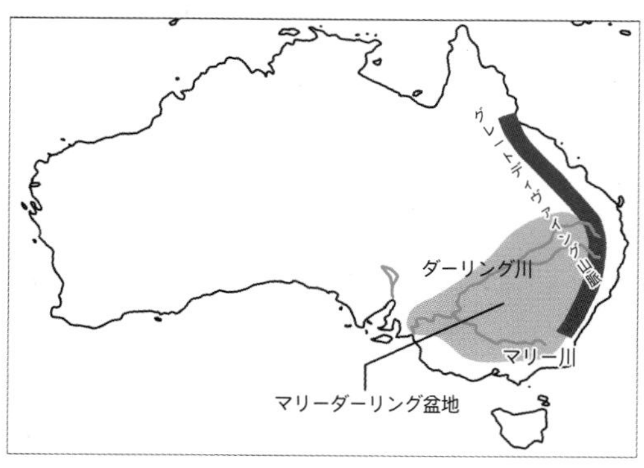

◦ 그레이트 디바이딩 산맥의 수력 발전

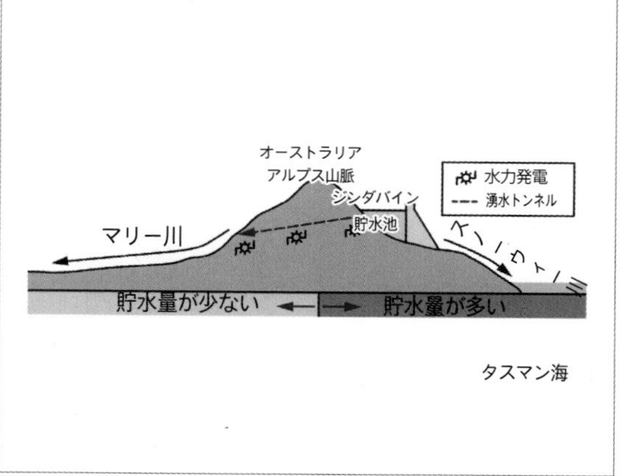

2 뉴질랜드

민족	• 18세기부터 영국계 백인 이주민 증가 • 선주민인 마오리족 인구 감소 ⇨ 백인과 융화 정책으로 현재는 인구 증가로 전환
공용어	• 마오리어 • 영어
역사	• 1907년 영연방 자치령이 됨
농업	• 세계 굴지의 선진 농업국 • 수출에서 차지하는 농축산물 비율 ⇑
지형	• 북섬 : 지진과 화산이 많아 지열 발전이 발달 • 남섬 : 연안에 피오르드 형성

◦ 뉴질랜드 전력 구성(2019)

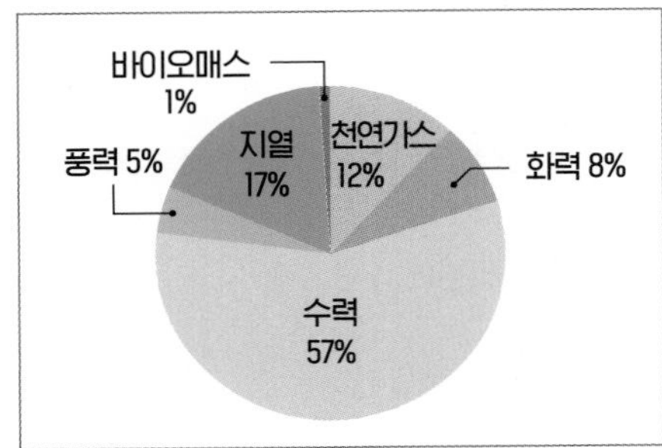

❸ 태평양 제도

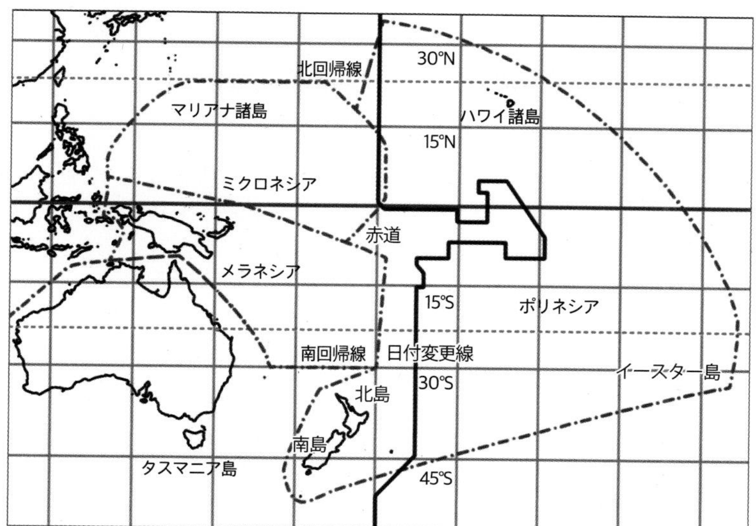

파푸아뉴기니	• 동광, 목재 수출
뉴칼레도니아	• 니켈 광산 자원 수출
나우루	• 인광석 수출
피지제도	• 설탕 수출
솔로몬제도	• 목재 수출
투발루 키리바시	• 온난화에 의한 해면 상승으로 수몰 위기
그 외	• 멜라네시아, 미크로네시아, 폴리네시아 ┬ 열대 해양성 기후 └ 공용어 : 영어, 프랑스어 ⇑ (과거 영국, 프랑스 식민지)

4 남극권

위치	• 남위 66°50'보다 남쪽
자원	• 남극대륙은 1,500~ 2,500m 두께의 대륙 빙하에 뒤덮여, 금, 철광석, 몰리브덴이 풍부
역사	• 7개국이 영토권을 주장, 남극 조약에 의해 동결 • 남극대륙은 일찍이 사람이 거주할 수 없는 아뇌쿠메네였으나, 현재는 거주 가능한 외쿠메네가 됨

5 북극권

위치	• 북위 66°34'보다 북쪽
기후와 지형	• 대부분 한대 기후로 여름에도 동결(북극해) • 여름에는 백야, 겨울에는 극야 현상이 나타남 • 오로라 관찰
정치	• 세계 최대의 섬 그린랜드 ─ 덴마크 자치령 / 군사기지 • 스발바르 제도 ─ 노르웨이령 / 석탄 산출 / 알래스카 북부에서 석유 산출

∘ 남극 지방

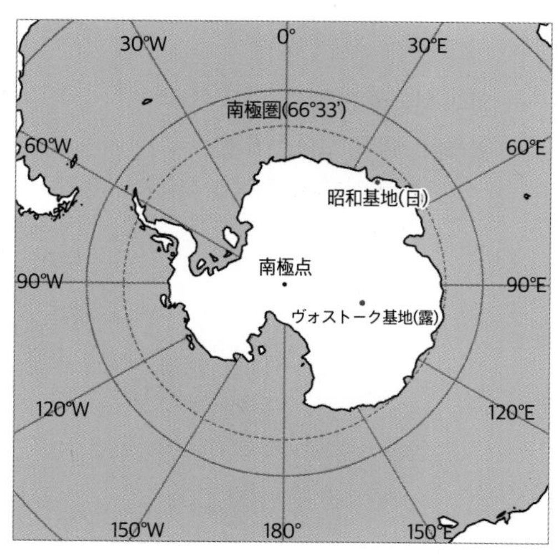

∘ 북극지방

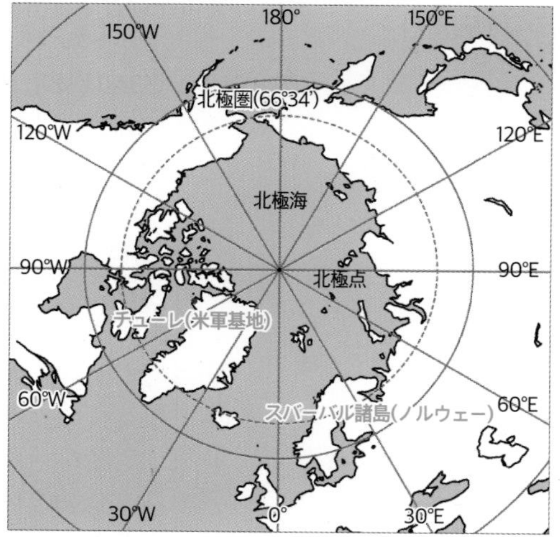

시원스쿨

EJU

종합과목

개념 완성

부가자료 2

연대표

연대표

용어 정리

[英] イギリス　[エ] エジプト　[オ] オランダ　[中] 中国　[ド] ドイツ　[ト] トルコ
[フ] フランス　[米] アメリカ　[南ア] 南アフリカ　[ロ] ロシア

유럽/아프리카	연대	남미/북미	러시아/아시아
[英] マグナカルタ	1215		
[オ] メルカトル図法	1569		
[英] 東インド会社	1600		
[オ] 東インド会社	1602		
[英] 権利請願	1628		
[英] 清教徒革命	1642		
ウェストファリア条約	1648		
[フ] ホッブズ： 「リバイアサン」	1651		
[英] 名誉革命	1688		
[英] 権利章典	1689		
[英] ロック	1690		
[フ] モンテスキュー	1748		
[フ] ルソー	1762		
7年戦争	1763		
	1765	印紙法施行	
	1773	ボストン港事件	
	1775	アメリカ独立戦争	

유럽/아프리카	연대	남미/북미	러시아/아시아
英 アダム・スミス：「国富論」	1776	トマス・ペイン トマス・ジェファソン アメリカ独立宣言	
フ 三部会招集 フ バスティーユ牢獄襲撃 フ フランス革命 ド リスト	1789		
フ ナポレオン	1799		
	1803	ルイジアナ買収	
フ ナポレオン皇帝即位	1804	アイチ独立	
フ 大陸封鎖令	1806		
フ モスクワ遠征	1812		
ウィーン会議	1814		
ドイツ連邦成立	1815		
英 リカード	1817		
	1819	フロリダ買収	
ギリシア独立	1821	メキシコ独立	
	1823	モンロー教書	
フ 7月革命	1830		
ベルギー独立	1831		
	1840		中 アヘン戦争
	1845	テキサス併合	
フ ナポレオン３世皇帝即位	1848	米・メキシコ戦争	
	1852	「アンクル・トムズ・ケビン」	

유럽/아프리카	연대	남미/북미	러시아/아시아
クリミア戦争	1853		日 ペリー来航 クリミア戦争
	1854		日米和親条約
	1858		日米修好通商条約
イタリア成立	1861	南北戦争	ロ 農奴解放令
社会主義台頭 ド 北ドイツ成立	1867	アラスカ買収	
	1868		日 明治維新
エ スエズ運河完成	1869		
	1870		日 殖産興業政策
ド ビスマルク就任	1871		
	1873		日 岩倉使節団
ド ベルリン会議	1878		
ド 三国同盟結成	1882		
フ インドシナ連邦成立	1887		
	1889		日 明治憲法制定
	1894		日清戦争
ファショダ事件	1898	米西戦争	
英 英日同盟	1902		日英同盟
	1904		日ロ戦争
	1912		大正1年
サラエボ事件 第一次世界大戦~1919	1913		
英 マクマホン協定	1914		

유럽/아프리카	연대	남미/북미	러시아/아시아
サイコスピコ条約	1915		
英 バルフォア宣言	1916		
	1917		ロ シア革命
	1918	平和14カ条	日 原敬内閣成立
ド ワイマール共和国成立 ILO成立	1919		
国際連盟成立	1920		
	1921	ワシントン会議	
ト ロザンヌ条約 トルコ成立	1923		関東大震災
	1926		昭和１年
パリ不戦条約	1928		
	1929	産業大恐慌	
	1931		日 満州事変
ド ヒトラー政権成立	1933	ニューディール政策	
イタリアーエチオピア征服	1935		
	1941		日 太平洋戦争
英 ベバリッジ報告書	1942		
ブレトンウッズ協定	1944		
国際連合成立	1945		日 GHQ
	1947	米)トルーマン・ドクトリン 米)マーシャル・プラン	イスラエル建国 日 独占禁止法
世界人権宣言 ド ベルリン封鎖	1948		

유럽/아프리카	연대	남미/북미	러시아/아시아
北大西洋条約機構(NATO)	1949		[日] ドッジ・ライン [日] シャウプ勧告
	1951		サンフランシスコ講和条約
[エ] ナセル政権成立	1952		
	1954	[米] ビキニ環礁水爆実験	[日] 第五福竜丸事件
	1955		アジア・アフリカ会議
[エ] スエズ運河国有化	1956		日ソ国交正常化 [日] 国連加盟
	1959	キューバ革命	
OPEC結成 アフリカの年	1960		[日] 国民所得倍増計画
[ド] ベルリン障壁 OECD結成	1961		
	1962	キューバ危機	
部分的核実験停止条約 OAU結成	1963		
UNCTAD設立	1964		[日] 東京オリンピック [日] 新幹線開通
	1965		日韓国交正常化
世界人権規約	1966		[日] 最初の建設国債発行
	1967		ASEAN結成
核拡散防止条約	1968		
	1971	[米] ニクソンショック [米] スミソニアン協定	
	1972		日中国交正常化 [日] 沖縄返還

유럽/아프리카	연대	남미/북미	러시아/아시아
1次オイル・ショック	1973		4次中東戦争
第1回サミット	1975		日 最初の赤字国債発行
キングストン体制	1976		
二次オイル・ショック	1979		ロ アフガニスタン侵攻 イラン革命
	1980		イラン・イラク戦争
	1985		プラザ合意
ウルグアイ・ラウンド	1986		
	1987		ルーブル合意
マルタ宣言 APEC結成	1989		平成1年
ドイツ統一	1990		湾岸戦争
ユゴ解体 南ア アパルトヘイト撤廃	1991		ソ連崩壊 CIS(独立国共同体)
マーストリヒト条約	1992	NAFTA結成	日 PKOカンボジア派遣
EU結成	1993		
南ア マンデラ大統領当選	1994		
WTO結成	1995	MERCOSUR	
	1997		アジア通貨危機 中 ホンコン返還 日 独占禁止法改正
	1999		中)マカオ返還
	2001	同時多発テロ	
ユーロ流通	2002		東ティモール独立
	2003		イラク戦争

유럽/아프리카	연대	남미/북미	러시아/아시아
	2007	米 金融危機	
ジャスミン革命 アラブの春	2010		
南スーダン独立	2011		日 東北大震災
南ヨーロッパ財政危機	2012		
	2014		ロ クリミア半島併合
英 EU脱退	2016		
クアッド(QUAD)	2017		
	2019		令和１年
地域的な包括的経済連携(RCEP)協定 インド太平洋経済枠組み(IPEF)発足	2022		ロ ウクライナ侵攻

시원스쿨

EJU 종합과목

개념 완성

부가자료 3

모의고사

EJU 日本留学試験

総合科目

(８０分)

第１回
模擬テスト

※　受験番号と名前を記入してください。

受験番号			※					※						
名前														

問１　乾燥・湿潤の表現方法に関する次のよし子と先生の会話文を読み、下の問い(1)～(2)に答えなさい。

よし子: この地図は、ドゥ・マルトンヌという研究者が考案した乾燥指数を使って乾燥・湿潤の程度を数値で表すものです。

先 生: これは、農業形態などに対応するように作成された指数で、降水量と気温を用いて算出できるんだよ。

よし子: この分布図を見ながら、世界のⓐ食文化やⓑ農業などの地域性を勉強したいと思います。

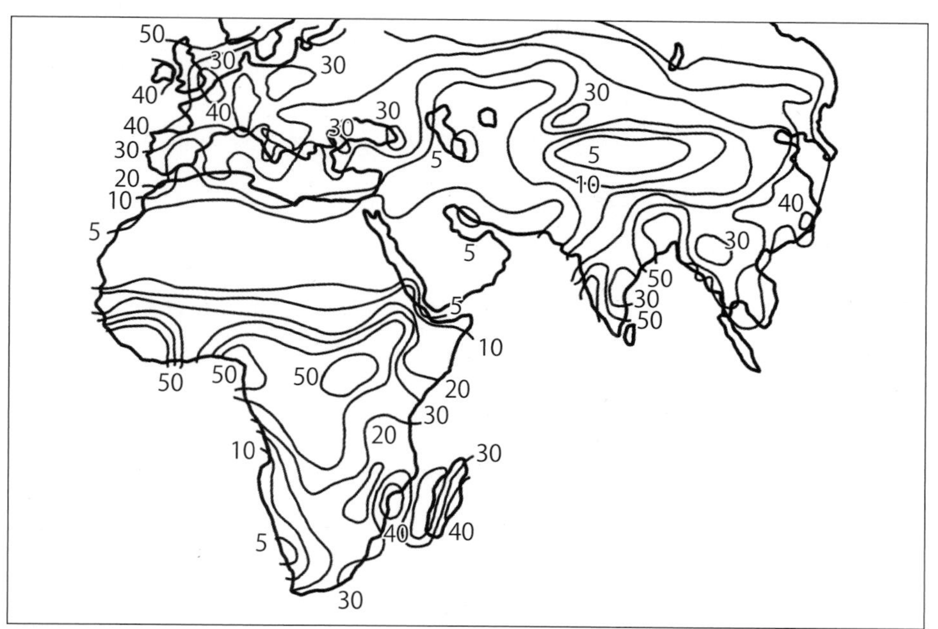

『日本・世界の気候図』の図を一部改変

(1)　下線部ⓐに関して、図のサハラ砂漠から西アジアに至る乾燥地域において伝統的に生産され、広く用いられてきた食用油脂として最も適当なものを、次の①～④のうちから一つ選びなさい。　**1**

① 米ぬかから作られた油脂

② トウモロコシから作られた油脂

③ 羊の脂肪およびバター

④ 豚の脂肪

(2) 下線部ⓑに関して、次の文は、地中海沿岸地域、中部ヨーロッパ、東南アジア地域、西アジア地域において行われてきた農業の例について説明したものである。地中海沿岸地域の農業について述べた文として最も適当なものを、次の①～④のうちから一つ選びなさい。 **2**

① 雨季に氾濫する川が運ぶ栄養分を利用して、労働集約的に稲作が行われてきた。

② 地下用水路によって供給される水や外来河川の水を用いて、ナツメヤシや小麦などが栽培されてきた。

③ 小麦・ライ麦などの穀物や飼料作物の栽培を組み合わせた混合農業が行われてきた。

④ 夏の高温乾燥の気候に耐えるオリーブ、ブドウなどや、冬の温暖湿潤な気候をいかした小麦などの栽培が行われてきた。

問2 18世紀における英仏の植民地貿易をめぐる戦争について述べた文として正しいものを、次の①～④のうちから一つ選びなさい。 **3**

① ヨーロッパでオーストリア継承戦争が行われた時期に、インドでプラッシーの戦いが起った。

② ヨーロッパでオーストリア継承戦争が行われた時期に、アメリカでジョージ王戦争が起った。

③ 7年戦争において、イギリスはオーストリアと、フランスはプロイセンと同盟した。

④ 7年戦争の結果、ミシシッピ川以東のルイジアナはイギリス領からフランス領になった。

問3　フランス革命から第一帝政時代にかけて施行された法令や制度として誤っているものを、次の①～④のうちから一つ選びなさい。 **4**

① 大陸封鎖令

② ナポレオン法典

③ メートル法

④ 権利の章典

問4　南北戦争開戦前のアメリカ合衆国について述べた文として正しいものを、次の①～④のうちから一つ選びなさい。 **5**

① カリフォルニアで金鉱が発見された。

② アメリカ労働総同盟が結成された。

③ ホームステッド法（自営農地法）が制定された。

④ フロンティアが消滅した。

問5　イギリスのインド支配について述べた文としての正しいものを、次の①～④のうちから一つ選びなさい。　**6**

① 18世紀後半から、全インドを直接統治した。
② 新インド統治法によって独立を認めた。
③ 中国産のアヘンをインドに輸入する政策を採った。
④ インドを自国の綿製品の市場とした。

問6　世界恐慌に関連する記述として最も適当なものを、次の①～④のうちから一つ選びなさい。　**7**

① 世界恐慌を機に、主要国は、スミソニアン協定を廃棄した。
② 世界恐慌を機に、主要国は、金本位制から管理通貨制へ移行した。
③ イギリスでは、世界恐慌に対処するために、ニューディール政策が実施された。
④ ソ連・東欧では、世界恐慌に対処するために、コメコン（経済相互援助会議）が結成された。

問7　第二次世界大戦中に起った出来事について述べた文として正しいものを、次の①〜④のうちから一つ選びなさい。 **8**

① フィンランドが独立した。

② 日本軍が、シンガポールを占領した。

③ アジア＝アフリカ会議が、バンドンで開かれた。

④ コミンテルンが結成された。

問8　1950年代から60年代にかけたソ連と東欧諸国との関係について述べた文として正しいものを、次の①〜④のうちから一つ選びなさい。 **9**

① ソ連軍が中心となって、改革を進めるチェコスロヴァキアに軍事介入を行った。

② ハンガリーのポズナニで、大規模な反ソ暴動が起った。

③ ソ連は、「ベルリン封鎖」をし、西側との通路を断った。

④ ソ連が平和共存路線を打ち出したことにより、ワルシャワ条約機構は解体された。

問9　ヨーロッパ共同体（EC）発足時の加盟国として誤っているものを、次の①～④のうちから一つ選びなさい。 **10**

① フランス
② イタリア
③ 西ドイツ
④ イギリス

問10　国際金融に関して述べた文として誤っているものを、次の①～④のうちから一つ選びなさい。 **11**

① アメリカ合衆国は、ニクソン政権下で変動相場制に移行した。
② 第一次世界大戦後、ニューヨークは世界金融の中心地の一つとなった。
③ 世界恐慌の開始後に、イギリスは金本位制を停止した。
④ 第一次世界大戦後の経済復興を目指して、国際復興開発銀行（世界銀行）が設立された。

問11 1970年代に起った出来事について述べた文として誤っているものを、次の①～④のうちから一つ選びなさい。 **12**

① 国連貿易開発会議（UNCTAD）が設立された。

② 第一回先進国首脳会議（サミット）が開催された。

③ イラン革命によって第２次オイル＝ショック（石油危機）が起った。

④ 第四次中東戦争が起った。

問12 著書『国家論』において、主権の概念を提唱したフランスの思想家は誰か。正しいものを、次の①～④のうちから一つ選びなさい。 **13**

① ボーダン

② モンテスキュー

③ ルソー

④ ケネー

問13　近代国家や、近代国家における法に関する記述として誤っているものを、次の①～④のうちから一つ選びなさい。　**14**

① 近代国家の三要素とは、国民と主権と領域（領土・領空・領海）である。

② 近代国家において、効力を有する法規範は制定法に限られる。

③ 近代国家においては、国家が武力組織を独占・使用することが認められている。

④ 近代国家において、法は国家の強制力に裏付けられた規範として、道徳や慣習などの他の社会規範と区別される。

問14　各国の立法府と行政府との関係に関する記述として誤っているものを、次の①～④のうちから一つ選びなさい。　**15**

① アメリカでは、大統領は下院の解散権を有する。

② イギリスでは、原則として下院の多数党の党首が首相となる。

③ フランスでは、大統領制と議員内閣制とをあわせた形態を採用している。

④ ドイツの大統領には実権がなく、議院内閣制が採用されている。

問15 日本と同様に、二院制が採用され、両議院の議院が国民から直接選挙されている国として正しいものを、次の①～④のうちから一つ選びなさい。 **16**

① アメリカ

② 中国

③ ドイツ

④ フランス

問16 違憲立法審査権に関連する記述として正しいものを、次の①～④のうちから一つ選びなさい。 **17**

① イギリスでは、伝統的に裁判所は違憲判断を数多く行っている。

② アメリカでは、最高裁判所以外の裁判所も違憲判決を下している。

③ ドイツでは、1933年に憲法裁判所が全体主義政党を違憲と判断した。

④ 日本では、1925年に大審院が治安維持法を違憲と判断した。

問17　次の文章を読み、下の問い(1)～(2)に答えなさい。

資本主義経済が発展するとともに、国民の間にⓐ貧富の差が拡大し、社会的緊張が生ずるようになった。そこで従来の憲法が保障する自由だけではなく、ⓑすべての人に人間らしい生活を営む権利を保障しようとする考え方が重要となってきた。

(1)　下線部ⓐに関連して、国民の所得分配の不平等を是正するために、政府が取りうる政策の例として適当でないものを、次の①～④のうちから一つ選びなさい。 **18**

① 所得税における累進税率の採用
② 消費税の導入
③ 雇用保険の整備
④ 生活困窮者に対する生活保護の充実

(2)　下線部ⓑを取り入れた憲法の初期の代表例であるワイマール憲法についての記述として最も適当なものを、次の①～④のうちから一つ選びなさい。 **19**

① 宰相ビスマルクによる「あめとむち」政策の一環として制定された。
②「ゆりかごから墓場まで」の社会保障を目指すベバリッジ報告から大きな影響を受けて成立した。
③ 第一次世界大戦後、所有権に対する公共の福祉による制限の規定を含むものとして成立した。
④ ドイツ社会民主党の、ニューディール政策信奉者により立案された。

問18　第三世界諸国の国内政治と対外政策に関連する記述として正しいものを、次の①～④のうちから一つ選びなさい。 20

① UNCTAD（国連貿易開発会議）の設立総会では、発展途上国の提唱によって、NIEO（新国際経済秩序）の樹立に関する宣言が採択された。
② アラブ産油国の原油禁輸措置によって発生した第二次石油危機は、先進国首脳会議（サミット）が発足する契機となった。
③ イラン革命の主な原因は、国王が、経済開発を犠牲にしてイスラム原理主義に基づく政策を推し進めようとしたことにあった。
④ マルコスは政権下のフィリピンやスハルト政権下のインドネシアの政治体制は、開発独裁と呼ばれた。

問19　日本国憲法についての記述として正しいものを、次の①～④のうちから一つ選びなさい。 21

① 日本国憲法は、軟性憲法である。
② 裁判官弾劾裁判所の廃止は、憲法改正を必要とする。
③ 憲法審査会は、最高裁判所に設置されている。
④ 憲法改正の発議は、内閣総理大臣が国民に対して行う。

問20　日本における身体の自由についての記述として<u>誤っているもの</u>を、次の①～④のうちから一つ選びなさい。 **22**

① 何人も、現行犯で逮捕される場合を除き、検察官が発する令状によらなければ逮捕されない。

② 何人も、自己に不利益な唯一の証拠が本人の自白である場合には、有罪とされることも刑罰を科せられることもない。

③ 何人も、法律の定める手続きによらなければ、生命や自由を奪われることも刑罰を科せられることもない。

④ 何人も、実行の時に犯罪でなかった行為について、その後に制定された法律によって処罰されない。

問21　日本国憲法に定められている手続きについての記述として正しいものを、次の①～④のうちから一つ選びなさい。 **23**

① 国務大臣が国会議員でない場合には、法律案について発言するためであっても、衆参両院に出席することができない。

② 国務大臣が衆議院議員である場合には、法律案について発言するためであっても、参議院に出席することができない。

③ 衆議院で可決され参議院で否決された法律案は、衆議院で出席議員の３分の２以上の多数で再び可決されると、法律となる。

④ 衆議院で可決され参議院で60日以内に議決されない法律案は、衆議院の議決が国会の議決とみなされ、そのまま法律となる。

問22 「地方自治は民主主義の学校」は、ブライスが述べた言葉として知られている。その意味を説明した記述として最も適当なものを、次の①～④のうちから一つ選びなさい。 **24**

① 地方自治体は、中央政府をモデルとして、立法・行政の手法を学ぶことが重要である。

② 住民自身が、地域の政治に参加することによって、民主政治の担い手として必要な能力を形成できる。

③ 地方自治体は、合併による規模の拡大によって、事務処理の能力を高めることができる。

④ 住民自身は、地域の政治に参加することによって、学校教育の課題を解決する。

제1회 모의고사

問23 日本の選挙制度についての記述として最も適当なものを、次の①～④のうちから一つ選びなさい。 **25**

① 衆議院議員選挙においても参議院議員選挙においても、選挙運動の際の戸別訪問が認められている。

② 衆議院議員選挙においても参議院議員選挙においても、選挙区と比例代表の両方に立候補できる重複立候補が認められている。

③ 衆議院議員選挙には、かつて一つの選挙区から複数の代表が選出される中選挙区制が採用されていたことがある。

④ 衆議院議員選挙では、小選挙区比例代表並立制の導入により小選挙区間において一票の価値に差がなくなった。

問24 安全保障を主たる目的としている現存する国際的な機関として正しいものを、次の①～④のうちから一つ選びなさい。 **26**

① EC（欧州共同体）

② ICC（国際刑事裁判所）

③ NATO（北大西洋条約機構）

④ WTO（ワルシャワ条約機構）

問25 1980年代前半は米ソの緊張が一時的に高まった時期であり、80年に開催されたモスクワ・オリンピックにおいて西側諸国のボイコットなども起った。緊張が高まるきっかけの一つとなった事件として最も適当なものを、次の①～④のうちから一つ選びなさい。 **27**

① 米ソ間でキューバ危機が発生した。

② 東ドイツがベルリンで東西を分ける壁を建設した。

③ ソ連がアフガニスタンに侵攻した。

④ アメリカがビキニ環礁で水爆実験を行った。

問26　国家や地域の利害を越えた地球規模の人類に共通する利益の観念に当てはまる例として適当でないものを、次の①～④のうちから一つ選びなさい。 **28**

① 1972年、国連人間環境会議で、「かけがえのない地球」のスローガンの下に人間環境宣言が採択された。

② 1992年、「持続可能な開発」の理念に基づくリオ宣言と、その実現のための諸原則を揚げたアゼンダ21が採択された。

③ 1993年、マーストリヒト条約が発効し、そこでは共通の外交・安全保障政策の実施が一つの柱とされた。

④ 1998年、人道に対する罪などの国際犯罪を裁く国際裁判所として、国際刑事裁判所を設置することが決められた。

問27　国際紛争の処理について説明したものとして正しいものを、次の①～④のうちから一つ選びなさい。 **29**

① 国際司法裁判所（ICJ）が裁判を行うには、紛争当事国双方の同意が必要とされる。

② 侵略国に対する国連の安全保障理事会の決議では、経済制裁はできない。

③ 国連のPKOは、加盟国が自発的に人員を提供するものではない。

④ 国連憲章に規定されている国連軍は、多発する地域紛争に備えて常設されている。

問28　国際連合の制度についての記述として誤っているものを、次の①～④のうちから一つ選びなさい。 **30**

① 安全保障理事会は、表決の手続として全会一致制を用いる。

② 経済社会理事会は、教育や文化に関する専門機関と連携関係をもつ。

③ 総会は、安全保障理事会の勧告に基づいて事務総長を任命する。

④ 総会は、安全保障理事会の非常任理事国を選出する。

問29　核兵器の廃絶と軍縮に向けた取り組みの例として誤っているものを、次の①～④のうちから一つ選びなさい。 **31**

① 日本政府は、核兵器について、「持たず、作らず、持ち込ませず」の非核3原則の立場をとっている。

② 日本政府は、ODA（政府開発援助）について、軍事目的への使用の回避をODA大綱4原則の一つに掲げている。

③ 国際連合は、国際の平和と安全のために、核保有国であることを条件に安全保障理事会における拒否権の行使を認めている。

④ IAEA（国際原子力機関）は、加盟国との協定をもとに、原子力施設への現場査察を行っている。

問30 ケインズは、ケインズ革命と呼ばれる経済理論上の革新をもたらし、その後の経済政策にも大きな影響を与えた。彼の学説についての記述として最も適当なものを、次の①〜④のうちから一つ選びなさい。 **32**

① 金融政策による貨幣量の操作を重視することから、その考えはマネタリズムと呼ばれた。

② 労働市場では労働力の需給が円滑に調整されるので、自然に完全雇用が達成されると考えた。

③ 供給されたものは必ず需要されるとする考えを否定し、政府が有効需要を創出する必要性を指摘した。

④ 自生的に望ましい秩序を生み出していく市場の機能を重視し、政府の役割を「市場の失敗」を克服することに限定すべきであると説いた。

問31 企業や家計の行動についての記述として最も適当なものを、次の①〜④のうちから一つ選びなさい。 **33**

① 家計は、他の条件が一定である場合、その保有する資産の価格が上昇すると消費額を増やす傾向にある。

② 企業は、他の条件が一定である場合、銀行の貸出金利が低下すると設備投資を減少させる傾向にある。

③ 日本の家計を全体でみると、消費支出のうち食料費よりも保健医療費の方が多い。

④ 日本の従業者を全体でみると、中小企業で働く人数よりも大企業で働く人数の方が多い。

問32　次の図は、ある財の完全競争市場における需要曲線DDと供給曲線SSを示したものである。この財を生産するために使用する原材料の価格が低下した場合、そのことによって生じる変化に関する記述として正しいものを、次の①～④のうちから一つ選びなさい。 **34**

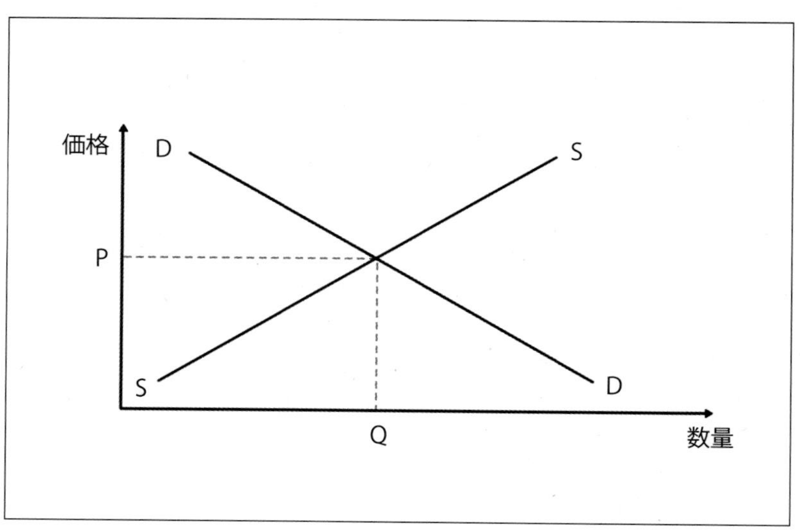

① 需要曲線が右上にシフトし、財の価格が上がる。

② 需要曲線が左下にシフトし、財の価格が下がる。

③ 供給曲線が左上にシフトし、財の価格が上がる。

④ 供給曲線が右下にシフトし、財の価格が下がる。

問33　日本における株式会社についての記述として正しいものを、次の①～④のうちから一つ選びなさい。 35

① 独占禁止法の下では、事業活動を支配することを目的として、他の株式会社の株式を保有することが禁止されている。

② 会社法の下では、株式会社の設立にあたって、最低資本金の額が定められている。

③ 株式会社のコーポレート・ガバナンスに関しては、バブル経済の崩壊以降、株主の権限の制約が主張されている。

④ 株式会社の活動によって生じた利潤は、株主への配当以外に、投資のための資金としても利用できる。

問34　市場の失敗を示す事例と言えないものを、次の①～④のうちから一つ選びなさい。 36

① 高層ビルが建設されたことによって、隣接する農地の日当たりが悪くなり、収穫量が減少した。

② ある年の上下水道を複数の民間企業が運営していたが、他社が撤退したために、残る1社のみが価格と供給量とを決定するようになった。

③ アイスクリーム工場において、生産の効率化が進展した結果、アイスクリームの価格が下落した。

④ ある企業が灯台の経営を計画したが、航行する船からの料金徴収が難しいので、その計画を断念することになった。

問35 中央銀行が実施する政策や業務についての記述として正しいものを、次の①～④のうちから一つ選びなさい。 **37**

① デフレーション対策として、国債の売りオペレーションを行う。

② 自国通貨の為替レートを切り下げるために、外国為替市場で自国通貨の売り介入を行う。

③ 金融緩和政策として、政策金利を高めに誘導する。

④ 金融機関による企業への貸出を増やすために、預金準備率を引き上げる。

問36 次の表のように、銀行Aが5,000万円の預金を受け入れ、支払準備率を10%として企業に貸し出すとする。さらにこの資金は、取引を経た後、銀行Bに預金される。銀行の支払準備率がすべて10%で一定とすると、この過程が次々と繰り返された場合、信用創造で作り出された銀行全体の貸出金の増加額として正しいものを、次の①～④のうちから一つ選びなさい。 **38**

銀行	支払い予備金	支払い準備金	貸出金
A	5,000万円	500 万円	4,500万円
B	4,500万円	450万円	4,050万円
C	4,050万円	405 万円	3,645万円
⋮	⋮	⋮	⋮

① 2億5,000万円

② 3億5,000万円

③ 4億5,000万円

④ 5億5,000万円

EJU 日本留学試験

総合科目

(８０分)

第２回
模擬テスト

※　受験番号と名前を記入してください。

受験番号			※					※						
名前														

問1　次の地図をみて、次の問いに答えなさい。

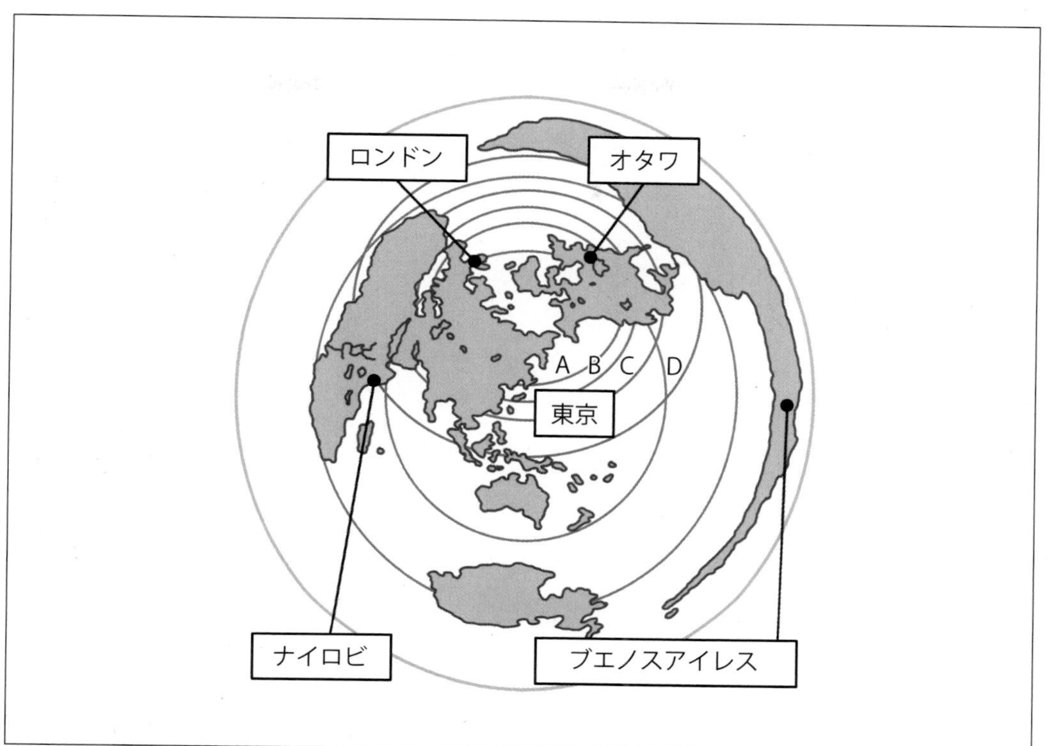

(1)　地図中A～Dの線から赤道を、次の①～④のうちから一つ選びなさい。

1

① A

② B

③ C

④ D

(2) 地図中にある４つの都市のうち、東京から見て真東に位置する都市名を、次の①～④のうちから一つ選びなさい。 **2**

① ロンドン

② オタワ

③ ナイロビ

④ ブエノスアイレス

(3) 東京とロンドンとの距離はおよそ何万kmか。最も適切なものを、次の①～④のうちから一つ選びなさい。 **3**

① 0.5

② 1

③ 1.5

④ 2

問2　「面積」の正しい地図に関する記述として正しいものを、次の①～④のうちから一つ選びなさい。 **4**

① 航海図としてよく使われる。

② 航空図としてよく使われる。

③ 分布図を作成する際によく使われる。

④ 航空路線図を作成する際によく使われる。

問3　北アメリカの植民地について述べた文として正しいものを、次の①～④のうちから一つ選びなさい。 **5**

① ドイツが、ケベックを建設した。

② オランダが、ニューアムステルダムを建設した。

③ ユトレヒト条約で、フランスがニューファンドランドを獲得した。

④ 7年戦争の結果、スペインがミシシッピ川以東のルイジアナを獲得した。

問4 アメリカ合衆国の領土拡張の歴史について述べた文として正しいものを、次の①～④のうちから一つ選びなさい。 **6**

① アラスカをロシアから買収した。

② フロリダをフランスから買収した。

③ ルイジアナをスペインから獲得した。

④ 米英戦争の結果、グアムを獲得した。

問5 20世紀後半に起った戦争や地域紛争について述べた文として<u>誤っているもの</u>を、次の①～④のうちから一つ選びなさい。 **7**

① 1960年代にアフガニスタンに侵攻したソ連軍は、ブレジネフ政権下で撤兵した。

② 1960年代に、中華人民共和国とソ連の間で、国境紛争が起った。

③ 1980年代に、アルゼンチンとイギリスの間で、フォークランド紛争が起った。

④ 冷戦終結後、ユーゴスラヴィアで内戦が起った。

問6　17世紀から18世紀にかけての権利章典や憲法に示された基本原理についての記述として<u>適当でないもの</u>を、次の①～④のうちから一つ選びなさい。　**8**

① すべての権力は国民に存し、国民にその淵源を有するとしている。

② 国民に幸福と安寧(あんねい)をもたらさない政府は、国民が改良し、改変し、あるいは廃止することができるとして、革命を正当化している。

③ 国家の立法権、行政権及び司法権は、相互に分離され、区別されなければならないとしている。

④ 資本家と地主の階級を打倒し、プロレタリアートの独裁を宣言している。

제2회 모의고사

問7　イギリスとフランスの両国が、19世紀にアフリカで衝突した事件の名として正しいものを、次の①～④のうちから一つ選びなさい。　**9**

① ブーランジェ事件

② モロッコ事件

③ アロー号事件

④ ファショダ事件

問8　ジョン・ロックの自然権思想についての記述として最も適当なものを、次の①～④のうちから一つ選びなさい。 10

① 自然状態においては、各人の有する自然権は相互に衝突し、「万人の万人に対する闘争」が生じる。
② 自然界において、強者が弱者を支配することが神の摂理にかなうように、君主は臣民を絶対的に支配する自然権を有する。
③ 人間はその本性からして、孤立して生きることができないため、政治的共同体に所属し、政治に参加する権利をもつ。
④ 自然状態において、各人は自らの生命・自由・財産に対して自然権を有しており、この権利を保全するために政府が設立される。

問9　現在ブラジルは、かつて植民地支配されていた国の母語を公用語としている。ブラジルを植民地としていた国として正しいものを、次の①～④のうちから一つ選びなさい。 11

① イギリス
② フランス
③ ドイツ
④ ポルトガル

問10　民主的な政治体制についての記述として最も適当なものを、次の①～④のうちから一つ選びなさい。 **12**

① すべての成人に選挙権を保障する普通選挙制度は、19世紀中頃に、各国で普及した。

② 様々な意見や利益を集約して政策を実現する政党は、大衆政党から名望家政党へと、各国で発展してきた。

③ イギリスでは、議会に対し内閣が連帯して責任を負う。

④ フランスでは、大統領を議会が選出する。

제2회 모의고사

問11　近代民主政治の理論的な基礎に関連する記述として最も適当なものを、次の①～④のうちから一つ選びなさい。 **13**

① ホッブズは、君主は外交権を握るべきであるが、国内においては、国民の信託を得た代表が国政を担当すべきであると説いた。

② ロックによれば、政府が国民の生命や財産を侵害した場合、国民は政府に抵抗する権利を持っている。

③ アメリカ独立革命を目撃したモンテスキューは、一般人民を主権者とする社会契約論を唱えて、フランス革命に影響を与えた。

④「人民の人民により人民のための政治」というリンカーンの言葉は、ルソーの説く一般意思と同じように、間接民主制を否定している。

問12　各国の権力分立のあり方の記述として誤っているものを、次の①～④のうちから一つ選びなさい。　**14**

① 第二次世界大戦前の日本では、外見上は権力分立制がとられていたが、究極的には、天皇が統治権を総攬(そうらん)するものとされていた。

② イギリスでは、議会の上院が最高裁判所の役割を兼ねるなど、厳格な権力分立制はとられていない。

③ アメリカでは、権力分立が厳格に貫かれており、大統領は議会に法律案を提出することも、議会の可決した法律案を拒否することもできない。

④ 旧ソ連では、権力分立とは異なる考え方に基づいて、全人民を代表する合議体にすべての権力を集中させる仕組みをとっていた。

問13　日本国憲法と明治憲法との比較についての記述として適当でないものを、次の①～④のうちから一つ選びなさい。　**15**

① 明治憲法の下では貴族院議員は臣民による制限選挙で選ばれたが、日本国憲法の下では参議院議員は普通選挙で選ばれる。

② 明治憲法は軍隊の保持や天皇が宣戦する権限を認めていたが、日本国憲法は戦力の不保持や戦争の放棄などの平和主義を掲げている。

③ 日本国憲法の下では主権は国民にあるとの考えがとられているが、明治憲法の下では主権は天皇にあるとされた。

④ 日本国憲法は法律によっても侵すことのできない権利として基本的人権を保障しているが、明治憲法は法律の範囲内でのみ臣民の権利を認めた。

問14 罪刑法定主義に関連する日本の法制度についての記述として正しいものを、次の①～④のうちから一つ選びなさい。 16

① 政令により罰則を設けることは、法律による具体的な委任がある場合でも許されない。

② 刑事裁判の手続きについては、法律によって定める必要はなく、政令で独自に定めることができる。

③ 実行のときに適法であった行為を行った者を、後から処罰する法律を定めることは許されない。

④ 条例は、地方自治体の事務を処理するためのものであるから、法律と異なり、条例に違反する行為に対して罰則を定めることはできない。

問15 人権は、自由権、社会権、参政権などに分けることができる。社会権についての記述として正しいものを、次の①～④のうちから一つ選びなさい。 17

① 不当に長く抑留された後の自白は、証拠とすることができない。

② 選挙権が国民固有の権利として保障されている。

③ 健康で文化的な最低限度の生活を営む権利が保障されている。

④ 思想および良心の自由は、侵害することができない。

問16　国会議員に認められている日本国憲法上の地位についての記述として誤っているものを、次の①～④のうちから一つ選びなさい。　**18**

① 法律の定める場合を除いて、国会会期中は逮捕されない。
② 議員内で行った演説について、議員外で責任を問われない。
③ 法律の定めるところにより、国庫から相当額の歳費を受ける。
④ 議員を除名するには、弾劾裁判所の裁判が必要となる。

問17　日本国憲法の定める国会の手続きについての記述として正しいものを、次の①～④のうちから一つ選びなさい。　**19**

① 参議院が衆議院の解散中にとった措置については、事後に、内閣の同意を必要とする。
② 衆議院で可決された予算を参議院が否決した場合には、両院協議会が開かれなければならない。
③ 衆議院で可決された法律案を参議院が否決した場合でも、国民投票にかけて承認が得られれば、法律となる。
④ 参議院が国政調査権を行使するためには、衆議院の同意を得なければならない。

問18　日本において、内閣総理大臣が欠けた場合に内閣が講じなければならない措置として正しいものを、次の①～④のうちから一つ選びなさい。　**20**

① 内閣は衆議院の緊急集会を要請し、新たな内閣総理大臣の指名を求めなければならない。
② 内閣は直ちに閣議を開き、閣僚の互選により新たな内閣総理大臣を選任しなければならない。
③ 内閣は総辞職をし、新たな内閣総理大臣が任命されるまで引き続きその職務を行わなければならない。
④ 事前に指定されている副総理大臣が直ちに内閣総理大臣に就任し、新内閣に対する信任決議案を衆議院に速やかに提出しなければならない。

問19　日本における法制度としてのオンブズマンに関する記述として正しいものを、次の①～④のうちから一つ選びなさい。　**21**

① オンブズマンは、衆議院と参議院に置かれている。
② オンブズマンの例として、会計検査院の検査官が挙げられる。
③ 最高裁判所には、知的財産オンブズマンが置かれている。
④ 地方自治体の中には、オンブズマンを置く例がある。

問20 民主政治に関連する日本の制度についての記述として最も適当なものを、次の①〜④のうちから一つ選びなさい。 **22**

① 憲法改正のためには、国会の発議した憲法改正案が、国民投票の3分の2以上の賛成で承認されなければならない。

② 国民には、衆参両院の議員、地方自治体の長と議会の議員を、秘密投票で選出することが保障されている。

③ 国民には、最高裁判所の裁判官を、その任命後初めて行われる衆議院議員総選挙または参議院議員通常選挙の際に、審査することが保障されている。

④ 内閣総理大臣を国民が直接選出できるようにするには、憲法の改正は不要だが、法律で定められていなければならない。

問21 現代の国際社会の取り組みについての記述として正しいものを、次の①〜④のうちから一つ選びなさい。 **23**

① 国連人間環境会議では、先進国による温室効果ガスの削減目標値が採択された。

② 国連人間環境会議の決議を受けて、UNEP（国連環境計画）が設立された。

③ 国連人間環境会議で、京都議定書が採択された。

④ 国連人間環境会議の決議を受けて、UNCTAD（国連貿易開発会議）が設立された。

問22　国際紛争に対する国連の取り組みについての記述として最も適当なものを、次の①～④のうちから一つ選びなさい。 **24**

① 総会が機能停止に陥った場合には、総会があらかじめ選択した「平和のための結集」決議に基づき、安全保障理事会が特別会を開くことができる。
② 紛争解決の最終的な手段として派遣するために、国連軍が国連内に常設されている。
③ 紛争の激化しつつある地域において、停戦を実現させるため、武力による鎮静化を主たる任務とする停戦監視団を設置することができる。
④ 兵力引き離しなどによって紛争の拡大防止を図るため、平和維持軍（PKF）を派遣する場合がある。

問23　国家領域や資源の支配権に関連する記述として正しくないものを、次の①～④のうちから一つ選びなさい。 **25**

① 国家の主権が及ぶ範囲を領域といい、領域は、領土・領海・領空からなっている。
② 領空とは、領土と領海の上空をいい、一般的には大気圏内とされている。
③ 国際連合海洋法条約は、いずれの国も海岸線から20海里を越えない範囲で自国の領海の幅を定める権利を有すると規定している。
④ 国際連合海洋法条約は、沿岸国は排他的経済水域において天然資源を独占的に利用できると規定している。

問24 国際社会の中で個人が有する権利や義務についての記述として誤っているものを、次の①～④のうちから一つ選びなさい。 **26**

① 第二次世界大戦中に受けた被害の補償を求めて、日本の旧植民地支配地域などの人々から、日本政府に対する訴えが提起されている。

② ビキニ環礁での核実験で被災した個人の訴えを受けて、国際司法裁判所は、核実験を行った国に対して損害賠償をするように命じた。

③ 人権関係の条約には、人権を侵害された被害者が、国際機関や国際裁判所に訴えることを認めるものがある。

④ 旧ユーゴスラビアの紛争に関して、残虐(ざんぎゃく)行為を行った責任者を処罰するために、特別の国際刑事裁判所が設置された。

問25 資本主義の経済に関連する記述として最も適当なものを、次の①～④のうちから一つ選びなさい。 **27**

① リカードは、雇用を創出するためには、民間企業の自発的な創意工夫に基づいた技術革新が必要であると強調した。

② 有効需要政策とは、政府が積極的に経済に介入し、総需要を創出して景気回復を図る政策である。

③ リストは、経済を発展させるためには規制を緩和して市場での自由な取引に任せることが必要であると強調した。

④ ニューディール政策とは、1930年代の不況期に、アメリカで導入された金利自由化を基本とする金融政策である。

問26　企業活動のあり方の変化は、市場に対して影響をもたらす場合がある。次の図には、スポーツ用品の需要曲線と供給曲線が実線で描かれている。また、図中の矢印Ａ～Ｄは均衡の移動を表している。スポーツ用品の生産者は、当初、賃金の安い児童を多く雇用していたが、その後、国際NGO（非政府組織）の働きかけなどにより、生産者が国際的な労働基準を遵守することが求められるようになったとしよう。そのため、生産者は児童を雇用せず、より高い賃金を支払うようになったとする。他の条件を一定として、当初の均衡から、生産者が高い賃金を支払うようになった後の均衡への移動を表すものとして正しいものを、次の①～④のうちから一つ選びなさい。 **28**

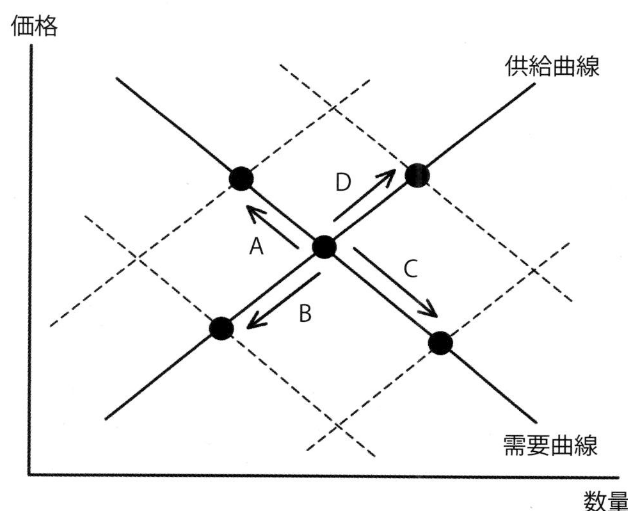

①　A　　②　B　　③　C　　④　D

問27　地球温暖化が進むと、両極地方や高山地域の氷河が融けることにより海水面の上昇が生じるとされている。海水面の上昇によって国土の一部が水没したり高潮の被害を受けやすい国として不適当なものを、次の①～④のうちから一つ選びなさい。　**29**

① オランダ

② ネパール

③ バングラデシュ

④ モルディブ

問28　市場における企業や市場についての記述として適当でないものを、次の①～④のうちから一つ選びなさい。　**30**

① 日本では、資金調達などの面で大企業と中小企業との間に格差があり、法律や制度などによって、中小企業の保護・育成が図られてきた。

② 完全競争市場では価格の自動調節機能に従い、財の需要量が供給量を上回る場合は価格が下落し、下回る場合は価格が上昇する。

③ 寡占市場では、企業は品質やデザイン、広告などの面で他企業と競争を行うこともある。

④ 日本では、乗用車などで、生産額の上位３社の合計が、その市場の生産額合計の50パーセントを超えている市場がある。

問29　1990年代以降は不況の影響を受けたことや工場の海外移転が進んだことにより、工業出荷は減少している。これについて述べた文として誤っているものを、次の①～④のうちから一つ選びなさい。 **31**

① 工場の海外移転によって、日本国内の生産や雇用が縮小する「産業の空洞化」が懸念されている。

② アメリカへの大量輸出に対する批判への対応として、自動車工場などを海外に進出させ、現地での生産を図った。

③ 製品の価格を下げるために、衣料や家電製品の生産工場を、安い労働力が確保できる東南アジアに移した。

④ 工場を海外に移転したのは、日本国内の少子・高齢化により、国内の若い労働者が著しく減少したためである。

問30　金融政策に関連する記述として誤っているものを、次の①～④のうちから一つ選びなさい。 **32**

① 基準割引率および基準貸付利率は、公開市場操作の手段として用いられる金利である。

② マネーストックとは、金融機関を除く経済主体が保有している通貨量のことである。

③ 信用創造とは、市中金融機関が貸付けを通じて預金を創出することである。

④ 量的緩和は、買いオペレーション（買いオペ）によって行われる政策である。

問31 租税や国債をめぐる記述として最も適当なものを、次の①～④のうちから一つ選びなさい。 **33**

① 水平的公平とは、所得の多い人が税も多く負担するという考え方のことである。

② 国債収入の方が国債費よりも多ければ、基礎的財政収支（プライマリーバランス）は黒字になる。

③ 日本では、直接税を中心とする税制を提唱した1949年のシャウプ勧告に沿って税制改革が行われた。

④ 日本では、1990年代を通じて特例法に基づく赤字国債の発行が毎年度継続して行われた。

問32 財政の機能とその例についての記述として適当でないものを、次の①～④のうちから一つ選びなさい。 **34**

① 赤字国債の削減には、景気を自動的に安定させる機能（ビルト・イン・スタビライザー）がある。

② 財政による公共財の供給には、市場の資源配分を補完する機能がある。

③ 伸縮的財政政策（フィスカル・ポリシー）には、景気を安定させる機能がある。

④ 所得税における累進税率の適用には、所得格差を是正する機能がある。

問33 通貨制度についての記述として最も適当なものを、次の①～④のうちから一つ選びなさい。 **35**

① 金本位制の下では、中央銀行は金の保有量と無関係に兌換銀行券を発行できた。

② 金本位制の下では、外国為替取引は市場の自由な取引に委ねられ、為替レートは大きく変動した。

③ 管理通貨制の下では、中央銀行は金の保有量と一定の比例関係を保ちつつ兌換銀行券を発行できる。

④ 管理通貨制の下では、景気調整のための経済政策の自由度が確保されやすくなる。

問34 世界各地で発生した国家の独立や自治権拡大を求める運動について述べた文として最も適当なものを、次の①～④のうちから一つ選びなさい。 **36**

① 北アイルランドでは、少数派のプロテスタントが、カトリックの多いイギリスからの分離とアイルランドへの帰属を求める動きがある。

② 華人の割合が高いシンガポールは、マレー系住民の割合が高いインドネシアから分離して独立した。

③ ヒンズー教徒が多数を占めるバングラデシュは、イスラム教徒が多いパキスタンから独立した。

④ フランスとスペインの国境地帯にまたがるバスク地方には、独立国家の建設や自治権拡大を求める動きがある。

問35 途上国に対して行われる日本の政府開発援助（ODA）は、様々な目的で実施されている。その目的を述べた文として適当でないものを、次の①～④のうちから一つ選びなさい。 **37**

① 先進国へ労働者を派遣して母国への送金を奨励し貧困を解決する。

② 災害、飢餓及び難民の発生に際して人道的救援活動を行う。

③ 国づくりに必要な技術移転を促進するために人材養成に協力する。

④ 社会・経済基盤整備への投資に協力して経済発展を図る。

問36 日本における会社企業の半分以上を占める株式会社について述べた文として誤っているものを、次の表中の①～④のうちから一つ選びなさい。 **38**

① 株式会社は、必要とする資本を多数の株式に分けて発行することで資本を集める。

② 株式会社が倒産した場合、株主は出資額以上に会社の損失を補う必要はない。

③ 株主はお金が必要な時や株式会社の業績が良くない場合には、株式をいつでも売ることができる。

④ 株主は株主総会での議決権を持っているが、会社の利潤を配当金として受け取ることはできない

시원스쿨

EJU

종합과목

개념 완성

정답 및 해설

Ⅰ 역사

unit 1 대항해 시대와 삼각 무역

핵심 개념 다지기

1 ①（ア）ⓑ （イ）ⓗ ②（ウ）ⓔ
③（エ）ⓐ ④（オ）ⓒ
⑤（カ）ⓓ ⑥（キ）ⓖ
⑦（ク）ⓕ

확인 문제로 실력 다지기

問1 ③ 問2 ③

개념 바로 잡기

問1 ② 베스트팔렌조약은 1648년이며, ④ 서쪽 항로로 항해를 한 것은 마젤란이다.

問2 ③ 신대륙에서 생산된 사탕수수, 면화, 담배 등이 유럽에서 상품으로 가공되었다.

unit 2 산업혁명과 자본주의 확립

핵심 개념 다지기

1 ① ⓓ ② ⓖ ③ ⓕ
④ ⓒ ⑤ ⓑ ⑥ ⓔ
⑦ ⓐ

2 ① 資本主義(しほんしゅぎ) ② 産業革命(さんぎょうかくめい)
③ エンクロージャー(囲(かこ)い込(こ)み)

확인 문제로 실력 다지기

問1 ② 問2 ②

개념 바로 잡기

問1 ① 15c 영국은 중세후기이다.
③ 에너지 변혁은 산업혁명을 촉진했다.
④ 자본가와 노동자의 사회관계가 성립한 것은 자본주의이다.

問2 ① 리버풀은 무역 항구이며, 철광석은 버밍햄이다.
③ 국내에서는 절대주의를 없애고, 의회정치와 정당정치가 형성되었다.
④ 식민지의 독립운동은 자본주의 영향이 아니다.

unit 3 사회주의 등장과 서아시아 변용

핵심 개념 다지기

1 ①（ア）ⓓ ②（イ）ⓑ
③（ウ）ⓕ
④（エ）ⓐ （オ）ⓖ （カ）ⓘ
⑤（キ）ⓒ
⑥（ク）ⓔ （ケ）ⓗ

확인 문제로 실력 다지기

問1 ④ 問2 ②

개념 바로 잡기

問1 ① 18세기 말 탄생한 신흥 도시 중, 면화는 맨체스터이며, 제철업·석탄은 버밍햄이다.
② 러다이트 운동에 의해 부분적으로 노조 설립이 인정되었다.
③ 러다이트운동은 사회주의 운동이 아니며, 직업을 잃은 노동자 계급이 주도했다.

問2 ① 서유럽에서 동유럽까지, 동아프리카에서 북아프리카까지 세력을 넓혔다.
③ 모두 실패하지는 않았으며, 그리스는 독립, 이집트는 자립했다.
④ 그리스는 러시아·영국·프랑스의 지원을 받아 독립했다.

unit 4 미국 남북 전쟁

핵심 개념 다지기

1 ① (ア) ⓗ (イ) ⓐ　② (ウ) ⓒ
③ (エ) ⓔ　④ (オ) ⓕ
⑤ (カ) ⓖ　⑥ (キ) ⓓ
⑦ (ク) ⓑ

확인 문제로 실력 다지기

問1 ④　問2 ②

개념 바로 잡기

問1 ① 파리조약은 1783이며, ② 보스턴 차회 사건은 1773년에 발생하였고, ③ 워싱턴 초대 대통령 취임은 1789년이다. ④ 미합중국 헌법 제정은 1788년이므로, 올바르게 나열하면, ④ B→A→D→C 가 된다.

問2 ① 미국 독립선언은 1776년이며, 1783은 파리조약이 맺어진 해이다.
③ 1773년, 영국이 식민지에게 동인도회사에 의한 차의 독점판매를 도모한 '차법'이 과세되자, 식민지가 반발하여 동인도차회 사건이 발생하였다.
④ 토머스 페인의 <커먼센스(상식론)>은 독립전쟁(1775~1783) 중인 1776년에 발간되었다.

unit 5 프랑스 혁명의 전개

핵심 개념 다지기

1 ① (ア) ⓔ　② (イ) ⓖ
③ (ウ) ⓐ　④ (エ) ⓑ
⑤ (オ) ⓓ　⑥ (カ) ⓒ　(キ) ⓕ

확인 문제로 실력 다지기

問1 ③　問2 ④

개념 바로 잡기

問1 프랑스 혁명은, 루이16세 삼부회 소집 → 제3신분 국민의회 결성(1789년 6월) → 테니스코트장의 서약(1789년 6월) → 바스티유감옥 습격(1789년 7월) → 루이 16세처형(1793년 1월) → 남자보통선거권(1793년 6월) → 공포정치(1793.9~1794)로 진행되었으므로 올바르게 나열하면, ③ A→D→B→C 가 된다.

問2 ① 삼부회에 소집된 제3신분이 결성한 것은 국민의회이다.
② 로베스피에르는 공포정치를 펼쳐 민중의 반발을 샀다.
③ 모두 실패하지는 않았으며, 그리스와 이집트는 독립하였다.
④ 지롱드파와 자코뱅파 모두 전제 왕권과 봉건체제 붕괴를 바라는 혁명에는 찬성하는 입장이었으나, 지롱드파의 주류는 상위 부르주아층으로 혁명을 온건하게 수습하려고 하는 온건한 공화정을 주장하였다. 한편, 자코뱅파는 루이 16세 처형을 주장하는 등, 급진적인 공화정을 추진하였다.

unit 6 나폴레옹과 빈 체제 성립

핵심 개념 다지기

1 ① (ア) ⓕ ② (イ) ⓓ
③ (ウ) ⓐ ④ (エ) ⓖ
⑤ (オ) ⓑ (カ) ⓗ ⑥ ⓔ ⓒ

확인 문제로 실력 다지기

問1 ② 問2 ④

개념 바로 잡기

問1 ① 대륙봉쇄령은 영국을 배제하고, 프랑스가 유럽 대륙을 과점화하기 위한 의도로 발령되었다.

③ 나폴레옹은 세인트헬레나 섬에 유폐된 후 사망하였다.`

④ 러시아 원정에 나선 나폴레옹은 추위에 더해, 프랑스 국내의 흉작으로 식량 보급이 어려워지자, 러시아 원정에 실패하고 퇴각하였다.

問2 ① 빈회의는 왕정 복고 체제로의 복귀가 목적이었다.

② 빈회의는 프로이센, 영국, 오스트리아, 프랑스, 러시아가 출석하였다.

③ 왕정 복고를 목적으로 한 빈회의는 각국의 이해관계 조정에 시간이 걸려 회의가 좀처럼 진전되지 않아, 「会議(かいぎ)は踊(おど)る、されど進(すす)まず」(회의는 춤춘다, 하지만 진전되자 않는다)라고 야유 받았으며, 빈체제에 대한 불만이 도화선이 되어 2월혁명과 7월혁명이 발생하게 된다.

unit 7 먼로주의와 국민국가 형성

핵심 개념 다지기

1 ① (ア) ⓔ (イ) ⓖ ② (ウ) ⓓ
③ (エ) ⓗ ④ (オ) ⓑ
⑤ (カ) ⓒ (キ) ⓕ ⑥ (ク) ⓐ

확인 문제로 실력 다지기

問1 ① 問2 ①

개념 바로 잡기

問1 나폴레옹의 러시아 원정 실패는 1812년이며, 폴란드 봉기는 1830년에 발생하였다. 빈회의는 1814년에 개최되었으며, 2월 혁명은 1848년에 발생하였으므로 올바르게 나열하면 A→C→B→D의 순서로 1번이 정답이다.

問2 먼로 교서는 유럽 열강의 남미 간섭 배제가 요지이며, 그 이후 미국의 기본 외교 노선이 된다.

② 먼로주의는 유럽과 미국의 상호 불간섭이 주요 요지이며, 고립주의라 불려, 그 이후 상당 기간 미국의 기본 외교 정책이 되었다.

③ 빈 체제하에서 스페인 절대 왕정이 부활하였으나, 이에 대한 불만으로 스페인 국내에서 혁명이 발생, 스페인의 식민지 지배가 느슨해졌다. 이것을 계기로, 중남미의 독립운동이 활발해지자, 중남미에서의 독립운동이 유럽 지역에 영향을 미칠 것을 두려워한 메테르니히가 중남미 독립운동에 간섭하려 하였다. 이를 계기로 유럽과 미국의 상호 불간섭을 요지로 한, 먼로 교서를 발표하였다.

④ 대륙 봉쇄령은 영국의 경제적 고립과, 프랑스의 유럽 대륙 과점화를 목적으로 나폴레옹이 발령하였다.

unit 8 유럽 재편

핵심 개념 다지기

1 ①(ア) ⓕ (イ) ⓓ
②(ウ) ⓔ ③(エ) ⓒ
④(オ) ⓐ ⑤(カ) ⓖ
⑥(キ) ⓑ

확인 문제로 실력 다지기

問1 ② 問2 ②

개념 바로 잡기

問1 A 크리미아 전쟁은 1853년에 발발하였으며, B 보불 전쟁은 1870년, C 비스마르크가 수상으로 등용된 것은 1862년, D 이탈리아가 통일한 것은 1861년이다. 따라서, 올바르게 배열하면 A→D→C→B가 되어 정답은 2번이 된다.

問2 이탈리아는 12세기 무렵부터 분열 상태가 이어지고 있었으며, 15세기말~16세기에 걸쳐 전개된 이탈리아 전쟁 이후, 오스트리아, 프랑스, 스페인 등 서구 열강의 개입이 이어지고 있었다. 나폴레옹이 자유 이념을 유럽에 전파한 영향으로 통일 국가를 향한 움직임이 시작되어, 1860년에 가르발디에게 정치권을 헌상 받은 것을 계기로, 사르데냐 왕국 주체의 이탈리아 통일이 추진되었다.
③ 가리발디가 샤르데냐왕국에 정치권을 헌상해서 통일이 달성되었다.
④ 크림전쟁 참전으로 사르데냐 왕국이 국제적으로 인정 받았다.

unit 9 미국의 발전과 남북 전쟁

핵심 개념 다지기

1 ①(ア) ⓖ ②(イ) ⓓ
③(ウ) ⓑ (エ) ⓕ ④(オ) ⓐ
⑤(カ) ⓒ ⑥(キ) ⓔ

확인 문제로 실력 다지기

問1 ④ 問2 ④

개념 바로 잡기

問1 루이지애나(1803)는 프랑스, 플로리다(1819)는 스페인, 알래스카(1867)는 러시아로부터 구입했다.

問2 남부는 농업이 발달하여 자유무역과 노예제도를 주장하였으며, 북부는 산업이 발달하여 보호무역과 노예제도를 반대하였다.

unit 10 크림 전쟁과 아프리카 분할 점령

핵심 개념 다지기

1 ① (ア) ⓓ ② (イ) ⓕ
③ (ウ) ⓑ ④ (エ) ⓗ (オ) ⓖ
⑤ ⓐ ⓒ ⑥ (ク) ⓔ

확인 문제로 실력 다지기

問1 ② 問2 ①

개념 바로 잡기

問1 크림 전쟁은 러시아의 남하 정책을 막기 위해, 영국·프랑스·사르데냐 왕국이 오스만을 지원하며 참전하였다.

問2 ② 남아프리카 전쟁에서 영국과 네덜란드가 협상을 체결하였다.
③ 남아프리카연방은 영국이 점령하였다.
④ 리베리아는 한 번도 점령당한 적이 없다.

---

unit 11 제국주의 등장과 인도제국 성립

핵심 개념 다지기

1 ① (ア) ⓓ ② (イ) ⓕ (ウ) ⓒ
③ (エ) ⓗ (オ) ⓖ ④ (カ) ⓐ
⑤ (キ) ⓔ ⑥ (ク) ⓑ

확인 문제로 실력 다지기

問1 ② 問2 ①

개념 바로 잡기

問1 ① 철혈정책의 목적은 독일 제국 통일로, 아프리카 식민지화가 아니다.
② 사회주의 진압법을 실시하는 등 노동자의 반정부 운동을 탄압하는 한편, 노동자를 보호하기 위해 보험제도나 사회보장제도를 정비하여, 의료보험법, 제해보험법, 양로보험법 등을 정비했다.
③ 카톨릭을 국가에 귀속시키기 위해 탄압하였다.
④ 베를린회의는 비스마르크가 주최한 회의로, 아프리카 분할 원칙을 정했다.

問2 미서 전쟁에서 승리한 미국은 하와이를 병합하고, 스페인으로부터 푸에르토리코, 필리핀, 괌을 획득하여 태평양에 진출하였다. 또한, 19세기 오스트레일리아(호주)에서 금광이 발견되자, 많은 사람이 금을 찾아 나섰다.

---

unit 12 제국주의와 동남아시아 분할

핵심 개념 다지기

1 ① (ア) ⓑ ② (イ) ⓓ
③ (ウ) ⓕ ④ (エ) ⓐ
⑤ (オ) ⓒ ⑥ (カ) ⓔ

확인 문제로 실력 다지기

問1 ① 問2 ①

개념 바로 잡기

問1 말레이시아, 싱가폴, 미얀마는 영국령이었으며, 베트남, 라오스, 캄보디아는 프랑스령이었다. 필리핀은 미국령, 인도네시아는 네덜란드령이었으며, 태국은 점령당한 적이 없다.

問2 러일전쟁은 일본이 만주와 조선 지배권을 노리고 일으켰으며, 시모노세키 조약은 청일 전쟁의 강화조약으로, 조선의 독립 승인과, 대만 등의 할양, 배상금 지불 등이 주요 내용이다.

unit 13 중국의 위기와 일본의 근대화

핵심 개념 다지기

1 ①(ア)ⓕ ②(イ)ⓒ
③(ウ)ⓐ ④(エ)ⓓ (オ)ⓔ
⑤(カ)ⓖ (キ)ⓗ
⑥(ク)ⓘ (ケ)ⓑ

확인 문제로 실력 다지기

問1 ② 問2 ①

개념 바로 잡기

問1 ① 의화단 사건은 1900년에 발생한, 중국의 외세 배척 농민 투쟁이다.
② 1차 아편 전쟁(1840)에서 영국이 승리한 뒤, 청과 영국 사이에 난징조약이 맺어져, 홍콩을 영국에 할양하였다.
③ ④ 2차 아편 전쟁(1860)이 청과 영국·프랑스 사이에서 발발하여, 영국과 프랑스가 승리하고 텐진조약(외국 공사의 베이징 주재와 기독교 포교 허용)이 맺어졌다.

問2 ② 1854년에 체결된 일미화친조약의 설명이다.
③ 무역자유화 및 협정관세가 규정되었다.
④ 요코하마·고베·니가타·하코다테·나가사키등 5개항의 개항이 결정되었다.
(「よこにはな」로 암기해 두자)

unit 14 일본 제국주의와 세력균형 체제

핵심 개념 다지기

1 ①(ア)ⓑ (イ)ⓕ ②(ウ)ⓐ
③(エ)ⓒ ④(オ)ⓗ
⑤(カ)ⓓ (キ)ⓖ
⑥(ク)ⓔ

확인 문제로 실력 다지기

問1 ④ 問2 ②

개념 바로 잡기

問1 ① 세력 균형에는 다른 강국과 군사 동맹을 확대하여 자국의 국력을 강화하려는 의도가 있다.
② 집단안전보장체제에 관한 설명이다.
③ 핵 억지론에 관한 설명이다.

問2 A 청일전쟁은 1894년에 발발하였으며, B 포츠담 조약은 1905년에 맺어졌다. C 삼국동맹은 1882년이며, D 홍콩 할양은 1842년에 결정되었으므로, 올바르게 연결하면 D→C→A→B의 순서로 2번이 정답이 된다.

unit 15 일본 제국주의와 세력균형 체제

핵심 개념 다지기

1 ①(ア)ⓓ ②(イ)ⓖ (ウ)ⓒ
③(エ)ⓔ (オ)ⓗ
④(カ)ⓑ (キ)ⓕ (ク)ⓘ
⑤(ケ)ⓐ ⑥(コ)ⓔ

확인 문제로 실력 다지기

問1 ② 問2 ③

개념 바로 잡기

問1 ① 영국은 프랑스, 러시아와 함께 삼국협상 측에 가담했다.
③ 독일이 영국의 해상권을 봉쇄하기 위해서 펼친 잠수함 작전에 미국 국민 다수가 희생된 것을 이유로 미국이 참전해 독일에 선전포고 하였다.
④ 사라예보 사건이 일어난 보스니아 헤르체고비나는 오스만제국의 영토였지만, 세르비아왕국과 러시아의 반대를 무릅쓰고 오스트리아=헝가리 제국이 강제로 병합하였다. 이에 대해 보스니아 헤르체고비나에 거주하는 세르비아인이 독립 운동을 개시, 사라예보를 방문한 오스트리아 황태자를 암살하였다. 사라예보 사건은 발칸반도를 둘러싼 영토 문제가 계기가 되었다고 말해지고 있다.

問2 ① 11월 혁명으로 사회주의 국가가 성립되었다.
② 2월 혁명 이후에도 전쟁을 중단하지 않자, 레닌이 이끄는 볼셰비키당이 11월 혁명을 일으켜 전쟁을 중단하고, 세계 최초의 사회주의 국가를 세운다.
④ 2번에 걸친 혁명 결과 사회주의 정권이 탄생하였으나, 수상에 취임한 케렌스키가 전쟁 지속 방침을 내세워 11월(10월) 혁명으로 몰락하였다.

unit 16 베르사유 체제 하의 유럽

핵심 개념 다지기

1 ① ⓓ ⓗ ② (ウ) ⓐ (エ) ⓕ
③ (オ) ⓑ ④ (カ) ⓔ
⑤ (キ) ⓖ ⑥ (ク) ⓒ

확인 문제로 실력 다지기

問1 ① 問2 ③

개념 바로 잡기

問1 ①은 세력균형체제에 관한 설명이다.

問2 ③ 총회·이사회는 만장일치제를 채용하고 있다.

unit 17 1차 대전 후의 일본 경제

핵심 개념 다지기

1 ① (ア) ⓕ
② (イ) ⓓ (ウ) ⓑ
③ (エ) ⓔ (オ) ⓒ
④ (カ) ⓗ ⑤ (キ) ⓖ
⑥ (ク) ⓐ

확인 문제로 실력 다지기

問1 ③ 問2 ②

개념 바로 잡기

問1 ① 시리아는 프랑스 식민지로 1946년에 독립했다.
② 사우디아라비아는 제2차 세계대전 (1939~1945) 발발 이전인 1932년에 건국했다.
④ 나치스당은 독일이다.

問2 ② 제1차 세계대전과 그 이후 전쟁 특수를 맞아, 미국으로의 수출이 증가했다.

unit 18 대공황과 중일전쟁

핵심 개념 다지기

1 ①(ア)ⓒ ②(イ)ⓐ
③(ウ)ⓔ (エ)ⓕ
④(オ)ⓑ ⑤(カ)ⓓ
⑥(キ)ⓖ

확인 문제로 실력 다지기

問1 ① 問2 ②

개념 바로 잡기

問1 ① 사회보험제도는 대공황의 영향이 아니며, 비스마르크가 창설했다.

問2 프랭클린·루스벨트의 재임기간은 1933년에서 1945년까지이다.
① 텍사스 획득은 1845년이고, ③ 마샬플랜은 1947년에 마셜 미 국무장관이 제안하였다.
④ 산업 대공황은, 1929년 뉴욕 증시 대폭락의 영향으로 전세계에 확산되었다.

unit 19 제2차 세계대전

핵심 개념 다지기

1 ①(ア)ⓖ ②(イ)ⓒ (ウ)ⓐ
③(エ)ⓔ ④(オ)ⓕ
⑤(カ)ⓓ ⑥(キ)ⓑ

확인 문제로 실력 다지기

問1 ④ 問2 ④

개념 바로 잡기

問1 ① 이탈리아는 제2차 세계대전 후인 1946년, 국민투표에 의해 군주제가 폐지되었다.
② 스페인 내전(1936년 7월~1939년 3월)은 스페인 인민전선 정부와 프랑코가 지휘하는 군부 사이의 갈등으로 인해 발생하였으며, 영국과 프랑스는 불간섭 정책을 취했다.
③ 독·소 불가침 조약은 히틀러와 스탈린이 체결하였다.

問2 제2차 세계대전은 1939년~1945년까지 지속되었다.
① 아시아 아프리카 회의는 1955년에 개최되었다.
② 핀란드는 1917년에 독립하였다.
③ 코민테른은 1919년에 결성되었으며, ④ 일본의 싱가폴 점령은 1942년이다.

unit 20 일본의 패전과 독일 분할 점령

핵심 개념 다지기

1 ①(ア)ⓒ ②(イ)ⓓ (ウ)ⓕ
③(エ)ⓐ (オ)ⓔ
④(カ)ⓖ ⑤(キ)ⓑ
⑥(ク)ⓓ

확인 문제로 실력 다지기

問1 ① 問2 ③

개념 바로 잡기

問1 ② 카이로 회담은, 1943년에 미국·영국·중국 등 3개국 연합국 수뇌가 모여, 일본에 대한 연합국 대응 방침과 아시아의 전후 처리 문제에 관하여 협의한 회담이다.

③, ④ 얄타회담은, 제2차 세계대전 말기인 1945년 2월, 독일 항복 전에 미국·영국·소련 수뇌가 모여 나치 독일의 제2차 세계대전 패전 후의 관리와 전쟁 종결을 향하여 의견을 나눈 회담이다.

問2 ① 베르사유 조약은 연합국과 독일 사이에서 체결된 제1차 세계대전 전후 처리를 정한 강화조약이다.

② 독일 분할 점령은 미·영·프·소 4개국에 의해 실시되었다.

④ 서독은 미·영·프 3개국이 관리하였으며, 동독은 소련이 관리하였다.

unit 21 냉전 체제

핵심 개념 다지기

1 ①(ア)ⓔ ②(イ)ⓘ
③(ウ)ⓐ (エ)ⓑ
④(オ) ⓒ
⑤(カ)ⓓ ⑥(キ)ⓖ (ク)ⓕ

확인 문제로 실력 다지기

問1 ④ 問2 ③

개념 바로 잡기

問1 ④ 마셜 플랜은, 냉전 체제 하에서 미국이 유럽국가들에 대하여 대규모 경제 지원을 제공, 경제를 안정시켜서 공산주의 침투를 막을 의도로 제안한 전후 경제 부흥을 위한 원조 부흥 지원 계획이다.

問2 ① 코메콘은 마셜 플랜에 대항할 목적으로 동측이 설립하였다.

② 바르샤바조약기구는 북대서양기구에 대한 대항 목적으로 동측이 결성하였다.

③ 북대서양조약기구는 서측의 군사적 결속 강화를 목적으로 결성되었다.

unit 22 인도 독립과 아프리카

핵심 개념 다지기

1 ①（ア）ⓔ ②（イ）ⓖ
③（ウ）ⓑ ④（エ）ⓓ （オ）ⓐ
⑤（カ）ⓕ ⑥（キ）ⓒ

확인 문제로 실력 다지기

問1 ② 問2 ②

개념 바로 잡기

問1 ② 리베리아는, 1847년에 미국에서 해방된 노예들이 건국했다.

問2 ① 마틴 루터 킹은, 60년대 미국의 흑인 민권 운동가로 공민권 획득 운동을 주도하였다.
③ 앙리 뒤낭은 적십자 창시자이다.
④ 고르바초프는 소련의 마지막 서기장으로, 몰타 회담에서 냉전 종결 선언을 하였다. 1991년 소련이 해체됨에 따라 냉전이 종식되었다.

unit 23 중동전쟁과 쿠바 위기

핵심 개념 다지기

1 ①（ア）ⓒ （イ）ⓔ
②（ウ）ⓘ（エ）ⓕ
③（オ）ⓓ
④（カ）ⓐ ⑤（キ）ⓑ
⑥（ク）ⓖ

확인 문제로 실력 다지기

問1 ③ 問2 ①

개념 바로 잡기

問1 ③ 이집트가 아카바만을 봉쇄한 것을 이유로, 이스라엘이 이집트를 공격하여 3차 중동전이 발발하였다.

問2 ① 1955년에 중국의 주은래, 인도의 네루 주도로 아시아·아프리카회의(반둥회의)가 제창되었으며, 평화5원칙·반제국주의·반식민주의·민족자결이 채택되었다.

unit 24 석유 파동과 냉전 종결

핵심 개념 다지기

1 ①（ア）ⓑ ②（イ）ⓒ （ウ）ⓕ
③（エ）ⓔ ④（オ）ⓖ
⑤（カ）ⓓ ⑥（キ）ⓐ

확인 문제로 실력 다지기

問1 ③ 問2 ②

개념 바로 잡기

問1 ③ 쿠바위기는 1962년에 발생하였다.
제4차 중동전쟁은 1973년, 소련의 아프가니스탄 침공은 1979년, 제2차 석유위기는 1979년이다.
냉전 하의 군사비 부담은, 무역 적자와 재정적자에 허덕이던 미국 경제를 크게 압박하였으며, 소련은 공산주의 체제에서 경제 성장이 정체되었다. 고르바초프 소련 서기장은 이런 상황을 타개하기 위해, 페레스트로이카 정책으로 체제 개혁을 추진하였고, 소련의 변화는 동유럽 국가들의 체제 변화로 이어져, 1989년 11월에 동서냉전의 상징이었던 베를린 장벽이 붕괴, 냉전 종결로 한발 더 나아갔다. 그 후, 1989년 12월, 부시 미 대통령과 고르바초프가 몰타 회담에서 냉전 종결을 선언하였다.

問2 ① 걸프(湾岸)전쟁은 1991년에 발발하였다.
③ 소련은 1991년에 붕괴되었다.
④ 동서독은 베를린 장벽 붕괴 후인 1990년에 통일되었다.

unit 25 PKO와 냉전 종결 후의 세계

핵심 개념 다지기

1 ① (ア) ⓒ ② (イ) ⓔ
③ (ウ) ⓑ ④ (エ) ⓐ
⑤ (オ) ⓓ ⑥ (カ) ⓕ

확인 문제로 실력 다지기

問1 ④ 問2 ②

개념 바로 잡기

問1 일본은, 1992년 PKO협력법 성립 후, 최초로 캄보디아에 PKO를 파견하였으며, 그 후 모잠비크, 골란고원, 동티모르에도 파견하였다.

問2 ① 걸프(湾岸)전쟁에는 34국의 다국적군이 파견되었다.
③ 페레스트로이카 정책을 추진한 것은 고르바초프이며, 후르시초프는 냉전시대의 소련 서기장이다.
④ 베를린 장벽이 붕괴된 것은 1989년 11월이며, 몰타회담은 1989년 12월에 실시되었다.

unit 26 유럽 연합

핵심 개념 다지기

1 ① (ア) ⓒ ② (イ) ⓔ (ウ) ⓗ
③ (エ) ⓖ ④ (オ) ⓕ (カ) ⓓ
⑤ (キ) ⓑ ⑥ (ク) ⓐ

확인 문제로 실력 다지기

問1 ④ 問2 ②

개념 바로 잡기

問1 ④ EU는, 2004년에 동유럽국가 10개국이 동시에 가입하였다.

問2 ② 아랍의 봄은 2010년, 튀니지의 쟈스민혁명이 발단되어 펼쳐진 민주화와 자유화를 추구하는 운동이다.

응용 문제로 만점 다지기

問1 ① 問2 ② 問3 ③
問4 ③ 問5 ④ 問6 ④
問7 ③ 問8 ④

개념 바로 잡기

問1 ① 마그나카르타는 1215년, 왕권의 제한, 귀족 특권, 도시 자유 등을 규정한 '법에 의한 지배' 등 입헌 주의의 출발점이 되는 문서로, 영국 헌법을 구성하는 중요한 헌장이다.
② 낭트칙령에 관한 설명이다. 낭트 칙령은 1598년, 프랑스 앙리 4세가 프로테스탄트 신앙을 인정한 법령이다.
③ 노예해방선언(1863)에 관한 설명이다.
④ 베스트팔렌 조약(1648)에 관한 설명이다.

問2 크롬프톤은 뮬 방적기를 발명했으며, 수력방적기는 아크라이트가 발명했다.

問3 미국 독립선언은 1776년에 발표되었다.
① 대륙회의는 1774년에 개최되었다.
② 1776년 독립선언 후 연방정부가 성립, 1789년에 워싱턴이 초대 대통령에 취임했다.
③ 미합중국 연방정부 성립은 1776년이다.
④ 1776년, 토머스 페인이 "커먼 센스"를 발표했으며, 독립선언문은 토마스 제퍼슨이 기안했다.

問4 프랑스 인권선언에는 국민주권, 자유·평등, 사유재산불가침이 포함되어 있으며, 노동권은 포함되지 않는다.

問5 ④ 1789년 프랑스 혁명 후에 국민의회가 제정한 인권 선언은, 보편적인 인간의 권리를 규정한 문서로, 국민의 자유와 평등, 억압에 대한 저항권, 국민 주권, 법의 지배, 권력 분립, 사유재산불가침이 규정되어 있다. 처음으로 사회권이 헌법에 등장한 것은 바이마르 헌법(1919)으로, 생존권이 규정되어 있다.

問6 ③ 1799년에 실시된 도량형의 신기준법이다.
④ 권리장전은 1688년의 영국 명예혁명의 결과물이다.

問7 ① 남부는 농업 중심으로 노예제와 자유무역을 주장했다.
② 노예제를 반대한 것은 공화당이다.
④ 흑인 자작농은 거의 없었다.

問8 ① 영세 중립국인 스위스는 2002년 유엔에 가입했다.
② 독일은 1973년 동서독이 동시 가입했다.
③ 일본은 1956년 일소공동선언 후, 유엔에 가입했다.

Ⅱ 정치

unit 1 민주 정치의 성립

핵심 개념 다지기

1 ① (ア) ⓖ (イ) ⓓ
② (ウ) ⓕ (エ) ⓑ
③ (オ) ⓘ ④ (カ) ⓔ
⑤ (キ) ⓗ ⑥ (ク) ⓒ
⑦ ⓐ

확인 문제로 실력 다지기

問1 ③ 問2 ④

개념 바로 잡기

問1 ① 로크는 저항권과 간접민주제를 주장했다.
② 홉스는 절대왕정을 옹호하며, 모든 인간은 평등한 자연권을 갖으며, '만인의 만인에 대한 투쟁'을 피하기 위해서는 사회적 계약을 맺고 국가에 자연권을 위양해야 한다고 주장했다.
③ 몽테스키외는 절대왕정을 비판하고, 삼권 분립을 주장하여, 그 후의 미국 헌법이나 프랑스 혁명에 큰 영향을 미쳤다. 로크는 저항권(혁명권)을 주장하고, 인간은 군주의 의지와는 관계없이, 자유, 생명, 재산의 권리가 부여된다고 주장하며, 왕권신수설 등을 토대로 한 군주 독재를 부정하였다.
④ 루소는 인민주권론과 직접민주제를 주장했다.

問2 ①은 볼테르의 주장이다.
②는 케네에 관한 설명이다.
③은 루소의 주장이다.

unit 2 산업혁명과 자본주의 확립

핵심 개념 다지기

1 ① (ア) ⓓ
② (イ) ⓕ (ウ) ⓐ (エ) ⓒ
③ (オ) ⓖ ④ (カ) ⓔ
⑤ (キ) ⓘ (ク) ⓑ ⑥ (ケ) ⓗ

확인 문제로 실력 다지기

問1 ② 問2 ③

개념 바로 잡기

問1 ① 영국은 의원내각제(양원제)를 채택하고 있으며, 상원은 우월권을 갖는 하원을 체크하는 기능을 갖고 있다.
③ 2010년, 보수당과 자민당의 연립내각이 조직되었다.
④ 상원은 해산되지 않으며, 내각은 불신임권이 없다.

問2 ① 미대통령은 법안제출권과 의회 해산권을 갖지 않는다.
② 의석은 없으나, 임시의회 소집권을 갖는다.
④ 법안 제출권은 없으나, 법안 거부권은 있다.

unit 3 일본의 정치 제도

핵심 개념 다지기

1 ① (ア) ⓒ (イ) ⓓ ② (ウ) ⓔ
③ (エ) ⓗ (オ) ⓐ ④ (カ) ⓕ
⑤ (キ) ⓑ ⑥ (ク) ⓖ

확인 문제로 실력 다지기

問1 ④ 問2 ④

개념 바로 잡기

問1 - 일본은 의원내각제(양원제)를 채택하고 있으며, 중의원이 우월권을 갖는다. 중의원이 가결한 법률안을 참의원이 부결 또는 회부했을 경우, 중의원에서 재가결해야 하며, 중의원 재가결 시에는 중의원 3분의 2 이상의 찬성이 필요하다.
- 국회 의사가 성립하려면 양의원 의결이 일치해야 하며, 의결이 일치하지 않을 때는 양원 협의회가 개최되는 경우가 있다. 또한, 예산 의결, 조약 승인, 총리 지명, 법률안 의결에 관해서는 필수적으로 개최되어야 하며, 협의 결과 의견이 일치하지 않을 때는 헌법 규정에 의해 중의원이 우월권을 갖으므로, 중의원 의견으로 통과된다.
① 중의원이 가결한 법률안을 참의원이 60일 이내에 의결하지 않을 경우, 중의원 의결이 국회 의결이 된다.
② 중의원이 가결한 조약이나 예산안을 참의원이 30일 이내에 의결하지 않을 경우, 중의원 가결이 국회 가결이 된다.
③ 예산 선의권과 내각 불신임권은 중의원 고유의 권한으로 중의원 단독으로 권리를 행사할 수 있다.

問2 ① 최고재판소 장관은 내각이 지명하고 천황이 임명한다. 하급재판관은 최고재판관이 지명한 리스트에 따라, 내각이 임명한다.
② 최고재판소에는 재판소의 규칙 제정권이 있다.
③ 위헌법률 심사권은 모든 재판소가 판결할 권한을 갖고 있다.

unit 4 일본국 헌법의 자유권적 기본권

핵심 개념 다지기

1 ① (ア) ⓕ ② (イ) ⓓ
③ (ウ) ⓖ ④ (エ) ⓐ
⑤ (オ) ⓑ (カ) ⓔ
⑥ (キ) ⓒ

확인 문제로 실력 다지기

問1 ③　問2 ④

개념 바로 잡기

問1 정신의 자유에는 ① 종교의 자유, ② 사상 및 양심의 자유, 집회·결사 외 일체의 표현의 자유, 검열금지 및 통신비밀, ④ 학문의 자유가 있다.
③ 직업선택의 자유는 경제적 자유에 속한다.

問2 ①, ②, ③은 모두 정신의 자유이다.
④ 법정 절차의 보장이란, 누구든 법이 정한 절차에 의하지 않는 한, 그 어떤 생명 또는 자유도 빼앗기지 않으며, 그 어떤 형벌에도 처해질 수 없다는 것으로 신체적 자유권에 속한다.

unit 5 일본국 헌법의 사회권적 기본권

핵심 개념 다지기

1 ①(ア)ⓒ　②(イ)ⓔ
③(ウ)ⓕ　④(エ)ⓐ　(オ)ⓖ
⑤(カ)ⓓ　⑥(キ)ⓑ　(ク)ⓗ

확인 문제로 실력 다지기

問1 ③　問2 ④

개념 바로 잡기

問1 바이마르 헌법은 1919년 독일 공화국에서 제정된 당시로서는 가장 선진적인 인권 규정을 담은 민주적인 헌법으로, 주민 재민, 남녀 평등 보통선거를 담고 있다.
① 비스마르크는 "당근과 채찍"이라는 강온정책을 펼쳤다.
② 베버리지 보고서는, 1911년 영국에서 제정된, '요람에서 무덤까지' 국민의 최저 생활을 보장하는 사회보장제도이다.
④ 뉴딜정책은 산업대공황을 타개하기 위해서 루스벨트 미대통령이 내놓은 정책이다.

問2 새로운 인권에는 환경권, 프라이버시 권리, 알 권리, 자기 결정권이 있다.
① '평화적 생존권'은 일본국 헌법에 제시된 기본적 인권 중 하나이다.
② '프라이버시의 권리'란, 누구나 사생활 정보를 무단으로 공표 당하지 않을 권리를 말한다.
③ '액서스 권'은 개인이 매스미디어에 의견을 발표할 수 있는 장소 제공을 요구할 수 있는 권리를 말한다.

unit 6 선거제도와 정치 정당

핵심 개념 다지기

1 ①(ア)ⓒ　(イ)ⓑ　②(ウ)ⓗ
③(エ)ⓖ　(オ)ⓔ　④(カ)ⓓ
⑤(キ)ⓐ　⑥(ク)ⓕ

확인 문제로 실력 다지기

問1 ③　問2 ②

개념 바로 잡기

問1 55년 체제란, 1955~1993년까지 이어진 자민당과 사회당의 2대 정당 체제로, 자민당의 단독집권 체제를 말한다. 1993년에 호소가와(細川(ほそかわ)) 연립 정권에 의해 붕괴되었다.
①, ② 1955년 2월 총선거에서 일본민주당이 과반수 획득에 실패하자, 11월, 일본민주당과 자유당이 합병해 자유민주당이 결성되었다. 1955년 10월에 사회당이 통일하여 사회당과 자유민주당 2대 정당 대립 구도가 형성되었다.
③ 1999년 오부치(小渕(おぶち)) 내각 당시, 자민당과 공

명당이 처음으로 연립 정권을 구성하였다.

④ 55년 체제는, 1993년 비자민 연립인 호소가와(細川[ほそかわ]) 내각 성립으로 붕괴되었다.

問2 브라이스가 말한 "지방자치는 민주주의의 학교"란 주민은 지역정치에 참가하는 것에 의해 민주정치의 운영을 배울 수 있다는 의미이다.

unit 7 국제 정치(1) 국제 연합

핵심 개념 다지기

1 ① (ア) ⓔ ② (イ) ⓕ (ウ) ⓑ ③ (エ) ⓓ (オ) ⓐ ④ (カ) ⓒ ⑤ (キ) ⓘ (ク) ⓖ ⑥ (ケ) ⓗ

확인 문제로 실력 다지기

問1 ③ 問2 ②

개념 바로 잡기

問1 ① 국제연맹과 국제연합의 초기 가입국 수는, 국제연맹이 42개국, 국제연합이 51개국이었다.

② 국제연맹은 미국 윌슨 대통령의 제안으로 설립되었으며, 미국과 영국이 대서양 헌장을 체결하여 국제 협조에 관한 기본적 합의를 발표한 것이 국제 연합 형성의 첫걸음이 되었다.

④ 국제연맹은 만장일치제를 채택하고 있으며, 국제연합은 다수결제이다.

問2 ① 국제적십자사는 앙리 뒤낭이 설립하였다.

③ 난민조약은 1951년에 체결되었으며, 냉전이 종결된 것은 1989년이다.

④ 경제적이유로 인한 난민은 인정되지 않는다.

unit 8 국제 정치(1) 일본의 외교

핵심 개념 다지기

1 ① (ア) ⓔ ② (イ) ⓐ ③ (ウ) ⓓ ④ (エ) ⓕ ⑤ (オ) ⓑ ⑥ (カ) ⓒ

확인 문제로 실력 다지기

問1 ① 問2 ①

개념 바로 잡기

問1 핵확산방지조약(NPT)은 핵무기 보유국인 미·소·영·프·중이 핵무기 보유국이 늘지 않도록, 핵물질 전용 방지를 목적으로 맺은 조약이다. 현재, 핵무기 보유국은 미국, 러시아, 영국, 프랑스, 중국의 5개국이다.

問2 ② 안전보장 이사회에서는 경제 제재만 가능하다.

③ 유엔평화유지활동(PKO)은 세계 각지의 분쟁을 해결하기 위해서 유엔이 행하는 활동으로, 평화유지 활동을 위한 군사 요원은 가맹국이 자발적으로 참여하며, 비용도 가맹국이 부담하는 것이 원칙이다.

④ 유엔군은 상설되어 있지 않다.

응용 문제로 만점 다지기

問1 ③ 問2 ③ 問3 ③
問4 ④ 問5 ③ 問6 ①
問7 ③ 問8 ③

개념 바로 잡기

問1 ①, ② 미국대통령은 법안제출권, 의회 해산권은 없다.

③ 미 대통령은 의회에 일반교서, 특별교서, 예산

교서를 의회에 송부하여 '필요하고 적절한' 입법을 권고하는 권한을 갖는다.
④ 미 대통령은 간접 선거로 선출한다.

問2 ③ 참정권에는 선거권, 피선거권, 국민투표권, 국민심사권이 있으며, 청구권에는 청원권, 국가배상권이 있다.

問3 ① 공청회 개최는 의무가 아니다.
② 국무대신의 임면권은 내각 총리대신이 갖는다.
④ 위헌법률심사권은 사법부에 있다.

問4 ① 위헌심사대상은 법률 명령이며, 규칙은 해당되지 않는다.
② 위헌판결이 내려져도, 대안이 없을 경우, 법적 효력은 유지된다.
③ 위헌심사권은 모든 재판소에 있고, 위헌판결권은 최고재판소에만 있다.

問5 ③ 귀족원은 천황이 임명하며, 중의원은 선거로 선출된다.

問6 ② 현행범으로 체포될 경우에는 면책특권이 없다.
③ 불체포특권은 국내에서만 유효하다.
④ 국회의원의 발언, 토론이 민사 형사상 책임이 발생할 가능성이 있으면, 원내에서는 내부규율에 의해 징계 처분을 받지만, 원외에서는 문책 대상이 되지 않는다(책임을 묻지 않음).

問7 ① 국제연합무역개발회의(UNCTAD)는, 남북문제 해결 대책기구이다.
② 국제형사재판소(ICC)는 비인도적 행위를 한 개인의 국제 범죄를 재판하는 국제재판소이다.
④ 안전보장이사회는 항상 중립적이지는 않다.

問8 ① 걸프(湾岸(わんがん))전쟁과 ② 포크랜드 전쟁은 영토분쟁이며, ③ 캐시미르 분쟁은 민족, 종교 분쟁이다.
④ 6.25전쟁은 냉전시대에 발발한 대리전쟁이다.

III 경제

unit 1 자본주의 경제 성립과 발전

핵심 개념 다지기

1 ① (ア) ⓖ ② (イ) ⓔ
③ (ウ) ⓒ ④ (エ) ⓗ
⑤ (オ) ⓐ (カ) ⓑ
⑥ (キ) ⓕ (ク) ⓓ

확인 문제로 실력 다지기

問1 ② 問2 ③

개념 바로 잡기

問1 ① 아담 스미스는 중상주의를 비판하고, 자유 경쟁의 이점을 주장하였다.
③ 농민은 생산수단을 소유하지 못하였으며, 생산에 참가한 것에 의해 노동자계급이 탄생했다.
④ 프랑스 혁명과 산업혁명은 직접적인 관계가 없다.

問2 ① 아담 스미스는 자유무역론자로 자유경쟁을 옹호하였다.
② <국부론>에서 보호무역인 중상주의 정책을 비판하고, 자유방임주의를 역설하였다.
④ 국가는 경제활동에 있어서 필요 최소한의 활동에 그쳐야 한다는 '작은 정부'를 지지하였다.

unit 2 산업혁명과 자본주의 확립

핵심 개념 다지기

1 ① ⓚ ② ⓓ ③ ⓑ
④ ⓜ ⑤ ⓘ ⑥ ⓒ
⑦ ⓙ ⑧ ⓐ ⑨ ⓖ
⑩ ⓕ ⑪ ⓔ ⑫ ⓗ
⑬ ⓛ

확인 문제로 실력 다지기

問1 ④ 問2 ①

개념 바로 잡기

問1 ① 사회주의는 산업혁명 때, 노동자에 대한 가혹한 노동과 처우의 부당함에서 시작되었다.
② 1970년대 들어 석유파동 등으로 자본주의 경제가 심각한 재정적자에 빠지는 문제를 안게 되자, '작은 정부'를 주장하는 신자유주의가 등장하였다.
③ 중국에서는 1949년 중국사회주의혁명 이후, 자력갱생에 의한 국가 건설이 추진되었지만, 그 후 개혁개방정책을 추진, 사회주의 시장경제로 전환하였다.

問2 슘페터는 기업의 이윤은 이노베이션(혁신)에 의해 창출된다고 주장하였다.

unit 3 시장 경제

핵심 개념 다지기

1 ① (ア) ⓖ ② (イ) ⓕ
③ (ウ) ⓓ ④ (エ) ⓑ
⑤ (オ) ⓒ ⑥ (カ) ⓔ
⑦ (キ) ⓐ

확인 문제로 실력 다지기

問1 ③ 問2 ③

개념 바로 잡기

問1 ①은 수요곡선이며, ②는 공급곡선이다. 수요곡선과 공급곡선의 교차점은 균형가격이 된다.

問2 가격이 제한되면, 제한된 가격에 공급이 맞춰진다.

unit 4 시장 실패

핵심 개념 다지기

1 ① (ア) ⓕ ② (イ) ⓖ
③ (ウ) ⓐ ④ (エ) ⓒ
⑤ (オ) ⓑ ⑥ (カ) ⓓ
⑦ (キ) ⓔ

확인 문제로 실력 다지기

問1 ③ 問2 ④

개념 바로 잡기

問1 시장실패란, 자유경쟁 시장에서 가격의 자동조절 작용이 기능하지 않아, 효율적인 자원배분이 이루어지지 않고, 수요와 공급 원리가 작동되지 않는 상태를 말한다.
①과 ②는 과도 경쟁으로 가격이 내려간 상태를 말하며, 시장실패에 해당되지 않는다.
③ 하나의 기업에 의한 독점 상태가 발생한 경우로, 시장실패에 해당한다.
④ 소비자가 정보를 자세히 확인할 수 있게 된 경우로, 시장실패와는 관계가 없다.

問2 독점은 한 기업이 시장을 지배하게 된 경우이며, 과점은 소수의 기업이 시장을 지배하고 있는 상태를 말한다.

① 전력이나 통신 등의 비용체감 산업은 독점이 발생하기 쉽다.

② 거액의 설비투자 비용이 필요한 산업일수록 독점이 발생하기 쉽다.

③ 독과점이 발생하면 생산비용이 내려가도 가격이 내려가지 않는 가격의 하방경직성이 발생한다.

unit 5 경제 주체

핵심 개념 다지기

1 ① ⓑ ⓜ ⓘ

② (エ) ⓐ (オ) ⓓ

③ (カ) ⓕ ④ ⓗ ⓙ ⓒ ⓖ

⑤ (サ) ⓚ (シ) ⓛ ⑥ ⓝ ⓔ

확인 문제로 실력 다지기

問1 ① 問2 ②

개념 바로 잡기

問1 플로우는 일정 기간 얼마나 들어오고 나갔는지를 나타내는 지표이며, 스톡은 어떤 시점에 있어서의 저장량을 나타내는 지표이다. 플로 변수의 대표적인 예시로는 출생·사망·이주자 수, 신규채용, 이직자 수, 예금 인출, 연간 수입, 재정적자, 경영 수지, 손익계산서의 항목, 저축·투자, GDP가 있으며, 스톡 변수의 대표적인 예시에는 인구, 종업원 수, 예금 잔고, 자산 총량, 정부 채무액, 대외자본잔고, 국채발행 잔고, 대차대조표 항목, 자본스톡(국부)이 있다.

① 설비투자는 플로 변수이다.

問2 ① 디플레 시에는 소비수요가 정체된다.

③ 인플레 시에는 실질적으로 화폐가치가 하락하여, 채무부담이 경감된다.

④ 디플레 시에는 화폐가치가 상승하여 채무부담이 가중되어 생활이 곤란해진다.

unit 6 국민경제 계산과 금융

핵심 개념 다지기

1 ① (ア) ⓓ ② (イ) ⓖ

③ (ウ) ⓗ (エ) ⓐ ④ (オ) ⓔ

⑤ (カ) ⓑ (キ) ⓕ ⑥ (ク) ⓒ

확인 문제로 실력 다지기

問1 ② 問2 ③

개념 바로 잡기

問1 ② 사회보험료는 정부에 지불한다.

問2 신용창조로 만들어지는 은행 전체의 대출금의 증가액은

초회 예금액 ×(1÷예금준비율) - 초회 예금액으로 계산하므로

500万(まんえん)円×(1÷10%) - 500万(まんえん)円

= 4千(せん)500万(まんえん)円이 된다.

unit 7 재정과 사회 보장

핵심 개념 다지기

1 ① (ア) ⓑ ② (イ) ⓖ

③ (ウ) ⓓ ④ (エ) ⓕ

⑤ (オ) ⓐ ⑥ (カ) ⓒ

⑦ (キ) ⓔ

정답 및 해설

확인 문제로 실력 다지기

問1 ①　　問2 ②

개념 바로 잡기

問1 ② 재정정책과 금융정책이 일체적으로 운용되는 것을 플리시 믹스라고 한다

③ 재정정책은 세입과 세출을 통해서 정부가 취하는 경제정책으로, 경제위기를 극복하기 위한 재정정책에 자동 안정화 정책과 재량적 재정정책이 있다. 세입 면에서는 증세나 감세, 국채발행의 증감, 세출 면에서는 공공사업 확대나 축소 등을 통해서 경기 확대나 억제를 꾀한다. 금융정책은 중앙은행이 취하는 경제정책으로, 공개시장조작과 예금 준비율 조작이 있다.

④ 예산 내에서 자연스럽게 증가하는 지출이 많아져서, 새로운 정책을 위한 재원이 감소하는 것을 재정 경직화라고 한다.

問2 일본의 현행 사회보장제도에는 사회보험(연금·의료·개호), 사회 복지(사회 생활을 영위하는데 있어서 여러 핸디캡을 갖는 국민이 핸디캡을 극복하고 안심하고 사회생활을 영위할 수 있도록 공적인 지원을 행하는 제도), 공적부조, 보건의료·공중위생이 있다.

② 공적부조는 모든 국민에 대해서 최저 한도의 생활을 보장하는 것이며 전액 세금으로 충당된다.

unit 8 일본 경제

핵심 개념 다지기

1 ① (ア) ⓕ　② (イ) ⓒ
③ (ウ) ⓐ　④ (エ) ⓔ
⑤ (オ) ⓓ　⑥ (カ) ⓑ　(キ) ⓖ

확인 문제로 실력 다지기

問1 ③　　問2 ④

개념 바로 잡기

問1 ③ 불량채권은, 담보로 잡은 물건의 현금화가 어려운 채권을 말한다.

問2 ① 통상적으로, 경상수지는 경기 상승 국면에서는 흑자 폭이 작아지거나 적자가 확대된다. 그리고, 경상적자가 확대되면 달러가 부족해져, 규제를 걸어 강제적으로 경기가 좋아지지 않도록 유도한다.

④ 고도경제성장기(1949년~1971년)에는 1달러 = 360엔의 고정환율로 수출에 유리했다.

unit 9 일본의 농림 수산업과 산업

핵심 개념 다지기

1 ① (ア) ⓓ　② (イ) ⓕ
③ (ウ) ⓔ　④ (エ) ⓑ
⑤ (オ) ⓐ　⑥ (カ) ⓒ

확인 문제로 실력 다지기

問1 ②　　問2 ③

개념 바로 잡기

問1 ② 개발도상국에서 수입한 저렴한 상품으로 인해 일본의 중소기업은 큰 타격을 입어 쇠퇴하였다.

問2 ① 2차 대전 후 개혁법에 의해 자작농을 육성하기 시작했다.

② 고도 경제 성장기에는 제조업을 육성하였지만, 농업 종사자의 소득 증대는 지향하지 않았다.

③ 쌀 수입은 민간 기업이 하고 있다.

unit 10 국제 경제(1) 통화와 환율, 무역

핵심 개념 다지기

1 ① (ア) ⓗ (イ) ⓓ ② (ウ) ⓖ
③ (エ) ⓑ ④ (オ) ⓒ
⑤ (カ) ⓔ ⑥ (キ) ⓐ (ク) ⓕ

확인 문제로 실력 다지기

問1 ② 問2 ③

개념 바로 잡기

問1 ①, ④ 금본위제는 금 보유량만큼 발행하는 태환 지폐를 사용하므로 화폐 가치가 안정적이다(고정 환율).
②, ③ 관리통화제는 금 보유량 제한 없이 화폐를 발행하므로, 화폐가치가 불안정하다(변동환율).

問2 ① 돗지라인은 1949년, 닉슨 쇼크는 1971년이다. 2차 대전 후, 산업 대공황을 계기로 금본위제에서 관리 통화제로 이행하였다.
② 1966년 최초로 건설국채를 발행한 이후, 매년 건설국채를 발행하였으며, 석유파동을 겪은 1975년부터 본격적으로 적자국채를 발행하기 시작했다.
③ 돗지라인은, 1949년에 돗지(미 은행가)가 제시한 일본 경제 재건책으로, 일본은 돗지라인 실시부터 닉슨 쇼크까지 통화 평가 변동 폭을 일정하게 유지하는 것이 의무 시 되어 있었다.
④ "이제 전후가 아니다"라는 말은 1956년 전쟁 특수 후, "경제백서"에 등장했으며, "이제 전쟁에서 부흥하는 시대는 끝나고, 새로운 시대에 접어들었다(회복을 통한 성장이 끝난 후에 올 어려움을 경고)."는 것을 의미하는 말이다.

unit 11 국제 경제(2) 무역과 국제 수지

핵심 개념 다지기

1 ① (ア) ⓔ ② (イ) ⓖ
③ (ウ) ⓐ ④ (エ) ⓓ
⑤ (オ) ⓕ (カ) ⓒ ⑥ (キ) ⓑ

확인 문제로 실력 다지기

問1 ④ 問2 ③

개념 바로 잡기

問1 보호무역은, 국내의 산업과 경제를 보호하기 위하여, 정부가 직접 무역활동에 간섭하는 정책을 말한다. 유치산업의 보호와 육성, 완전 고용 달성, 임금 수준 유지가 목적이다.

問2 글로버리제이션은 지역 전체의 경제와 문화가 일체화 하는 것을 말하며, 일반적으로 각국의 상호 의존성이 높아진다.

unit 12 국제 경제(3) 국제 통화 체제

핵심 개념 다지기

1 ① (ア) ⓖ (イ) ⓓ ② (ウ) ⓕ
③ (エ) ⓑ ④ (オ) ⓔ
⑤ (カ) ⓐ ⑥ (キ) ⓒ

확인 문제로 실력 다지기

問1 ② 問2 ②

개념 바로 잡기

問1 ① 1997년에 발생한 아시아 통화위기는, 태국의 통화 바트 가치 하락이 발단이 되어, 동일한 달러 페그제를 채용하고 있던 말레시아, 인도네시아, 한국으로 파급되었다.

③ 1990년대에 들어, 일본의 금융기관이 갖고 있는 불량채권 문제가 심각해져, 금융위기가 발생하였다.
'호송단 방식'이란, 일본의 특정 업계에 있어서, 경영체력, 경쟁력이 가장 떨어지는 기업이 낙오되지 않고 존속해 갈 수 있도록 행정관청이 인허가권 등을 구사하여 업계 전체를 컨트롤하는 것을 말한다. 일본에서는, 제2차 세계대전 후, 금융질서를 확립하기 위하여 호송단 방식으로 금융업계를 컨트롤해 갔다.

④ 2007년에 발생한 서브프라임 문제로 인해, 투자가는 보다 안전한 자산에 투자하기 시작하여, 미국에서는 자금이 국채로 향하여, 장기 금리가 하락하였으며, 원유 등 1차 산품 시장으로 자금이 흘러들어 원유나 1차 산품 가격 상승으로 연결되었다.

問2 ① FTA에 관한 설명이다.
③ 중국은 2001년에 가맹하였다.
④ GATT에 관한 설명이다.

응용 문제로 만점 다지기

問1 ③	問2 ④	問3 ③
問4 ②	問5 ③	問6 ①
問7 ①	問8 ③	問9 ②
問10 ③	問11 ④	問12 ②

개념 바로 잡기

問1 ③ 뉴딜정책은, 케인즈의 유효수요설을 도입한 적극 정책을 기본으로 한 정책이다.

問2 ① 슘페터는 경제발전의 원동력은 이노베이션(기술혁신)에 있다고 주장했다.
② 럿셀은 아담스미스의 자유 무역론을 '야경국가관'이라고 비판하였다.
③ 리카도는 비교생산비설을 토대로 한 자유 무역론을 주장하였다.

問3 ① 노동시장에서의 수요는, 구인자(기업)이며, 공급은 구직자(노동자)다.
② 정보의 비대칭성은 시장실패의 예시이다.
④ 단일기업이 제품이나 서비스를 공급하는 것은 독점이다.

問4 ① GDP는 한 나라에서 생산된 부가가치의 총액을 말하며, GNP에서 해외에서 발생한 순소득을 뺀 수치이다.
② 삼면등가의 원칙이란, GDP[생산(부가가치), 분배(소득), 지출(수요)]의 3개 측면에서 본 금액이, 일정 기간이 경과된 후에 동일해지는 것을 말한다.
③ 국민소득이란, 한 나라의 국민 전체(기업이나 개인의 이익 포함)가 생산 활동에 참여한 대가로 얻은 소득의 총액을 말한다. 국부는 한 나라의 자산 합계인 국민 자산에서 부채 합계를 공제한 것을 말한다.
④ GNP(국민 총생산)란, 일정 기간 동안 해당국의 거주자(국민)에 의해 새롭게 생산된 재화(상품)나 서비스의 부가가치 총액을 말한다.

問5 ① 인플레이션에서는 화폐가치가 하락한다.
② 디플레스파이럴은 경기 불황과 물가 하락이 반복되는 것을 말하며, 스태그플레이션은 경기 불황과 물가 상승이 동시에 나타나는 것을 말한다.
③ 자국 통화가 하락하면, 국내 물가가 지속적으로 상승하여, 인플레가 발생한다.

問6 ① 중앙은행은 정부만 상대한다.

問7 ② 공개시장조작은 채권 매매를 통해 통화량을 조정하는 정책이다.
③ 예금준비율은 시중은행이 중앙은행에 예치하는 자금의 비율을 말한다.
④ 콜레이트는 은행 간에 정해진 금리를 말한다.

問8 ① 플라자합의 이후, 인건비 절약을 위해 해외로 공장을 이전하기 시작했다.
② 경공업에서 중화학공업으로 변화하였다.

④ 3차산업 취업 인구수가 가장 많다.

問9 ② 과점 시장에서는 기업이 가격 선두자가 되어 가격을 설정하고 다른 기업이 그 가격을 따라 새로운 가격을 설정하는 관리 가격이 설정되기 쉽다.

問10 GNP는 국민(국적) 기준이며, GDP는 국내(국경) 기준이다.

問11 ① 경제성장률과 국민생활 수준은 반드시 일치하지 않는다.
② 실질경제성장률은 물가 변동률에 따라 달라질 수 있다.
③ 실질경제성장률이 하락하면 디플레이션이 되므로 물가는 하락한다.

問12 ①은 시장원리 중, 수요초과로 인한 가격상승, ③은 공급 증가에 따른 이윤 감소의 예시이다.
② 시장실패는 시장의 원리(수요와 공급에 의해 결정)가 작동되지 않는 상태를 말하며, 독점과 과점, 공공재, 외부 경제, 외부 불경제(환경오염 등)가 있다.
④ 기업 정보의 공개로 인해 정보의 비대칭성이 해소된 예시로, 시장실패에 해당되지 않는다.

Ⅳ 현대사회

unit 1 공해 환경 문제

핵심 개념 다지기

1 ① (ア) ⓒ ② (イ) ⓖ
③ (ウ) ⓔ ④ (エ) ⓐ
⑤ (オ) ⓑ ⑥ (カ) ⓓ
⑦ (キ) ⓕ

확인 문제로 실력 다지기

問1 ④ 問2 ③

개념 바로 잡기

問1 '전형 7공해'에는 대기오염, 수질오탁, 토양오염, 소음, 진동, 지반침하, 악취가 있으며, 환경기본법에는, "인간의 활동에 의한 것과 자연 현상에 의한 것이 있다. 자연현상에 의한 ア에는 지반의 건조에 의한 수축, 지하수 활동, 지하 공동 함락 등 이 있다"고 규정되어 있다. 따라서, ア에는 지반 침하에 관한 내용이 들어가면 된다.

問2 ③ 오존층 파괴의 주된 요인은 프레온가스이다.

unit 2 권리와 책임, 노동 인구

핵심 개념 다지기

1 ① (ア) ⓕ (イ) ⓒ
② (ウ) ⓐ (エ) ⓔ
③ (オ) ⓖ ④ (カ) ⓗ
⑤ (キ) ⓓ ⑥ (ク) ⓑ

확인 문제로 실력 다지기

問1 ①　　問2 ③

개념 바로 잡기

問1 윤리적(エシカル)소비란, 사람이나 사회, 지구 환경, 지역에 배려한 소비를 말하며, 대표적인 윤리적 소비를 크게 분류하면 다음의 5가지가 있다.

1) 사람이나 사회에 배려한 상품을 구입하는 소비[자기 지역 제품이나 재해지에서 만들어진 상품, 복지 시설에서 만들어진 상품, 페어 트레이드 제품, 기부가 붙은 제품, 전통 공예품을 구입]
2) 환경 부하가 적은 제품을 구입[대체육, 지속가능한 수산물, FSC인증지를 사용한 종이제품을 구입]
3) 플라스틱 사용 줄이기[장바구니 지참, 1회용품 사용 줄이기, 포장용품 간이화, 페트병 사용을 줄이기]
4) 자원을 낭비 없이 사용[3R을 의식, 절전이나 절수·에너지 절약, 재생가능한 에너지 이용]
5) 음식물 쓰레기 줄이기[먹을 만큼 구입, 앞에 진열된 것부터 구입, 야채의 버리는 부분을 최소화, 규격 외 야채를 적극적으로 구입]

問2 지적소유권은 인간이 지적으로 창조한 표현과 아이디어를 보호하기 위한 권리로, 일본에서는 2003년에 시행된 "지적재산기본법"으로 보호하고 있다.

③ 세계무역기구(WTO)는 자유무역을 촉진할 목적으로 창설된 국제기구이다.

unit 3 정보 기술과 인권

핵심 개념 다지기

1 ①(ア)ⓕ (イ)ⓓ　②(ウ)ⓗ
③(エ)ⓒ　④(オ)ⓑ
⑤(カ)ⓐ　⑥(キ)ⓖ (ク)ⓔ

확인 문제로 실력 다지기

問1 ①　　問2 ②

개념 바로 잡기

問1 ② 메타버스란, 가상, 초월을 의미하는 메타(meta)와 우주를 의미하는 유니버스(universe)가 합성된 말로, 가상과 현실의 경계가 애매모호해지는 것을 의미한다.

③ 디지털 디바이드는 정보격차를 의미한다.

④ 프라이버시는 개인의 사생활을 의미한다.

問2 ① PKO(유엔 평화유지군) : 분쟁지역이나 재난 지역에서 평화유지활동

UNHCR(난민고등변무관사무소) : 난민 문제 해결

③ ODA(정부개발원조) : 개발도상지역 개발을 위해 자금이나 기술을 제공

NGO(국경 없는 의사회) : 분쟁지역에서 의료활동

④ OPEC(석유수출기구) : 석유 수출국의 이익 도모

ICJ(국제사법재판소) : 국가 간의 분쟁 해결

unit 4 국제 협력

핵심 개념 다지기

1 ①(ア)ⓒ ②(イ)ⓓ (ウ)ⓑ
③(エ)ⓔ ④(オ)ⓕ
⑤(カ)ⓐ ⑥(キ)ⓖ

확인 문제로 실력 다지기

問1 ④ 問2 ③

개념 바로 잡기

問1 ① 지구 서밋은 리오데자레이로에서 개최되어, "지속 가능한 개발"을 채택했다.
몬트리올 의정서는 오존층 파괴물인 프레온 가스 사용을 규정한 국제협약으로, 1987년, 캐나다에서 열렸다.
② 유엔인간환경회의에서는 '인간환경선언'을 채택하고, 유엔환경계획(UNEP) 설립이 결정되었다.
④ 교토의정서부터 선진국에 의한 온실효과가스 배출량 거래가 시작되었다.

問2 ③ "사람과 국가의 불평등을 없애자"는 차별적인 법률과 정책을 없애고 사람들 사이의 격차를 줄이는 것을 말한다.

응용 문제로 만점 다지기

問1 ③ 問2 ① 問3 ①
問4 ④ 問5 ① 問6 ②
問7 ① 問8 ③

개념 바로 잡기

問1 ① 교토 의정서는 공동이행제도를 채택, 국가 간 거래가 허용되었다.
② 미국은 2001년에 협약에서 탈퇴하였다.
③ 2004년 러시아가 비준해 발효가 가능해져, 2005년에 발효되었다.
④ 1차 감축 목표는 2008년부터 2012년까지, 2차 감축 목표는 2013년부터 2017년까지로 정해졌다.

問2 ① 태양열 설비 용량은 독일 > 중국 > 일본 > 이탈리아 > 미국 순이다.

問3 ① 키친 파동은 약 40개월 주기로 경기가 순환하는 것을 말하며, 50~60년 주기로 경기가 변동하는 것을 콘드라체프파동이라고 한다.

問4 ④ 2009년에 제정된 '장기이식법'에 의해 본인의 의사 표시가 불명확한 경우라도 가족의 승낙이 있으면 장기이식이 가능해졌다.

問5 ① 일본은 아직 사형제도를 유지하고 있다.

問6 ① 개인이나 단체의 NPO 기부는 허용되어 있다.
③ "지뢰금지국제캠페인"에서 "대인지뢰전면금지조약"을 발효하였다.
④ "앰네스티 인터네셔널"은 국제 인권 보호단체이다.

問7 ① 마스트리트 조약은 EU(유럽연합) 설립에 관한 조약이다.

問8 ② NIEO(신국제경제질서)는 1974년, 유엔자원 특별총회에서 개발도상국 그룹인 G77이 주장한 구상으로, "신국제경제질서선언"유엔특별총회에서 가결되었다.
③ DAC(개발원조위원회)는 OECD(경제협력개발기구)의 하부 기관이다.

V 지리

unit 1 지구와 지도(1)

핵심 개념 다지기

1 ① (ア) ⓒ (イ) ⓗ
② (ウ) ⓕ (エ) ⓑ
③ (オ) ⓙ (カ) ⓓ ④ (キ) ⓐ
⑤ (ク) ⓔ (ケ) ⓖ (コ) ⓘ

확인 문제로 실력 다지기

問1 ① 問2 ③

개념 바로 잡기

問1 정거방위도법은 중심점과 임의의 2점을 연결한 선이 최단코스가 된다.

問2 정각도법(메르카토르도법)은 임의의 2점을 연결한 선이 최단코스가 된다.
③ 본래는 적도상의 경도와 다른 위도의 경도 1도는 거리가 다르지만, 동일하게 표현하고 있기 때문에, 고위도가 될수록 면적이 확대되어 버린다.

---

unit 2 지구와 지도(2)

핵심 개념 다지기

1 ① (ア) ⓑ (イ) ⓐ
② (ウ) ⓔ (エ) ⓖ ③ (オ) ⓗ
④ (カ) ⓒ (キ) ⓕ (ク) ⓘ
⑤ (ケ) ⓙ ⑥ (コ) ⓓ

확인 문제로 실력 다지기

問1 ③ 問2 ②

개념 바로 잡기

問1 GMT+9시간이 일본표준시다.

問2 날짜변경선은 태평양상의 경도 180도지만, 섬과 육지를 피해 꺾은 선으로 표시되어 있다.

---

unit 3 기후요소

핵심 개념 다지기

1 ① (ア) ⓓ ② (イ) ⓕ (ウ) ⓑ
③ (エ) ⓖ (オ) ⓐ (カ) ⓒ
④ (キ) ⓗ ⑤ (ク) ⓔ
⑥ (ケ) ⓘ

확인 문제로 실력 다지기

問1 ② 問2 ②

개념 바로 잡기

問1 ① 연교차는 고위도일수록 커진다.
③ 유라시아 대륙 서해안은 동해안보다 연교차가 작다.
④ 기온은 저위도일수록 높다.

問2 열대성저기압은 남반구 북반구 모두에서 발생하며, 발생하는 지역에 따라 호칭이 달라진다.

unit 4 대지형과 소지형

핵심 개념 다지기

1 ① (ア) ⓗ (イ) ⓓ (ウ) ⓐ
② (エ) ⓔ ③ (オ) ⓕ
④ (カ) ⓑ (キ) ⓖ
⑤ (ク) ⓙ (ケ) ⓘ (コ) ⓒ

확인 문제로 실력 다지기

問1 ② 問2 ②

개념 바로 잡기

問1 ⓐ는 오스트레일리아의 고기조산대 부분으로 침식으로 인해 완만한 산지가 펼쳐져 있으며, 석탄이 많이 분포되어 있는 것이 특징이다.
① 평탄한 토지는 없다.
③ 고기조산대는 지진과 화산활동은 활발하지 않다.
④ 환태평양조산대에 속하지 않으며, 표고도 높지 않다.

問2 ① 선정에 관한 설명이다.
② 삼각주는 하구 부근에서 하천에 의해 운반된 물질이 퇴적하여 형성된 지형으로, 주변에 자연제방, 배후습지, 하적호가 형성된다.
③ 범람원은 평지를 흐르는 하천이 홍수 때 토사가 퇴적되어 형성된 평지로, 하천지형에 발생한다.
④ 선정은 물 빠짐이 좋아서 논 농사에는 적합하지 않다.

unit 5 해안 지형과 건조 지형

핵심 개념 다지기

1 ① (ア) ⓒ ② (イ) ⓕ
③ (ウ) ⓓ (エ) ⓖ (オ) ⓑ
④ (カ) ⓐ ⑤ (キ) ⓔ
⑥ (ク) ⓗ

확인 문제로 실력 다지기

問1 ④ 問2 ③

개념 바로 잡기

問1 하구의 침수에 의해 나팔모양을 하고 있는 것은 삼각주(에스츄어리)이다.

問2 ① 라군(석호 : 潟湖(せきこ))에 관한 설명이다.
② 사취에 관한 설명이다.
④ 육계도는 육계사주(トンボロ)에 의해 연결된 섬이다.

unit 6 식생과 토양

핵심 개념 다지기

1 ① (ア) ⓓ ② (イ) ⓑ (ウ) ⓔ
③ (エ) ⓕ (オ) ⓐ ④ (カ) ⓖ
⑤ (キ) ⓘ ⑥ (ク) ⓒ (ケ) ⓗ

정답 및 해설

확인 문제로 실력 다지기

問1 ③ 問2 ①

개념 바로 잡기

問1 ③ 지중해성 기후는 온대기후이며, 여름에 고온건조하고 겨울에 습윤하다.

問2 ② 프레리토는 염분이 많지 않다.
③ 테라로사는 브라질고원에 분포하며, 커피재배에 적합하다.
④ 테라록사는 지중해 주변에 분포하는 비옥한 땅이며, 보그사이트는 온난습윤한 열대지방에 분포한다.

---

unit 7 육수와 해양, 해류

핵심 개념 다지기

1 ① (ア) ⓑ ② (イ) ⓔ
③ (ウ) ⓐ
④ (エ) ⓕ (オ) ⓒ (カ) ⓖ
⑤ (キ) ⓓ ⑥ (ク) ⓗ

확인 문제로 실력 다지기

問1 ③ 問2 ①

개념 바로 잡기

問1 ① 해류는 바람에 의한 마찰력과 지구 자전, 바닷물의 온도와 염분 차이로 인한 밀도 차이, 해수면의 경사로 인하여 형성된다.
② 난류는 저위도에서 고위도로 흐른다.
④ 한류는 고위도에서 저위도로 흐른다.

問2 ② 페루는 남반구에 위치한다.
③ 고위도에서 저위도로 흐르는 것은 한류이다.
④ 북해는 고위도이므로 한류가 흐른다.

unit 8 농업과 수산업, 공업

핵심 개념 다지기

1 ① (ア) ⓖ ② (イ) ⓒ (ウ) ⓔ
③ (エ) ⓘ ④ (オ) ⓓ (カ) ⓑ
⑤ (キ) ⓐ ⑥ (ク) ⓕ (ケ) ⓗ

확인 문제로 실력 다지기

問1 ③ 問2 ①

개념 바로 잡기

問1 ③ 쌀은 아시아에서 90%가 생산·소비된다.

問2 ② 밀은 한냉건조기후에서 생산된다.
③ 원예농업은 네덜란드가 대표적이다.
④ 사탕무는 냉온대기후에서 생산된다.

---

unit 9 산업과 에너지 자원, 금속, 영역

핵심 개념 다지기

1 ① (ア) ⓐ (イ) ⓒ
② (ウ) ⓔ (エ) ⓖ ③ (オ) ⓕ
④ (カ) ⓑ ⑤ (キ) ⓓ
⑥ (ク) ⓗ

확인 문제로 실력 다지기

問1 ② 問2 ④

개념 바로 잡기

問1 ② 석탄은 고기조산대에 매장되어 있으며, 신기조산대에는 석유가 매장되어 있다.

問2 ④ 일본은 1차 산업 인구가 감소하고 2차·3차산업 인구가 증가하고 있다.

unit 10 국경과 세계의 문화

핵심 개념 다지기

1 ① (ア) ⓑ (イ) ⓓ ② (ウ) ⓕ
③ (エ) ⓐ ④ (オ) ⓗ
⑤ (カ) ⓒ ⑥ (キ) ⓔ (ク) ⓖ

확인 문제로 실력 다지기

問1 ④ 問2 ②

개념 바로 잡기

問1 ① 인도 공용어는 힌디어와 영어이다.
② 벨기에 공용어는 프랑스어, 네덜란드어, 독일어이다.
③ 싱가폴 공용어는 영어, 중국어, 말레이어, 타밀어이다.

問2 ① 세계 3대 종교는 이슬람교, 기독교, 불교이다.
③ 프로테스탄트교 신도는 북유럽과 북미에 많다.
④ 히스페닉계는 남미출신이므로 카톨릭계가 많다.

unit 11 촌락·도시, 교통과 통신

핵심 개념 다지기

1 ① (ア) ⓔ ② (イ) ⓑ (ウ) ⓖ
③ (エ) ⓒ (オ) ⓕ (カ) ⓐ
④ (キ) ⓓ (ク) ⓗ (ケ) ⓘ
⑤ (コ) ⓙ

확인 문제로 실력 다지기

問1 ① 問2 ③

개념 바로 잡기

問1 편의치적선이 가장 많이 등록된 나라는 파나마와 리베리아이다.

問2 ① 도너츠 현상은, 도심의 주야간 인구 수에 현격한 차이가 있는 현상을 말한다.
② 슬럼 현상은 개발 부재로 도시가 빈민촌화 하는 현상을 말한다.
④ 스트로 현상(빨대효과)은 교통망 개통에 의해 도시가 발전 또는 쇠퇴하는 현상을 말한다.

unit 12 지구 규모의 과제(1) 인구

핵심 개념 다지기

1 ① (ア) ⓐ (イ) ⓑ
② (ウ) ⓔ (エ) ⓕ
③ (オ) ⓖ (カ) ⓒ (キ) ⓗ
④ (ク) ⓘ (ケ) ⓓ ⑤ (コ) ⓙ

확인 문제로 실력 다지기

問1 ③ 問2 ①

개념 바로 잡기

問1 인구가 증가하기 시작한 것은 18세기 후반 산업혁명 이후이며, 그 후 의학과 농업기술의 발전으로 평균수명이 늘어나며 인구가 폭발적으로 증가했다. 하지만, 특히 21세기에 들어서 선진국에서는 출산률 감소와 평균 수명 증가로 인구 구조가 변화하고 있으며, 세계적으로도 인구 증가 속도는 점차 느려지고 있다.

問2 ② 국제적인 인구의 사회 증가는 주로 선진국에서 볼 수 있다.

unit 13 지구 규모의 과제(2) 환경

핵심 개념 다지기

1 ① (ア) ⓖ (イ) ⓓ ② (ウ) ⓑ
③ (エ) ⓔ ④ (オ) ⓒ
⑤ (カ) ⓐ ⑥ (キ) ⓕ (ク) ⓗ

확인 문제로 실력 다지기

問1 ③ 問2 ②

개념 바로 잡기

問1 ① 1997년에 채택된 몬트리올 의정서는, 지구 오존층 보호를 위하여 오존파괴 물질인 프레온 가스 사용을 규제하였다.
② 1985년에 맺어진 빈 조약에서는 프레온 가스를 규제하였다.
④ 1989년에 맺어진 바젤 조약에서는 유해폐기물의 국제 간 이동을 금지하였다.

問2 ② 산성비의 원인은 화석연료를 태울 때 발생하는 황산화물과 질소산화물이다.

unit 14 일본의 국토와 환경

핵심 개념 다지기

1 ① (ア) ⓑ (イ) ⓓ ② (ウ) ⓕ
③ (エ) ⓒ
④ (オ) ⓐ (カ) ⓔ (キ) ⓖ
⑤ (ク) ⓘ ⑥ (ケ) ⓗ

확인 문제로 실력 다지기

問1 ③ 問2 ②

개념 바로 잡기

問1 ① 일본에는 피요르드 해안은 없다.
② 흑조(黒潮(くろしお))는 난류이다.
③ 오야시오는 치시마 열도를 따라 남하해서 일본 동쪽에 달하는 한류이다.
④ 대륙붕은 200미터까지의 평탄하고 얕은 해역까지의 사면을 말하며, 석유나 천연가스 등의 자원 매장되어 있을 가능성이 있어 개발이 추진되고 있다.

問2 ② 홋카이도는 여름이 짧고 장마가 없으며, 쌀 농사는 홋카이도 농업 중에서 약 10%를 차지한다.

unit 15 일본의 산업

핵심 개념 다지기

1 ① (ア) ⓒ (イ) ⓔ ② (ウ) ⓖ
③ (エ) ⓐ ④ (オ) ⓑ
⑤ (カ) ⓗ (キ) ⓓ (ク) ⓕ

확인 문제로 실력 다지기

問1 ② 問2 ④

개념 바로 잡기

問1 ① 기타큐슈 공업지대에 관한 설명이다.
③ 게이힌 공업지대에 관한 설명이다.
④ 한신 공업지대에 관한 설명이다.

問2 ④ 일본은 미국과의 무역마찰을 줄이기 위해, 현지 생산을 늘렸다.

unit 16 일본의 농림수산업

핵심 개념 다지기

1 ① (ア) ⓑ (イ) ⓔ
② (ウ) ⓒ (エ) ⓐ ③ (オ) ⓙ
④ ⓓ ⓕ ⑤ (ク) ⓖ (ケ) ⓘ
⑥ (コ) ⓗ

확인 문제로 실력 다지기

問1 ③ 問2 ③

개념 바로 잡기

問1 ③ 일본은 국토가 남북으로 길기 때문에 수종이 다양하다.

問2 ③ 동남아시아 수산업을 육성하기 위해 수산물을 수입한 것은 아니다.

unit 17 일본의 무역과 인구

핵심 개념 다지기

1 ① (ア) ⓕ ② (イ) ⓐ
③ (ウ) ⓒ ④ (エ) ⓑ
⑤ (オ) ⓖ (カ) ⓔ
⑥ (キ) ⓓ

확인 문제로 실력 다지기

問1 ② 問2 ②

개념 바로 잡기

問1 석유위기를 계기로, 중후장대산업(철강, 화학, 자동차, 조선업)에서 경박단소산업(화장품, 바이오, IT 등)으로 교체하였다.

問2 니가타 미나마타병은 니가타현에서 유기수은이 원인으로 발생하였다.

응용 문제로 만점 다지기

問1 (1) ② (2) ③ (3) ③
問2 ① 問3 ② 問4 ②
問5 ① 問6 ③

개념 바로 잡기

問1 (1) A지점은 동경의 대척점이며, 대척점의 시차는 12시간이다.
(2) E는 열대, F는 건조, H는 지중해성 기후이다.
(3) ウ와 エ는 고기조산대, イ는 신기조산대이다.

問2 ② 위도 30도 부근은 건조기후이다.
③ 극동풍은 극지방에서 부는 바람이다.
④ 북극과 적도는 모두 저기압대이다.

問3 한대는 1년 중 가장 따뜻한 최난월이 10도 미만으로 수목이 성장하지 못한다.
또한 냉대는 북반구에만 나타나는 기후로, 1년 중 가장 추운 최한월 평균 기온이 -3도 미만, 최난월 평균 기온이 10도 이상으로, 침엽수림이 보인다. 온대는 최한월 평균기온이 -3도 이상 18도 미만이다. 따라서 Y가 온대이며, X는 냉대, Z는 한대이다.

問4 ①은 튀르키예(터키)에 관한 설명이다.
③은 이집트의 설명이다.
④는 사우디아라비아에 관한 설명이다.

問5 미국에서 식량공급 영양량이 가장 높은 것은 밀이며, 일본에서 가장 높은 것은 쌀이고, 멕시코에서 가장 큰 것은 옥수수이다.

問6 ア는 아시아와 아프리카가 많으니 이슬람교가 되고, イ는 유럽과 중앙·남미가 많으니 카톨릭이다.

모의고사 1회

정답

문제 Q	해답 번호 row	정답 A
問 1	1	3
	2	4
問2	3	2
問3	4	4
問4	5	1
問5	6	4
問6	7	2
問7	8	2
問8	9	1
問9	10	4
問10	11	4
問11	12	1
問12	13	1
問13	14	2
問14	15	1
問15	16	1
問16	17	2
問17	18	2
	19	3

문제 Q	해답 번호 row	정답 A
問18	20	4
問19	21	2
問20	22	1
問21	23	3
問22	24	2
問23	25	3
問24	26	3
問25	27	3
問26	28	3
問27	29	1
問28	30	1
問29	31	3
問30	32	3
問31	33	1
問32	34	4
問33	35	4
問34	36	3
問35	37	2
問36	38	3

개념 바로 잡기

問 1 [1] 정답 3

[지리] 식생과 토양

③ 건조 지역에서는 양 목축이 적합하다.

問 1 [2] 정답 4

[지리] 식생과 토양

① 동남아시아 : 몬순을 이용하여 도작(쌀)을 재배한다.
② 서남아시아 : 건조지역으로 증발을 방지하기 위해 지하용수로를 개발한다.
③ 중부 유럽 : 곡창지대이다.
④ 지중해성 기후 : 겨울에 비가 많이 내리며, 올리브, 포도, 오렌지를 생산한다.

問 2 [3] 정답 2

[역사] 7년 전쟁

7년전쟁은, 1756~1763년, 프로이센과 오스트리아를 중심으로 발발한 전쟁으로, 영국이 프로이센을 프랑스와 러시아가 스웨덴이 오스트리아를 지원하여, 영국과 프랑스의 식민지인 북미와 인도까지 전쟁이 확대되었다. 1763년 프로이센의 승리로 전쟁은 종료되었다. 7년 전쟁으로 인해 재정이 피폐해져, 프랑스 혁명, 미국 독립운동으로 이어졌다.
① 오스트리아 계승 전쟁 이후인 7년 전쟁 때 인도에서 전쟁이 발발하였다.
③ 7년 전쟁은 영국 프로이센과 프랑스 오스트리아 스웨덴 러시아의 전쟁이다.
④ 7년 전쟁 결과, 루이지에나 동쪽 지역은 프랑스령에서 영국령이 되었다.

問 3 [4] 정답 4

[역사] 프랑스혁명

④ 영국의 명예혁명에서 제정되었으며, 왕권의 제한, 의회 권한 등을 규정한 불문한법으로 영국의 기본 법전 중 하나이다.

問 4 [5] 정답 1

[역사] 남북전쟁

미국 남북전쟁은 1861년부터 1865년까지 이어졌다.
① 캘리포니아 금광 발견은 1848년이다.
② 미국 노동총동맹은 1886년이다.
③ 홈스테드법은 1862년에 제정되었다.
④ 프론티어 소멸은 1912년이다.

問 5 [6] 정답 4

[역사] 제국주의

① 영국의 인도 직접 통치는 1858년부터 1947년까지 이어졌다.
② 신인도통치법은 1935년에 제정되었다.
③ 인도산 아편을 중국으로 수입하는 정책을 펴, 1차 아편전쟁으로 이어졌다.

問 6 [7] 정답 2 [국제경제] 환율과 무역

① 1971년, 선진 주요국이 브레튼우즈 체제(금본위제를 토대로한 고정환율제)로 복귀하기 위해 펼친 통화협정이다.
③ 대공황을 극복하기 위해, 영국은 블록경제를 펼쳤으며, 미국은 뉴딜정책을 폈다.
④ 코메콘(경제상호원조회의)은, 냉전 시대에 미국의 마셜플랜에 대항하여 만들어진 소련과 동유럽 사회주의 국가 간 경제원조 체제이다.

問 7 [8] 정답 2 [역사] 제2차 세계대전

제2차 세계대전은 1939년에 발발해, 1945년에 종전되었으며, 유럽에서 발발한 전쟁에 일본이 태평양 전쟁을 일으킴으로써 세계대전으로 확전되었다.
① 핀란드는 1917년에 독립하였다.
② 일본군이 싱가폴을 점령한 것은 1941~1942년이다.
③ 아시아아프리카회의는 1955년、2차 세계대전 후에 독립한 아시아아프리가 국가들이 반둥에 모여 개최한 회의로, 냉전시대를 배경으로 제3세계 결집을 목표로 공동선언으로 "평화 10원칙"을 발표하였다.
④ 코민테른은 1919년, 1차 대전 직후에 결성되었다.

問 8 [9] 정답 1 [역사] 제2차 세계대전

① 소련의 체코슬로바키아 군사 개입은 1968년에 일어났다.
② 헝가리 보스니아의 대규모 반소 폭동은 1989년에 발생하였다.
③ 소련이 베를린을 봉쇄한 것은 1947년이다.
④ 바르샤바 조약기구가 해체된 것은 1991년이다.

問 9 [10] 정답 4 [국제경제] 지역통합

EC 발족 당시 가맹국은 독일(서독), 프랑스, 이탈리아, 네덜란드, 벨기에, 룩셈부르크이다.

問 10 [11] 정답 4 [국제경제] 국제금융

④ 브레튼우즈 회의는 1944년에 연합국 44개국에 의해 개최된 통화, 금융에 관한 국제 회의이다. 달러를 기축통화로 하는 것과 IMF(국제통화기금)와 IBRD(국제부흥개발은행) 발족이 결정되었다. 또한, 자유무역 체제하에 세계 경제 공존을 꾀하기 위해, 1947년, GATT(관세 및 무역에 관한 일반협정)이 성립하였다.

問 11 [12] 정답 1 [국제정치] 국제기구

① 유엔무역개발회의(UNCTAD)는 1964년에 설립되었다.
② 제1차 선진국정상회의(서밋)는 1975년에 개최되었다.
③ 2차 석유 파동은 1979년에 발생하였다.
④ 제4차 중동전쟁은 1973년에 발발하였다.

問 12 13 정답 1

② 몽테스키외는 <법의 정신>을 저술하였다.
③ 루소는 <사회계약론>을 저술하였다.
④ 케네는 <경제표>를 저술하였다.

問 13 14 정답 2

[현대사회] 법의 원리

② 관습법, 판례법, 관례법도 효력을 인정받는다.

問 14 15 정답 1

[정치] 민주정치

① 미 대통령은 의회 해산권과 법안 제출권은 없으며, 법안의 거부권과 교서 송부권을 갖는다.

問 15 16 정답 1

[정치] 선거제도

② 중국은 직접선거는 행하고 있지 않다.
③ 독일 상원은 지역대표에 의한 간접선거가 실시된다.
④ 프랑스 상원은 지역 대표에 의한 간접선거가 실시된다.

問 16 17 정답 2

[정치] 민주 정치

① 영국은 불문헌법을 채택하고 있어서 위헌법률심사권과 개헌 절차가 없다.
③ 독일에 헌법재판소가 설치된 것은 1951년이다.
④ 메이지 헌법은 흠정헌법이므로 위헌입법 심사권이 없다.

問 17 18 정답 2

[경제] 사회보장

② 소비세는 역진성(계층 간의 소득 분배가 역전되는 현상)이 있어서 빈부격차 해소에는 도움이 되지 않는다.

問 17 19 정답 3

[역사] 독일제국 성립

바이마르 헌법은 1919년, 독일 공화국에서 제정된 민주적인 헌법으로, 제정 당시에는 가장 선진적인 인권 규정을 담고 있었으며, 1930년에 효력을 잃었다.
① 비스마르크는 프로이센의 수상으로 등용된 후, 국민 통합을 위해 '강온양면책'을 실시하였다.
② 베버리지보고서는, 영국의 사회보장제도로, 제1차 세계대전 당시인, 1911년부터 시작되어, 1945년에 본격화되었다.
④ 뉴딜 정책은, 루즈벨트 미 대통령이 대공황을 극복하기 위해 발표한 정책이다.

問 18 20 정답 4 [국제 정치] 국제기구

① UNCTAD(유엔무역개발회의)는, 1964년에 개발도상국의 경제개발 촉진과 남북문제 해결을 위해 설립되었으며, NIEO(신국제경제질서)는 1974년, 유엔 자원특별총회에서 가결된, "원조보다 공정한 무역을 확대"를 목표로한 자원내셔널리즘에 따른 선언이다.

② 선진국정상회의(서밋)는 세계 경제, 안전보장 등 지구규모의 과제에 관한 다양한 의견을 교환하여 그 성과를 공표하는 국제회의이며, 제3세계와는 관계가 없다.

③ 1979년 시아파 호메이니가 팔레비왕조를 무너뜨리고 이슬람국가를 세웠다. 이란혁명으로 팔레비왕을 추방하고 국호를 이란=이슬람 공화국으로 개칭하였으며, 석유 국유화를 단행하여, 석유수출을 제한하는 등의 조치를 취하였다.

問 19 21 정답 2

① 통상법률과 같은 절차로 개정할 수 있는 헌법을 연성헌법이라고 하며, 영국처럼 성문헌법이 없는 불문헌법을 채택한 나라가 연성헌법에 속한다. 현재, 대부분의 나라는 경성헌법을 갖으며, 일본도 여기에 속한다.

③ 헌법심사회는 국회에 설치되어 있다.

④ 헌법개정 발의는 국회에서 할 수 있다.

問 20 22 정답 1 [정치] 정치제도

① 영장 발부는 검사나 법관이 한다.

問 21 23 정답 3 [정치] 정치제도

①, ② 총리 및 국무대신(장관)은 국회의원일 경우에도, 그렇지 않을 경우라도, 표결권은 없지만 언제든 의안에 관해서 발언하기 위해 중의원·참의원에 출석할 수 있다.

④ 중의원에서 가결된 법률안을 참의원이 60일 이내에 의결하지 않을 경우, 양원 협의회 개최 후, 협의가 이루어지지 않으면, 중의원이 원래 안을 출석의원 2/3 이상의 찬성으로 재가결하면 법률이 된다.

問 22 24 정답 2 [정치] 지방자치제도

② 프라이스의 명언으로, "지역 주민의 의견을 반영하기 쉽기 때문에, 스스로 결정해야 하는 민주주의를 가장 친근한 문제에서부터 실천해서 배울 수 있다"는 의미이다.

問 23 25 정답 3 [정치] 선거제도

① 호별 방문은 금지되어 있다.

② 중복 입후보는 중의원만 가능하다.

④ 1표의 가치는 위헌판결을 받았지만, 현재도 여전히 존재한다.

問 24 26 정답 3 [국제 정치] 국제기구

① EC(유럽공동체)는 1973년에 성립한 유럽 6개국 통합을 목표로 만들어진 조직이다.
② ICC(국제형사재판소)는 전쟁범죄, 인도적인 범죄, 대량학살, 침략범죄 등을 범한 범죄자를 수사하기 위한 국제형사재판소이다.
④ WTO(바르샤바조약기구)는 1955년 소련과 동유럽 8개국이 서측의 NATO에 대항하기 위해 결성한 군사동맹이다.

問 25 27 정답 3 [역사] 냉전체제

① 쿠바사태는 1962년에 일어났다.
② 베를린장벽은 1961년에 세워졌다.
③ 소련의 아프가니스탄 침공은 1979년이다.
④ 미국의 비키니환초 원폭 실험은 1964년에 실시되었다.

問 26 28 정답 3 [현대사회] SDGs

③ 마스트리트 조약의 3가지 중심 내용은 경제 및 사회 정책, 공동 외교 및 안보, 사법과 국내문제이다.

問 27 29 정답 1 [국제 정치] 국제기구

① ICJ(국제사법재판소)는 국가 간의 분쟁을 해결하기 위해 설립된 기관으로, 분쟁 해결을 위해서는 기본적으로 양국의 동의가 필요하다.
② 안정보장이사회 결의에서는 경제 제재만 가능하다.
③ PKO는 가맹국이 자발적으로 인원을 제공한다.
④ 유엔군은 상설군이 아니다.

問 28 30 정답 1 [국제 정치] 국제기구

① 만장일치제는 상임이사국에만 해당된다.

問 29 31 정답 3 [역사] 냉전 종결

③ 안정보장이사회의 상임이사국 5개국이 거부권을 행사할 수 있으며, 핵보유국은 조건이 아니다.

問 30 32 정답 3 [경제] 자본주의 확립

① 머니터리즘은 프리드먼 학파가 주장한 학설로, 화폐 공급량이 총수요를 변화시키는 가장 중요한 요인이며, 통화정책이 가장 중요하다는 것이 주요 내용이다. 정부의 재정, 금융 정책의 유효성을 주장한 케인즈 경제학에 대한 비판으로 제창되었다.
② 프리드먼 등의 자유방임주의에 대한 설명이다.
④ 아담 스미스는 시장의 메커니즘을 중시하고, 정부는 국방, 행정사법, 공공시설 등 시장 메카니즘이 작용하지 않는 '시장 실패' 역할에 한정해야 한다고 주장했다

問 31 33 정답 1 [경제] 경제 주체

② 대출금리가 저하하면, 설비투자가 증가한다.
③ 일반적으로, 가계의 소비지출에서는 식비 지출 비율이 가장 크다.
④ 기업 종사자 중에는 대기업 종사자의 비율은 약 30%에 그쳐, 중소기업 종사자의 비율이 더 크다.

問 32 34 정답 4 [경제] 시장 경제

원재료의 가격이 하락하면 공급이 늘고, 가격은 하락하므로, 공급 곡선은 우측(우하향)으로 이동한다.

問 33 35 정답 4 [경제] 주식회사

① 사업활동 목적으로 타기업의 주식 보유가 가능하다.
② 최저자본금액은 정해져 있지 않다.
③ 코퍼레이트 거버넌스는 기업의 투명성 강화와 경영자 책임 강화가 목적이다.

問 34 36 정답 3 [경제] 주식회사

시장 실패는 수요와 공급이 정상적으로 작동하지 않는 상황이나 대상이 해당된다. 제품의 생산 효율화로 인한 가격 하락은 시장실패에 해당되지 않는다.

問 35 37 정답 2 [경제] 금융정책

① 디플레이션 하에서는 국채를 사들여야 한다.
③ 금융완화 정책 시에는 정책금리를 낮춰가야 한다.
④ 기업 대출을 늘리려면 예금 준비율은 인하해야 한다.

問 36 38 정답 3 [경제] 신용창조

신용창조합계액 = 초회 예금액 ×(1÷예금준비율) - 초회예금액이므로,

5,000만엔 ×(1÷ 10%) - 5,000만엔 = 4억 5,000만엔이 된다.

memo

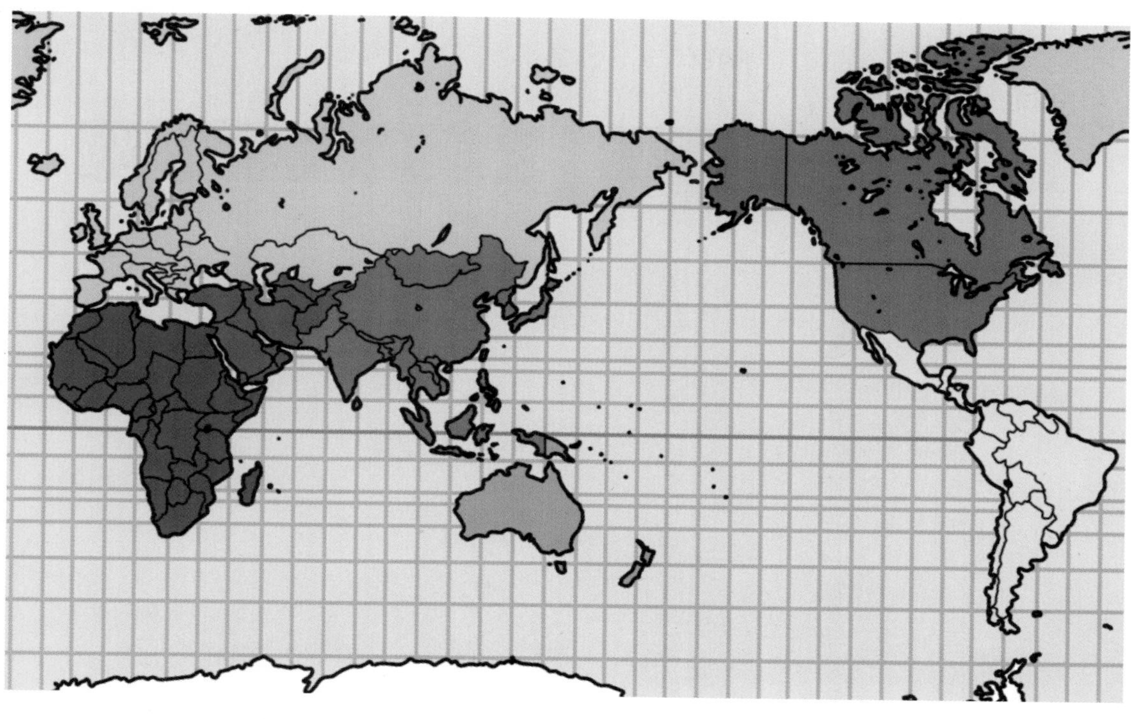

모의고사 2회

정답

문제 Q	해답 번호 row	정답 A
問 1	1	4
	2	4
	3	2
問2	4	3
問3	5	2
問4	6	1
問5	7	1
問6	8	4
問7	9	4
問8	10	4
問9	11	4
問10	12	3
問11	13	2
問12	14	3
問13	15	1
問14	16	3
問15	17	3
問16	18	4
問17	19	2

문제 Q	해답 번호 row	정답 A
問18	20	3
問19	21	4
問20	22	2
問21	23	2
問22	24	4
問23	25	3
問24	26	2
問25	27	2
問26	28	2
問27	29	1
問28	30	2
問29	31	4
問30	32	1
問31	33	3
問32	34	1
問33	35	4
問34	36	4
問35	37	1
問36	38	4

개념 바로 잡기

問 1 1 정답 4

[지리] 지도

④ 싱가폴과 남미 에콰도르를 지나는 선이 적도이다.

問 1 2 정답 4

[지리] 지도

④ 도쿄의 대척점은 남미 부에노스아이레스이다.

問 1 3 정답 2

[지리] 지도

지구 둘레는 40,000㎞로 지도의 직경과 동일하고, 도쿄를 중심으로 하면 절반인 20,000㎞가 된다. 따라서 20,000÷4(동심원 수)=5,000㎞이므로, 동심원 간의 간격 거리는 5,000㎞가 된다. 런던은 도쿄에서 2번째 동심원에 있으므로, 5,000×2=10,000㎞이다.

問 2 4 정답 3

[지리] 지도

① 정각(메르카토르) 도법은 임의의 2점을 연결한 직선이 등각항로가 되기 때문에, 항해도로 사용된다.
②, ④ 정거방위 도법은 임의의 중심선에서의 거리와 방위가 올바른 도법으로, 항공도로 사용된다.
③ 정적도법은 평면 상에서 면적을 바르게 나타낼 때 사용한다.

問 3 5 정답 2

[역사] 제국주의

① 퀘벡은 17세기 초반, 프랑스가 건설하여, 프랑스풍 건축물이 많으며, 퀘벡 프랑스어를 공용어로 사용하고 있다.
③ 위트레흐트조약은 영국과 프랑스 스페인 사이에서 체결된 스페인 계승 전쟁을 종결시킨 조약이다. 프랑스와 스페인이 하나가 되지 않을 것을 조건으로 펠리페 5세의 스페인 왕위 계승을 인정받았지만, 영국의 식민지 확대와 제국주의 형성의 계기가 되었다. 뉴펀들랜드는, 1497년 영국인이 처음으로 발견한 이후, 16세기에 프랑스가 진출, 위트레흐트 조약으로 영국이 획득하였다.
④ 미영전쟁은, 1812년에 영국이 프랑스와 미국의 무역을 방해한 것 등이 원인으로 발발하였으나, 유럽에서 나폴레옹 함락 후, 1814년 강화하였다. 이 전쟁에서 미국은 영국령 캐나다에 진출하였고, 플로리다를 병합하는데 성공하였다.

問 4 6 정답 1

[역사] 미국 영토확장

② 플로리다는 스페인으로부터 매수했다.
③ 루이지애나는 프랑스로부터 매수했다.
④ 미서전쟁 결과, 괌을 획득했다.

問 5 7 정답 1

[역사] 지역분쟁

① 소련의 아프가니스탄 침공은 1979년에 일어났다.

問 6 [8] 정답 4 [역사] 명예혁명

권리장전은, 1689년 영국의 명예혁명 결과 제정된 왕권제한과 의회 권한을 규정한 문서이다.
④ 자본가와 지주제 폐지 등을 선언한 것은 사회주의혁명이다.

問 7 [9] 정답 4 [역사] 아프리카 분할점령

① 블랑제 사건은, 1889년 프랑스의 제3공화정 당시, 군국주의자가 공화정 전복을 꾀한 사건으로, 실패로 끝났다.
② 모로코 사건은, 1905년(1차), 1911년(2차)에 일어난, 열강에 의한 아프리카 분할점령 중에 모로코 식민지화를 둘러싸고 독일과 프랑스가 대립한 사건이다. 1912년, 프랑스가 모로코를 보호국화 한 뒤 일단락되었다.
③ 애로호 사건은, 1856년부터 60년간 이어진 영국과 프랑스의 중국 침략 전쟁이다. 2차 아편전쟁이라고도 부른다.
④ 파쇼다 사건은, 영국 종단정책과 프랑스의 횡단정책이 수단 파쇼다에서 충돌한 사건이다. 프랑스의 양보로 마무리되었다.

問 8 [10] 정답 4 [정치] 주요 사상

① 토마스 홉스는 저서 <리바이어던>에서 자연상태의 인간은 '만인의 만인에 의한 투쟁' 상태가 된다고 주장하였다.
② 절대주의시대, 왕권은 신으로부터 주어진다고 주장한 정치이론인 왕권신수설에 관한 설명이다.
③ 루소의 '사회계약론'에 관한 설명이다.

問 9 [11] 정답 4 [지리] 세계의 언어

브라질은, 163개의 선주민언어가 존재하며, 현재 223개의 언어가 있다고 말해지고 있으나, 16세기부터 18세기까지 포르투갈의 식민지였던 영향으로 공용어는 브라질포르투갈어이다.

問 10 [12] 정답 3 [정치] 선거제도

① 남녀 보통선거제도는 1919년 바이마르공화국이 최초이다.
② 명망가문정당(명사나 귀족 등의 명문가의 개인적 연결에 의해 형성된 정당)에서 대중정당으로 발전하였다.
④ 프랑스 대통령은 직접 선거로 선출된다.

問 11 [13] 정답 2 [정치] 주요 사상

① 홉스는 국내외를 구별하지 않았다.
③ 미국 독립혁명은 1783년에 일어났으며, 몽테스키외는 1689년에 태어나 1755년에 사망하였다.
④ 루소는 직접민주주의를 주장하였으나, 링컨 연설의 요지는 국민주권에 있다.

問 12 [14] 정답 3 [정치] 정치제도

③ 미 대통령은 법률안 제출권은 없으나, 의회가 가결한 법률안 거부권을 갖는다.

問 13 15 정답 1 [정치] 일본국헌법

① 귀족원은 선거를 실시하지 않으며, 세습 귀족인 황족 의원, 화족(작위 보유자)의원으로 구성된다.

問 14 16 정답 3

① 정령은 내각에 위임한다.
② 형사재판은 법률에 의거하여 행한다.
④ 조례를 위반하는 경우에는 벌칙을 정할 수 있다.

問 15 17 정답 3 [정치] 자유권과 사회권

① 신체의 자유(자유권)에 관한 설명이다.
② 참정권에 관한 설명이다.
④ 정신의 자유(자유권)에 관한 설명이다.

問 16 18 정답 4 [정치] 민주 정치

④ 탄핵재판소는 최고재판소 재판관에 대해 국회가 소집한다.

問 17 19 정답 2 [정치] 일본의 정치제도

① 중의원 해산 중에 참의원이 취한 조치는, 사후에 중의원의 동의가 필요하다.
③ 중의원에서 가결된 법률안을 참의원이 부결한 경우, 양원 협의회를 구성하여 협의한다.
④ 국정조사권은 양원(중의원 참의원)이 국정에 관한 안건을 심의하기 위해 필요할 경우에 조사할 수 있는 권리이며, 국정조사권 행사를 위해서는 양원의장의 찬성이 필요하고, 참의원 단독으로는 국정조사권을 행사할 수 없다.

問 18 20 정답 3 [정치] 일본의 정치제도

① 긴급집회는 중의원 해산 시, 참의원이 소집할 수 있다.
②, ④ 내각총리대신은 국회에서 선출해야 한다.

問 19 21 정답 4 [정치] 일본국헌법

④ 옴부즈맨은 행정기관이나 미디어, 사회 등을 감시, 검증하는 행정감찰관으로, 일본의 경우 일부 지자체에서 조례 등을 통해 '옴부즈맨 제도'를 설치한 경우가 있다.

問 20 22 정답 2 [정치] 일본의 정치제도

① 국회의원 2/3 이상이 발의에 찬성하면, 국민투표를 실시하며. 유효 유권자 과반수 이상 찬성이 나오면 헌법 개정이 가능하다.
③ 국민 심사는 중의원 선거 시에만 실시 가능하다.

④ 내각총리대신을 직접 선출하기 위해서는 헌법 개정이 필요하다.

問 21 [23] 정답 2 [지리] 환경 문제

유엔 인간환경회의는, 1972년 유엔 주최로 스톡홀름에서 행해진 최초의 환경문제에 관한 국제회의이다. 114개국이 참여하여 "오직 하나뿐인 지구"를 표어로 인간환경선언을 채택했으며, 회의 후에 유엔환경계획(UNEP)을 설립했다.
① 1997년 기후변화협약 제3차 당사자 총회에서 채택된 교토의정서에 관한 설명이다.
③ 교토의정서(COP3)에서 채택하였다.
④ UNCTAD(유엔무역개발회의)는, 1964년 '남북문제' 해결을 위해 유엔총회 의결을 거쳐 설립되었다.

問 22 [24] 정답 4 [정치] 국제연합

① "평화를 위한 결집"은 총회에 있어서의 표결 방식이다.
② 유엔군은 상설되어 있지 않다.
③ 평화를 위한 전쟁은 허용되어 있지 않다.

問 23 [25] 정답 3 [정치] 국제법

③ 영해는 기선에서 12해리까지이며, 배타적경제수역은 영해 바깥 쪽 기선에서 200해리까지이다.

問 24 [26] 정답 2 [국제 정치] 국제기구

② 국제사법재판소는 국가 간의 분쟁만 다룬다.

問 25 [27] 정답 2 [경제] 주요 사상

① 리카도는 비교생산비설을 주장하였으며, 기술혁신의 중요성을 주장한 것은 슘페터이다.
③ 리스트는 보호무역을 주장하였다.
④ 뉴딜 정책은 산업대공황 타개를 위한 재정정책이다.

問 26 [28] 정답 2 [지리] 환경 문제

② 네팔은 히말라야 산맥에 위치한 내륙 고산지역에 위치한다.

問 27 [29] 정답 1 [경제] 시장 경제

① 임금 상승과 노동력 감소는 가격 상승과 공급 감소로 이어진다.

問 28 [30] 정답 2 [경제] 경제 주체

② 수요가 공급을 웃돌면 가격은 상승한다.

問 29 31 정답 4 [국제 경제] 무역

④ 일본은 미국과의 무역마찰을 줄이기 위해 현지생산을 시작하였으며, 저출산 고령화에 의한 노동력 감소와 공장 해외 이전은 관계가 없다.

問 30 32 정답 1 [경제] 금융정책

① 공개시장조작은 채권의 매매를 통해 머니스톡을 조절하는 정책이다.

問 31 33 정답 3 [경제] 조세

① 수평적 공평이란, 세금은 모든 국민에게 평등하고 공평하게 부과되어야 한다는 원칙이다.
② 국채 수입이 많다는 것은, 국채 발행을 많이 했다는 의미이므로, 적자가 된다.
④ 90년도에는 거품경제로 인한 호황으로, 적자국채 발행을 하지 않았다.

問 32 34 정답 1 [경제] 재정의 기능

① 적자국채를 삭감하면 재정이 압박 받는다.
빌트인 스태빌라이저는 경제제도 안에 내장되어 있는 경기변동 조정장치이다.

問 33 35 정답 4 [경제] 통화제도

① 금본위제 하에서는 중앙은행의 금 보유량만큼 화폐를 발행할 수 있다.
② 금본위제 하에서는 고정환율제를 채택한다.
③ 관리통화제 하에서는 중앙은행의 금 보유량과 상관없이 화폐 발행이 가능하다.

問 34 36 정답 4 [역사] 민족분쟁

① 영국은 국교회가 많고, 아일랜드는 카톨릭이 많다.
② 싱가폴은 말레이시아에서 독립하였다.
③ 방글라데시도 이슬람교도가 많다.

問 35 37 정답 1 [정치] 국제연합

① ODA는 개발도상국의 경제발전·사회발전·복지증진 등을 주목적으로 하는 원조로, 공적개발원조 또는 정부개발원조가 있다.

問 36 38 정답 4 [경제] 주식회사

④ 주주는 배당금을 받을 수 있다.

memo

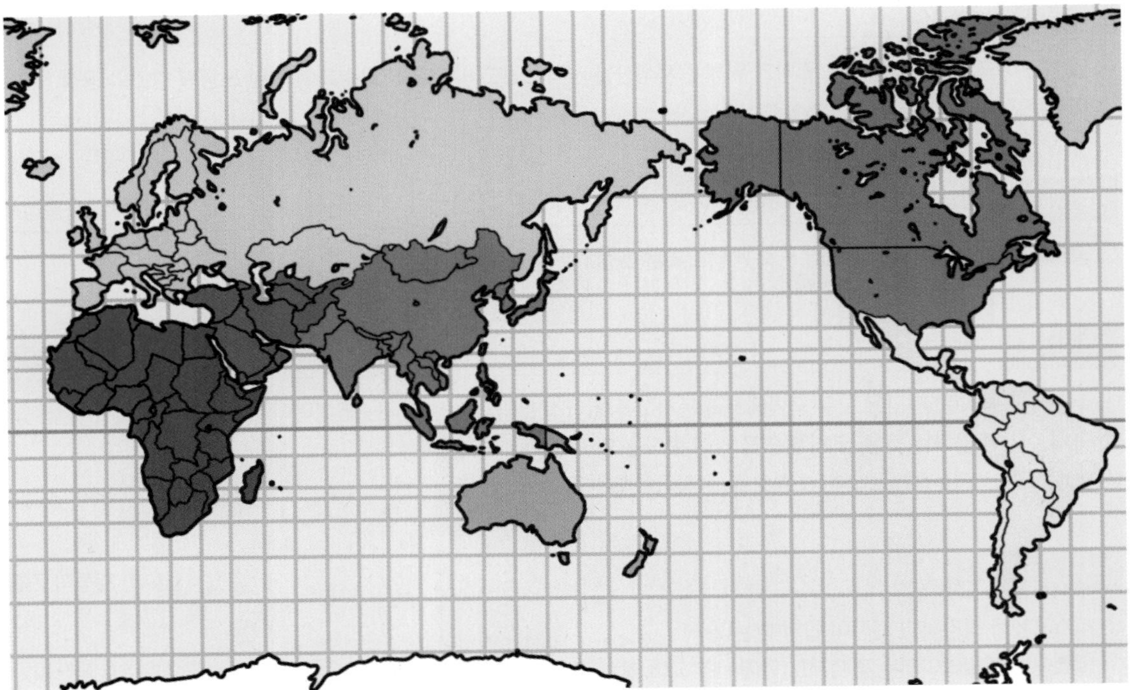

시원스쿨

EJU 종합과목

개념 완성

부록

백지도

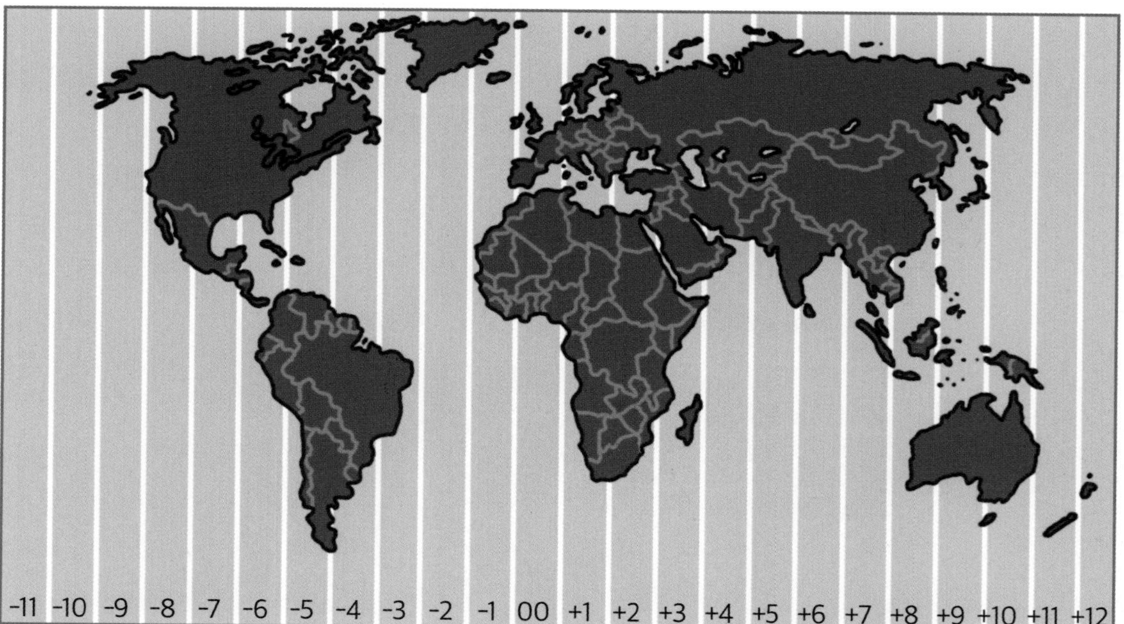

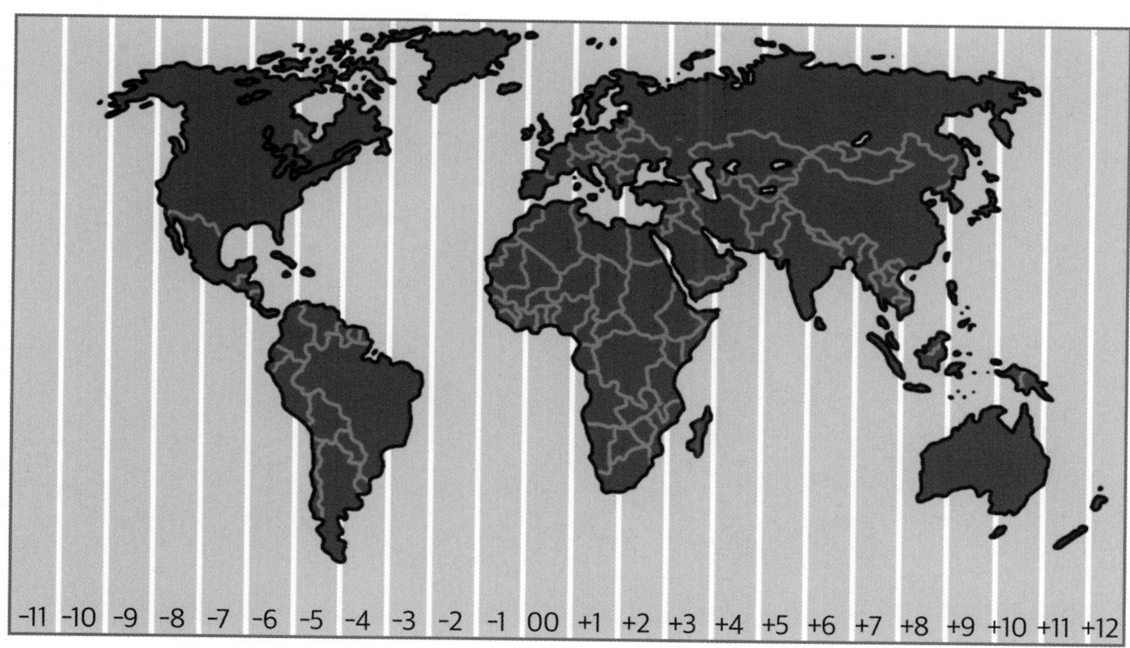
-11 -10 -9 -8 -7 -6 -5 -4 -3 -2 -1 00 +1 +2 +3 +4 +5 +6 +7 +8 +9 +10 +11 +12

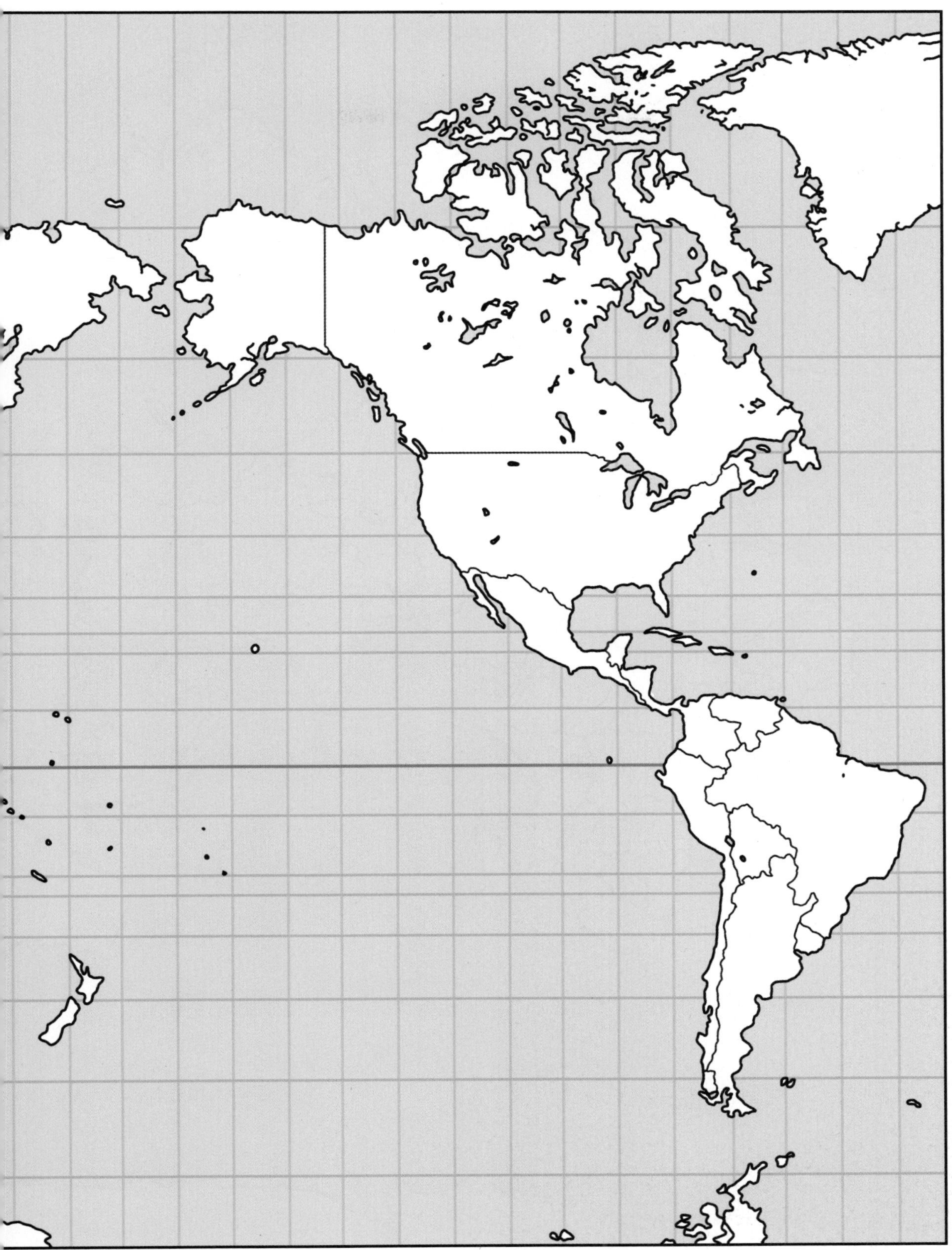

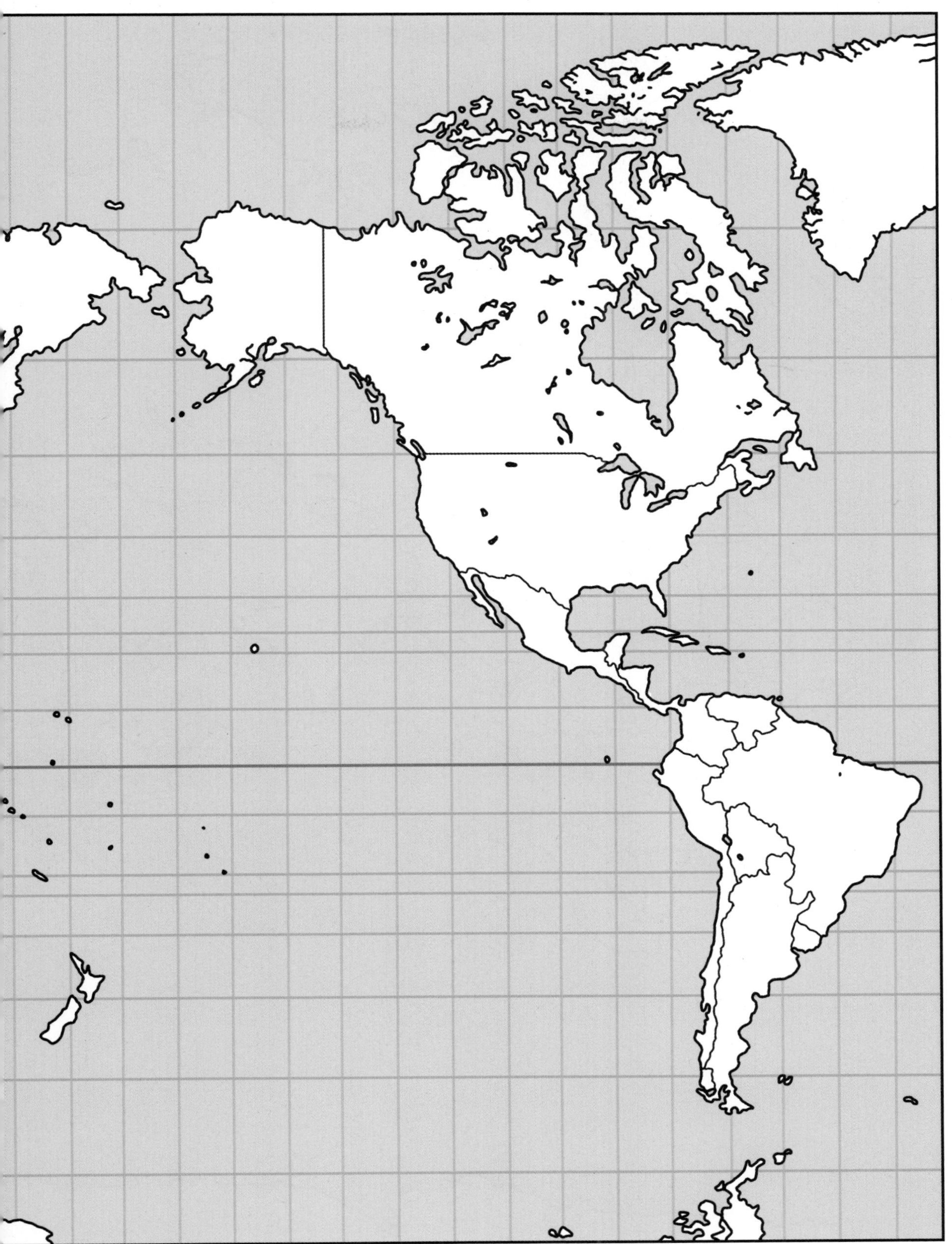

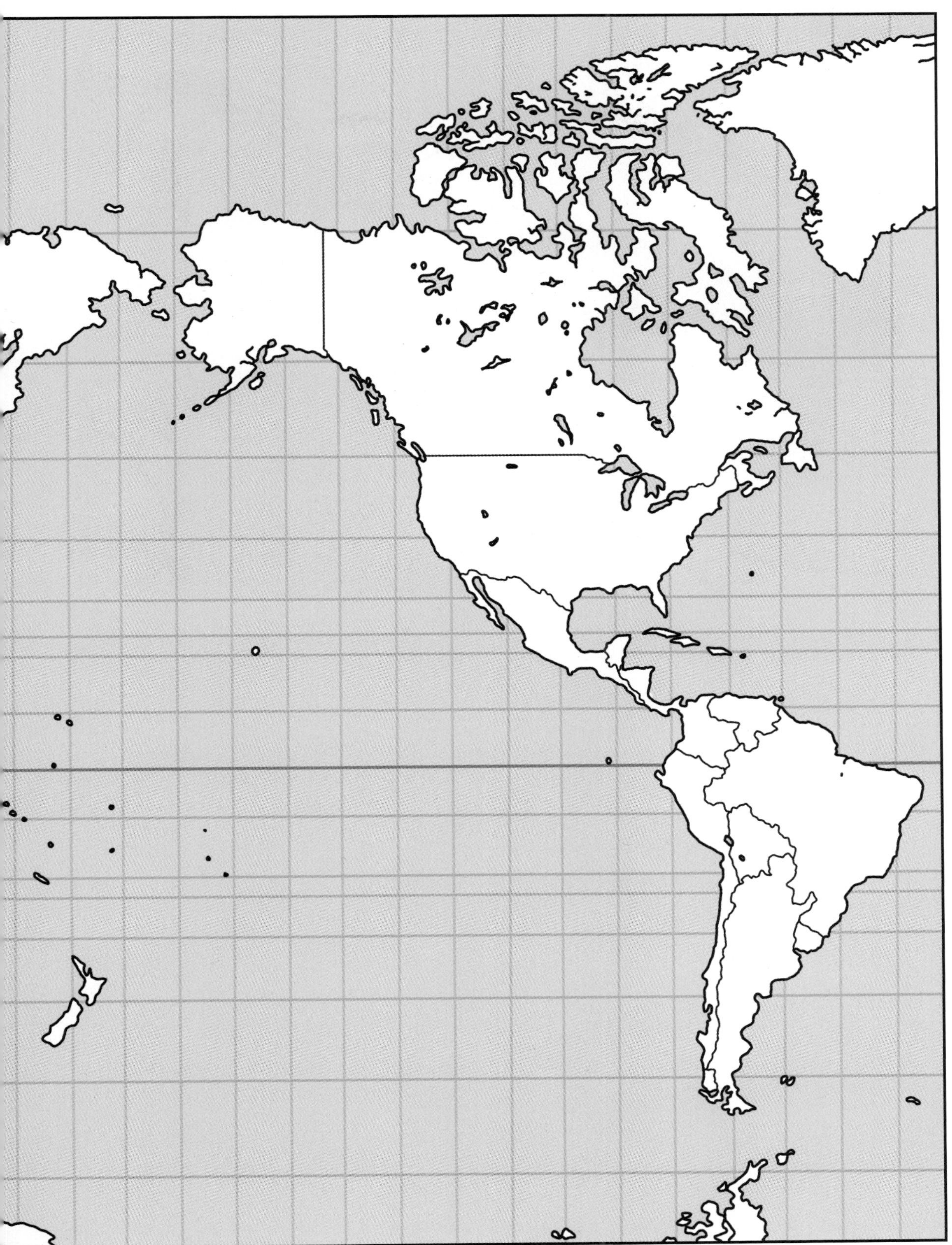

memo

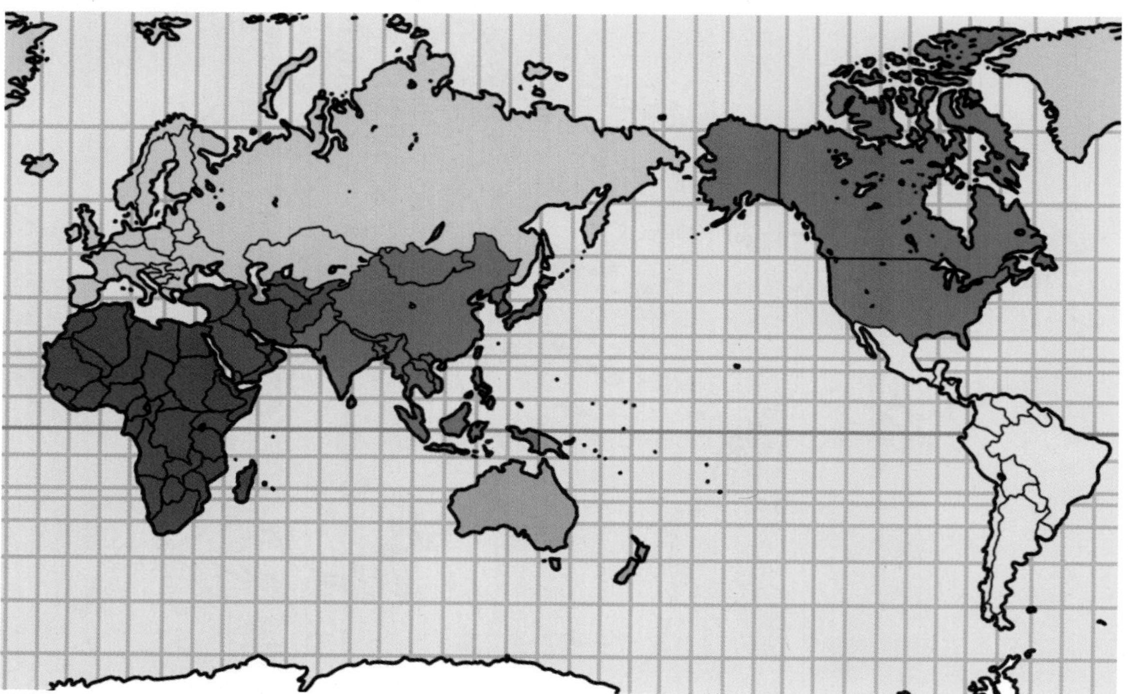

総合科目　JAPAN & THE WORDL　시원스쿨 EJU 종합과목 개념 완성

総合科目 解答用紙 JAPAN & THE WORDL ANSWER SHEET

受験番号 Examinee Registration Number		名前 Name	

注意事項 Note

1. 必ず鉛筆(HB)で記入してください。
2. この解答用紙を汚したり折ったりしてはいけません。
3. マークは下のよい例のように、◯わく内を完全にぬりつぶしてください。

よい例	悪い例
●	⊗ ✓ ◎ ◉ ◯

4. 訂正する場合はプラスチック消しゴムで完全に消し、消しくずを残してはいけません。
5. 解答番号は1から60までありますが、問題のあるところまで答えて、あとはマークしないでください。
6. 所定の欄以外には何も書いてはいけません。
7. この解答用紙はすべて機械で処理しますので、以上の1から6までが守られていないと採点されません。

解答番号	解答欄 Answer			
	1	2	3	4
1	①	②	③	④
2	①	②	③	④
3	①	②	③	④
4	①	②	③	④
5	①	②	③	④
6	①	②	③	④
7	①	②	③	④
8	①	②	③	④
9	①	②	③	④
10	①	②	③	④
11	①	②	③	④
12	①	②	③	④
13	①	②	③	④
14	①	②	③	④
15	①	②	③	④
16	①	②	③	④
17	①	②	③	④
18	①	②	③	④
19	①	②	③	④
20	①	②	③	④

解答番号	解答欄 Answer			
	1	2	3	4
21	①	②	③	④
22	①	②	③	④
23	①	②	③	④
24	①	②	③	④
25	①	②	③	④
26	①	②	③	④
27	①	②	③	④
28	①	②	③	④
29	①	②	③	④
30	①	②	③	④
31	①	②	③	④
32	①	②	③	④
33	①	②	③	④
34	①	②	③	④
35	①	②	③	④
36	①	②	③	④
37	①	②	③	④
38	①	②	③	④
39	①	②	③	④
40	①	②	③	④

解答番号	解答欄 Answer			
	1	2	3	4
41	①	②	③	④
42	①	②	③	④
43	①	②	③	④
44	①	②	③	④
45	①	②	③	④
46	①	②	③	④
47	①	②	③	④
48	①	②	③	④
49	①	②	③	④
50	①	②	③	④
51	①	②	③	④
52	①	②	③	④
53	①	②	③	④
54	①	②	③	④
55	①	②	③	④
56	①	②	③	④
57	①	②	③	④
58	①	②	③	④
59	①	②	③	④
60	①	②	③	④

総合科目　解答用紙　JAPAN & THE WORDL ANSWER SHEET

受験番号 Examinee Registration Number	

名前 Name	

注意事項　Note

1. 必ず鉛筆(HB)で記入してください。
2. この解答用紙を汚したり折ったりしてはいけません。
3. マークは下のよい例のように、○わく内を完全にぬりつぶしてください。

よい例	悪い例
●	⊗ ✓ ◎ ◉ ○

4. 訂正する場合はプラスチック消しゴムで完全に消し、消しくずを残してはいけません。
5. 解答番号は1から60までありますが、問題のあるところまで答えて、あとはマークしないでください。
6. 所定の欄以外には何も書いてはいけません。
7. この解答用紙はすべて機械で処理しますので、以上の1から6までが守られていないと採点されません。

解答番号	解答欄 Answer			
	1	2	3	4
1	①	②	③	④
2	①	②	③	④
3	①	②	③	④
4	①	②	③	④
5	①	②	③	④
6	①	②	③	④
7	①	②	③	④
8	①	②	③	④
9	①	②	③	④
10	①	②	③	④
11	①	②	③	④
12	①	②	③	④
13	①	②	③	④
14	①	②	③	④
15	①	②	③	④
16	①	②	③	④
17	①	②	③	④
18	①	②	③	④
19	①	②	③	④
20	①	②	③	④

解答番号	解答欄 Answer			
	1	2	3	4
21	①	②	③	④
22	①	②	③	④
23	①	②	③	④
24	①	②	③	④
25	①	②	③	④
26	①	②	③	④
27	①	②	③	④
28	①	②	③	④
29	①	②	③	④
30	①	②	③	④
31	①	②	③	④
32	①	②	③	④
33	①	②	③	④
34	①	②	③	④
35	①	②	③	④
36	①	②	③	④
37	①	②	③	④
38	①	②	③	④
39	①	②	③	④
40	①	②	③	④

解答番号	解答欄 Answer			
	1	2	3	4
41	①	②	③	④
42	①	②	③	④
43	①	②	③	④
44	①	②	③	④
45	①	②	③	④
46	①	②	③	④
47	①	②	③	④
48	①	②	③	④
49	①	②	③	④
50	①	②	③	④
51	①	②	③	④
52	①	②	③	④
53	①	②	③	④
54	①	②	③	④
55	①	②	③	④
56	①	②	③	④
57	①	②	③	④
58	①	②	③	④
59	①	②	③	④
60	①	②	③	④

주요 용어 색인

(가나다라 순)